U0939594

本书获 2017 年贵州省出版传媒事业发展专项资金资助

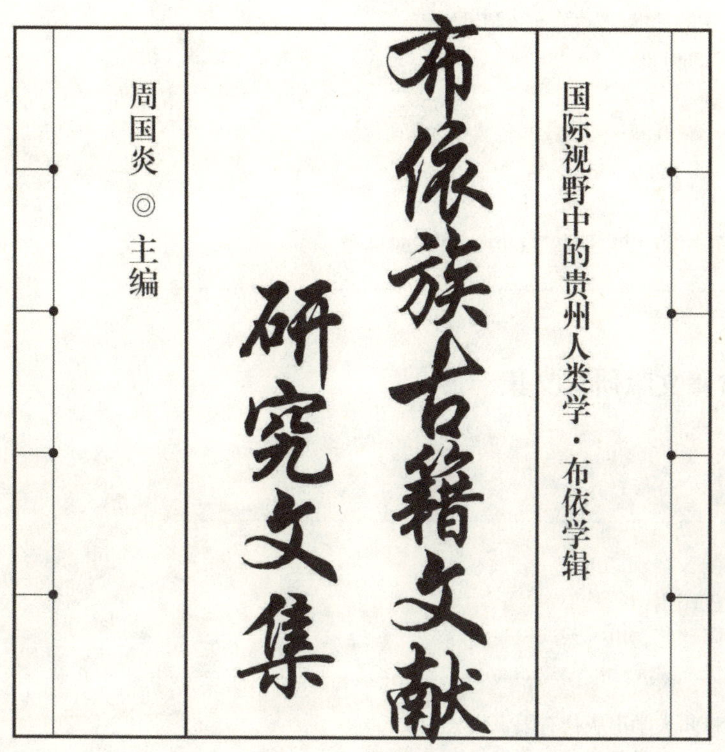

国际视野中的贵州人类学·布依学辑

布依族古籍文献研究文集

周国炎◎主编

贵州大学出版社
Guizhou University Press

图书在版编目（CIP）数据

布依族古籍文献研究文集 / 周国炎主编 . -- 贵阳 :
贵州大学出版社 , 2018.3
（国际视野中的贵州人类学 . 布依学辑）
ISBN 978-7-5691-0105-8

Ⅰ . ①布… Ⅱ . ①周… Ⅲ . ①布依族－古籍研究－中
国－文集 Ⅳ . ① K286.8-53

中国版本图书馆 CIP 数据核字 (2018) 第 026034 号

布依族古籍文献研究文集

主　　编：周国炎

出 版 人：闵　军
责任编辑：王印娟
装帧设计：陈　艺　申　云

出版发行：贵州大学出版社有限责任公司
地址：贵阳市花溪区贵州大学北校区出版大楼
邮编：550025 电话：0851-88291180
印　　刷：深圳市和谐印刷有限公司
开　　本：720 毫米 ×1000 毫米　1/16
印　　张：25
字　　数：396 千字
版　　次：2018 年 3 月　第 1 版
印　　次：2018 年 3 月　第 1 次印刷

书　　号：ISBN 978-7-5691-0105-8
定　　价：68.00 元

周国炎，男，布依族，贵州贞丰人，1962 年 9 月生，中央民族大学少数民族语言文学系教授、博士生导师，主要研究领域为壮侗语族语言文字、布依族古籍文献、语言文字应用，主持、参与多项国家社科基金项目以及教育部、国家民委等省部级课题，出版著作数十部，发表学术论文数十篇。

编者的话

中国的文化地理，可以作多种的解读。以秦岭为界，以北为北方旱地小麦文化，以南为南方稻作文化；以瑷珲—腾冲划线，线之东为农耕文化，线之西为游牧文化；以地方特色名，又有齐鲁文化、巴蜀文化、岭南文化、吴越文化等等；大概划之，又可分为三种文化圈或文化版块——蒙藏的佛教文化圈、新疆的伊斯兰教文化圈，除此而外，所有版图均为儒家文化圈。于此编者所欲说明者，处儒家文化圈内的云贵、湘西、桂北，似乎更应该独立为“巫文化圈”。巫文化是中国文化源头之一。上古之时，巫官文化与史官文化并立庙堂，而后独尊史官文化传统的儒家文化成一统天下之势，“巫”的处境每况愈下：被逐出庙堂、逐出中原，退而居于西南一隅，在土著中苟延。如此看来，西南土著中保有的巫风，恰是中华文明的渊源之一。

贵州现已建省600余年。昔以中原为中心的儒教文化依“五服制度”分野，贵州地处“要荒”，位列边缘。但若以“巫文化”视之，贵州却正是“巫文化圈”之中心，所谓“西南之奥区”。在中原失落了的巫文化体系，恰好在贵州得以保存。因此，我们今天的研究梳理，可符“礼失而求诸野”的古训。

以人类学的眼光看贵州本土文化，有100多年的历史。19世纪末，人类学的研究方法传入中国，贵州就成为重要的研究对象。从早期的传教士、西方学者，到中期的国内学者再到近期的本土学者，文化人类学在贵州大致经历了三个重要阶段，并取得了大批成果，成为研究贵州省情和地域文化特征的重要视角。

作为分外之想，我们期望这套丛书成为研究贵州文化史和少数民族史不可或缺的重要文库，如同我们的先辈文通书局曾出版的“黔南丛书”一样，我们期望此套出版物能够推动地方文化史和贵州“原生”精神文明的研究，甚至促成“贵州学”和“贵州学派”的诞生。

出版前言

贵州是中国多民族聚居的省份。布依族是贵州的世居少数民族，主要聚居于黔南、黔西南两个布依族苗族自治州及安顺市和贵阳市，在黔东南苗族侗族自治州、铜仁市、遵义市、毕节市、六盘水市及云南的罗平，四川的宁南、会理等地也有分布，人口数量居贵州少数民族人口数第二位。布依语属汉藏语系壮侗语族壮傣语支，有小部分人使用侗水语支里的莫话和锦话。布依族古文字已流传了上千年，常被用来记录巫经、古歌和戏文，其字形大多为方块字，与汉字有很深的渊源，但在音、形、义上自成一格，由于各种原因，长期以来未被世人认定为民族文字。随着布依族文字古籍相继入选《国家珍贵古籍名录》，布依族成为被国家确认的、有自己文字的18个少数民族之一。《布依文方案》（修订案）明确规定：布依文以第一土语为基础，以规范的望谟县复兴镇布依话为标准音。

《国际视野中的贵州人类学·布依学辑》从不同角度、不同事象对布依族的语言、文字和文化进行了多学科领域的阐释分析。布依族古籍丰富多彩，是布依族珍贵的历史文献和非物质文化遗产，对研究布依族历史文化具有重要价值，也是布依族新文化建设的基础和根脉。由于各方面的原因，布依族古籍搜集、翻译整理工作与古籍作品丰富的存量显得很不匹配，与兄弟民族古籍搜集翻译整理的巨大成绩相比有很大差距。在当前的大环境下，有关方面的重视程度、经费等虽然仍存在一定问题，但比起过去来说，已经有了很大改观。古籍翻译整理需要一定的专业知识，同时也是一项很清苦的工作，除了需要具备一定的知识和技能而外，还需要有一种民族责任感、情怀和奉献精神。以往出版或印行的布依族古籍整理本，大多就单个作品进行整理。我社策划出版的这套丛书，将使人们对布依族古籍作品的基本面貌有大致了解。这对少数民族古籍整理方法来说，是一个有益的尝试。保护古籍，既是对文明的继承，也是对文化的弘扬。中国历来就有“子孙永保”、代代守护古籍的传统。在新的时代，我们更要与时俱进，充分激活中华优秀传统文化的生命力，让书写在古籍里的文字活起来，让古籍保护事业成为实现中国梦不竭的精神动力，推动民族传统文化的生存和发展，使民族古籍“开新造大”、华彩四放。

长期以来，我社不断培育新的图书品种，积累了丰富的民族图书资源，形成了结构丰富的图书出版格局。《国际视野中的贵州人类学》涉及贵州省主要世居少数民族，意在显示贵州省具有丰厚底蕴和悠久历史的民族文化与地方文化，该项出版工程不仅能促进民族文化的整理、恢复与建设，而且能为社会主义文化建设增添实质性内容，具有重大的学术价值和长远的文化发展意义。

相信《国际视野中的贵州人类学·布依学辑》这套丛书不仅能让人们切实了解布依族语言、文字和文化的价值及意义，而且在人类学、民族学、历史学、宗教学、文献学、语言学、文学、建筑学等学科方面具有重要的学术价值，给读者以新知，同时，这对抢救、保护、开发和发展布依族文化，彰显布依族文化持久生命力，更好地继承和发扬优秀传统文化具有重大而深远的意义。

出版者

导　论

布依族古籍文献可分为书面文献和口碑文献两类。书面文献指以汉字、类汉字以及其他文字符号为载体记录并传承下来的各种文献，其中绝大部分为宗教文献，仅有少数为碑铭、谱牒以及文学作品等其他文献形式；口碑文献指迄今仍以口耳相传的形式流传于布依族民间的故事、歌谣、谚语等，部分地区的宗教祭祀经文也以口头的形式传承。

文字在民族传统文化传承与发展过程中发挥着极其重要的作用，布依族古籍文献的传承和发展也不例外。作为布依族古籍文献载体的文字有两类，一类是布依族民间历史上传承下来的文字，一类是20世纪50年代中期创制的新文字。前者包括汉字和类汉字、拉丁字母文字、柏格理文字以及抽象符号文字等。其中汉字和类汉字通行范围最广，以其为载体传承下来的文献数量也最多。拉丁字母文字和柏格理文字分别于19世纪末和20世纪初通过西方传教士传入布依族地区，主要记录的也是外来宗教的文献，仅贵州水城北部的金盆乡发现以柏格理文字为载体的布依族宗教抄本。抽象符号文字通行范围较小，文献数量也不多，而且多数无法释读。创制于20世纪50年代中期的布依族新文字为拉丁字母体系文字，后经几次修订，目前使用的新文字于20世纪80年代中期修订，以布依语第一土语区贵州省望谟复兴镇（现为王母办事处）布依语为标准音点。新创布依文在布依族古籍文献的翻译、整理和出版过程中发挥了非常重要的作用。

布依族自古信仰多神，敬奉自然，崇拜祖先，在漫长的历史长河中，布依族人民在原始宗教的基础上，逐渐吸收儒、释、道等外来宗教成分而形成了本民族宗教——摩教。摩教有专门的从业者——布摩，有卷帙浩繁的典籍——摩经，是布依族古籍文献的重要组成部分，绝大多数摩教文献以汉字和类汉字作为文字符号记录布依语语音，并以手抄本的形式在布摩手中世代传承，仅有少量采用抽象符号文字，个别抄本采用大写拉丁字母变形文字（即柏格理文字）。布依族摩经涉及内容广泛，包括人们对天地万物成因的认识，早期社会的历史、经济、宗教和伦理道德，文学艺术和风俗习惯等方面。除摩教以外，信仰道教在布依族地区也比较普遍，在一些地区，较隆重的宗教活动，如丧葬，主要由道士先生来主持，行道教的礼仪，诵道教的经文，道教文献对布依族本土宗教产生了深刻的影响，也是布依族古籍文献的一部分。天主教于19世纪中叶传入布依族地区，在贵州西部和西南部布依族地区，天主教曾一度为人们广泛信奉，后来逐渐衰落，目前仅贵州西部的少数布依族仍信奉该教。天主教在布依族地区虽然也流传了100多年，但留下来的文献不多。

在部分布依族地区，由于汉文化教育水平长期处于相对落后的状态，历史上懂汉语、识汉文者甚少，因此，各类文献只能通过口耳相传的形式来传承，其中包括布依族民间布摩或艺人通过口头传承的摩经经文、神话传说、歌谣故事等，它们均属于布依族口传古籍的范畴。

20世纪50年代以前，布依族古籍文献极少有人关注。新中国建立之初，中央民族学院（中央民族大学前身）王伟教授等人到贵州省罗甸县罗捆一带进行教学实习，调查并记录到了当地布依族布摩用汉字记录的摩经抄本，同一时期，布依族老前辈黄义仁先生等也深入罗甸等地区搜集到了大量的布依族经文，从而开始了布依族古籍文献的调查与发掘工作。在50年代中期的布依语大调查过程中，也发现了不少布依族古籍文献，但限于当时的条件，尤其是对布依族古籍文献的价值认识不足，所发现的摩经古籍没有能以其本来的面貌公之于世，一部分经过翻译、改编之后，以布依族民间文学作品的形式整理出来，作为内部资料刊载于相关集子，这些摩经资料大多都仅有汉语译文，未附原文和逐词对译，部分篇目艺术加工幅度较大，与原文内容相去甚远。20世纪60年代，尤其是“文革”期间，以摩经为代表的布依族古籍文献遭受毁灭性的破坏，大多数宗教活动被视为封建迷信而遭禁止，布依族民间摩经抄本也被视为“四旧”的产物而遭收缴、焚毁，学术界对摩经的发掘、整理也基本停止。

“文革”结束以后，从20世纪80年代初开始，布依族古籍文献，尤其是摩经文献的发掘、抢救和翻译整理工作得到恢复并取得了重大进展，部分文献以内部资料的形式刊印出来。流传于贵州省镇宁县的布依族摩经古籍《古谢经》经整理翻译，于1992年由贵州民族出版社出版，是迄今为止出版的，最能反映布依族摩经面貌的古籍文献。该书对历史学、民族学、民俗学、语言学、文学、自然科学、社会学和哲学等很多学科都具有研究价值。在1998年翻译整理出版的《布依族古歌》中，有一部分采用方块布依字注音原文、新创布依文、国际音标和汉语直译四行对照的形式，为学术界研究布依族语言提供了丰富的资料。口头文献在布依族古文献中占有相当大的比重，20世纪50年代以来翻译整理和出版的布依族民间文学资料大多都来自口头传承的文献。《布依族古歌》中的《造天造地》等大多数古歌都是口传文献。以口头形式流传于贵州省望谟县的《安王与祖王》，20世纪90年代中期经贵州民族出版社出版，是布依族口传文献当中的鼎力之作。

21世纪以来，布依族古籍文献的发掘整理和翻译工作取得了更大进展和更重要的成就。望谟里平摩经《母祝文》的整理翻译和出版开创布依族古籍文献发掘整理与研究走向国际化的先河，该书首次采用原文（方块布依字）、新创布依文、汉文和英文四行对照的形式，具有较高的文献参考价值。此外，近期出版的布依族古籍文献还有《布依嘱咐经》《王玉连》等。布依族其他方面的古籍文献主要包括家谱、族谱、碑文等，20世纪80年代以来由贵州省各地相关部门和机构陆续搜集和整理，并以内部编印的形式刊布。

《中国少数民族古籍总目提要·布依族卷》的出版是21世纪布依族古籍文献发掘整理工作一项最重要的成就。该书于2012年9月完稿，共收录书籍类、铭刻类、文书类和讲唱类古籍2754条，其中书籍类共收录布依族地区的方志野史和布依族的文人著述、家谱、宗教经书等共287条，系统介绍了布依族古籍的总体情况，基本上反映了布依族古籍的概貌。

布依族古籍文献的研究始于20世纪80年代。出版于80年代初期的《布依族简史》等著作较早注意到了用文字作为载体传承下来的布依族古籍文献，并对其中的文字进行了初步的分析。此后，布依学研究领域的专家学者们分别从语言文字学、文学、文献学以及社会历史、文化、经济等方面进行专题研究。目前，除在部分综合性的论著有所涉及之外，布依族古籍文献的研究成果以单篇文章居多，尚无系统研究的专著。

由贵州大学出版社策划出版的《国际视野中的贵州人类学》系列丛书对贵州少数民族研究走向世界、与国际接轨具有非常重要的现实意义和学术价值，对提高我国少数民族研究的国际化水平具有重大意义。《布依族古籍文献研究文集》是《国际视野中的贵州人类学·布依学辑》丛书中的一本，汇集了从各类刊物和论文集中筛选出33篇布依族古籍文献研究方面的文章，编者从研究内容上将这些文章分成了三个版块。

第一版块是布依族古籍文献的发掘、整理和翻译，共有7篇文章，分别从文献的地域分布情况、发掘整理、翻译、版本形式等几个方面进行了研究。其中，周国炎的《论布依族文字古籍整理与研究》在系统介绍布依族古文字类型的基础上，对布依族文字古籍的发掘整理和研究现状进行了全面的梳理和客观的评述。樊敏的《布依族古籍文献的分布研究》在布依族古籍文献的区域分布、馆藏分布、编目分布、出版分布和入选《国家珍贵古籍名录》分布以及代表性区域藏量统计的基础上进行深入分析，归纳梳理出布依族古籍文献的分布与布依族人口分布、布依族语言使用和发展、布依族民间信仰、布依族传统文化保护和传承四个方面基本一致的分布规律。周国茂的《布依族〈射日与洪水泛滥〉版本的形成与摩教仪式》一文对布依族摩经和民间口头流传的〈射日与洪水泛滥〉神话所存在的两种不同版本形式进行了分析，并对其成因进行了探讨。布依族古籍文献的翻译研究目前还是一个薄弱环节，吴启禄的《布依族古籍翻译中的方音处理》结合自己长期从事布依语第二土语古籍翻译的实践，探讨了在非标准音点布依族古籍的翻译过程中如何处理方音与规范布依文的对应问题，具有非常重要的现实意义和实践价值。

第二版块是布依族古籍文献的语言文字研究，共收入12篇文章，分别从文字类型、文字结构和语言特征等方面对布依族古籍文献的载体进行了研究。以文字为载体的宗教文献抄本的发现是学界研究布依族古籍文献最早的切入点之一。20 世纪 80 年代初出版的《布依族简史》就对这一问题给予了关注，但真正从文字学角度进行研究的是 80 年代末。吴启禄《布依族古籍中的方块布依字》从文字的产生、文字的内容和文字的特点三个方面对布依族古籍中的方块字进行了系统的分析，首次详细介绍了布依族古籍中借用汉字的方式和类型。周国炎《“方块布依字”及其在布依族宗教典籍传承过程中的作用》一文以《古谢经》和《布依族古歌》中的文字为例，对布依族宗教典籍中方块布依字的结构特征进行了研究，并从文化传承的角度阐述了汉字及类汉字型布依族古文字的重要价值。他的《贵州省水城县布依族“白摩书”文字释读》一文对目前为止发现的唯一一本用柏格理文字（又称波拉文）抄写的布依族摩经进行了解读，对文字与布依语语音的对应关系进行了梳理。21 世纪初以来在贵州西北部以及云南省金沙江沿岸布依族地区发现的古籍文献以其独特的文字形式受到学界的广泛关注，并成为研究的一个热点问题。周国茂的《布依族传统择吉书古文字：古骆越文字的活标本》一文对这一类型的布依族古文字流传和使用的情况进行了分析，并对其来源进行了探讨，认为这类文字是布依族历史上最为古老的文字类型。从语言的角度研究布依族古籍文献目前还很薄弱，成果也不多。周国炎《布依族摩经古词研究》以贵州省贞丰县北盘江镇一个布依族村寨的经文为依据，通过对经文中出现的一些现代布依语口语中所没有或罕见的词汇（文中称之为“古词”）进行分析研究，探讨了布依语词汇历史发展过程中的某些特征以及这些词所反映出来的古代社会布依族地区的民族关系、区域交往、动植物生态的变迁和宗教、文化等现象。伍文义的《布依族〈摩经·祭山经〉语言文化研究》和《布依族〈摩经·用牛祭祖词〉语言文化研究》两篇文章分别从语言文化的角度，探析布依族两部摩经中出现的一些宗教文化观念的来源以及这些观念与布依族远古先民的关系。郭堂亮《〈安王与祖王〉的语言特色》一文以 20 世纪 90 年代整理出版的布依族长篇叙事史诗《安王与祖王》为研究对象，对其中出现的“四音格”结构、谚语格言、修饰关系、押韵方式以及部分词汇所反映出的布依族古代文化进行了分析。

第三版块为布依族古籍文献的多视角研究，包括文学、社会、历史、经济等各个方面，成果较多，我们从中筛选了14篇较具代表性的文章。最早从历史文献学的角度对布依族摩经古籍进行研究的是贵州民族研究所的侯绍庄先生，他的《布依族丧葬祭祀歌社会历史价值刍议》一文中对布依族摩经古籍抄本的成书年代、摩经中出现的古代地名、摩经与布依族的形成以及摩经中所反映出来古代布依族与周边各民族的关系等都进行了全面深入的研究和考证。布依族摩经主要用于祭祀和超度亡灵的仪式中，超度亡灵布依语称 biangcfaangz，音译“殡凡”，因此，摩经中的大部分属于“殡凡经”，周国茂《殡凡经文化功能初探》是较早从文学的角度对布依族古籍文献的文化功能进行研究的成果。文章认为，“殡凡经”文学作为一种独特的文化形态和特殊的文化载体，为我们研究布依族的历史和文化，了解布依族的民族特性，提供了弥足珍贵的资料。此外，“殡凡经”还通过仪式，通过布摩这一中介发挥着特殊的社会功能，对布依族人民的价值观念和行为规范等进行制约和影响。伍文义《试论布依族〈赎买经·柔番沃番钱〉的初期国家观》通过布依族摩经《赎买经》中所记载的“国王”“臣民”“城邑”等，对布依族古代社会存在的初期国家观进行了大胆的推论。叶成勇《黔中布依族丧葬之〈引路幡词〉考论》基于历史文献学的视角，从文字内容和历史内涵进行比较，并解析了贵州布依族丧葬文化中所用的六种“引路幡词”，同时与汉族买地券文作比较，综合推断其产生的时代背景及其之间的源流关系。蒋英《从布依族〈摩经〉看铜鼓铸造的历史渊源》根据摩经中关于铜鼓使用和铜鼓铸造方面的描述，并结合布依族地区地方史志等汉文史籍中有关布依族先民“范铜为鼓”“俗尚铜鼓”“岁时击铜鼓为欢”的记载，对布依族铸造铜鼓的历史渊源进行了探析。金安江《布依族古歌原始经济观初探》一文通过布依族古歌中所反映出来的社会生产和经济生活等方面的内容，对布依族先民的原始经济观进行了探讨。黄德林的《布依族古歌的宗教性及其社会价值》从文化生态的角度出发，对布依族古歌中蕴含的人神相通、教化育民、传承习俗、追求完美、抚慰心灵等宗教价值进行探讨，从而论证布依族古歌的生存价值。

除了上述单篇文章，近年来部分高校的博士和硕士毕业论文也以布依族古籍文献作为研究对象，分别从不同的角度进行系统的研究，如伍文义的博士学位论文《布依族〈摩经〉语言文化研究》(上海师范大学，2012年)，陈孝玲的硕士学位论文《布依族殡亡经中的“死后世界”探析——以“用牛祭祖词”和“布依嘱咐经”为中心》(北京外国语大学，2017年)，张凤的硕士学位论文《方块布依文初步研究》(西南大学，2014年)，杨晓燕的硕士学位论文《布依族古歌中的精神文化研究》(贵州师范大学，2009年)，龙国静的硕士学位论文《布依族神话与布依族古歌研究》(贵州大学，2008年)，等等，限于本书篇幅，在此不一一介绍。

周国炎

2017年11月20日

目　　录

布依族古籍文献的发掘、整理和翻译

论布依族文字古籍整理与研究

周国炎*

一、布依族文字古籍简介及其历史概貌

布依族历史上没有出现过全民使用的、与本民族语言相适应的文字系统，但是，在各地民间都流传着以汉字、类汉字或其他文字符号为载体的文献抄本，这些文献大多数是布依族宗教经籍——摩经，另有一部分属于其他方面的内容。学术界把这类文字称为“布依族古文字”，以区别于20世纪50年代中期创制的拉丁字母新文字。在这些文字当中，大量的是直接借自汉字或用汉字作为造字元素重新组建的新文字，即“土俗字”，有少量的是与汉字在字形上有较大区别的抽象符号，不过仍属于表意文字类型。20世纪初，英国传教士Samuel Pollard（中文名为柏格理）在贵州西北地区传教，为当地苗族创制了一种拼音文字，这种文字也传到了相邻的布依族群众当中。另有一种文字是19世纪末西方传教士出于在布依族地区传教的需要，以拉丁字母为基础创制出一套布依文，将《马太福音》翻译成布依语。

（一）布依族古文字的类型

1. 汉字及类汉字型

以汉字及类汉字为载体的古籍在布依族古籍中占绝大多数，主要的借用

---

*周国炎（1962—），男，布依族，中央民族大学少数民族语言文学系教授、博士生导师，主要研究领域为壮侗语族语言文字、布依族古籍文献、语言文字应用。

方式有如下几种。(1)借音。就是直接借用汉字的读音(贵州当地汉语方言的实际读音)来代表布依语中与之相同或相近的音，如用汉字“来”表示布依语的 $lai^2/la\text{ɯ}^2$ “谁、哪”，用“文”表示 $v\text{ɯ}n^2$ “人”，用“迷”表示 mi^2 “不”，用“然”表示 $\text{ða:}n^2$ “家”，用“八”表示 pa^2 “妻子”，用“门”或“蒙”表示 $m\text{ɯŋ}^2$ “你”，等等。(2)借形义。就是借用汉字的字形和字义来记录布依语词，其中有些汉字与布依语词没有同源或借贷关系，仅仅是字义相同，有些汉字所表示的布依语词属早期汉语借词，读音与所借汉字的今音相同或相近，可视为形、音、义皆借。如借汉字“兒”表示布依语的 $l\text{ɯ}k^8$ “儿子”，“五”表示 $ha^3/\text{ɣ}a^3$ “五”，“身”表示 ʔda:ŋ^1 “身体”；形、音、义皆借的如“早”读作 $sau^4/\text{ç}au^4$，义相同，“匠”读作 $\text{sa:ŋ}^6/\text{tsa:ŋ}^6/\text{ça:ŋ}^6$，义为“匠人、工匠、师傅”。(3)借汉字偏旁部首重构。这类字就是通常所说的“自创字”“土俗字”“类汉字”，主要表现为：利用汉字的偏旁部首或以个体汉字作为偏旁部首，根据汉字的造字法重新组构成字。这类字以形声字居多，其次为会意字，个别为合体字。形声字如BY01①，读作 $\text{ʔ}bo^5$，义为“井、泉”，左形右声；BY02，读作 ta^1，义为“眼睛”，左形右声；BY03，读作 $\text{ʔb}\text{ɯ}n^1$，义为“天、天空”，上形下声。会意字如BY04，读作 kwa^2，义为“右”(左右型)；BY05，读作 ʔdiən^1，义为“月”(上下型)。合体字按上下或左右结构将两个汉字组合在一起表示布依语词的意义，这类字等于两个字结合之前所表示的汉语词义，如BY06，读作 liŋ^5，义为“陡(即不平)”(上下型)；BY07，读作 va:i^2，义为“水牛”(上下型)。目前所掌握的布依族经文抄本中，合体字是自创土俗字里面数量最少的。实际上，合体字也可以归入会意字一类。另有一些借自汉字的符号没有遵循上述变形规则，而是在原汉字的基础上添加笔画或将原汉字的笔画作不规则的延伸，读音与原字无关，如BY08，读作“路”，BY09，读作“州”，BY10，读作“捧”等。

---

① 由于本文所出现的特殊字符较多，为了便于处理，我们在正文部分采用代码的形式，在后文附一张特殊字符总表供读者查对。

2．拼音型

布依族古籍的拼音型文字源自英国传教士柏格理为黔西北一带的苗族所创制的苗文（即“波拉文”，Pollard Script，又称柏格理苗文）和翻译天主教圣经《马太福音》以及编纂《布依 - 法试用词典》所使用的拉丁字母文字。(1)“波拉文”。发现于贵州省水城县金盆乡锁蒿寨的一种布依族古籍文字，这种文字由声母和韵母两个部分组成，书写时，声母较大，韵母较小，通过将韵母标于声母右侧不同位置或顶部来表示不同的声调。该套摩经文字系统共有声母36个，其中包括一些声母所使用的两个或两个以上符号。36个声母中，单字母声母29个，双字母声母7个。字母符号有些是大写拉丁字母，有些在拉丁字母的基础上作了一些调整，由于不便印刷，本文不再举例。(2）拉丁字母文字。20世纪初期在上海发行的布依语版《马太福音》采用的是拉丁字母文字。这种文字系统完全采用了拉丁字母体系的26个字母，按音节书写，多音节的外国人名和地名用连字符号连接，大多数音节包含声、韵、调三个部分，少数音节为零声母，即只有韵母和声调，一部分音节则只有声母和韵母，不标声调，声调标于每个音节主要元音的上方。

3．特殊符号

这类符号当中有一部分是宗教场合专用的符咒，表示一定的意义，但没有固定的读音，一部分符号从形态上看比较接近汉字，但又不是汉字，其来源曾经引起人们的一些猜测，有人认为是布依族最古老的文字，也有的认为来自彝文，也有认为是水书的。20世纪90年代中期分别在黔西南州安龙龙广和威宁县新发乡发现的布依族古籍，采用的就是这类文字符号。近年来，在云南省东川区、巧家县的布依族群众中，也发现了不少以这类文字作为载体的布依族古籍抄本。这种文字目前除极少数符号以外，大多数都无法释读，如在威宁新发乡，自21世纪初，能释读这种文字的布摩去世后，这种文字在当地就成了无法解开的密。目前已释读的有：BY11义为“男”，BY12义为“句”，BY13义为“只”，BY14义为“带”，BY15义为“尚”，BY16读作sei^1等。尚无法释读的字符较多，如BY17、BY18、BY19、BY20、BY21、BY22等等。

4. 布依族古文字的历史概貌

过去人们普遍认为布依族只有语言，没有文字，但从民间广泛流传用上述各类文字符号记录的经文和其他文献抄本的情况来看，这种说法是值得商榷的。确切的说法应该是，布依族没有出现过全民通用的文字系统，但少数人出于宗教或其他方面的需要，曾经借用汉字或其他文字符号。目前，布依族民间发现最多的文献抄本所采用的文种为汉字及类汉字。这类文字在布依族民间使用的历史比较悠久，尽管目前尚无充分的证据来确定其产生的确切年代，但结合现有的有关布依族历史和贵州古代历史的研究成果来分析，我们可以大致推测，早在2000多年前的西汉时代，布依族先民就已经与中原的汉族有了接触和交流，包括汉语汉字在内的中原文化从那时候起就已经对布依族文化产生影响。宋元时期，布依族地区官学的创立加速了中原汉文化在布依族地区的传播进程。明代以后，随着布依族地区汉语文教育的逐步发展，文字的文化传承功能开始为一些布依族有识之士所认识，借用汉字记录布依族宗教经文或其他方面文化内容的民间抄本开始出现并广泛流行。粗略估计，布依族借用汉字并根据汉字字形结构自创土俗字来传承本民族文化至今不过500多年，其他文字符号的出现则更晚，拉丁字母文字不过百余年，波拉文不过几十年。因此，在布依族几千年的历史中，以文字为文献载体的历史并不长，加上各方面条件的限制以及各种内在和外在因素的干扰，保存下来的文献古籍也不是很多。

（二）布依族文字传承的古籍

目前所发现的以布依族古文字作为传承载体的文献古籍主要体现在宗教方面。新中国成立以来，经过几十年的调查，我们发现布依族分布的各个地区，无论聚居还是散居，都流传着用布依族古文字记录的摩经抄本，其中绝大部分是在丧葬活动中的各种仪式上吟诵的经文，另有一部分用于其他宗教场合。近几年，在贵州省黔南布依族苗族自治州荔波县发现了大规模用布依族古文字传承的傩书唱本，其中有一部分在内容和功能上与宗教类古籍——摩经有交叉。以下从摩经古籍抄本、傩书及其他类古籍抄本和搜集整理本三个方面对布依族文字传承的古籍进行简要介绍。

1. 摩经古籍抄本

摩经古籍是布依族文字传承的古籍中规模最多，流传最广的一种，但20世纪50年代以前，国内很少有人注意到，更没有人去搜集整理。50年代以后，随着布依族社会历史文化及语言调查的深入开展，一些地区的布依族古籍得到发掘，但限于当时的社会历史条件和科研水平，未能从文字学、文献学的角度得到充分的搜集、整理和研究，仅有其中的一部分作为布依族民间文学资料被翻译成汉语。因此，迄今为止，民间到底有多少布依族摩经古籍流传，保存现状如何，还没有任何一个研究机构或研究者个人能提供确切的数据信息。笔者自21世纪初开始着手布依族摩经古籍的调查，搜集到了部分布依族地区20多种用汉字及类汉字或其他文种抄写的摩经抄本的原件、影印件或图片资料，① 详见下表。

序号	古籍类型	搜集（发现）地	载体质料及誊写工具	册数	卷数	调查时间
1	摩经	贞丰县沙坪	笔记本 钢笔	1	5	2003 年 1 月
2	摩经	贞丰县岜浩	白棉纸 毛笔	5	15	2003 年 2 月
3	摩经	贞丰县金井	白棉纸 毛笔	5	15	2003 年 2 月
4	摩经	贞丰县坡色	白棉纸 毛笔	6	20	2003 年 2 月
5	摩经	水城县锁蒿	白棉纸 毛笔	1	不分	2004 年 1 月
6	摩经	威宁县花园 1	白棉纸 毛笔	3	4	2004 年 1 月
7	摩经	威宁县花园 2	笔记本 毛笔	3	4	2004 年 1 月
8	摩经	兴义市大色磨	笔记本 毛笔	1	4②	2004 年 2 月
9	摩经③	望谟县平郎	白棉纸 毛笔	4	4	2004 年 7 月
10	摩经	罗甸县八总	白棉纸 毛笔	5	8	2004 年 7 月

① 本表所列的摩经古籍抄本是本文前次发表于《贵州民族学院学报》(2010 年第 2 期）之前笔者所掌握的材料，2010 年至今，经过多次调查、搜集，目前所掌握的文献数量已超过 200 种。

② 不完整。

③ 经籍的名称各地不同，有的叫“摩经”，有的叫“白摩书”，有的叫“砍牛经”，有的叫“牛经书”，这里统一称“摩经”。

续表

序号	古籍类型	搜集（发现）地	载体质料及誊写工具	册数	卷数	调查时间
11	摩经	册亨县冗渡	白棉纸 毛笔	4	7	2004 年 7 月
12	摩经	贞丰县纳禅	白棉纸 毛笔	6	不清	2004 年 7 月
13	摩经	平塘县掌布	白绵纸 毛笔	1	不分	2004 年 7 月
14	摩经	贞丰县坪寨	白棉纸 毛笔	7	20	2005 年 7 月
15	摩经	黔西罗家寨	白绵纸 毛笔	7	不清	2006 年 8 月
16	摩经	贵阳花溪大寨	白棉纸 毛笔	1	18	2007 年 1 月
17	摩经	白云区斗府	白棉纸 毛笔	4	不清	2007 年 1 月
18	摩经	白云区瓦窑	白棉纸 毛笔	3	不清	2007 年 1 月
19	摩经	安龙县排冗	白棉纸 毛笔	4	10	2007 年 7 月
20	摩经	贞丰县烂田湾	白绵纸 毛笔	4	不清	2009 年 7 月

2. 傩书及其他类古籍抄本

傩书是目前发现于贵州省黔南荔波县一种用汉字及类汉字抄录的布依族古籍，据荔波县政协文史办统计，到 2006 年，全县所发现的傩书有 3000 册以上，均采用汉字型文字传承，其中约有 300 字为自创的“土俗字”，即类汉字。

傩书是记录傩祭、傩戏的书籍。傩戏源于古代的傩祭，与古代的图腾崇拜和原始宗教有密切的联系。史料记载，傩戏出现距今已有 2000 多年。荔波布依族傩戏产生于唐宋年间，是布依族崇拜自然、崇拜图腾、崇拜祖先和神灵的综合体现，涉及布依族的民俗、音乐、舞蹈、美术、服饰、戏曲等方方面面。傩书是傩戏的唱本。柏果成、黎汝标所著《贵州荔波县布依族傩戏调查报告》一文对一部分傩书的内容及其功能作了较详细的介绍，转引如下。

（1）开坛歌。由开道歌、开箱歌、敬坛歌、沟通歌、护坛歌、用笔歌、发誓歌 7 部组成，一般安排在“请神”“开坛”和“敬坛”活动中穿插演唱，内容主要是宣读仪式，召唤神、人，驱鬼除邪，保护人丁安居乐业和法事的顺利进行。全文约 20 万字，5000 余行。

（2）请神经。由请灶王、请广凡、请公弱、请芒雅、请花林、请门神、请经本 7 部组成，内容是把应该请的神，一个个通通请到坛上来，各就各位，各司其职，是开坛时使用的傩书。全文10万余字，2000余行。

（3）唱诸神。由唱范许、唱婆王、唱九娘、唱三元、唱花林、唱茶荣、唱盘古、唱托生、唱六桥、唱三界公爷、唱六宫、唱五位公曹、唱仲定、唱仙干、唱芒然、唱欧官、唱染吴、唱雷王、唱白马、唱冯敖老爷、唱仙爷、唱对光、唱关沱寡妇、唱行天行地、唱花卡等30余部组成，内容主要叙述各神的地位、作用、功能和由来。全文有50余万字，10000余行。

（4）献茶献酒歌。由献茶、献酒、添粮歌等3部组成，内容主要是向诸神敬茶敬酒和向人间“添粮祝寿”，在“请神”“还愿”和撤坛等活动中穿插念唱。全文10万余字，近3000行。

（5）送花茶。由外家送花，外家送牲种、送禽种，蛋魂引花歌，米魂引花歌，粽魂引花歌5部组成，内容主要是主人即女婿向外家求子的仪式。全文约3万字，近700行。

（6）古老歌。由十二个太阳、洪水潮天、兄妹结婚、十二月歌、开天辟地等部分组成，内容主要叙述人类繁衍、生产生活情形。全文约3万字，700余行。

（7）十二花王歌。由卖柴、凡龙、丁兰、范郎与氓星、英台与山伯、罕庞（即百鸟衣）、明京、董永、王仙、冬川、官信、跃安12部组成，内容主要是叙述各式各样的悲剧爱情和孝敬父母的故事。全文60余万字，13000余行。

（8）撤坛歌。由撤坛歌、烧愿歌、点牲歌3部组成，内容主要是在还愿结束时，请各位神仙到坛上领取各自的供品。全文2万余字，近500行。

（9）古摩古改歌。全文2万余字，400余行，内容主要为还愿期间突然发生意外而准备应急的经文，正常情况下不使用。

贵州省黔西南州望谟县渡邑村发现的说唱文学抄本《王玉连》是宗教领域以外发现的为数不多的布依族文字古籍之一。该抄本用毛笔在当地自产的白绵纸上抄写而成，仅1本，70余页。

除布依族宗教摩经文献和傩书以及文学抄本以外，在各地还流传着不少用汉文抄录的道教经文抄本。尽管这种文献流传于布依族地区，但由于以汉文为载体，用汉语念唱，其内容主要是汉族道教文化，因此，不在本文介绍之列。

3．搜集整理本①

以上所列仅仅是布依族古文字所记载的文献古籍中的一部分，其中的绝大部分未经翻译整理，甚至连最简单的文字介绍都没有。另外还有不少文献尚散落在民间，有待我们进一步挖掘和整理，但同时也有相当一部分文献经过整理翻译，自20世纪80年代中期以来陆续以各种形式出版或在资料集中登载，为学界对布依族的全方位深入研究提供了宝贵的文献资料。相关出版物②有以下几本。

(1)《牛经书》，共12卷。搜集地：贵州省贵阳市花溪区把火寨，由韦廉舟、吴启禄、赵焜编译，载于中国民间文艺研究会贵州分会内部编印的《民间文学资料（第65集）》，有新创布依文（拉丁字母）和汉语直译对照，并附汉语意译，未附方块布依字（即原文）。

(2)《古谢经》，共8卷。搜集地：贵州省镇宁布依族苗族自治县普里村，由王芳礼、韦绍熙、杨开佐翻译整理，贵州省安顺市民族事务委员会、镇宁布依族苗族自治县民族事务委员会编，贵州民族出版社1992年出版。这套摩经在民间有手抄本，现由镇宁县民宗局保存。整理本有方块布依字(即原文)、国际音标和汉语直译三行对照，并附汉语意译。

(3)《布依族古歌》。搜集地：贵州省荔波、独山、平塘、都匀、三都、贵定、惠水、长顺、罗甸、望谟、册亨、贞丰等县（市)。由贵州省民族事务委员会古籍办、黔南州民族事务委员会编，黎汝标、黄义仁编译整理，贵州民族出版社1998年出版。分造物古歌、风俗古歌和爱情古歌三个部分，其中一部分为方块布依字（即原文）、新创布依文（拉丁字母)、国际音标和汉语直译四行对照，并附汉语意译，另一部分缺少原文。

(4)《布依摩经——母祝文》。搜集地：贵州省望谟县蔗香乡林楼村，由黄镇邦、霍冠伦（Stephen Hoff）合作翻译整理，贵州人民出版社2006年出

---

① 这里只介绍通过民间手抄本翻译整理出版的古籍，翻译整理的民间口传文献，如《安王与祖王》，未作介绍。

② 这里只列举用布依族传统文字记录并传承下来的那部分文献。

版。全书分三部分。第一部分为方块布依字、新布依文和英文逐词对译，第二部分为汉语自由翻译，第三部分为英文逐句对译和注解。全书共12万字。

（5）布依族祭祀经《留伞歌》。搜集地：贵州省平坝县羊昌布依族苗族乡蒙古村四甲，由贵州民族出版社郭堂亮搜集整理并翻译，载于其专著《布依族语言与文字》，贵州民族出版社2009年9月出版。全文近200行，不分节，采用方块布依字（即原文）、新创布依文、汉语逐词翻译及汉语意译四行对照的形式。

（6）《布依嘱咐经》。搜集地：贵州省望谟县蔗香乡里平村，由贵州省博物馆黄镇邦搜集、翻译、整理，贵州人民出版社2011年3月出版。全文共3400行，30余万字，不分节，根据内容空一行表示分段，采用方块布依字（即原文）、国际音标、新创布依文、汉语逐词翻译和意译五行对照形式。

二、布依族古籍文字的发掘与整理

（一）新中国成立以前布依族文字古籍调查与研究

20世纪50年代以前，外界对布依族古文字及其所传承的古籍了解甚少。民国以前的贵州地方志虽然注意到了布依族（方志中称“仲家”“仲苗”“夷家”等）在语言、服饰、起居和婚丧习俗等方面与周边汉族及其他少数民族大不相同，有的方志甚至对布依族的婚丧习俗作了比较详细的介绍，但对丧葬活动中宗教职业者——布摩诵经以及经书的情况都没有提到。民国时期有关贵州少数民族的研究文献中也没有一篇涉及布依族古文字及其文献，仅个别学者在文章中提到布依族民间存在用汉字记录本民族宗教术语咒诀，并“录成经典，转相传授”的现象。[①]因此，20世纪上半叶以前有关布依族古籍文字的发掘、整理和研究等各方面的工作可以说是一片空白。

---

① 陈国钧：《贵州安顺苗夷族的宗教信仰》，载吴泽霖、陈国钧等著《贵州苗夷社会研究》，民族出版社，2004，第200页。

（二）新中国成立至80年代的布依族文字古籍发掘与整理

布依族民间流行的用汉字记录布依语语音的现象直到20世纪50年代才引起学术界的广泛重视。50年代初，王伟率领中央民族学院（中央民族大学前身）民语系一批学习布依语的学员到贵州省罗甸县罗捆一带进行教学实习，调查并记录当地布依族宗教职业者——布摩用汉字记录的经书（布依语称 $sɯ^{1}mo^{1}$，即“摩经”），可谓开布依族文献古籍发掘之先河。同一时期，布依族老一辈的民族文化工作者黄义仁等也深入罗甸等布依族地区发掘、搜集了大量的布依族古籍作品。紧接着在50年代中期的语言普查中，又有不少布依族摩经抄本被发现。但限于当时的时代背景和出版印刷条件，所发现的摩经材料没有能以其本来的面貌公之于世。一部分经过翻译、改编之后，以布依族民间文学作品的形式整理出来，作为内部资料载于相关集子。贵州省民族事务委员会、黔南州文艺研究室和中国民间文艺研究会贵州分会联合编印的《民间文学资料（第45集）》——《布依族古歌叙事诗情歌》，其中一部分古歌实际上就是根据布依族摩经的内容改编的。如讯河等整理的《辟地撑天》《十二个太阳》《兴年月时辰》《造千种万物》等等都是50年代中期搜集的。因此，50年代的重大成果可以概括为两个字——发现，即对布依族摩经民间抄本的发现。

60年代，尤其是60年代中期以后，以摩经为代表的布依族文献古籍遭受毁灭性的破坏，“文革”期间大多数宗教活动被视为封建迷信而遭禁止，布依族民间摩经抄本也被视为“四旧”的产物而遭收缴、焚毁，多数地区的摩经都在这一时期被付之一炬。学术界对摩经的发掘、整理也基本停止。直到70年代末期，“文革”结束以后，作为布依族民间文学研究的一个部分，布依族摩经的搜集、整理和翻译研究工作才逐渐得以恢复。

（三）80年代以来布依族文字古籍的发掘与整理

为了配合布依族新文字方案的试行推广，从80年代初开始，贵州省布依族聚居的各县（市）有关机构便着手进行布依族摩经文字古籍的发掘和抢救，翻译整理出一批摩经。如韦廉舟、吴启禄、赵焜对贵阳市花溪区把火寨、董家堰、龙井寨、四方河、新民村以及乌当区的新堡、偏坡、罗吏等村的布依族牛经书（即摩经）进行发掘和抢救，并将整理翻译出来的把火寨《牛经书》载于中国民间文艺研究会贵州分会编印的《民间文学资料（第65集）》，供研究参考。该资料集采用80年代初修订的布依文方案记录当地牛经书的读音，每个布依语词下面有汉语直译，最后是汉语意译，没有附原文，这对于文献古籍的保存和研究来说是一种遗憾。80年代末至90年代中期，黄义仁、黎汝标等学者对流传于黔南以及黔西南部分地区的布依族摩经和傩书等一些以古文字为载体的古籍进行了搜集，经整理翻译后的古籍作品70多万字，收入1998年出版的《布依族古歌》中。该书所收的古籍一部分采用汉字注音原文、新创布依文、国际音标和汉语直译四行对照的形式，为学术界研究布依族语言提供了丰富的资料。

80年代中期，伍文义也在布依族摩经古籍调查和研究方面做了不少工作。他与王开吉、王国佩合作翻译整理的贵州省兴仁县明光村《接龙经》和《敬官厅经》载于贵州省志民族志编委会编印的《民族志资料汇编（第6集）》（布依族）。90年代他还对威宁县新发乡花园村的摩经进行了调查。

《古谢经》是迄今为止正式出版的最能全面反映布依族文字古籍面貌的布依族摩经典籍，该书由贵州省安顺市民委和镇宁县民委合编，王芳礼、韦绍熙、杨开佐翻译整理，贵州民族出版社1992年出版。《古谢经》是布摩在超度亡灵仪式上吟诵的经文。“古谢”是布依语译音，直译为汉语是“做客”的意思。按布依族风俗，老人去世时要举行隆重的超度仪式，亲戚朋友都前来吊唁，这一风俗被称为“做客”，即“古谢”，在“古谢”期间念诵的经称为“古谢经”。《古谢经》全书共分8卷，采用原文（方块汉字注音）、国际音标和汉语直译三行对比，并附意译，这无论对语言研究还是文学研究，都极为方便。翻译整理者精通布依语，汉语水平也比较高。译文既基本忠实于原文，又尽量做到语句优美顺畅。它的出版对于学术界研究布依族古籍和摩经文化无疑是非常重要的。正如编者在该书前言部分所指出的，《古谢经》在历史学、民族学、民俗学、语言学、文学、自然科学、社会学和哲学等很多学科领域都具有研究价值。

黄镇邦和霍冠伦（Stephen Hoff）搜集于望谟县蔗香乡林楼村并整理翻

译，由贵州人民出版社于2006年出版的《布依摩经——母祝文》是超度母亲亡灵专用的一种经文，民间有手抄本，编译者采用原文（方块布依字）、新布依文、汉语、英语四行对照的形式出版，具有较高的文献参考价值。

郭堂亮搜集整理并翻译的布依族祭祀经《留伞歌》，是他专著《布依族语言与文字》中的一节，全文近200行，不分节，采用方块布依字（即原文）、新创布依文、汉语逐词翻译和意译四行对照的形式。

黄镇邦搜集整理并翻译的《布依嘱咐经》于2011年3月由贵州人民出版社出版，是迄今为止所发现的布依族摩经中篇幅最长的一部。全文共3400行，30余万字，不分节，根据内容空一行表示分段，采用方块布依字（即原文）、国际音标、新创布依文、汉语逐词翻译和意译五行对照形式。

三、布依族文字古籍的研究

（一）文字学角度的研究

在国内，最早提到布依族文字古籍的文献是1984年出版的《布依族简史》。该书在图片部分收录了以特殊符号为载体的布依族摩经抄本《白摩书》，并在“概况部分”讲布依族语言文字时说：“布依族过去没有民族文字，在民间巫词经咒中，有人以汉字作为记述布依语的符号”。这里提到布依族传统文字的存在，但没有作具体描述。1985年出版的由黄义仁、韦廉舟编撰的《布依族民俗志》既提到布依族民间借用汉字记录布依族经书的情况，又作了简单描述：“一种是借汉字形义，如‘儿’（leg）、‘三’（saaml）；一种是借汉字的音，如‘纳’（田）、‘打’（河）；一种是借汉字形声，如‘年’（nyanz 铜鼓）、‘岜’（byal 山岩）等”。1989年出版的《布依学研究（第1集）》收录王伟《关于布依族语言文字问题》一文，提到布依族“民间流行着一种借用汉字的形、音、义和仿造汉字形声字创造出来的一些方块字，人们称之为‘布依字’或‘土俗字’，用来记录本民族的语言”。书中以罗甸为例，对借用情况作了描述。20世纪90年代以后，随着新资料的不断发现，研究也逐渐深入。1991年吴启禄在《中国民族古文字研究（第3辑）》中发表《布依族古籍中的方块布依字》一文，对布依族摩经等古籍中的方块布依字进行了全面深入的分析探讨。这应该是对布依族古文字研究的真正开始。周国炎1993年发表于论文集《布依语文集》中的《布依族文字及其社会职能》指出，各地民间流传的“方块布依字”只是一种并不十分完善的注音符号，但它作为一定历史时期的产物，对布依族古代文化的传承，对研究布依族的历史、宗教、文化以及早期布依语的某些词汇、语法现象等都发挥了它应有的职能。在1994年5月出版的《中国少数民族文化史》中，由周国茂、周国炎撰写的《布依族文化史》对方块布依字的产生时间进行了推测，对方块布依字的造字方法和文化价值进行了分析。这些成果标志着布依族古文字研究取得了重要进展，但仅局限于对一种文字类型——汉字及类汉字型布依族古文字的研究，显得不够全面。1995年周国茂在其所著《摩教与摩文化》一书中，对记录摩经的文字符号进行了综合分析，列举了三种文字类型，并对其中的威宁类型和方块布依字的特点进行了分析。之后，周国茂又在2001年出版的《中国民族文字与书法宝典》（布依族部分）作了更详尽分析。周国炎2001年发表的《方块布依字在布依族宗教经典传承中的作用》从文化传承的角度阐述了汉字及类汉字型布依族古文字的重要价值。2004—2010年他先后三次参加在北京召开的中国少数民族古文字和文献古籍学术研讨会，并提交了论文，从宏观和微观上对布依族古文字进行系统深入的研究。

（二）文学和文献学角度的研究

周国茂于20世纪80年代初开始接触布依族摩经古籍，80年代中期，他先后对贵州省贞丰、册亨、望谟、平塘、荔波以及云南省罗平等县的布依族摩经进行了全面的调查，并以《论布依族殡凡经文学》为题，从文学角度对摩经进行了深入的研究。其研究成果——“布依族摩经文学”已被纳入《布依族文学史》中，成为布依族文学的一个重要组成部分。90年代以后，他又从宗教和历史文化的角度对布依族的摩经以及围绕摩经所发生的各种文化活动进行全面的研究。作为布依族古籍研究领域的标志性成果，他所著的《摩教与摩文化》首次对摩教及其典籍摩经作了全面的诠释，并将其提升到布依族民族宗教的地位。书中还对布依族摩经古籍进行了梳理，从文献学的角度对布依族摩经古籍作了开创性的研究。他所翻译整理的贞丰县岜浩摩经中的一部分被收入1998年由贵州民族出版社出版的《布依族古歌》当中。最早从历史文献学的角度对布依族摩经古籍进行研究的是侯绍庄。他在《贵州民族研究》1988年第3期的《布依族丧葬祭祀歌社会历史价值刍议》一文中对布依族摩经古籍抄本的成书年代、摩经中出现的古代地名、摩经与布依族的形成以及摩经中所反映出来古代布依族与周边各民族的关系等都进行了全面深入的研究和考证。根据侯绍庄的研究，布依族用汉字记录摩经始于明朝初年。

（三）语言学角度的研究

伍琪凯梦1993年发表于《贵州民族语文研究集》中的《布依族古籍〈古谢经〉的语言特点》一文对《古谢经》的语言特点作了探讨，认为《古谢经》中的词汇包括现代口语尚使用的词和诗歌语言特有的词。诗歌词多是单音节单纯词，多音节单纯词和合成词占的比例较少。此外，诗歌词中还包含有一些现代口语中已不使用的较古老的词。《古谢经》中的句型结构总的来说较整齐，诗句从内容到形式都比较讲究上下章节、段落、句式之间的对应。《古谢经》中的句法结构与现代口语大致相同，但也有不同之处，如《古谢经》中数词“一”置于量词之前，代词修饰名词时放在名词之前，形容词修饰名词时置于被修饰词之前，省略，句式的重叠等等，都与口语有差别之处。周国炎1995年发表于《贵州民族研究》（当年第2期）的《布依族摩经古词研究》以贵州省贞丰北盘江镇岜浩村的经文为依据，对经文中使用而现代布依语口语中所没有或罕见的古词进行分析研究。通过对近3000词的统计分析，指出这些词主要有如下两个来源：一是古代布依语词在摩经中的保留，二是地域间进行摩经交流的结果。

（四）布依族古籍翻译整理方法方面的研究

吴启禄参与了贵州省贵阳市布依族古籍搜集、整理和翻译的大量实际工作，并在实践中不断总结、摸索布依族古籍翻译整理的经验和方法。在发表于《贵州民族研究》1989年第1期的《布依族古籍整理“三结合”的尝试》一文中，他将布依族古籍整理的具体方法概括如下。（1）用国际音标记录，用布依文规范。由于各地布依语在语音上有一定的差异，为了保持各地摩经古籍的原始面貌，但又不违背文字规范的原则，因此在古籍整理的过程中，采用国际音标记录原始读音，文字部分则按标准音点（望谟话）进行规范。后来出版的《布依族古歌》一书也沿用了这种方法。(2）保留方言词，拼写方言音。各地布依语之间都有一些不能互通的词汇，这种情况也反映在各地的摩经古籍当中，要将这些词保留下来就只能按方音拼写。(3）词译句译并举，遵循信达原则。词译指词对词的翻译，也就是直译，目的是让读者了解古籍文句中每一个词的含义；句译就是逐句翻译，一方面要紧扣词译，既要忠实于原文，又要使全文在意义上具有连贯性。吴启禄的经验和方法对人们后来整理翻译布依族文献古籍具有很大的启发。郭堂亮长期从事民族语文和民族文献古籍的编辑出版工作，同时在布依族文献古籍的整理和翻译方面有比较丰富的实践经验，其新作《布依族语言与文字》一书分专章对布依族文献古籍整理的现状、抢救和整理布依族古籍的必要性和紧迫性以及布依族文献古籍翻译整理的具体方法进行了论述。

四、布依族文字古籍研究目录

（一）摩经研究

（1）郭堂亮:《布依族语言与文字》，贵州民族出版社，2009年。

（2）郭堂亮:《浅议布依族古籍整理的几个问题》，载贵州省布依学会、中共毕业地区地委统战部编《布依学研究（之六）》，贵州民族出版社，1998年。

（3）侯绍庄:《布依族〈古谢经〉及其断代刍议》，《贵州民族研究》1988年第3期。

（4）孙定朝:《布依族〈祭祀经〉初探》，《贵州民族研究》1988年第2期。

（5）王伟:《关于布依族的语言文字问题》，载《布依学研究（之一）》.贵州民族出版社，1989年。

（6）王仲坤:《一帧伏羲八卦造字记录暨鸡骨卦象——兼论布依族古文字》，载《布依族历史与文化研究》，云南人民出版社，2007年。

（7）吴启禄:《布依族古籍翻译中的方音处理》，载《布依学研究（之一）》，贵州民族出版社，1989年。

（8）吴启禄：《布依族古籍整理“三结合”的尝试》，《贵州民族研究》1989年第1期。

（9）吴启禄：《布依族古籍中的方块布依字》，载中国民族古文字研究会编《中国民族古文字研究（第3辑）》，天津古籍出版社，1991年。

（10）伍琪凯梦：《布依族古籍〈古谢经〉的语言特点》，载《贵州民族语文研究集》，贵州民族出版社，1993年。

（11）伍文义：《试论布依族〈赎买经·柔番沃番钱〉的初期国家观》，《贵州民族研究》1983年第4期。

（12）周国茂、周国炎：《布依族文化史》，载李德洙主编《中国少数民族文化史》，辽宁人民出版社，1994年。

（13）周国茂：《布依族古文字及其调查研究》，载《荔波布依族（上册）》，中国文化出版社，2011年。

（14）周国茂：《布依族摩经：一种特殊的文化典籍——布依族的“百科全书”》，载《布依族历史与文化研究》，云南人民出版社，2007年。

（15）周国炎：《“方块布依字”及其在布依族宗教典籍传承过程中的作用》，《中央民族大学学报》2002年第5期。

（16）周国炎：《布依族摩经古词研究》，《贵州民族研究》1995年第2期。

（17）周国炎：《布依族摩经中非口语词的电脑统计分析》，载《电脑辅助汉藏语词汇和语音研究》，中国藏学出版社，1996年。

（二）傩书研究及介绍

（1）姚锦超：《荔波布依古文字初探》，载《荔波布依族（上册）》，中国文化出版社，2011年。

（2）何羡坤：《荔波布依古文字与布依文古籍及布依族傩戏初探》，载《荔波布依族（上册）》，中国文化出版社，2011年。

（3）王小梅、黄蔚：《布依族古文字被“发现”》，载《荔波布依族（上册）》，中国文化出版社，2011年。

（4）何凤阳：《傩书传承简介》，载《荔波布依族（上册）》，中国文化出版社，2011 年。

（5）莫炳刚：《漫谈布依傩书》，载《荔波布依族（上册）》，中国文化出版社，2011 年。

（6）姚锦超：《荔波布依傩书古籍发掘申报的前前后后》，载《荔波布依族（上册）》，中国文化出版社，2011 年。

（7）玉克钧：《列入国宝的布依族古文字》，载《荔波布依族（上册）》，中国文化出版社，2011 年。

附：

本书所用特殊字符查阅表

字符编号	字符形式	字符编号	字符形式	字符编号	字符形式
BY01	[illegible]	BY02	[illegible]	BY03	[illegible]
BY04	[illegible]	BY05	[illegible]	BY06	[illegible]
BY07	[illegible]	BY08	[illegible]	BY09	[illegible]
BY10	[illegible]	BY11	[illegible]	BY12	[illegible]
BY13	[illegible]	BY14	[illegible]	BY15	[illegible]
BY16	[illegible]	BY17	[illegible]	BY18	[illegible]
BY19	[illegible]	BY20	[illegible]	BY21	[illegible]
BY22	[illegible]				

原载《贵州民族学院学报》（哲学社会科学版），2010 年第 2 期。收入本文集时有所修改。

布依族古籍文献的分布研究

樊　敏*

一、引言

随着经济高潮的到来，必将兴起一个文化的高潮。在当今社会的新形势下，将会迎来民族古籍发展的一个新阶段，如何推动这个高潮，传承中华历史文明，加强民族古籍的抢救、保护、搜集、整理、翻译、出版和研究工作，意义重大而深远。布依族古籍是中华民族文化遗产的重要组成部分，蕴含着布依族特有的精神价值、思维方式和想象力、创造力，在长期的传播交流过程中，发挥了经世致用的价值取向和社会功能。发展布依族古籍事业，对全面了解中华民族的发展历程、推动社会主义文化大发展大繁荣具有重要意义。近年来，贵州省对布依族古籍工作高度重视，特别是随着《献酒备用》《傩书》《做桥》等黔南布依族苗族自治州荔波县、三都水族自治县16部布依族古籍文献成功入选《国家珍贵古籍名录》，布依族古籍文献越来越受到政府和学界的重视和关注，并成立了布依族古文字典籍研究中心。布依族古籍文献的普查、征集、整理、研究必将促进布依族非物质文化遗产的抢救、保护和传承，也更为布依族历史文化研究积累资料文献，最终推动布依学研究的不断深入。

*樊　敏（1973—），女，布依族，贵州省黔南州民族宗教事务委员会民族研究所所长，主要研究领域为布依族文化与古籍文献。

二、布依族古籍文献发展背景

布依族古籍文献指以文字（方块布依字）为载体，抄写或印刷成书的典籍文献。在漫长的历史进程中，布依族没有创造过与本族语言相适应并广泛使用的文字体系，因此，长期以来，人们所创造的各种文化事象主要以口耳相传的形式来传承，这种形式目前在布依族民间仍然是民族文化传承的主要途径。随着布依族地区汉语文教育的逐步发展，文字的文化传承功能开始为一些布依族有识之士所认识。“据史料记载，汉文化很早便传入了布依族地区，大约从唐宋时代起，布依族宗教祭司开始借用部分汉字记音，并借用汉字偏旁部首，根据汉字‘六书’创字法，创制了一种方块布依文字，用来记录布依族宗教经典，也有民间故事传播者和歌手用来记录民间文学作品。”①“但由于方音有别，用字不一，因人而异，彼此不能相通，所以没有形成通用的布依族文字。”②方块布依字这种文字，从文字形式和书写方法来看，它们与汉字差别不大，实际上，它的字音、字义与汉字又有较大的差别，字音是布依族语音，字义只有布依族宗教祭司——摩师能解释其义。因此，布依单字在音、形、义三方面自成系统。如：方块布依字形“汰”，布依语读音为“大”，字意为“河水”。字形不同，读音更不同，表现的意义更不一样。据荔波县傩书先生何凤阳、何星辉、姚意集、莫炳刚、莫仕均五人的不完全统计，方块布依字至少有300个以上。这300个方块布依字写成了一本本经书、傩书，记录了一首首故事、歌谣，在布依族民间广泛流传至今。

20世纪上半叶前，有关布依族古籍文献的发掘、整理和研究等各方面的工作可以说是一片空白。布依族民间流行的用汉字记录布依语语音的现象直到20世纪50年代才引起学术界的广泛重视，其重大成果可以概括为两个字——发现，即对布依族摩经民间抄本的发现。

20世纪60年代，尤其是中期以后，以摩经为代表的布依族古籍文献遭

① 黎汝标、黄义仁编译《布依族古歌》，贵州民族出版社，1998，第2页。

② 黔南布依族苗族自治州史志编纂委员会编《黔南布依族苗族自治州志·民族志（第4卷）》，贵州民族出版社，1993，第41页。

受毁灭性的破坏，学术界对摩经等布依族古籍文献的发掘、整理也基本停止。直到70年代末期，“文革”结束以后，作为布依族民间文学研究的一个部分，布依族摩经的搜集、整理和翻译研究工作才逐渐得以恢复。20世纪80年代中期以来，布依族古籍文献通过整理翻译陆续以各种形式出版或在资料集中登载，为学界对布依族的全方位深入研究提供了宝贵的文献资料，也是真正意义上的布依族古籍文献发展工作的起步之旅。21世纪以来，为了申报《国家珍贵古籍名录》，荔波县对《献酒备用》，三都水族自治县对《傩书》等布依族古籍文献进行了整理和释读。在这种情况下，大量开展布依族古籍文献的调查研究，向社会和学界提供其分布现状和特征，就成了一种必然的要求。

三、布依族古籍文献的分布特征

（一）布依族古籍文献的分布现状

1. 区域分布

布依族古籍文献从地域上看，主要分布于北盘江流域、南盘江北岸、蒙江（涟江）流域、曹渡河流域、金沙江上游等，位于北纬24° 10′～26°和东经104° 10′～108° 10′之间。从地形上看，则多分布于云贵高原到广西盆地的过渡地带上。从地区上看，主要分布在贵州省黔南布依族苗族自治州；黔西南布依族苗族自治州；安顺市的镇宁、关岭布依族苗族自治县，紫云苗族布依族自治县，西秀区黄腊、鸡场、新场、杨武布依族苗族乡、岩腊苗族布依族乡，平坝县羊昌布依族苗族乡，普定县坪上苗族彝族布依族乡；贵阳市花溪区的小碧、黔陶、马玲布依族苗族乡、湖潮苗族布依族乡，乌当区的新堡、偏坡布依族乡，白云区的都拉、牛场布依族乡，开阳县的禾丰、南江布依族苗族乡、高寨苗族布依族乡，修文县的大石布依族乡，清镇市的王庄布依族苗族乡、麦格苗族布依族乡；毕节市威宁县的新发布依族乡；六盘水市六枝特区的陇脚布依族乡、落别布依族彝族乡，盘县（今盘州）的羊场布依族白族苗族乡，水城县的发耳、都格、米箩、红岩布依族苗族彝族乡、鸡场布依族彝族苗族乡；黔东南苗族侗族自治州麻江县的贤昌、坝芒、景阳布依族乡；云南省曲靖市罗平县的长底布依族乡、鲁布革布依族苗族乡；四川省凉山州的宁南县等等地区。这样，布依族古籍文献的分布区域涵盖西南三省。

2. 代表性区域藏量统计

布依族古籍文献藏量丰富，除了极少数信仰天主教的自然村寨外，几乎每一个布依族聚居的自然村寨都有蕴藏。黔南州荔波县现存5000多册，其中傩书约3000册，经书约2000册。① 罗甸县董当乡罗鸭村摩师罗锦贤个人收藏了40余册各种版本的经书，八总乡交广村摩师王永华个人收藏了20余册各种版本的经书。② 大河十三寨布依族是指居住在邢江河、蒙古河两岸的安顺市西秀区黄腊布依族苗族乡，平坝县原路塘布依族乡、蒙古布依族乡的布依族，大河十三寨是布依族聚居连片的地区，方圆50余公里，该地区散存经书300多册。③ 贵阳市散存经书170余册，其中，花溪区70余册，小河区50余册，南明区15册，乌当区15册，白云区12册，清镇市5册，开阳县3册。④ 安顺市镇宁布依族苗族自治县散存有各种版本的经书10000余册，而且，在镇宁布依族苗族自治县马厂乡八河村八河寨子发现一套《天运乙未年冬月印》的印刷本摩经，迄今已有150多年的历史。⑤ 黔西南布依族苗族自治州望谟县在县城周边及桑郎镇、石屯镇4个村寨抽样调查就发现有摩书抄本200多本，其中桑郎镇摩师黄朝富个人收藏就有60多本，另一个已经过世的摩师黄维新也有40余本。⑥ 以上对布依族古籍文献的藏量统计虽然只是沧海一粟，但是可见其数量的丰富性和分布的普遍性。

3. 馆藏分布

布依族古籍文献由政府主导，真正意义上的抢救、搜集工作是从2008年

---

① 王永书：《让民族文化瑰宝在普查工作中异彩纷呈——黔南州2008—2010年少数民族古籍普查工作总结》，贵州省民族古籍普查工作现场会（荔波），2010。

② 2013年4月深入罗甸县进行田野调查时统计。

③ 郭正雄：《大河十三寨布依族摩经概述》，贵州省布依古文字与摩文化典籍研讨会（望谟），2012。

④ 陈荣贵：《贵阳市布依族摩经文化基本情况及现状》，《贵州世居民族研究动态》2012年第2期。

⑤ 杨芝斌：《论报尔佗》，贵州省布依古文字与摩文化典籍研讨会（望谟），2012。

⑥ 2013年8月访问望谟县民族宗教事务局副局长王玉贵统计。

荔波县开始的。2008年，在黔南布依族苗族自治州荔波县第十五届人民代表大会第二次会议上，县长陈稠彪在《政府工作报告》中正式提出开展征集荔波县布依傩书古籍，由此拉开了荔波县人民政府正式开展征集抢救布依族古籍文献的序幕。2008年11月27日，荔波县档案局、民族宗教事务局和布依族学会召开会议，集中人力、物力，开展布依族古籍文献征集进馆的工作。目前布依族古籍文献的馆藏分布主要集中在黔南布依族苗族自治州的荔波县、三都水族自治县和贵州民族大学。荔波县民族宗教事务局布依文古籍研究馆馆藏485册、县档案馆馆藏304册，三都县档案馆馆藏28册，贵州民族大学图书馆馆藏30余册，贵州民族文化宫图书馆、贵州省博物馆等单位也有收藏。

4. 编目分布

布依族古籍文献的编目指编入《中国少数民族古籍总目提要·布依族卷》的条目。《中国少数民族古籍总目提要》的编纂出版是现阶段少数民族古籍工作的重要内容，全套以民族分卷，共约66卷，110册，每册收书目约3000条，共收书目33万余种。它的编纂是对20年来民族古籍抢救、搜集、整理、翻译、出版、研究工作所取得成果的一次全面汇编。《布依族卷》是《中国少数民族古籍总目提要》的重要组成部分，它第一次系统介绍了布依族古籍的总体情况。整理编入《中国少数民族古籍总目提要·布依族卷》的布依族古籍文献条目有237册，主要集中分布在黔南州、黔西南州、安顺市、贵阳市和毕节市，其中，黔南州117册，主要分布是荔波县71册、三都县29册、罗甸县8册、长顺县8册、贵定县1册；黔西南州49册，主要分布是安龙县42册、贞丰县7册；安顺市44册，主要分布是镇宁县25册、关岭县9册、紫云县7册、普定县3册；贵阳市15册，主要分布是花溪区13册（包括原小河区1册）、南明区2册；毕节市的12册，都分布在威宁县新发乡。

5. 出版分布

由于布依族古籍文献本身的特殊性和一些实际原因，整理出版工作步履艰难，目前的出版物凤毛麟角，原稿本主要集中分布在黔西南州、黔南州、安顺市和云南省罗平县等。如黔西南布依族苗族自治州的望谟县分布最多，有《安王和祖王》《造万物》《祭歌》《布依摩经——母祝文》《布依嘱咐经》《布依族摩经——“王母圣经”精华选编》和《论皇》。其他有少量分布的是黔南布依族苗族自治州的荔波、罗甸、都匀、贵定、惠水、三都和黔西南布依族苗族自治州望谟、册亨、贞丰的《布依族古歌》；安顺市镇宁县的《古谢经》；云南省罗平县的《云南布依族传统宗教经典〈摩经〉译注与研究》。

6. 入选《国家珍贵古籍名录》分布

为了有针对性地保护中华珍稀古籍，实现国家对古籍的分级管理和保护，自2007年9月底开始，国家文化部组织开展了《国家珍贵古籍名录》和《全国古籍重点保护单位》的申报工作。《国家珍贵古籍名录》的名单已公布了四批，布依族古籍文献已入选16部，主要集中分布在黔南布依族苗族自治州的荔波县和三都水族自治县，其中荔波县15部，分别是《献酒备用》《接魂大全》《解书神庙》《关煞向书注解》《掌诀》《修桥补路》《架桥还愿》《罢筵倒坛》《祭祀请神》《傩愿问答》《盘古前皇》《祭解全卷大小通用》《祈请婆王》《钜鹿氏》和《做桥》，三都水族自治县1部《傩书》。荔波县档案馆被命名为首批全国古籍重点保护单位。

（二）布依族古籍文献的分布规律

根据以上布依族古籍文献的区域分布、馆藏分布、编目分布、出版分布、入选《国家珍贵古籍名录》分布和代表性区域藏量统计，可以分析出布依族古籍文献的分布具有四个基本规律：一是与布依族人口分布基本一致，二是与布依族语言使用和发展基本一致，三是与布依族民间信仰基本一致，四是与布依族传统文化保护和传承基本一致。

（1）与布依族人口分布基本一致。

据2010年全国第六次人口普查数据，全国布依族人口总量约287万，主要聚居分布在贵州省，贵州省布依族人口有251万，其布依族人口分布受历史原因、自然条件和多种社会经济因素影响，各地区布依族人口分布极不平衡，南部多、北部少，沿江、沿河多，高山、高原少。其中，黔南州最多，有100.9万，其次是黔西南州，有77.3万，再次是安顺市34.6万、贵阳市20万、六盘水市8.2万、毕节市5万。因此，布依族古籍文献在黔南和黔西南的分布最多，这与布依族人口分布的规律基本一致。

（2）与布依族语言使用和发展基本一致。

布依语属汉藏语系壮侗语族壮傣语支，布依语没有方言的差别，只有土语的区分。根据各地语音的差异和部分词汇的不同，划分为三个土语区。布依语是布依族人民主要的交际工具。布依族古籍文献是用布依语及其方块布依字传承的，因此，使用布依语的区域就有布依族古籍文献的分布。黔南布依族苗族自治州的荔波、罗甸、长顺，黔西南布依族苗族自治州的望谟、贞丰、安龙、册亨，安顺市的镇宁、关岭、紫云、普定，贵阳市的花溪区，毕节市的威宁新发乡等至今都还在使用和发展布依语，在其布依族聚居乡村的小学开展布依语“双语”教学。望谟县被贵州省布依学会命名为“中国布依族语言与文字培训基地”及“中国布依古歌之都”。荔波县还针对布依族山乡的实际，译制布依语“双语”课件，促进边远乡村远程教育工作，深受少数民族群众的欢迎。布依族古籍文献在这些区域的馆藏分布、编目分布、出版分布、入选《国家珍贵古籍名录》分布和藏量都占有很大的比例。

（3）与布依族民间信仰基本一致。

布依族古籍文献的分布，大部分是因为其实用性延续至今。布依族民间对布依族古籍文献的现实需求，确定了其分布和保存的必要性和必然性。布依族有自己的传统宗教信仰，即“摩教”，无论是在丧葬仪式上，还是在祭祀、祈福、禳灾、驱邪仪式中，都运用“摩经”。“摩经”是“摩教”的经典，即是我们今天所说的布依族古籍文献，而且“摩经”在布依族古籍文献中占主要部分和重要部分。在布依族民间，除极少数信仰天主教的布依族外，布依族古籍文献的分布与布依族民间信仰基本一致。

（4）与布依族传统文化保护和传承基本一致。

布依族古籍文献是布依族在长期的历史发展进程中积淀下来的，蕴涵着布依族丰富的历史文化资料，记录了布依族的发展历程，是布依族传统文化的重要组成部分。黔南州、黔西南州及安顺市、贵阳市在布依族传统文化的保护和传承方面取得了丰硕的成果，其中入选《国家级非物质文化遗产名录》项目的，黔西南州就有 6 项、黔南州有 5 项、安顺市有 2 项；入选《贵州省级非物质文化遗产名录》项目的，黔西南州有 43 项、黔南州有 24 项、安顺市有 15 项、贵阳市有 12 项。绝大多数布依族古籍文献能够保留至今，都和布依族传统文化的保护和传承密切相关，布依族传统文化保护和传承得好的区域，布依族古籍文献保留得就比较多和完整，反之亦然。

四、结语

布依族古籍文献的分布很均衡，也很不均衡。均衡是指在区域分布上，几乎每一个布依族村寨都有分布。不均衡是指在馆藏分布、编目分布、出版分布和入选《国家珍贵古籍名录》分布上，其中在黔南布依族苗族自治州的荔波县和三都水族自治县，四种类别的情况都有分布，数量也明显偏高，而且在入选《国家珍贵古籍名录》的分布上具有唯一性。黔西南州和安顺市在条目整理分布和整理出版分布两种类别中有分布，而黔西南的安龙县主要是编目分布多，望谟县是出版分布多，数量上独领风骚。而贵阳市和毕节市威宁县新发乡主要是编目的分布。布依族人口的分布、语言的使用和发展、民间信仰及传统文化保护和传承的差异直接影响着布依族古籍文献的分布规律。布依族人口分布越多，布依语使用和发展越好，民间信仰越传统，文化保护和传承越持续，布依族古籍文献的民间藏量、馆藏就越多，编目、出版、入选《国家珍贵古籍名录》也就越多，也越珍贵、越有价值。

随着国家对文化典籍整理工作的重视，民族古籍分布研究意义也愈来愈显得重要。根据少数民族古籍抢救推进计划已列入“十二五”民族事业发展十大推进计划之一的要求，布依族古籍文献的各类分布现状是远远不够的。目前，绝大多数的布依族古籍文献还散落民间，很多手抄本由于管理不善，多有损毁，古籍文献的传承人大多为古稀老人，布依族古籍文献随时面临消失的危险。收集保存到研究馆、档案馆、图书馆的布依族古籍文献，编目和整理工作还很有限，翻译、出版和研究更是寥寥无几。因此，在加强对布依族古籍文献的抢救、保护、搜集、整理、翻译、出版和研究工作时，不但要结合布依族古籍文献的发展实际，还要充分考虑其分布特征，各地区仔细衡量古籍数量的多少、篇幅的长短，均衡开发布依族古籍文献，使之与现代文明相协调，保持民族性，体现时代性，为建设布依族古籍文献数字资源资料库提供坚实保障，为社会主义文化的大发展大繁荣作出应有的贡献。

原载《贵州民族大学学报》（哲学社会科学版），2014 年第 1 期。收入本文集时有所修改。

布依族古籍翻译中的方音处理

吴启禄*

布依族是我国民族大家庭中的古老民族之一。与其他兄弟民族一样，布依族有着丰富的历史、民俗、文学、艺术、语言、哲学、美学以及农林牧渔、手工业生产等古籍宝藏。在贯彻执行国务院、贵州省政府关于抢救、搜集、整理、出版少数民族古籍的文件中，各地有关单位和同志做了大量的工作，取得了可喜的成绩。我是一名布依语文学习者、工作者，近年来有幸应邀参加贵阳市布依族古籍的搜集整理工作，收益不小，但也遇到一些技术性问题，方音（包括方言词）的处理便是其中之一。

布依族在漫长的历史过程中只有自己的语言，而没有记录自己语言的文字。现行的布依文是在1956年党和人民政府为布依族人民创造的拼音文字的基础上，经过1982年、1985年两年修订完善起来的。由于各种原因，布依文至今还没有为布依族广大人民群众普遍掌握使用。

布依语内部一致性较大，没有方言的差别，只分为三个土语八个小区（即次土语）。各土语（小区）的差异主要存在于语言及少数的词上面。《布依文方案（修订案）》规定：布依文以第一土涪为基础，以规范的望谟县复兴镇话（简称望谟话，属第一土语第一小区）的读音为标准音。非标准音点的布依族古籍资料，用布依文整理时必然存在方音的规范、处理问题。方音处理有两个内容：一是同源词中不同音值的方音处理，一是非同源词及其方

---

*吴启禄（1934—），男，汉族，贵州民族大学退休教授，贵州语言学会副会长，主要研究领域为布依族语言文字。

音处理。同源词无疑按布依文方案“正字”条例规范书写。但有些同源词规范后，如果没有某种补充措施，当地人就可能读不懂，甚至会产生误解。例如（本文均以贵阳布依话为例，简写“贵阳话”。后同，不另注）“客人”，贵阳话说 jiak^{7}，望谟话说 he^{5}，声韵调都有整齐的对应规律，是同源词，但单纯规范书写为 hees，贵阳布依族就读不懂。又如“世代”，贵阳话 tsiu^{6} 与望谟话 ɕeu^{6} 同源，有对应关系，但规范写为 xeeuh 后，贵阳市布依族就可能读成 tsiau^{6}，就会误解为“直”①。在非同源词中，有的是同一事物、同一概念贵阳话与望谟话说法不同，如“锄头”，贵阳话说 baːk^{7}，望谟话说 ʔja^{5} 或 kuə^{5}，如果规范成 qyas 或 gues，贵阳布依族都听不懂；有的是在同源词之外贵阳话另有同义词，而这个同义词在古籍资料中起着押韵、对偶等重要作用。例如《布依族酒歌》：

（1）nau^{2} saːŋ^{1} tso^{3} la^{4} nau^{2} saːŋ^{1} tsuai^{6}

说 上面 桌子（助）说 上面 酒席

（2）nau^{2} saːŋ^{1} tso^{3} sɿ^{3} tsuai^{6} no^{6}tsiːŋ^{1}

说 上面 桌子 是 酒席 年肉（腊肉）

（3）mi^{2}ʔjiu^{5} sin^{3} lɯk^{8}tiːŋ^{1} laɯ^{2} ʔaːi^{5}

没有 块 黄瓜 哪 掺杂

（4）mi^{2}ʔjiu^{5} kaːi^{5} lɯk^{8}tiːŋ^{1} laɯ^{2} ziu^{4}

没有 块 黄瓜 哪 混合

（5）nau^{2} saːŋ^{1} tso^{3} sɿ^{3} tɯn^{2} no^{6}jiu^{2}

说 上面 桌子 是 坨 肥肉

（6）mi^{2}ʔjiu^{5} sin^{3} lɯk^{8}pu^{2} laɯ^{2} ʔaːi^{5}

没有 块 地萝卜 哪 掺杂

（7）mi^{2}ʔjiu^{5} kaːi^{5} lɯk^{8}pu^{2} laɯ^{2} ziu^{4}

没有 块 地萝卜 哪 混合

上面（3）、（4）两句与（6）、（7）两句分别有两对同义词：kaːi^{5}“块”与 sin^{3}“块”，ziu^{4}“混合”与 ʔaːi^{5}“掺杂”。其中 kaːi^{5}“块”与 ziu^{4}“混合”

① 望谟布依话 eu 韵，贵阳话分化为 iau、iu 两韵，贵阳话口语“直”说 tsiau^{6}。

（望谟话说 zeu⁴）是同源词，sin³“块”与 ʔaːi⁵“掺杂”是贵阳话方言词。它们在诗句中交替使用构成两个对偶句。如果 sin³ 和 ʔaːi⁵ 都规范写为 gaais 和 reeux，那么（3）句与（4）句、（6）句与（7）句完全相同，就重复不生动了。而且（3）句、（6）句的 ʔaːi⁵ 还与（4）句、（7）句的 kaːi⁵ 押韵（中韵，或称腰韵），要是 ʔaːi⁵ 规范为同源词 reeux，就破坏了布依族诗歌的韵律特点了。像这样的方言词要不要在古籍资料中保留下来？如果保留，如何进行其方言处理就成了亟待解决的问题。

几年来，由我执笔翻译整理现已成书或完稿即将出书的贵阳布依族古籍资料有：《黔中布依族礼俗歌·牛经书》（中国民间文艺研究会贵州分会收编为《民间文学资料（第 65 集）》上、下册）、《布依族酒歌》（已交贵州民族出版社出版，1989 年 3 月出书）、《布依族古歌》，共 27000 行，130 多万字。这三本书均用布依文、汉文对译。由于编译时间不同，目的要求也不完全一样，方音的处理方法也有相应的变化，但基本精神是一致的。下面以《布依族酒歌》为例，介绍我在布依文规范时对贵阳话方音的处理做法，希望同志们予以指教。

一、同源词按“正字”条例规范书写，未加注音

这是全书布依文的主要形式，其中有三种情况。

（1）音值与布依文标准音相同，如 dal[ta²⁴]“眼睛”、unx[ʔun³¹]“对面”、mengl[mɯŋ²⁴]“渠沟”、bux[pu³¹]“族、人”。

（2）音值与标准音有差异，但有严整对应规律的，或是“一比一”的对应关系，或是“一分为 *x*”有分化条件可寻的对应关系。这在书后附有语音对应规律表，读者只要参考此表，就能读出本地方音。下面抄录该书附录“布依文与贵阳地区方音对照表”供参考（该表内包括贵阳方言词，音值相同的声母韵母未列入）：

声母

布依文	贵阳方音	适用范围、条件	例词
by	[p]	同源词	byagt 菜，byoongh 半
f	[v]	同源词	feangz 稻草，faix 树
v	[v]	同源词，贵阳方言词	waanl 香，wangh* 个（人）
	[w]	同源词，贵阳方言词，以 u 起头的韵母	weangz（wuang*）皇帝，daucwus* 豆腐
h	[ɤ]	同源词，以 a、o、u、e 起头的韵母	hac 五，hes 干
	[j]	同源词，以 i、ee 起头的韵母	hingl 声音，heenl 隔（格）
x	[ts]	同源词	xiangl 年、节，xauz 晚饭
z	[ts]	方言词，同源词中的方音	zoih* 酒席，xunc（zinc*）代

韵母

布依文	贵阳方言	适用范围、条件	例词
a	[a:k]	同源词，贵阳方音 [aag*] 韵	qyas 恶，das 晒
aag*	[a:k]	贵阳方言词	baagt* 大坛子，yaag*（酒）颜色
oi	uai	同源词，方言词	ndoil 山坡，zoih* 酒席
oo-	ua-	同源词，方言词；ioog* 韵除外	soongl 两，oobt 腌（蛋）
oog*	[uak]	方言词，同源词中的方音	-noogl* 苋菜，xoh（zoog*）明天
eeu	iau	同源词，方言词	ndeeul 一，neeuc 别、不要
ee-	ia-	同源词，方言词韵尾 -n、-d 除外	jeewh 山坳，seengc* 想
een	[e:n]	同源词，方言词	xeenz 钱，meeiu* 连花寨
eed	[e:t]	同源词，方言词	beed 八
eeg*	[iak]	方言词，同源词中的方音	meeg* 边、面，hees（yeegt*）客人
ie	i	同源词	nyiel 听，legjiel 松果
ia-	ie-、ia-	同源词，方言词；iag* 韵除外	xians 转动，zianl* 遮
lag*	iek	同源词中的方音	ies（iagl* ）饿
ue	u	同源词	duez 只（动物），guel 盐

续表

布依文	贵阳方言	适用范围、条件	例词
ua-	uo-	同源词，方言词；ung* 韵除外	nuangx 弟、妹，zuangx 段、节
uag*	uok	同源词中的方音	sues（suagl*）包
ea	ɯ	同源词	geal 喂，feax 别人
eag*	[ɯʁk]	方言词，同源词中的方音	deae* 畦，ngeah（ngeae*）蛟龙

声调

调类	一	二	二	四	五	六	七		八	
							长元音	短元音	长元音	短元音
布依文符号	l	z	c	x	s	h	t		用韵尾 -b、-d、-g 表示	
标准音调值	24	11	53	31	35	33	35		33	
贵阳话调值	24	22（11）	13	31	44	53	44	45	53	31（11）
例词	-daul	dauz	dauc	daus	daus	dauh	iadt	idt	gaab	gab
	前年	青苔	来，降	斗	梭子	草木灰	伸	第一	夹	捉

（3）少数没有对应关系的而音值相近的贵阳话特殊读音，如 haans“鹅”、haux“饭”、weanl“歌”。（贵阳话分别说 ʔaːn^{5}、ɣaːu^{4}、wuːn^{1}）

二、同源词按“正字”条例规范书写，加注方音

这种规范加注，即在规范词后用（）另注贵阳话方音，以便本地读者诵读。方音一律按照前面“对照表”的对应规律拼写，并在音节的右上角加 * 号表示。规范词需要加注方音的有以下几种情况。

（1）音值相差甚大的，如：hees（yeegt*）“客人”、nis（nais*）“小”。

（2）在语音对应规律之外的特殊的声、韵、调的音节，例如：nongz（nyongz*）“浓（亲热）”、aams（oms*）“一（口）水”、bungzfal（waz*）“板

壁”、siu1（suc*）“收”。

（3）长元音后带 -g 韵尾（标准音已脱落）的音节，如：nyaag* “吃厌”、bees（beegt*）“破”、buxroh（roog*）“外人”、deag* “畦”、ies（iagt*）“饿”、sues（suagt*）“包”。

（4）布依文中一个声母或韵母在贵阳话里分化为两个声母或韵母又没有条件可寻的。其中有一个与标准音音值相同，便注明不同音值的方音。例表各举两例如下：

布依文		贵阳话	例词
声母	j	j	jeex 场集，jius 亲家
		g*	jauc（gauc*）头，jang1（gang1*）装
	gv	gv	gvas 过，gvaangs 宽
		j*	gveeuc（jeeuc*）绞，gveec（jeec*）青蛙
韵母	ian	ian	xians 旋转，bians 变
		ean*	sianl（seanl*）园子，dianl（deanl*）谈论
	eang	eang	feangz 稻草，weangl 沟渠
		uang*	weangz（wuangz*）黄帝，weangc（wuangc*）小米

（5）布依文的一个韵母在贵阳话里分化为两个韵母，也没有条件可寻。又都没有与标准音音值相同的。就在（ ）内注明方音，列表举两例如下：

布依文	贵阳话	例词
on	on*	ronl（onl*）路，xonz（zonz*）句
	oon*	onl（oonl *）刺，ngonz（woonz *）天、日
od	ad*	mod（ mad *）蚂蚁，ndondt（ ndadt * ）喝
	ood *	odt（ oodt* ）塞，jodt（goodt* ）冷冻

（6）布依文韵母 eeu 和 oi 在贵阳话里分别分化为 eeu（iau）、iu 和 oi（uai）、ui 两个韵母，参照辅音韵尾前的 ee-、oo-，贵阳话分别读为 ia-、ua-，（ ）内就只注 in 和 ui 韵母的音节。例如：

布依文	贵阳话	例词
eeu	ian	ndeeul 一，leeux 全部
	iu	jeeuz（jiuz*）桥，aangsreeu（riul*）欢笑
oi	uai	ndoil 山坡，xoih 修
	ui	soix（suix* ）左，oix（ uix* ）破

三、保留文言词，按布依文声、韵、调拼写方音

《布依族酒歌》中出现的方言词全部保留下来，这是因为目前布依文还没有普及，标准语还没有为广大布依族群众所掌握。如果把不同源的方言词都“规范化”地改为标准音点的音，这不仅会成为本地人看不懂的东拼西凑的“大杂烩”，而且会失掉民间古籍的色彩和真实性。

方言词的布依形式也按前面“对照表”的对应规律拼写，也在音节的右上角加 * 号，但不加（ ），以区别于同源词的加注方音。例如：

Dez mal（me1* ）xunc（zinc*）

拿　来　　　　代

laucdiangz（deangz*）aangs hees（yeegt*）

甜酒　　　　　　　欢迎　客人

Dez mal（mel*） zangh*

拿　来　　　　代

laucdiangz（deangz*） aangs mangx

甜酒　　　　　　　欢迎　亲家

方言词、方音按当地音值拼写，必然会出现与布依文方案不一致的现象。就贵阳话来看，粗略统计，《布依族酒歌》书中比布依文方案多出了 em、aag、oog、uag、eag 等几个韵母形式，还有一些为标准音所没有的音节形式，如 zinc、deangz、oobt、nduams 等。对这个问题，我的看法如下。

（1）在布依文——尤其是布依文标准语尚未普及的情况下，应该允许保留方言词、记注方音。方言词、方音有 * 号以示区别，并不违背布依文的规范。《布依文方案（修订案）修改说明》明文指出：“在教材教法上，目前可

以采取灵活变通的办法，以适应当地语言的特点和方便群众的学习。”

（2）这样处理，能有效地提高当地布依族学习、使用布依文的速度。贵阳市少数民族古籍培训班的学员在学习布依文、运用布依文搜集布依族古籍资料的实践中，已予以有力的证明。

（3）在古籍中保留方言词、方音，不仅能反映当地布依话的特点，还可为将来布依语方音比较和语言史研究提供史料。请先看下表：

汉义	语言								
	布依语		壮语	傣语	侗语	水语	仫佬语	毛南语	黎语
	贵阳话	标准音							
客人	jiak^{7}	he^{5}	hek^{7}	xɛl^{9}（西双版纳）	ghek^{9}	hek^{7}	khɛːk^{7}	hɛk^{7}	bou^{3}-ʔaːu^{1}
纸	sa^{1}tsi^{3}	sa^{1}	ɕei	tse^{3}（德宏）	ȶi^{3}	tsi^{3}	tsi^{3}	tsi^{3}	tshi^{3}

“客人”的“客”，布依语各地还有 he^{3}、je^{5}、ɦe^{3}、ɣe^{3}、ɕe^{3} 等说法，从布依语内部比较，参考亲属语言的读音，可以看出标准音“客”的韵母 ee 是语言演变中韵尾 -k 失落的结果，声调由 7 调并入 5 调。

“纸”贵阳话有 sa^{1}、tsi^{3} 两个同义词。sa^{1} 与标准音同源，tsi^{3} 是非同源的方言词，但它却与其他亲属语言同源。如果不保留这个方言词 tsi^{3}，统一规范为 sa^{1}，那就看不出这种亲属同源关系了。

（4）古籍中的方言词往往是现代口语中少见的古词、生僻词，保留它，这对研究历史、习俗、族源等有很大作用。

整理、编译民族古籍是一项严肃而繁杂的工作，处理方言词和方音也是科学的技术性问题。现在民族古籍的工作已在各地普遍、深入开展起来，这问题就更有现实意义了。本文意在抛砖引玉，相信在布依族的古籍编译工作中会有科学的、行之有效的做法。

原载《布依学研究》——贵州省布依学会成立大会暨第一次学术讨论会论文集，1988 年 12 月 1 日。收入本文集时有所修改。

布依族古籍整理“三结合”的尝试

吴启禄

近几年来，我应邀参加了贵阳市布依族古籍资料的搜集、整理、编译工作。由我执笔现已成书或完稿即将出版的有《黔中布依族礼俗歌·牛经书》《布依族酒歌》《布依族古歌》，共2.7万余行，130多万字。

布依族在漫长的历史过程中只有自己的语言，而没有记录自己语言的文字。现行的布依文是20世纪50年代党中央和人民政府为布依族人民创造的一种拼音新文字。由于各种原因，布依文至今还没有为布依族广大人民群众普遍掌握使用。布依文的标准音是经过规范的布依语第一土语的望谟县复兴镇话，而贵阳地区布依话属于布依语第二土语，其语音、词汇与标准音都有一定的差异。贵阳地区的诗歌、经书等古籍又有一些不同于第一土语的特点，因此，在整理、编译中需要解决一些学术性问题，如：怎样把口头的古籍资料整理成布依文的书面文学；如何把贵阳布依话语音规范为布依文，同时又能适当地反映出贵阳韵律的特点；如何编译布依文读者所能理解的布依文读物，又能保留贵阳方言的特点，使本地读者能有“是自己的书”的亲切感。总而言之，力图做到文学与语言，文字与语音，标准语与方言三个方面都结合起来，即本文所称的“三结合”。下面是搜集、编译中的一些具体做法，由于这三本书整理、编译的时间不同，目的要求也不完全一样，具体做法也有相应的改变，但“三结合”的基本精神却是始终如一的。

一、《黔中布依族礼俗歌·牛经书》的具体做法

（一）用国际音标记录，用布依文规范

前面说过，布依文是新创的拼音文字，还没有普及到布依族的各个村寨，各地布依族群众用以交际的仍是各自的方言土语，目前还不能用布依文直接记录非标准音点的民间古籍资料。因此，我采用两步走的办法：第一步，用语言调查的音位记音法忠实记录；第二步，在此基础上根据布依文的规范条例整理为布依文。在整理、规范的过程中，可以找出望谟话与贵阳话（当时以把火话为代表）之间主要的语音对应规律（即书后所附的“布依文、望谟话、把火话主要语音对应规律表”）供读者阅读该书作参考。

应该指出，在这些规范词中，有一些是对应表中对应规律之外的例外词。例如（例词中 [ ] 内是国际音标记录的当地方音音值[①]）：

声母：ngonz[vuan²] 天、日　haans[ʔaːn⁵] 鹅　nangh[zaŋ⁶] 坐

韵母：mal[mɯ¹] 来　deel[ti¹] 他、她，那　dangl[tɯŋ¹] 灯

声调：gol[ko¹] 棵　mbeed [ʔbeːt⁸] 摆设　haux[ɣaːu⁴] 饭

dox [to⁴] 驮

还有一些词，贵阳话的词义已经发生了某种变化，或转义，或扩大，或缩小，或替代，这些词也按同源词规范书写。例如：dianl 望谟话是“吵闹”，贵阳话 [tɯːn¹] 是“说、谈”，韵母 ian—[ɯːn] 有对应关系，“说”与“吵闹”意义上有转化的联系，因此仍规范写成 dianl“说”；jaul 望谟话是“活”，贵阳话 [kau¹] 是“寿延”，声母 j—[k] 有对应关系，词义由“活”转为“寿延”；贵阳话 laic“看”，显然是望谟话 leglaic“瞳仁”中的 laic 转义为“看”的；“糖”望谟话说 diangz，贵阳话说 [tɯːŋ²]，[tɯːŋ²] 还有“甜蜜”义，书中“甜蜜”也拼写为 diangz；“声音”望谟话说 [xiŋ¹]，贵阳话说

---

① 本文布依文例词根据《布依文方案（修订案）》书写，该书是在布依文方案修订之前排印的，书中按《布依文方案修改草案》书写，因此凡与本文不符的，一律以本文为准，包括书中排印上的错误。

[jiŋ[1]]，文字规范为 hingl，贵阳话 [jiŋ[1]] 还有“句”义，“句”也写 hingl，不写 xonz；saangl、gah 在贵阳话里除有望谟话的“高”“价”之义外，分别还有“上面”“债、帐”义，它们也不写 genz[①]、uic。可见，贵阳话的 diangz、hingl、saangl、gah 都比望谟话的 diangz、hingl、saangl、gah 的使用范围扩大了。luangz 本义是“铜”，但在“Haux、jiml、luangz bail xos（用米、金、铜钱一起去买）”句中，词义缩小为“铜钱”；bux 原是禽类的“雄”性，meeh 是动物的“雌”性，但在“Xiangx xadt beedt duez bux，Xiangx beedt guc duez meeh（养了七只公鸡，养了八九只母鸡）”句中分别缩小为“公鸡”“母鸡”；xeeuh 原指“世代”的长时间，而在“Songz bix*xeeuh rail nangc（站了有蒸一甑子饭的时间）”句中只指“蒸一甑子饭”的短时间；haaiz 本义是“鞋”，但在“Jongs bixnuangx qyol haaiz bail duh（兄弟们抬脚去踩）”句中却代表“脚”义；“Fih deanl* xaaux ndanl bail ndanl daaus（未造梭子来回织布）”句中的两个 ndanl，本义是量词“个”，但在这句中却代替了上句“Fih deanl*xaaux ndanldaus ndiz mail（未造梭子、纱锭、棉线）”句中的 ndanldaus“梭子”；“Laaux zeex*qyagt*runs bail（人死了就马上抬走）”句中的 laaux“老”代替了 daail“死”。类似上面这些词都按同源词规范书写。

（二）保留方言词，拼写方言音

目前布依文还没有普及，标准语还没有确立，布依族还没有布依文的书面文学。在这种实际情况下，如果不保留方言词，把不同源的方言词都改用标准音点的“规范词”，势必成为没有方言特点的东拼西凑的“大杂烩”，这既不能形成民间文学，也丧失民间古籍的色彩。况且，在这些古籍资料中，有不少是古词和生僻词。因此，我在整理、编译中把方言词全部保留了下来，按当地的音拼写，按当地的义翻译，未作任何规范，只在方言词的右上角加 * 表示。方言词包括以下几种情况。

（1）除同源词外，贵阳话还有其他的同义词。例如：“看”，除了同源

① 贵阳布依话“上面”也说 genz，在这里，genz、saangl 是同义词。

词 gauc、laic 外，贵阳话还有方言词 qyangl*、diaul*、nguangh*、qyex*、diangh*、daz*、uaml* 和 degt* 八个同义词；“别人”，除 feax 外，贵阳话还有同义词 ndiagt*、buxwaag*；“亲家”，除同源的 jius、ndoongl 外，还有同源词 mangc*、jangc*mangc*。此外，“直”“花（名词）”等虽然分别有同源词 soh、wal，但贵阳话口语中主要是用方言词 ziauh*、ndaais*。

（2）贵阳话与望谟话不同源的词。例如：“阴天”贵阳话说 [luam^{6}]，望谟话说 [pum^{2}]，书中写 luamh*，不规范为 bumz；“锄头”写 mbaagt*，不写 qyas；“才”写 yangx*，不写 xaux。再如：ndungs*“水烟袋”、laangh*“首”、ruangz*“梁”、gval*“锅”、oml*“汗”、bax*qyal*“一下子”、gul*langl*“感谢”等也都是贵阳话与望谟话不同源的方言词。

（3）有些是标准音点甚至是其他多数地区所没有的布依语词。例如：lex*“亲戚”，beanx*“盘问”，ndiaux*“至少”，yeeh*“冒充”，langx*“遭殃”，goliegt*“（一种茅草名）”。

（4）当地的地名、人名。参见“词译”部分中“人名”“地名”的举例。

所有方言词一律用布依文字母拼写当地布依话方音，除音值与布依文方案相同者（如单元音各韵、短元音带韵尾各韵及 aa-、ea- 带韵尾各韵）外，布依文的长 i、长 u、长 ee（包括 eeu）、长 o（包括 oi）等韵及声母 by、z① 和一部分 j 声母字，贵阳话的实际音值是 [ie-]、[uo-]、[ia-]、[ua-] 和 b、z、g，书中都相应拼写为 ie-、uo-、ia-、ua- 各韵和 b、z、g 声母；贵阳话的 [ɣ] 声母，用布依文字母 h 表示。下面是方言词方音的一些例词：liengx*“两”，zil*iedt*“推磨”，zuongz“三脚架”，suob*（砍牛响声），riamx*“请”，zax*biauh“寂寞”，duad*“扔”，nuais*“倒下”，haaih*“活”，nyix*guail*“铙钹”。

此外，贵阳布依话方音中还有长元音后带韵尾 -g[-k] 的音节形式，也都全部按实际音值拼写。例如：yamx*qyaagt*“商量”，yaag*“泼”，rogruagt*“布谷鸟”，guag*“风云”，bax*riegt*“寂静”，mbaanx nduogt*“贺陆寨”，suog*“处所”，zax*mbeagt*“多得很”，zeag*“白蜡”。

除方言词用当地方音拼写外，在以下几种情况下，同源词也暂时保留

---

① 布依文声母 z 只用作拼写现代汉语借词，贵阳布依话有 z[ts] 声母。

方音。

（1）虽是同源词，但音值相差甚大，若按布依文标准音规范，当地布依族群众听不懂。例如：“客人”，贵阳话说 [jiak⁷]，望谟话说 [xe⁵]，如规范写作 hees，贵阳人念起来听不懂，便保留方音写作 yiagt*；“小”，贵阳话说 [nai⁵]，望谟话说 [ni⁵]，音值相差甚大，甚至会产生误解，也保留方音写作 nais*；“熔化”，贵阳话说 [tsɯːk⁸]，望谟话说 [ɕiə⁶]，音值相去很远，保留方音写作 zeag*；“盘”写作 beanz*，不写 baanz。①

（2）根据韵律需要，凡上下句在押韵规律之内的（韵律参看该书下册附录四“贵阳地区布依族民歌格律简介”），这部分同源词也临时留用方音。例如：“路”规范为 ronl，但在《三朝歌》中为押上句 ranl“见”韵（腰韵）而留用方音 [zan¹]，写为 ranl*：

Raabt gvas dongh gvas yaanc*laail ranl，挑过田坝田埂大家看见，

Raabt gvas dongh gvas ranl*② laail rox. 挑过田坝大路大家知道。

“跟、和”规范为 riangz，但在《忆比歌》中它与上句、下句的 beangz“地方”押韵（押上句尾韵，押下句腰韵），也留用方音 [zɯːŋ²]，写作 reangz*：

Deel mal banl leeux mbaanx leeux beangz，他们领导全国土改，

Deel mal banl leeux mbaanx zix*reangz*③，全国农民拥护土改，

Deel mal banl leeux beangz zix* aangs. 全国农民欢迎土改。

“汉族”规范为 Has，在《分烟歌》中，为与上句 mbaagt*“锄头”押韵（头韵），留用了方音，写成 Haagt*：

Dul bail xul Lungflij diz mbaagt*，我们去龙里城打锄头，

Dul bail Haagt* ④Lungflij diz liamz. 我们去找龙里汉人打镰刀。

（3）在下篇《牛经书》中有少数词，目前尚不明白是什么缘故已不读本

① 望谟话的 aan 韵只与贵阳话的 aan 韵对应，贵阳话念 [ɯːn] 的仅此一例，权且视为同源词对应规律的例外，类似的还有“茶”zeez*（布依文是 xaz）等。

② 暂用书中符号代表腰韵。

③ 暂用书中符号代表尾韵。一音押两韵时，押上句韵的写在前，押下句韵的写在后。

④ 暂用书中符号代表头韵。

音了，这些词也暂时保留方音。例如：《嘱咐经》“Sul gueh rih dongh* waag*（你们在这里做坟地就会发财）”和“Baagt* gueh rih dongh* wuf*（挖这地做坟地我们也会发财）”两句中的两个 dongh*“落”，本音都是 dogt，不知何故，这里只能念 dongh*，而不能念 dogt，第二句中的 Baagt*“挖”，本音是 [pa:k^{8}]，规范为 bah，但这里只能念 [pa:k^{7}]，暂时保留这个方音；又如同章中“Bux laoy gaix* laoy gaix*”句中的两个 gaix*“得”，本音都是 ndaix，这里都只能念 [kai^{4}]。这种情况，书中都有注释。

方言词，方音按实际音值拼写，固然反映出当地语言和文学、古籍的特点，便于当地布依族读者的阅读，但音系超出了布依文方案，据粗略统计，该书比布依文方案多出了 aag、uag、iag、iem、ien、ieng、ieb、ied、ieg、uon、uong、uob、uog、eag 等韵母形式，并出现了同音不同形、同形不同音的现象。

（三）词译句译并举，遵循“信”“达”原则

民族古籍、民间文学的质量如何，取决于内容和表现形式。任何民族民间古籍都有自己的特点。因此，我在该书中全部采用词译和句译，忠实于原意，保留其形式特点，遵循“信”“达”的原则。

句译：用汉文逐句翻译布依文的句意。该书的句译，主要是直译该句的本意，某些句是译其内容大意的，这毕竟为数不多。句译有下面三种情况。

（1）紧扣词译，直译原意。即根据布依文、汉文的语法规律直译该句的本意。例如：

Lix noh zix* dez mal rauc, 有肉就拿来热，

有 肉 就 拿 来 热

Lix lauc zix* dez mal biangh*. 有酒就拿来烫。（《过礼歌》）

有 酒 就 拿 来 烫

Haux nix nagt bix*daix*, 这米重得很，

米 这 重 得很

Nagt lumc rinl xaml ramx. 重得像沉水的石头。（《牛经》）

重 像 石头 沉 水

（2）根据词译，翻译句意。即在词译的基础上翻译全句的内容意思。例如：

Iadt bail genz iadt hungl, 靠上面靠到大地方，

伸直 去 上面 伸直 大

Iadt bail lac iadt gvaangs. 靠下面靠到宽地方。（《嘱咐经》）

伸直 去下面 伸直 宽

Mizenl* ndaix yingh* zaanz* ndaais*, 巴不得有朵把花引路，

巴不得 得 个把 残余 花

Mizenl* ndaix yingh* gaais zaanz* viz. 巴不得有块把火子照路。（《摸黑歌》）

巴不得 得 个把 块 残余 火

（3）参考词译，略译大意。仅从词译看不出全句的意思，必须根据上下句或本民族习俗来翻译句子的含意。例如：

Saaul ziml* xel langl saaul ziml* ziuh*, 女友我心里想了很久，

女友 想 心（助）女友 想 世（代）

Saaul ziml* xel laic* miz liuh*, 我心想讲又怕讲不好，

女友 想 心 要 不 好

Saaul ziml* ziuh* laic miz dianl. 我想了很久不说又不好。（《孝歌》）

女友 想 世（代）要 不 说

二、《布依族酒歌》的具体做法

本书是在《黔中布依族礼俗歌•牛经书》（以下简写为《礼俗歌》）出书后约一年的1986年10月完稿的。为了克服上面提到的《礼俗歌》中存在的当时没有解决的问题，在同源词的规范书写上、在贵阳话方音的处理上，《布依族酒歌》（以下简写为《酒歌》）作了一些改进，具体做法如下。

（1）同源词全部按布依文规范条例书写。为了保证同源词在书写形式上的一致，避免《礼俗歌》中有些同源词因保留方言而造成书写形式变异的现象，《酒歌》中同源词全部按规范条例书写，必要时在规范词后用（ ）注明贵阳话方音，以供当地读者诵读。需要注明方音的有以下几种情况。

①贵阳话方音音值与布依语标准音差别大，当地人不易读懂的词或词素。

②在语音对应规律之外的特殊的声、韵、调的音节。例如：nongz（nyongz*）

“浓（亲热）”、duezgveec（jeec*）“青蛙”、legyeeuc（reeuc*）“慈姑”等。

③长元音后带-g韵尾的音节。例如：nyaag*“吃厌”、bees（beegt*）“破”、buxroh（roog*）“外人”等。

④布依文的一个声母或韵母在贵阳话里分化为两个声母或韵母而又没有条件可寻的，其中有一个与标准音音值相同，只注不同音节的方音。为节省篇幅，综合列表举例如下：

<table>
<tr><th colspan="2">布依文</th><th>贵阳话</th><th>书中例词</th></tr>
<tr><td rowspan="4">声母</td><td rowspan="2">j</td><td>j</td><td>jeemh 山坳，jius 亲家</td></tr>
<tr><td>g*</td><td>jauc（gauc*）头，jangl（gangl*）装</td></tr>
<tr><td rowspan="2">gv</td><td>gv</td><td>gvas 过，gvaangs 宽</td></tr>
<tr><td>j*</td><td>gveeuc（jeeuc*）绞，gveec（jeec*）青蛙</td></tr>
<tr><td rowspan="15">韵母</td><td rowspan="2">ian</td><td>ian</td><td>xians 旋转，bians 变</td></tr>
<tr><td>ean*</td><td>sianl（seanl*）园子，dianl（deanl*）谈论</td></tr>
<tr><td rowspan="2">iang</td><td>iang</td><td>legdiangl 黄瓜，xiangl 正月</td></tr>
<tr><td>eang*</td><td>riangh（reangh*）畜圈，diangz（deangz*）糖</td></tr>
<tr><td rowspan="2">iad</td><td>iad</td><td>iadt 伸</td></tr>
<tr><td>ead*</td><td>ndiadt（ndeadt*）热闹，liad（lead*）血</td></tr>
<tr><td rowspan="2">uan</td><td>uan</td><td>guanc 管</td></tr>
<tr><td>ean*</td><td>luanl（leanl*）乱，suans（seans*）算</td></tr>
<tr><td rowspan="3">un</td><td>un</td><td>unx 对面，uns 嫩</td></tr>
<tr><td>en*</td><td>ndunx（ndenx*）吞，xunz（zenz*）玩</td></tr>
<tr><td>in*</td><td>xunc（zinc*）替，xunz（zinz*）玩</td></tr>
<tr><td rowspan="2">eang</td><td>eang</td><td>feangz 稻草，meangl 沟渠</td></tr>
<tr><td>uang*</td><td>weangz（wuangz*）皇帝，weangc（wuangc*）小米</td></tr>
</table>

⑤布依文的一个韵母在贵阳话里分化为两个韵母，也没有条件可寻，又都没有与标准音音值相同的，就在（ ）内分别注明方音，列表举例如下（eeu、oi两韵未列于此表，下段另述）：

布依文	贵阳话[1]	书中例词
on	[an]	ronl（ranl*）路，xonz（zanz*）句
	[uan]	onl（oonl*）刺，ngonz（woonz*）天、日
ue	[u]	duez 只（动物），guel 盐巴
	[o]	gueh（gox*）做，yueh（yoh*）哄骗
od	[at]	mod（mad*）蚂蚁，ndodt（ndadt*）喝
	[uat]	odt（oodt*）塞，jodt（goodt*）冷冻
ie	[i]	nyiel 听，legjiel 松果
	[ɯ]	ies（qyes*）累了，xiez（zez*）黄牛
ea	[ɯ]	beaz 摸，geal 喂
	[u]	weac（wuc*）云，beah（buh）衣服

⑥布依文韵母eeu和oi在贵阳话里分别分化为eeu（iau）、iu和oi（uai）、ui两个韵母，参照辅音韵尾前的ee-、oo-，贵阳话分别读为ee-（ia-）、oo-（ua-），（ ）内就只注iu和ui韵母的音节。例如：reeux（riux*）"混合"，jeeuz（jiuz*）"桥"，aangsreeul（riul*）"欢笑"，soix（suix*）"左"，roix（ruix*）"破"，goih（guih）"骑"。

（2）同源词按布依文规范条例书写，除上述需用（ ）注明方音外，绝大部分没有必要注方音，其中多数同源词的标准音与贵阳话方音音值是相同的，也有一部分音值不同，但有严整的对应规律或有分化条件可寻，如下表：

布依文		贵阳话	书中例词
声母	f	w	feangz 稻草，faix 树
	h	[ɣ][2]	haaus 话，hes 干
		[j][3]	hingl 声音，heenl 隔（格）
	x	z	xiangl 正月，xauz 晚饭

① 本表中贵阳话[u]、[i]、[ɯ]三个韵母与布依文ue、ie、ea音近，书中未注方音。

② [ɣ]的分化条件是在除i、ee及i、ee-各韵外的韵母前。

③ [j]的分化条件是在i、ee及i、ee-各韵母前。

续表

布依文		贵阳话	书中例词
声母	by	b	byagt 菜，byoongh 半
韵母	u	u	gul 我，mul 猪
		iu[①]	yuz 油，yux 朋友

（3）非同源的方言词仍然全部保留，并用布依文拼写贵阳方音。例见下文。

（4）用布依文拼写贵阳话方音。为了避免《礼俗歌》中存在的同音不同形、同形不同音的现象，尽量统一语音对应规律，减少布依文音系之外的书写形式，《酒歌》在方音拼写（包括方言词和同源词的注音）上作了一些改进，具体内容如下（方音的音节仍在音节右上角加 * 表示）。

①在声母上。

同源词中，布依文声母 h 在贵阳话里分化为 [ɣ]、[j] 两个声母，统一用 h 表示。只要记住 [j] 的分化条件是出现在 i、ee 和 i-、ee- 各韵之前，就能读准方音。这样既体现了声母 h 与贵阳话方音在书写形式上的一致，又避免了《礼俗歌》中 [j] 写成 y 的不一致现象。例如：“客人”《礼俗歌》写成 yiagt*，《酒歌》现写成 heegt*。

非同源的方言词，贵阳话 [ɣ] 声母用 h 表示，[j] 声母和 [ts] 声母仍写 y、z。这与《礼俗歌》相同。

②在韵母上。

无论是同源词的注音还是非同源词的拼写，韵尾前的长元音（包括 eeu、oi 两韵中的 ee、o）一律按布依文规范拼写，取消了《礼俗歌》中按方音实际音值拼写而多于布依文音系的那些韵母形式（即 ie-、uo- 各韵），放弃了形同布依文而又与布依文对应规律相矛盾的韵母形式。

贵阳话方音长元音后的 -g[-k] 尾仍然保留，但其长元音的书写形式与布依文在其他辅音韵尾前的长元音相一致。因此，与布依文比较，只多出了 aag、oog、eeg、iag、uag、eag 六个韵母形式。我认为，在布依族民间古籍

---

① iu 的分化条件是在 ny、y 两个声母之后。

资料中保留这六个韵母形式是必要的，它可为布依语方音比较和语言史的研究提供资料。

（5）词译、意译。《布依族酒歌》通过对唱来表达歌唱者热情好客、谦虚重礼的民族情感和良尚礼俗；句数一般不是很多，内容比较浅显。因此，我编译这本书时只作词译和全首意译，而没有作句译。

三、《布依族古歌》的做法

搜集、整理、编译《布依族古歌》要求用国际音标、民族文字对照，用汉文词译、句译。因此书中的布依文无须再注方音。至于非同源词的书写形式，则与《酒歌》的处理相一致。以下是引录的一些实例，可以看出这本书的基本面貌。为说明问题，本文在国际音标行下加＿的音节表示贵阳话方音，布依文行下加～的音节表示布依文规范形式。例如：

zuaŋ⁶dɯːn¹ tɯ² lɯːŋ³ tu²ŋɯːk⁸. 月亮带着蛟龙的伞。（《歇场歌》）

roonghndianl dez liangc dueznggeah.

月亮　带　伞　蛟龙

kuai³ vaːk⁸tsai¹ mi² di¹ tau³ mɯ¹. 只怪这犁不好使。（《当家歌》）

guaiq fahxail miz ndil dauc mal.

怪　犁头　不　好　使　来

kaːŋ¹ tsu¹ saːn¹ sɿ² pa² tiau² zan¹. 城里有三十八条路。（《造万物歌》）

jaangl xul saany sif baf deeuz ronl.

中间　州城　三　十　八　条　路

paːi³ saːm¹ ʔjaːm⁵ bɯt⁷ziu¹ tso³ jiu⁴. 走到哪里别人都讥笑。（《逃婚歌》）

byaaic saaml qyaams mbedtreeul xos yux.

走　三　步　讥笑　给　朋友

以上是同源词的例句。

vuan² mɯŋ² mɯ¹ tɕi⁵ paːk⁷ lau³daŋ⁵. 辣酒你挑来几坛。（《三朝歌》）

ngonz mengz mal jic baagt laucndangs.

天　你　来　几　大坛　辣酒

tsɯn^{1} ti^{1} mom^{1} zam^{4}muak^{7} ti^{1} tuam^{5}. 它（猪）汤在米汤里吃食。（《数年歌》）

zen1* deel moml* ramxmoogt* deel doomc*.

时　　它　汤　　　米汤　　它（响声）

til jaŋ^{4} piak^{8} siŋ^{1} ɣa:u^{4} tso^{5} ka:i^{1}. 才能挑谷子去卖。（《造场歌》）

deel yangx* beeg* singl haux xos gaail.

他们　方　　舀　　升　谷子　在　卖

sa:i^{1} tsɯ^{1} pɯ:k^{7} laŋ^{1} mɯŋ^{2} lo^{4} yiu^{4}. 死了我心向着你。（《梁祝歌》）

saail* xel baagt* langl mengz lo* yux.

死　　心　分离　　跟　　你（助）朋友

zau^{2} mai^{3} pa:i^{3} la^{3} li^{2} ba:n^{4} du:k^{7}. 我们又走到贺陆寨的梨树下。（《游地方歌》）

rauz maic byaaic lac liz mbaanx nduagt*.

咱们　要　　走　下面　梨　　贺陆寨

以上是非同源词中长元音后带 -g 尾韵母的例句，以下是非同源词中其他韵母的例句：

sʅ^{1} daɯ^{1} tsa:u^{4} tɕi^{3} siŋ^{5} tu^{2}vun^{2}? 是谁造人间百姓？（《造万物歌》）

sil ndael* xaaux jic sings* duezwenz?

是　　谁　　造　几　姓　　　人

dai^{4} tsa^{4}jiu^{4} tsa:u^{4} za:n^{2} jaŋ^{4}dɯ:t^{7}. 得情人成家才兴旺。（《自由成婚歌》）

ndaix zax*yux xaaux raanz yangx* ndeadt*.

得　　情人　　造　　家　　才　　发旺

zuai^{6} ti^{1} tan^{3} tɕe:n^{1}pu^{6} li^{4} da:i^{5}. 那姑娘穿着花袖衣。（《梁祝歌》）

roih deel danc jeenlbeah lix ndaais.

个（女）那　穿　　衣袖　　有　　花

tsim^{1} tɕi^{1} tsa:u^{3} tsin^{5} si^{1} ȵe:t^{7} va:t^{8}. 生起气来就拉枝条打。（《送信歌》）

ziml* jil* xaauh zins* sil nyeedt waad.

想　生气　拉　细条　丝　想　　抽打

niau^{3} kai^{2} ka:ŋ^{3} taŋ^{2} vu:n^{1} sa:i^{1} la:u^{5}. 不要唱起“夭折歌”。（《夭折歌》）

neeuc* jaiz gaangc dangz weanl saail laaus*.

不要　想　　讲　　到　　歌　　死　年轻

ku:n^{1} jin^{2}nan^{2} pai^{1} tsu^{1} ʔjap^{7}ʔja:i^{5}. 云南官到城里来勾结。(《造反歌》)

guanl* Yinfnanf bail xul qyabt*qyaais*.

官　　云南　去州城　　串通

民族古籍的搜集、整理、编译工作，已在全国普遍展开，今后还将深入地进行下去。整理、编译民族古籍资料，不是单纯的记录、翻译问题，而是与民间文学、民族习俗、社会历史、文字规范、方言土语的处理等内容密切相关的。如何处理好这些方面的关系，乃是整理、编译民族古籍中的重要课题。本文把我自己在整理、编译这三本书时尝试总结的“三结合”的一些做法介绍出来，意在抛砖引玉。相信能够看到更多，更切合实际，更能解决问题的整理、编译民族民间古籍的好经验。

原载《贵州民族研究》，1989 年第 1 期。收入本文集时有所修改。

布依族古籍的版本研究

周国炎

一、概述

关于古籍，较严格的定义是指未采用现代印刷技术印刷的书籍，图书在古代称为典籍，也叫文献，兼有文书、档案、书籍三重意义①。这一定义是针对汉文古籍而言的。少数民族古籍有其自身的特殊性，其定义要相对广泛一些，根据张公瑾和吴肃民于1983年第一次全国性的少数民族古籍整理工作座谈会上首次提出的观点，少数民族古籍不仅指那些有文字记录的出版物或非出版物，还应包括至今流传在民间的口碑文献（主要指那些含有民族历史折影的神话、英雄史诗或创世纪等）。国务院转发了国家民委《关于抢救、整理少数民族古籍的请示》，并对专家学者们讨论了近一年的少数民族古籍范围作了详细的界定：少数民族古籍，包括有文字类和无文字类，其时间范畴与汉文古籍一样以1911年为下限，但“因族而异”，部分可延伸到1949年②。

关于布依族古籍的定义及范围，迄今也没有形成统一的认识。20世纪八九十年代，学界更多地关注用汉字作为记音符号抄录并传承下来的丧葬祭祀经，即摩经，并投入大量的人力和财力进行了搜集整理，但仅有少量得到公开出版，如《古谢经》等。后来，人们的关注范围逐步扩大到宗教典籍以

① http://baike.baidu.com/view/125672.htm#1-1.

② http://www.seac.gov.cn/art/2009/9/23/art_2779_61631.html.

外的文献，尤其是以口头形式流传于布依族民间的宗教祭祀经文，各种口传民间文学作品以及其他方面的文献。已完成的《中国少数民族古籍总目提要·布依族卷》则将布依族古籍的范围界定为“凡是用布依方块字及汉文书写的，反映布依族历史上的物质活动和精神活动内容的手稿、经书、典籍、文献、谱碟、课本、碑刻、文书、楹联，以及布依族民间艺人通过口头传承的神话传说、歌谣故事等”①。笔者赞同这一观点，但鉴于本文的研究对象是布依族古籍的版本特征，因此，这里我们将布依族古籍限定为以文字作为工具，以纸质图书作为载体的古籍文献，主要包括布依族民间宗教活动、日常祭祀以及民俗活动中所涉及的古籍。对于口碑文献，本文只涉及20世纪80年代以来翻译整理并正式出版的一些长篇古歌和宗教经文。

过去，布依族的古籍很少受到人们的关注，通常被视为民间巫术活动所使用的一种临时性工具书，除了使用者以外，很少有人注意到它们的存在，20世纪50年代以前，仅有个别学者在其著述中提及此类现象②。20世纪50年代初，一些学者开始着手搜集整理布依族民间的古籍，但相关成果未能得到及时刊布。布依族古籍文献大量地搜集、整理和翻译出版工作始于20世纪80年代初，至2011年，已有十多种布依族古籍文献以各种形式出版发行。

二、布依族古籍的主要类型

布依族的古籍文献可以从功能和文种两个方面来进行分类。

（一）按功能分类

图书是为人们提供知识和咨询服务的工具，在人们社会生活的各个领域发挥其应有的功能。因此，功能是对布依族古籍文献进行分类的一个标准。

布依族古籍文献按功能可以分为宗教祭祀类、驱邪禳灾类、择吉占卜

---

① 国家民族事务委员会全国少数民族古籍整理研究室编《中国少数民族古籍总目提要·布依族卷·序》，中国大百科全书出版社，2014。

② 陈国钧：《贵州安顺苗夷族的宗教信仰》，载吴泽霖、陈国钧等著《贵州苗夷社会研究》，民族出版社，2004，第200页。

类、人生礼仪类和生活娱乐类。

从目前掌握的材料看，宗教祭祀类是布依族古籍文献的主体部分，主要是布依族民间丧葬祭祀活动以及重要的宗教场合使用的经籍，其中绝大部分是布依族本民族固有宗教——摩教的经典，使用的语言基本上是布依语，以汉语方块字作为记音符号，将布依族摩经记录并编辑成册，各地布依族民间都有不少这样的摩经典籍。除了摩经以外，布依族地区还有一部分人信仰道教，在丧葬活动中行道教礼仪，使用的经书也是道教的经籍。

驱邪禳灾类经籍也是布依族古籍中的一个重要组成部分，主要用于日常生活中为祛病除灾、祈福增寿而举行的各种小型仪式，布依族称这类经书为“诗帮”或“诗改帮”，使用的语言均为布依语，偶尔夹杂少量汉语。这类经籍数量不多，而且通常篇幅较小。由于内容少，容易记忆，因此，多数地区这类经文还没有形成书面形式。值得注意的是，在布依族地区，部分道教经籍也具有驱邪禳灾的功能。

择吉占卜类古籍主要指测算吉凶祸福、占卜、算卦之类的古籍，布依族民间多信奉鸡骨卦，一些地区流传有鸡骨卦图谱和算卦说明，这些说明有本民族语的，也有汉语的。来自汉族地区的通书、地理五诀、掌诀大全等古籍大多属于这一类。

人生礼仪类古籍是指在一些大型的民俗礼仪活动，如人生礼仪、求子求福等活动中使用的古籍，目前这类古籍多发现于黔南荔波一带的布依族地区，主要用于当地一种叫作“做桥”的求子祈福活动中。

生活娱乐类古籍主要指一些用文字形式传承下来的民间娱乐性唱本、戏剧（布依戏）脚本、傩戏脚本等，这类古籍目前发现的不多。值得注意的是，布依族摩经中的“温”（由于方音差别，有些地区读作“欢”或“分”）也具有这样的功能。在一些地区，在超度死者的活动中穿插着唱“温”经，一方面起到娱乐前来祭奠的死者亲友、缓解过分悲伤凝重的气氛的作用，一方面也有取悦神灵和亡魂的作用，因此也具有娱乐的性质。

（二）按文种分类

文字符号是记录布依族传统文化的重要工具，是构成布依族古籍的不可或缺的元素。根据目前所掌握的材料，布依族古籍采用的文字符号大致有三种，据此可以将布依族古籍分为三类，一类是汉字类古籍，一类是拼音文字类古籍，一类是特殊抽象符号类古籍（或称类水书古籍）。

汉字类古籍占布依族古籍中的绝大多数，目前发现的上述按功能划分的各类古籍中90%以上都以汉字作为书写符号，尤其是宗教经籍。多数古籍直接采用通用文字作为记音符号记录布依语语音，只有少数符号以汉字偏旁或汉字本身作为造字元素，按汉字“六书”的造字规则重新造字，其中最常见的是“形声造字法”。人们习惯把这类字称为“土俗字”或“类汉字”，与通用汉字一起构成“布依方块字”或“古布依字”。

拼音文字类古籍目前发现的不多，主要有两种：一种是在贵州省六盘水市水城县北部发现的用柏格理变形拉丁字母文字记录的当地布依族“白摩书”，即“摩经”，这种文字于20世纪初由英国传教士柏格理在大写拉丁字母基础上创制，主要用于贵州西北部和云南东北部少数民族地区基督教的传播，后传入布依族地区，但影响不是很大①；第二种采用拼音文字的布依族古籍是20世纪初出版的基督教圣经《马太福音》。

作为布依族古籍载体的第三类文字符号是一种抽象的特殊符号，这类文字大多类似咒符，有些像汉字，但又不是汉字，有些属于汉字的变形，如笔画延伸、弯曲、90度或180度旋转等，有些符号与水书比较接近，因此不妨称之为“类水书”。贵州省威宁县新发乡摩经中的一些文字属于这一类型。近年来在云南省北部的东川、巧家、宁蒗以及贵州省安龙一带发现的一些古籍抄本也可以列入此类，但其文字属性以及结构特征、字音字义等有待进一步的研究。

除上述两种分类以外，我们还可以根据古籍的版本形式分为手抄本和刻

---

① 关于该套摩经文字使用的具体情况，参见周国炎著《贵州省水城县布依族“白摩书”文字释读》，载傅勇林主编《华西语文学刊（第5辑）》，四川文艺出版社，2011。

印本。目前发现的绝大多数古籍属于手抄本，仅有少数属于刻印本，如发现于贵州省镇宁县马厂乡八河村的一套布依族摩经系刻印于19世纪中期①，是目前发现的少有的刻印本摩经之一。来自汉族文化的择吉占卜类古籍有一部分也系刻印本（印刷本）。

三、布依族古籍版本研究

（一）布依族古籍的版本

版本，指一种书籍经过多次传抄、刻印或以其他方式而形成的各种不同本子②。布依族古籍包括手抄本和刻印本两类，手抄本肇始于何时，由于证据缺乏，现已无从考证。根据所掌握的资料，手抄本中目前年代最久远的是贵州省安龙县兴隆镇排冗村石盘寨莫昌吉家藏的《郎书（送瘟）乙本》，抄录于清嘉庆十七年（1812年），距今200多年，收藏于他家的另一本摩经《下场经》（$mo^1ðɔŋ^2tɕe^4$）成书于道光七年（1828年），也是目前发现的较早的抄本。其他古籍大多抄写于清光绪至民国期间，相当一部分古籍则是在1980年以后根据旧抄本转抄的。布依族古籍中刻印本的数量不多，择吉占卜类古籍中有一部分是刻印本，如流传于盘县（今盘州市）羊场一带的《平砂玉尺经》（地理五诀）。该书系元代刘秉忠所著，明代刘基作注解，书中没有出版地和出版时间方面的信息，据收藏者罗照学说，该书是从清乾隆年间传下来的。布依族摩经中刻印本极少，上文提到的镇宁马厂乡八河村摩经实属难得，但成书年代仍需进一步考证。

关于布依族古籍的数量，目前尚无统一的数据，已完成的《中国少数民族古籍总目提要·布依族卷》共收录了2754条，但其中大多数系口传文献，无法用书籍的标准去衡量，因此也就谈不上版本。书籍类包括方志野史，布依族文人著述，布依族家谱，宗教经籍等共287条，这个数字虽不一定是布

① 杨芝斌：《布依族摩文化研究》，载《镇宁文史资料选辑（第20辑）》（内部印刷），2011。

② http://baike.baidu.com/view/26783.htm.

依族古籍的全部，但通过各州县民族古籍工作部门搜集汇总而得，因此也具有一定的代表性。笔者十余年来一直在进行布依族古籍（主要是宗教类）的调查工作，与宗教祭祀有关的古籍文献共275种，300余册，在此基础上我们对布依族古籍作大致的分类，各类古籍数量如下。

（1）宗教祭祀类：151册。

（2）驱邪禳灾类：55册。

（3）择吉占卜类：38册。

（4）人生礼仪类：67册。

（5）生活娱乐类：15册。

有些古籍在不同地区有不同的版本，由于师承关系的不同，有些古籍即使在同一地区，甚至同一村寨，也会出现不同的版本形式。如“墓当”（$mo^1taŋ^5$“嘱咐经”）是布依族宗教古籍中比较重要的一部，各地摩经中基本上都有，名称也相同或相似，贞丰北盘江一带称为“墓当”，晴隆光照镇摩经中称为“摸趟王”，镇宁普里一带称为“穆荡”，威宁新发乡一带称为“目当”，望谟平郎一带称为“登亡科仪”，册亨冗渡一带称为“字当全集”，黔西城南布依族社区称为“墓当（左口右当）”。可见该套摩经在布依族各地名称大致是统一的，但内容的详略却大相径庭。目前已整理出版的有望谟蔗香乡里平村的《布依嘱咐经》，原书名为“论董永孝义”。该书共3400多行[①]，是布依族“墓当”中内容最完整、篇幅最长的一个版本，而其他版本都比较简略，如册亨冗渡的“字当全集”有1400余行，贞丰北盘江岜浩村的“墓当”仅有670余行。《安王与祖王》也是布依族摩经中比较重要的一卷，是布依族古籍中具有史诗性质的文献，多数地区的摩经中都有，但名称不完全统一。罗甸八总摩经为“司禳暮汉皇”，罗甸董当乡董望村赖田组摩经为“皇传汉皇科仪”，贞丰北盘江镇岜浩摩经为“告王”或“卡王”，贞丰珉谷纳蝉摩经为“开书边”，这些摩经不仅名称不同，篇幅的长短和详略程度也不一样。目前已整理出版的有望谟、册亨、贞丰等地的几个版本，其中望谟版的《安王与祖王》是在口头文献的基础上整理出来的，1994年由贵州民

① 按现代韵文体每句一行，原书为竖排，每两句一行（列）。

族出版社出版，是目前发现的同一题材的古籍中篇幅最长的一部。

择吉占卜类古籍中也有些书在布依族地区流行比较广，如来源于汉文化的地理风水书籍各地兼做摩师和阴阳先生的人家中都会有收藏，由于来源相同，加上都统一使用汉语汉文，因此版本比较一致，很少有变异，较普遍的有通书、地理五诀、掌诀大全等，它们在内容上没有任何区别，有些地区将印刷本转成手抄本后增加了一些与布依族本土文化相关的内容。

（二）布依族古籍的形制特征

古籍的形制指古籍的外在构造特征，这里主要指以线装书的形式传承的手抄本和印刷本。

1. 古籍的材质

布依族古籍的材质主要是白棉纸，有当地自产的，也有外地引进的，外地引进的纸质较好，幅面也比当地自产的稍大。白棉纸的主要生产原料是构皮，构皮来自构树，属桑科乔木，生长周期短，南方多数地区都能生长，树叶可作猪饲料，布依语称之为$pjak^7sa^1$，$pjak^7$义为“菜”，是针对树叶而言的，sa^1义为“纸”，可见布依族对其功能早有了解。造纸用的是质地细嫩、韧性强的构皮里层，经浸泡——加石灰——蒸煮——去灰——压榨——抹灰——二次蒸煮——洗涤——碓舂——加药——捞纸——榨水——揭坑——裁齐等多道工序，最后加工成纸。

2. 古籍的装帧形式

用传统工艺生产出来的白棉纸颜色白中略泛黄，韧性较强，无正反面之分。纸的幅面不大，一整张纸通常可裁成六开或八开，裁好的纸再对折起来，形成一张有夹层的书页，以折合的那一端作为订口，数十页装订成一本。在抄写时，书页的夹层加衬一张预先打好竖格的厚纸作为衬纸，其功能有二：一是防止书写时偏行，尤其是刚刚学抄写的新手；二是防止墨汁渗到背面页。但笔法熟练的布摩抄写时通常不需要预先打格。装订所用的线大多用白绵纸捻成，也有用麻线或棉线装订的。装订时，先用锥子在订口处打两对或三对等距离的小孔，然后用线穿孔捆扎起来即可。布依族所有纸质古籍均为册页装，不切边。

3. 古籍的书写工具和颜料

布依族古籍的书写工具和颜料主要包括笔和墨，大多数手抄本以毛笔作为抄写工具，20 世纪 90 年代以后的抄本有的也用钢笔来抄写。毛笔和墨大多从市场上购买，很少有自制的，墨汁过去多用墨锭在砚台上加水研磨而成，现在则直接用墨汁，绝大多数采用黑墨，偶尔也用朱砂加水研磨成汁来书写的，但仅限于标句读或抄写文中少量特殊内容时使用，也有用来描绘版框和界行的。

4. 古籍封面及落款

布依族古籍多数都有封面，有些书封面纸质与内页相同，即都用白棉纸，经过反复翻阅磨损，加之保管不当，使用时间长了，破损往往非常严重。在调查过程中我们发现，很多布依族古籍不用说封面，连最前面的几页都残缺不全。有些古籍抄本用质地较硬的牛皮纸来做封面，有的甚至在此基础上采取了特殊的防腐防潮措施，如罗甸县的一套摩经，其封面不仅用牛皮纸，而且还用桐油涂抹，起到了很好的保护作用。20 世纪 90 年代以来转抄的古籍有的甚至在封面上罩上一层塑料薄膜，或用较厚的塑料纸作封面。

布依族古籍封面落款通常比较简单，尤其是手抄本。多数抄本在封面上只有一个简单的书名，居左上角，或居中，有的除书名外，还署有抄录者或藏书者的姓名，有的甚至署明抄录时间。基本格局是，书名居左上角，抄录者或藏书者居中间下部，抄录时间居右侧，封面一般很少使用书签，也极少使用印章。有些古籍只有一个空白的封面，没有任何文字，这样的抄本通常由若干本合订而成，无法给出一个统一的名称，因此干脆空着，只有使用者才知道该书的功用。有些书将书名及其他信息署于封二，多卷合订的则在每卷开头有一个标题，同时也是书名。

5. 古籍书名的取名方式

布依族古籍的取名方式大致可分三种。其一是说明该书的功用，以这种形式取名的古籍占多数，如荔波一带的古籍有《报愿送亡》《酬神谢圣》《求花架桥》等，各地摩经中都有的《扫寨经文》《开路经》等也属于这一类。其二是总括全书的内容，如《百孝良言》（贞丰平寨）、《酬圣全书》、《玉匣记》（荔波）等等。其三是以书中的人物取名，如《董永孝义科》（望谟）、《盘古前皇》（荔波）、《三朝盘古》（荔波）、《司禳暮汉皇》（罗甸）、《安王与祖王》（望谟）、《王玉连》（望谟）等等。从所使用语言的角度看，可分为汉语名和布依语名两种，汉语名如前文所举各例，布依语名也比较多，如《墓当》（贞丰，mo^{1}taŋ^{5}，义为“嘱咐经”）①、《墓多卓》（贞丰，mo^{1}to^{3}ɕoŋ^{2}，义为“祭桌经”）、《邦又考》（晴隆，pa:ŋ^{1}zu^{6}tɕau^{3}，义为“赎头经”）、《摸趟王》（晴隆，mo^{1}taŋ^{5}fa:ŋ^{2}，义为“嘱咐亡灵经”）、《莫荣姐》（晴隆，mo^{1}zoŋ^{2}tɕe^{4}，义为“下场经”）、《唤欗房》（罗甸，wɯən^{1}za:n^{2}fa:ŋ^{2}，义为“在亡人家唱的歌”）等等。有些古籍书名系布依 - 汉合璧，如《书欢计》（贞丰，sɯ^{1}wɯən^{1}，义即“歌书”，“计”②为汉语）、《改帮经》（盘县，mo^{1}tɕe^{3}pa:ŋ^{1}，“经”为汉语）、《字当全集》（册亨，sɯ^{1}taŋ^{5}，义为“嘱咐经”，“全集”为汉语）等等。多数古籍，尤其是宗教类古籍，常常以“……科”或“……科仪”来作为书名或书中某卷某节的标题，“科”是对事物进行分类的一种单位，如对动植物的分类都以“科”进行命名，布依族古籍用“科”或“科仪”命名也起到一种分类的作用，如《阳宅谢土科文》（盘县）、《绕灵科》（贞丰）、《立幡科》（贞丰）、《水府龙王科仪》（罗甸）、《请冤家科仪》（罗甸）等，布依 - 汉合璧的古籍书名中也出现用“某科”命名的情况，如《很仙科》（望谟，mo^{1}xɯn^{3}siən^{1}，义为“登仙经”）、《登力在（媚）科文》（望谟，mo^{1} taŋ^{5} lɯk^{8}sa:i^{1} lɯk^{8}ʔbɯk^{7}，义为“嘱咐男孩女孩经”）、《占邦魂力媚 / 财科文》（册亨，pa:ŋ^{1}hon^{1} lɯk^{8}ʔbɯk^{7} lɯk^{8}θa:i^{1}）等。

6. 古籍的著者

20 世纪 50 年代以前，只有极少数布依族文人学士用汉语汉文创作出版过一些个人著述，如清乾隆年间的布依族著名学者莫与俦著有《二南近说》4 卷，《仁本事韵》2 卷，《喇嘛记闻》2 卷。其子莫友芝除与清代著名学者郑珍合编《遵义府志》之外，个人还著有《郘亭诗抄》6 卷、《郘亭遗诗》8 卷、《影山词》2 卷、《黔诗纪略》33 卷、《郘亭遗文》8 卷、《宋元旧本书经眼录》3 卷、《持静斋藏书纪要》2 卷、《郘亭知见传本书目》16 卷等等。其

---

① 文中的布依语一律按布依文望谟复兴镇布依语读音来注音。

②“计”疑为“记”的误写。

次子莫庭芝和黎汝谦编辑了《黔诗纪略后编》33卷，与莫友芝合编《黔诗纪略》，并有《青田山庐诗抄》等个人著述传世。清中晚期的王绩康也曾著有《竹园诗稿》《盾头草》《符水余公草》《蓬转草》等诗集，但未能流传下来，只在《贵州通志》中有记载。

民间抄本中，署有著述者姓名的古籍很少，流传于望谟一带的说唱抄本《王玉莲》，根据研究系晚清望谟渡邑村文人王廷彬根据《幼学》中关于王伦家世的故事改编而成，但现存版本封面损毁严重，已无法证实。印刷本中，出版于1908年的《布-法使用词典》扉页上署有若瑟•方义仁和奥斯定•卫利亚两位作者的名字。其他大多数古籍都没有任何与著作者相关的信息。

（三）布依族古籍的版式

1. 古籍的开本

布依族古籍大多采用白棉纸作为书写的材料，一张纸通常裁成8开或16开，然后再对折，形成16开或32开的版面，多数为长条形，即高度比现代书籍稍长，宽度则等于或小于现代书籍。部分古籍为宽幅形，即高度等于或稍小于现代大32开书，而宽度则相当于现代书的1.5～2倍。另有一些书的开本比现代小32开书的版面还小，但又大于64开。

2. 古籍的版式和行款

传统手抄本和过去刻印的古籍都采用竖排的形式，下行左书，多数无版框，首页第一行（列）为标题，顶格或居中，第二行（列）开始为正文，也顶格写，天头一般有两个字左右的空白，地脚不留空，有版框的地脚空白也比较小，长条形书籍每页5～7行（列），宽幅形每页10～12行（列），虽然多数没有界行，但行间距比较一致，这是抄写时在夹层中夹有带格衬纸的缘故，有经验的抄写者不用衬纸也不会偏行，但新手往往做不到，每一行（列）的字数多寡不一。布依族的古籍文体有韵文和散文两类。散文体每行字从上到下不间断，句间不留空格，也没有句读，使用者为了方便断句，用朱红笔在句间标圈，每段结束后抬头顶格重启一行（列），长条形的书籍通常每行（列）13～16个字，字体小一些的多达23个字。韵文体分七言和五言两种，以五言句居多，宗教类古籍多为五言句，同时也夹杂少量七言句、九言句甚至更长的句子。通篇或一部经卷中大部分内容为七言句的多为汉语文献。韵文体的编排一般为每行（列）两句，少数为每行（列）三句或四句，句间留一到两个字的空白，自然形成上下两栏或三栏，多者四栏，句末无标点，尽管已经在句间留有空白，但有的书籍也用朱红笔标圈表示停顿，一部分韵文体文献也按散文体的形式编排。

多数书籍尽管高广相同或相近，但版心大小并不统一，多数抄录者为节省纸张，抄录时往往天头地脚都留空较少，书口也不留空，长条形书籍版心宽多在 80mm ～ 120mm 之间，高在 150mm ～ 270mm 之间，宽幅形书籍版心宽在 150mm ～ 240mm，高在 120mm ～ 180mm，另有一种接近正方形的书籍，版心高 150mm，高 180mm，但这种开本的书籍在布依族古籍中比较少见。有些书籍内容较少，用大开本的纸抄写显得比较单薄，加之纸质较柔软，容易损坏，且携带不便，于是，人们便用开本较小的纸张。笔者在贵州省盘县（今盘州市）、晴隆、册亨一带调查时，发现不少类似 64 开本的经书。

择吉占卜类的古籍常常在文字中穿插一些手绘的图形、符咒，有的甚至还有表格，这些图表和文字有机地组合在一起，构成布依族古籍的一种独特的版式。

多数古籍在书的结尾处都没有任何特殊的标记，也没有落款，少数则在书的最后注明抄写者的姓名和抄写时间，有些注明该书由某某人抄写，某某人收藏或某某人抄赠等。有些宗教经文则在正文最后注明“某某经完”或用一句与正文无关的话交代经文到此结束，如望谟摩经“很仙科”在结尾处注明“很仙科完”，“登亡科仪”在每一小节的结尾处都要加一句“庚你谓诺卦”（tɕeŋ^{1} ni^{4} wei^{5} nau^{2} kwa^{5}“这一节我说过了”）。部分地区，如望谟、罗甸一带，经书的抄写者常常在书的结尾处加盖一枚印章。

（四）布依族古籍的内容及其他

1. 古籍的内容特点和描述方式

布依族古籍虽然数量有限，但种类较多，每一种古籍都有其特定的内容，以汉语文为载体的古籍其内容容易了解，而布依语部分则需要通过整理翻译才能弄清其内容。布依族古籍中绝大部分仍流传于民间，有一部分古籍刚刚发现，尚未翻译整理，这些古籍只有特定的专业人员才能读得懂。因此，目前能够了解其内容的布依族古籍主要是那些已经过翻译介绍的摩经、古歌以及以汉语汉文为载体的择吉占卜类和生活娱乐类古籍。本文以宗教祭祀类古籍为例对布依族古籍的内容特点和叙述方式作简要介绍。

布依族宗教祭祀类古籍主要指丧葬活动中使用的摩经以及日常宗教祭祀场合使用的一些祭祀杂经，大多为韵文体，以五言句为主，兼有部分七言句和其他句式，句子的字数（音节数）通常为奇数，很少出现偶数的情况。之所以选择韵文体，主要是出于方便记忆、诵读以及避免传承过程中发生内容上的变异等方面考虑的。正是由于采用了韵文这种形式，在经文中，除了叙述故事，讲述道理之外，还采用赋、比、兴的手法，以及对仗、排比、句式复沓等修辞手段，使经文更加感人、生动。

布依族丧葬祭祀方面的古籍叙述的内容主要围绕亡人与其家属、亲友之间的关系这一主题，《开路经》是丧葬仪式上必须念诵的经文，不同姓氏甚至不同家族《开路经》的内容都有所不同。其作用主要是给死者指明一条通往祖先住地的路线，让亡魂回归祖居地，跟祖先们住在一起，否则就会成为孤魂野鬼。内容上的差别主要体现在回归的路线上，不同的姓氏迁徙的路线不同，回归的路线自然也就不同。《墓当》也是丧葬仪式上必不可少的经文，各地宗教古籍中都有这一卷，但篇幅和内容不完全一样，不过其形式都是亡灵和家属、亲友之间通过摩师（布依语称布摩）之口相互嘱咐，比如子女通过布摩之口，告诉故去的父（母），子女和亲属都送了他 / 她什么礼物，阴间该如何生活；亡灵又借布摩之口，嘱咐子女如何做人，嘱咐亲属如何照顾孤儿；然后是送亡灵上路，通过布摩之口向亡灵诉说子女选择棺材和坟地的过程，指出通往阴间的路并描述阴间的美好生活，使亡灵对这种生活产生向往，从而欣然离开阳间。有些地方还专门有亡灵嘱咐孝男孝女的经文，如望谟平郎的《登力在（媚）科文》（mo^{1} taŋ^{5} lɯk^{8}saːi^{1} lɯk^{8}ʔbɯk^{7}）。《安王与祖王》出现在多数地区的宗教祭祀经中，各地版本差异较大（见上文），望谟版的《安王与祖王》比较完整，主要叙述远古时候布依族祖先盘果王的两个儿子，同父异母的安王和祖王争权夺利的斗争过程。安王系嫡母所生，祖王系继母所生。祖王在其生母唆使之下，企图害死大哥安王，夺印掌权，独占家产。但阴谋未遂，却引起一场激烈的斗争。先是唇枪舌剑，后则大动干戈，势均力敌，不分胜负。最后安王借助巫术治服祖王，祖王甘拜下风，只好交权还印。在安王的管辖下，贡献鸡鸭，交租纳税，从此以后，人间才得安宁。

总体而言，布依族丧葬类古籍的内容都是与祭奠亡灵、寄托亲人哀思、弘扬祖先的恩德等相关的，大多没有完整的故事情节，语言平和。

其他古籍在内容上各地相差较大，不再一一介绍。

2. 其他

（1）古籍的鉴定。

古籍的鉴定涉及非常复杂的内容，技术性强，是一门专门的学问，布依族古籍的鉴定主要涉及成书的年代、文字类属、语言种属、版本等几个方面。一部分布依族古籍在封面或结尾处注明抄录的时间，但也有相当一部分没有留下成书年代的相关信息，只能通过纸张的颜色、新旧程度、文字、版式等几个方面来加以鉴别。布依族古籍的文字目前大致有三种类型，即汉字/类汉字型、拼音型和类水书型。第一类比较容易鉴别，第二类数量较少，关键是第三类，即类水书文字，这类古籍主要流传于云南省的东川、巧家一带，贵州省的都匀、安龙、威宁等地也有少量流传。目前均未得到解读，因此要鉴定这类古籍首先要解决的是文字的类属问题。文字的类属无法确定，也会影响到语言种属的鉴定。总之，布依族古籍的鉴定工作有待加强。

（2）古籍的收藏机构。

目前多数地区没有专门的布依族古籍收藏机构，通常情况下谁征集，谁就负责收藏。20世纪80年代中期以来，民族古籍的搜集整理工作一直由地（州）、县民委（或民宗局）负责，因此，多数地区的民族工作部门也就担负起民族古籍收藏机构的工作，目前仅贵州省荔波县以县档案馆作为专门的民族古籍（包括布依族古籍）收藏机构。流传于民间的布依族古籍目前大多仍处于广泛使用的状态，因此，无论是民族工作部门还是档案馆，收藏的布依族古籍数量并不多。

（3）古籍的使用与保护。

在民间，布依族古籍的应用价值大于文物收藏价值，因此，多数古籍都处于超负荷应用的状态，布摩家藏经书目的在于使用，不太注意对书籍实施保护，平时不用的时候，用布袋或塑料袋将书包裹起来，放在楼上，待用时再取出。书籍经炊烟熏烤，书页变得焦黄干燥，用手一翻便会出现破损。调查中发现，很多书籍的封面或头几页普遍存在严重损毁的情况，年代越久远的书籍，损毁的现象越加严重。目前，相关机构尚未制定出对布依族古籍加以抢救和保护的具体措施，很多珍贵的古籍仍流落民间，得不到有效的保护。

四、20世纪50年代以后整理出版的古籍目录

20世纪50年代至80年代，虽有人对布依族古籍进行搜集和翻译，但没有一部得以出版发行，80年代以后，调查到的古籍资料陆续以各种形式出版或在资料集中刊载，目录如下（包括内部刊印的古籍）。

（1）《牛经书》，共12卷，搜集于贵州省贵阳市郊，韦廉舟、吴启禄、赵焜翻译整理，载于1984年中国民间文艺研究会贵州分会内部编印的《民间文学资料（第65集）》。

（2）《布依族、苗族家谱》（又名《布依族、苗族谱系》），贵州省贵阳市少数民族古籍办编印（内部印刷），1986年。

（3）《黔西南布依族清代乡规民约碑文选》，贵州省黔西南州史志办编印（内部印刷），1986年。

（4）《接龙经》《敬官厅经》，搜集于贵州省兴仁县明光村，伍文义、王开吉、王国佩翻译整理，载于1988年贵州省志民族志编委会编印的《民族志资料汇编（第6集）》（布依族）。

（5）《古谢经》，共8卷，搜集于贵州省镇宁布依族苗族自治县普里村，王芳礼、韦绍熙、杨开佐翻译整理，贵州省安顺市民族事务委员会、镇宁布依族苗族自治县民族事务委员会编，贵州民族出版社1992年出版。

（6）《布依族古歌》，系多地区多部古籍汇编，搜集于贵州省荔波、独山、平塘、都匀、三都、贵定、惠水、长顺、罗甸、望谟、册亨、贞丰等县（市），黎汝标、黄义仁编译整理，由贵州省民族事务委员会古籍办、黔南州民族事务委员会编，贵州民族出版社1998年出版。

（7）《安王与祖王》，搜集于贵州省望谟县石屯乡，黄荣昌、周国炎、黄

仕才翻译整理，贵州省望谟县民族事务委员会编，贵州民族出版社 1994 年出版。

（8）《安王》，搜集于册亨县，王汉文、卢衍翻译整理，载于 1988 年贵州省志民族志编委会编印的《民族志资料汇编（第 6 集）》（布依族）。

（9）《布依族摩经文学》，系多地区多部古籍汇编，搜集于贵州省布依族各地，韦兴儒、周国茂、伍文义编，贵州人民出版社 1997 年出版。

（10）《黔南民族古籍三・黔南碑刻研究》，罗燕主编，黔南州民宗局古籍办公室编印（内部印刷，其中收录黔南州大部分布依族碑铭），2004 年。

（11）《布依摩经——母祝文》，搜集于贵州省望谟县蔗香乡林楼村，黄镇邦、霍冠伦（Stephen Hoff）翻译整理，贵州人民出版社 2006 年出版。

（12）《留伞歌》，搜集于贵州省平坝县羊昌布依族苗族乡蒙古村四甲，郭堂亮搜集整理并翻译，载于其专著《布依族语言与文字》，贵州民族出版社 2009 年出版。

（13）《布依嘱咐经》，搜集于贵州省望谟县蔗香乡里平村，黄镇邦搜集整理并翻译，贵州人民出版社 2011 年出版。

（14）《布依族摩文化研究》（其中对搜集于贵州省镇宁县马厂乡八河村的摩经进行了注解和翻译），杨芝斌著，载《镇宁文史资料选辑（第 12 辑）》（内部印刷），2011 年。

（15）《云南布依族传统宗教经典〈摩经〉译注与研究》（其中对搜集于云南省罗平县鲁布革乡的 8 部布依族摩经进行了翻译），伍文义著，暨南大学出版社 2012 年出版。

（本文乃首次发表）

布依族《射日与洪水泛滥》版本的形成与摩教仪式

周国茂*

洪水和射日是世界上很多民族神话的两大母题。与其他民族洪水神话与射日神话各自单独成篇的情况不同，布依族射日神话与洪水神话除流传诸多单一母题作品外，在摩经中，射日故事和洪水泛滥故事被合成一篇具有因果关系的复合型母题神话史诗。而不同作品在洪水泛滥后因关注点不同，导致了情节走向的差异，从而形成了摩经中《射日与洪水泛滥》神话史诗的两大版本。两大版本各自适用不同性质的仪式，成为不同性质仪式上的经文。考察和探讨这一现象，不仅对深入研究布依族神话史诗具有重要意义，而且对探究仪式与神话的关系，具有重要意义。

一、布依族《射日与洪水泛滥》的版本

与世界很多民族一样，布依族中也广泛流行着以射日和洪水泛滥为母题的神话作品。流传的方式，一种是口耳相传，另一种则是作为宗教经典，在仪式上演唱。在体裁方面，既有散文体的作品，也有韵文体的作品。在长期的流传中，形成了诸多异文（版本）。这些版本主要表现在情节、结构的差异以及人物名称的差异上。从结构看，根据目前发现的资料，存在着单一母题型故事和复合母题型故事两种情况，而复合母题型故事中，洪水泛滥后因情节发展走向的差异，又形成不同的版本。

---

*周国茂（1956—），男，布依族，贵阳学院文学与传媒学院教授，主要研究领域为布依族语言文学、文化以及古籍文献。

（一）单一母题型故事

单一母题型故事即作品单独讲述英雄射日的故事，或讲述洪水泛滥的故事。射日神话中，《十二个太阳》是一首韵文体作品。这个作品流传甚广。在各地流传的《十二个太阳》中，虽然射日的人物名字不同，但射日的基本情节大体是相同的。

古歌描述了远古洪荒的时代，天上突然出现了十二个太阳，晒得岩块崩裂，石头破散，山前的芭蕉晒干了，坡上的茅草枯死了，动物恐慌，人的生活更是难熬。不少人只得“吃芭蕉树叶润嘴，吃山边东兰叶水润喉”。在这严酷的现实面前，一个叫年王的射日英雄背上弓，带上箭，来到一座山上，到晌午时分，太阳窥出了山口，在云缝中露脸。年王射了第一箭，红的五个太阳落下了，射了第二箭，绿的五个落下了。还有一个隐约在天边，另一个夹在云缝中。年王想吃了午饭后再来射，他妈妈告诉他，不要再射了，其余的太阳“留一个晒谷子，留一个亮天下”，后来便成了太阳和月亮。

与古歌《十二个太阳》内容相同的，还有古歌《卜丁射日》和神话《勒戛射日和葫芦救人》等。《卜丁射日》描述了在太古时候，天上九日并出，草木枯焦，山崖断裂，人们公推卜丁射日。卜丁为解除人间的苦难，他毅然爬上毛栗树和构皮树，张弓搭箭，一连射落七个太阳，留下两个，其中一个又变成了月亮，人类从此才有正常的生活。《勒戛射日和葫芦救人》大意是：十二个太阳的炎炎烈焰，使草木枯槁，人们难以为生，勒戛制造了弓箭，射下了十个太阳，人间不再受灾难。

洪水神话史诗往往与人类再造相联系。从篇幅看，这类作品的主要篇幅是用来讲述人类再造的，因此，洪水泛滥实际上只是故事的一个背景。从内容上看，大多叙述人类因某种原因导致洪水泛滥，人类除两兄妹乘葫芦或大南瓜得救外，全被淹死，兄妹按神的旨意结婚再造人类。以《洪水潮天》[①]为名的作品计有八种搜集整理的异文，此外还有《勒戛射日和葫芦救人》《兄妹成亲》《葫西姊妹传人烟》《迪进迪颖造人烟》《盘古分天地》等情节大同小

① 中国民族文艺研究会贵州分会会编《民间文学资料》第19集、第44集。

异、标题不同的作品。

这类作品以《洪水潮天》为典型。作品叙述天地开辟后，万物滋荣，但雷公懒惰贪睡，久不下雨，致使人间大旱。布杰上天将他捉到人间囚禁，进行惩罚。雷公趁布杰一次外出，蒙骗布杰幼小的儿女伏哥、羲妹，喝到了水，遂挣破囚笼逃回天上。为了酬谢伏哥、羲妹，雷公逃走时送了他们一粒葫芦种，吩咐他们种出大葫芦，将来便可凭借葫芦躲避洪水灾难。雷公恶意报复，发洪水淹没人间。伏哥羲妹坐进葫芦逃脱生命危险，成为洪水劫后的孑遗。神仙劝说他俩成亲，繁衍人类。婚后，羲妹生下一个肉坨坨，他们一气之下把肉坨坨砍成了碎块，抛到四面八方。第二天，这些肉块都变成了人，世界上又有了人烟。

洪水泛滥类作品版本差异主要表现在：关于洪水的起因有四种说法。一种是说雷公斗不过人类英雄，于是下暴雨涨洪水复仇，如神话《洪水潮天》（讯河搜集）、古歌《造神》《罕温与索温》中的有关章节。另一种说是天上施雨之神不留心，下雨过度，造成人间的洪水之灾，如神话《兄妹成亲》。第三种，没有说出暴雨的原因，如神话《洪水潮天》（卢登泽搜集）、《葫西姊妹传人烟》和《勒戛射日和葫芦救人》。最后一种说法，是来自流传于四川省宁南县布依族聚居区的《洪水潮天》，说当时两个有神力的巨人：保根多、保根本兄弟，他们发生矛盾冲突，哥哥保根多劝告弟弟保根本不要和七个太阳朋友整日游荡，弟弟不听，保根多遂打瞎了六个太阳，同时把来复仇的保根本关进铁笼，保根本趁哥哥不在家时，在笼里变成大公鸡，诳侄儿侄女喂水给他，他喝水后恢复了气力，挣脱铁笼，逃跑到天上戳漏天河，使洪水淹没了人间。

（二）复合母题型故事

复合母题型故事是指射日母题与洪水泛滥母题合成一个具有因果关系的完整故事。复合母题型故事目前主要发现于摩经中。一些以民间文学面目出现的作品实际上译自摩经。这类作品主要内容，是叙述远古曾出现十个或十二个太阳并出的现象，导致河流干涸，植物枯死，人类遭遇饥荒。于是，射日英雄挺身而出，射下多余的太阳。但因统治者或人类食言，射日英雄以亵渎神圣的方式激怒上天，降下大雨，造成洪水泛滥。人类只剩下两兄妹，在神的旨意下结婚重新繁衍人类。另一种版本则关注粮种被洪水冲走，劫后余生的人们在鸟的嗉囊中发现粮种并取下栽种，保证了人类生命的延续。

以上两种类型的作品，以第一类作品的异文（版本）最多。其原因就是这类作品都是以口耳相传的方式流传，容易发生变异。后者虽然有版本的差异，但相对来说，共同性更多。

二、《射日与洪水泛滥》两大版本对照分析

版本本来是文献古籍中的概念，指由于誊抄、再版等形成的文献文本差异。神话史诗形成于文字没有形成的历史时期，即使到了文字出现后的历史阶段，人们用文字将作品记录形成书面文本后，仍有相当大的一部分用口耳相传的形式传承，因此，神话史诗属于民间文学。民间文学由于口头性、集体性、匿名性等特征，在流传过程中往往会发生变异，形成很多异文。不仅不同地区、不同讲述者的作品存在差异，同一个讲述者在不同场合、不同时间、不同心境下讲述的作品都会有差异。因此，对这类作品的“版本”进行比较，有一定难度。

复合母题型的两大版本是布依族摩经中的作品。摩经是布依族传统宗教——摩教经典的简称，是一种用方块布依古文字书写的书面文献。因此，同一作品的不同异文便具有了像汉族古籍一样的版本的特点。这为版本的比较提供了相对稳定的文本。

（一）两大版本在洪水泛滥后情节发展走向形成的差异

《射日与洪水泛滥》两大版本，其差异主要表现在洪水泛滥后情节发展走向形成的差异。

根据洪水泛滥后情节走向，可分为“重新繁衍人类”和“找回谷种”两大版本。

第一种版本。天上出现十个或十二个太阳，晒得河流干涸，植物枯死，人类面临灾难，“王”以赏给良田沃土招募射日者。射日者（各地名字不同）应招，射下多余太阳，结果“王”食言，不兑现赏给良田沃土的诺言。射日

者恼怒，用蛇做纤索，用狗拉犁犁田，激怒天神，降下倾盆大雨，造成洪水泛滥。或洪水是雷公为报复人类故意连续多天降下大雨，导致洪水泛滥。两兄妹因救了雷公，雷公为报答，教给两兄妹栽种葫芦或南瓜，以葫芦或南瓜做逃生工具的自救办法。两兄妹最终得救。劫后余生的两兄妹在神的旨意下成婚，后生下一肉团，一怒之下砍碎，撒往四方，肉团变成人，人类得以重新繁衍。

第二种版本。与第一种版本在洪水泛滥前的情节基本相同，洪水泛滥后，情节走向因关注粮种的去向与第一种版本出现差异：劫后余生的人们发现谷种已不在，到处寻找，结果发现鸟的嗉囊还有谷子，于是取下播种，使人类重新解决了吃饭问题。

（二）同一版本的诸多差异

上述对两大版本的概括是主要情节的归纳。实际上，即使同一个版本，也有诸多差异。

1. 作品中人物名称不同

比如，流传于望谟一带的《罕温与索温》中，射日者是文信，以好田土招募射日者的人是“妈妈”，洪水过后，乘葫芦或南瓜得救并按神的旨意结婚的两兄妹是伟荣和伟莹。流传于镇宁一带的《柔番沃番钱》中，射日者名字叫“真”，以好田土为报偿招募射日者的人是“国王”。流传于荔波一带的《十二个太阳》中，射日者名字叫“王姜”，而“王姜”射日，并不像其他作品那样，是“妈妈”或“国王”“王”以好田土作为条件招募，而是由天下的人“商量”寻找出来的。荔波一带《兄妹结婚》中，洪水过后在神的旨意下结婚的两兄妹是王姜和妹妹（无名）。流传于贞丰一带的《赎谷魂》中，射日者名字叫“香”，以好田土为报偿招募射日者的人是“王”。

2. 情节上的差异

所谓“两大版本”中的“版本”，指洪水泛滥后情节发展走向不同所形成的两类不同结局的作品。在黔南、黔西南均发现有此两种结局的作品流传。其实，各地流行的作品，情节单元和发展线索基本相同，可以大致归纳如下。

（1）因某种原因，十二个太阳并出，出现灾难。

（2）寻找或招募射日者。

（3）射日者出现，射日。

（4）射日者射日后，招募者食言，不兑现赏给好田土的承诺，或好田土已经被天下人分光。

（5）射日者愤怒，用龙或蛇做纤索，用狗或猪拉犁耕田，激怒上天，降下暴雨，引发洪水泛滥。

（6）洪水泛滥后的结局。①两兄妹乘葫芦得救，结婚重新繁衍人类。作品关注人类的存亡，情节走向表现为两兄妹在神的旨意下成婚重新繁衍人类，形成第一种版本，笔者称之为“人类再生版”。②粮食被洪水冲走，人们在鸟的嗉囊中发现残存的谷种，取出栽种。作品关注洪水泛滥后维系人类生存的粮食种子的去向，情节走向表现为劫后余生的人们寻找粮种，最后在鸟的嗉囊中发现，取下重新栽种，人类免除了饥饿之虞，形成了第二种版本，笔者称之为“谷物再生版”。

（三）各地作品的差异

在情节单元和发展线索基本相同的情况下，各地作品的差异主要表现在以下两个方面。

1．详略不同

比如在人类再生版作品中，荔波一带的《十二个太阳》对射日原因的追溯唱述得比较详细，而望谟一带的《罕温与索温》则比较简略。而兄妹结婚情节，望谟一带的《罕温与索温》则较荔波《兄妹结婚》更为详细。谷物再生版作品，镇宁一带的《柔番沃番钱》对十二个太阳出现之前以及之后的历史发展顺序和线索有较为清晰的叙述，而对洪水泛滥之后谷物重新栽培的情形则较少涉及。贞丰一带的《赎谷魂》对十二个太阳出现的原因的追溯比较简略，而对洪水泛滥后人们重新栽培水稻、水稻形状的奇异等情形有较为详细的叙述。

2. 局部情节或细节差异

在大的情节发展线索大致相同的情况下，各地作品存在局部情节或细节差异。比如，对十二个太阳出现的原因，荔波一带和镇宁一带的作品都归结于统治者“王”的无道。荔波作品说，远古时“召王”发现“凡间冒烟火”，怀疑百姓要造反，于是“使天旱三年”。于是出现十二个太阳，似乎十二个太阳的出现是召王疑心重，为了惩罚百姓而制造出来的灾难。镇宁一带的作品把十二个太阳出现前后的世代分为三个：第一代“兴”的世代，政治清明，人民富足；第二代王“有”，人民挨饥受饿，于是出现了十二个太阳，百姓遭罪；洪水泛滥后的世代是“算”王，又重实现百姓安居乐业的年代。望谟一带的《罕温与索温》和贞丰一带的《赎谷魂》对十二个太阳的出现原因没有交代。又如，人类再生版作品中，荔波一带的作品把栽葫芦作为将来逃生准备的原因且栽葫芦是雷公为感激幼小两兄妹而教的，其余作品都没有这样的说法。如此，等等。

三、两大版本形成原因分析

《射日与洪水泛滥》神话史诗为什么会形成两大版本？这要结合摩教形成和发展定型的历史才说得清楚。

（一）受摩教的形成与发展定型历程影响

射日和洪水神话史诗两大版本作品都属于摩经。摩经是布依族传统宗教——摩教经典的简称。根据目前研究的结论，摩教是一种以自然宗教为基础，在向人为宗教发展演变过程中定型下来的一种准人为宗教。摩教有诸多自然宗教的内容和印迹，同时又具有明显的人为宗教特征。比如，有教祖崇拜和最高神祇，有明确的教义和仪规，有系统的仪式程序，有卷帙浩繁的经典，有固定的宗教职业者和组织，有固定的传承方式，等等。根据人类学、宗教学研究结果，人类宗教产生于旧石器时代，布依族宗教也不例外。进化论认为，人类宗教经历了由简单到复杂，由低级到高级，由粗陋到精致的发展演变过程。从人类诸多考古发掘资料看，这一判断是可以成立的。但具体到各个民族，其发展演变的情形千差万别，不能一概而论。

就布依族的情况看，从自然宗教发展演变成为摩教这样的准人为宗教形态，大致在唐宋时期有了雏形。主要依据就是摩经所使用的方块字（包含现成汉字、借用汉字偏旁部首重构的字符、部分自造字符和抽象符号），唐宋时期就出现在布依族地区和壮族地区。此外，摩经中出现了唐宋时期特有的历史地理名称和行政建制名称（如“广南西路”“州”“垌”等）。明清时期，摩教基本定型。因为用来记录摩经的方块布依文字借源于汉字，只有在布依族人群中，尤其是宗教职业者布摩掌握足够数量汉字的前提下能实现。明朝贵州建省，明王朝朱元璋开始，历代统治者在贵州大力推行汉文教育，试图用儒家文化对少数民族进行“教化”，这样就使布依族中较多人掌握汉字成为可能。从摩经中程度不同地有佛、道、儒文化因素的情况看，可以肯定布依族摩教形成过程通过汉族移民吸收了这些文化因素。明代和清代的改土归流，曾是汉族移民贵州的两次高潮。从湖广、江西、中原进入贵州的汉族移民带来的汉文化，无疑对布依族产生了影响，一些文化因素被吸收，佛、道等宗教文化对布依族影响的结果，不仅吸收了其中的一些文化要素，同时也对摩教的“人为”化、精致化产生了影响。在这种情况下，一些有影响力的布摩便加紧了对摩经统编的进程，最后基本定型。

摩教的源头是以巫为主要特征的自然宗教。布依族源于百越，是百越中骆越的后裔。汉文献中，有关越人信巫的记载很多。即使摩教已经具有了人为宗教的特点，但仍保存了一些巫的成分。

巫术着重在“术”。因此，巫术仪式主要是行为动作，咒语或巫词的念诵，篇幅一般不太长。布依族摩经两大系统中的“邦经”，主要用于巫术色彩较浓的仪式活动，经文篇幅与“殡亡经”相比，显得短小，也是明证。但邦经在布依族摩经系统中，占的比重较小。摩经多数经卷篇幅都较长。这些长篇摩经怎么来的？笔者认为，主要是吸收民间文学，根据摩教仪式的性质加以改造、丰富和完善形成的。

已经十分清楚，射日与洪水神话成为摩经，就是吸收布依族神话史诗进行改造而成的。正因为如此，为适应不同性质的摩教仪式，布摩对洪水泛滥后的情节走向进行了选择性强化或忽略，形成了两大版本。求子仪式之所以选择洪水泛滥后兄妹结婚再造人类的情节，就是因为求子仪式的目的是祈求神灵赐子，而再造人类的情节与此有着某种神秘关联。赎谷魂或赎谷魂钱魂仪式之所以选择在没被水淹的山顶发现鸟嗉囊有稻谷，取下重新栽种这样的情节，也是因为谷种的失而复得与赎谷魂仪式的性质有关联。布依族认为谷子和钱都有灵魂，当谷魂离开谷子的物质躯壳，钱离开钱币的物质躯壳，就会出现粮食不够吃，钱不够花的境况，因此，吟唱谷物失而复得内容的经文，就能把离开了躯壳的谷魂和钱魂赎回来，就能保证主家有粮食吃，有钱花。

（二）各地经文被吸收进摩经前已经形成了不同版本

各地经文被吸收进摩经之前，就已经在民间流传了相当长的时间，形成了不同异文（版本）。但两大版本分别用于摩教仪式中的求子和赎谷魂、钱魂，这说明是经过了布摩统一编订的。统一编订，就意味着对作品的内容、情节是统一过的。实际上，从各地作品看，不同作品反映出的时代特征有很大差异。比如望谟一带的《罕温与索温》，射日源于“妈妈”分配田产的不公。有了田产，说明社会已经出现了私有制，但由“妈妈”分配，似乎又反映了母系氏族社会的印迹，作品反映了母系氏族社会晚期，从母系氏族社会向父系氏族社会过渡的时代特征。在荔波一带的作品中，射日英雄是百姓集体推荐，也反映了氏族社会民主制的特点。而其他地区的作品，都是“王”或“国王”以好田土作为报偿招募射日者，镇宁一带的《柔番沃番钱》更是唱述了三个世代国王治理下的社会状况，反映了阶级社会已经发展到一定程度的情形。这些情况说明，布摩将射日与洪水泛滥神话史诗编订为摩经的时代较早，编订后又经历了很长时间才用方块布依字作为书写符号书写，而各地用方块布依族古文字作为书写符号记录摩经的时间并不统一，因此在口耳相传过程中又发生了变异，形成了同一类版本中的差异。

总之，布依族射日与洪水泛滥神话史诗两大版本的形成，与摩教不同仪式性质对作品内容的关注点不同，它是对作品情节走向进行取舍形成的，而各地相同版本中局部差异则是由于使用方块布依族古文字记录摩经的时间与摩经编订时间有距离，且与各地用文字记录的时间不统一密切相关。

原载《广西民族师范学院学报》，2016 年第 6 期。收入本文集时有所修改。

浅议布依族古籍整理的几个问题

郭堂亮*

布依族古籍丰富多彩，浩如烟海，整理出版布依族古籍，继承和弘扬布依族优秀传统文化，对于增强布依族的民族自信心和自豪感以及发展布依族文化，促进布依族地区的经济、文化建设具有积极的作用。近年来各级党政部门及各有关单位在认真贯彻执行国务院、省政府关于抢救、搜集、翻译整理、出版少数民族古籍的有关指示，积极支持民族古籍整理出版工作，使这项工作取得了可喜的成绩。改革开放以来，先后出版了《古谢经》(获第二届全国民族图书三等奖)、《安王与祖王》(获第三届全国民族图书三等奖)、《布依族摩经文学选粹》《布依族酒歌》《布依族礼俗歌》《布依族古歌》等等，为布依族文化积累和传播作出了巨大贡献。

布依族在漫长的历史长河中，由于只有自己的语言，在相当长的历史时期没有自己规范通行的文字，这就给古籍整理工作带来许多不便和存在许多问题，诸如古籍的选择、语音（方音）处理、流传变异、注释说明等。如何更加有选择地、科学合理、通俗易懂地翻译整理布依族古籍，是摆在古籍整理者面前的课题。

一、抢救和整理布依族古籍迫在眉睫

布依族由于历史上只有语言而没有通行的文字，古籍的流传靠口述心

---

* 郭堂亮（1967—），男，布依族，贵州民族出版社副编审，主要研究领域为布依族文化及布依族语言文字。

记，世代相承。这些古籍包括创世史诗、英雄史诗、叙事史诗、爱情史诗和宗教经文。它反映了布依族古代社会生产和生活，反映了布依族先民的观念文化，体现了布依族对天、地、人、物起源的看法，及布依族先民哲学、伦理和宗教观等等。这些古籍不仅具有文化艺术价值，而且具有社会历史研究价值。遗憾的是这些民族文化瑰宝正在逐步减少、逐渐消亡，一些古籍传承者随着时间的流逝、年龄的增大，逐渐离开人世。1996年6月平坝县（今平坝区）一位50多岁的乡村医生告诉我："在安顺与长顺交界地区有一位80多岁的布依族老人会唱一首 la:ŋ^{55} wɯn^{13} tɕa:u^{31} piŋ^{11}（意为'开天辟地'），那歌内容丰富、故事曲折、语言精妙，长达三千多行，我在行医看病时曾两次听他唱过，并记录了三分之一，春节后我们一同前去记录整理。我已和他讲好，他很乐意，并说先自己想好、想全，待我们去后，争取唱一首完整的歌给我们听，让这首歌流传后世。"听到这个消息，我如获至宝，认为应尽快前去搜集，整理后并公开出版。然而，秋收刚结束即将进入冬季，噩耗传来，犹如晴天霹雳，那位年长老人不幸与世长辞。老人去世了，这就意味着一部优秀民间文学作品的失传，一部具有重要价值的古籍不复存在。这在布依族地区仅仅是一个缩影，像这样的例子在布依族地区每天都会发生。布依族古籍正在一天天减少，甚至濒临失传、灭绝。这是令人痛心的事。世界上任何一个民族如果没有古籍文化，没有属于自己古籍特色的品牌，这将是一个不十分完满的民族。而有自己古籍文化特色的民族，如果不去发掘、抢救、整理，任其自生自灭，任其消亡，更是一个令人悲痛的民族。因此，抢救和整理布依族古籍就显得尤为重要和迫在眉睫。所以，继承和弘扬布依族优秀传统文化是我们每位布依族光荣而神圣的职责，每位布依族同胞都要重视和关注布依族古籍的抢救和整理工作，让布依族民族古籍源远流长、发扬光大。

二、做好协调，完善古籍工程

由于布依族居住分布较广的原因，布依族古籍散见于各地，可以说丰富多彩、纷繁复杂，各地流传同一故事的内容大同小异，所以，由任何一个部门或某一个人来完成它都是不尽如人意、不理想的。那么，就需要有关高一级主管部门做好协调工作，统一布置、统一指挥、统一领导，才能理想地完成这项工程。反之，若各行其是，我行我素，整理不出完整的令人满意的东西，从而造成重复、浪费和遗憾。如《开天辟地》《洪水潮天》《兄妹结婚》这一系列故事，是一个流传面非常广，影响很深的典型的南方少数民族故事，不仅布依族地区处处流传、家喻户晓，而且南方许多少数民族都有，各民族都有自己的故事特色，而布依族内部各地又有各自的特色，如语言特点、人物形象、故事的曲折生动等，各有所长。整理出版这一系列古籍就需要做好协调工作，统一布置，有组织、有计划地进行，切忌重复和各行其是。又如《安王与祖王》，不但流传在望谟、册亨、贞丰、兴仁，而且也流传在罗甸、惠水、长顺、独山等地以及其他布依族地区。就故事内容来说，流传在望谟的和流传在罗甸的各有特色，各有风格：望谟主要侧重叙述安王和祖王的出生、成长以及用较长的篇幅叙述安王和祖王出生前他们父母过着艰难生活的过程；而罗甸侧重叙述安王和祖王争斗和争斗的过程。各地流传的故事所用的比喻、拟人、形容、引例、风俗、叙述方式、语言特点、语言风格等都不一样。因此，在保持内容不变的情况下，把各地的同一故事合在一起，重复的地方取较理想的部分，甲地有而乙地无的内容，或乙地有而甲地无的内容就需相互补充，取长补短，互相完美。

因此，古籍整理是一个浩大的工程，由某一个县或某个人来完成都是不可取的，也是力所不及的。因而，理应由高一级古籍工作管理部门统一规划、统一协调，才能圆满地完成这一巨大工程，使一个优美的、流传面广的古籍展现在世人眼前。

三、关于翻译

古籍的翻译是保存民族文化遗产的重要工作，也是保存和还原、批判继承、古为今用、重现古籍本来面目的工作。因此，优秀的古籍很大程度上取决于翻译与整理。译文不对等甚至产生歧义，说明翻译不成功，整理出来的东西也未必理想。

1. 直译

由于语言的多义性，往往一个词有多个义项，有的义项意义相接近，有的却隔得很远。直译应根据上下文选择意义最近的义项。

（1）aul selmingh dauc laic. 要八字来推算。引自《洪水潮天》。laic 有译为“推算”“看”“翻”的，“推算”更确切。

（2）xeh bixnuangx dungxaul. 明天兄妹结婚。引自《兄妹结婚》。dungxaul 有译为“相娶”“互娶”“结合”“相要”的，布依语没有“结婚”这个词，直译应译为“相娶”，意译可考虑译为“结婚”。

（3）raiz buxbeangz guehdoh. 喊来所有的老百姓。引自《造房造物》。guehdoh 有译为“做周”“全部”“齐全”“所有”的，直译为“全部”较准确。

（4）hauxnangc noonh xos joil. 红糯米饭放竹篮。引自《采天花》。noonh 有译为“红色”“水红色”“粉红”“朱红”的，“朱红”更确切。如此例子不再冗述，总之，直译应译准确、确切，切不可任译。

2. 意译

意译要根据上下文和原句子的意思在保留原意不变的情况下进行翻译，需对译文进行润色、加工，但不能偏离原意太远，既要忠实于原文又要力求意义对等。意译与直译有区别，且不能离开主题。下面是《兄妹结婚》选段（带 * 号的是规范的方言词），以飨读者。

哥对妹说：

lacdih mbous* lix wenz,	世间没有人，
天下　不　有　人	
rauz dungx aul xih ba!	我俩成家吧！
咱　相　娶 就 吧	
nuangx nix rag ndilnyah,	妹妹暗生气，
妹　这 偷　生气	
bail lac riangh gec* nduc*.	钻进牛厩躲。
去 下面 厩　已经 躲	
bix miz rox xih ral,	兄到处去找，
兄 不知道 就 找	

ral nuangx daaus mal raanz,　　寻妹回来家，
找 妹妹 回 来 家
aul gueh yah gueh maix.　　娶她为妻室。
要 做 妻 做 女人
jiez bail jiez geh* suans,　　四处去寻找，
处 去 处 做 想
haec Jinglrih* dajguaq,　　请金奎打卦，
给 金奎（神名）打卦
deel nangh deel xih nauz,　　金奎坐下来讲，
他 坐 他 就 讲
nuangx nix qyus ndongl ndael,　　妹躲在林里，
妹 这 在 林 内
mengz bail dez* xih ndaix,　　你把她吓出，
你 去 吓 就 得
aul gueh yah gueh maix.　　娶她为妻室。
要 做 妻 做 女人

3. 人名的翻译

人名在古籍中经常出现。神话故事中有神名，爱情故事中有恋爱双方（主人翁）名，如何把他们的名字翻译得更好、更切贴、形象，是古籍整理者经常碰到的。

（1）xeeuhgoons Logdoz xaaux gueh max. 从前陆陀造马匹。

Logdoz 是神名，有译为“儿陀”“造物主”“洛夺”“陆陀”“始祖”的，应音译为“陆陀”或“洛夺”较好，并注明是神名。

（2）yiangh hac waanh buxqyaangl gueh weis. 第五可换样人做奴隶。buxqyaangl 有译为“帮工”“雇工”“临时工”的，根据上下文应音译为“样人”较好，是指社会地位低下的人。

（3）faanllingx deeml mingxxingl. 范粮和明星。这是一个爱情故事的名称，范粮是男性，明星是女性。这种人名的译法显然不够理想。faanllingx

译为“范朗”可能更好一些。而 mingxxingl 是个女性名，译为“明星”不伦不类，译为“梅香”或“媚香”更为确切。

（4）dauxnyic dauc dungx binz, raabt fenz jiclaail gax? 引自《马赛》。

dauxnyic 在故事中是一个婚后被弃女人的名字，故事整理者把它译为“道理”，是不合适的，一点也没有女性名字的色彩，译为“桃女”要好些。全句意思是：“桃女上前问，（一）挑柴卖多少钱？”总之，人名的翻译应考虑到布依语与汉语的区别，选择更为恰当的词进行翻译，切不可乱译。

四、关于方音处理

方音处理是古籍整理的重要部分，如果方音处理不好，整理出来的东西就会失真，甚至闹出笑话。因此，每个古籍整理者都必须重视这个问题。搜集于望谟的古籍，方音和标准音势于统一，但仍有需规范的词，必须按方音注音，布依文按规范拼写。

gul gueh beans nyiel lac, ku^{24} kuə^{33} pɯən^{35} ȵiə^{24} la^{53}, 我　做　买卖　江　下面	我在下江做生意，
gul gueh gax nyiel genz, ku^{24} kuə^{33} ka^{31} ȵiə^{24} kɯn^{11}, 我　做　生意　江　上	我在上江做买卖，
ranl wenz ndeeul ndil, zan^{24} hɯn^{11} ʔdeu^{24} ʔdi^{24}, 见　人　一　好	见一妇女长得好，
ranl maix ndeeul luamc. zan^{24} mai^{31} ʔdeu^{24} luəm^{53}. 见　妇女　一　漂亮	见一妇女长得漂亮。

引自《安王与祖王》

上面的 hɯn^{11}（人）不能记为 wɯn^{11}，但布依文应规范为 wenz。这类字包括 hunl（雨）、honz（烟子）、hongz（潭）等，它们都必须规范为 wenl、wanz、wangz 等。又如流传在贵州荔波播尧乡的《粽子引花经》：

xezgoons buxlaaux xiny gueh udt,　　从前大人兴做粽，
sui^{42}kon^{35} pu^{53}laːu^{53} ɕin^{22} ku^{31} ʔut^{35},
从前　大人　兴　做　粽
senqmuj xos*dingl* udt yinx wal,　　圣母始定粽引花，
rɯŋ^{31}mu^{33} so^{35}tiŋ^{22} ʔut^{35} jin^{53} va^{22},
圣母　特定　粽　引　花
ndanludt yinx wal wal riml rug,　　粽子引花花满室，
ʔdan^{22}ʔut^{35} jin^{53} va^{22} va^{22} him^{22} ruk^{33},
粽子　引　花　花　满　卧室
ndanludt lox leg leg riml raanz.　　粽子哄儿儿满堂。
ʔdan^{22}ʔut^{35} lo^{53} lɯk^{42} lɯk^{42} him^{22} raːn^{42}.
粽子　哄　儿子　儿子　满　室

上面的 xezgoons 不能注音为 ɕɯ^{42}kon^{35}、senqmuj 不能注音为 sen^{35}mu^{42}，rimlraanz 不能注音为 zim^{22}zaːn^{42}，so^{35}tiŋ^{22} 标准语没有相应的语音文字，应按对应关系进行规范，由于是方音，因此，应加上“*”号，以示区别。以上应按当地的语音进行注音，按文字方案进行正字正音，不能按标准音照套。这是古籍整理者容易犯的毛病。

五、关于注释

注释就是注解，是用文字来注解字句和书中疑难问题。古籍整理离不开注释，古籍整理的水平如何，注释是很关键的，如没有准确、通俗明了的注释，古籍整理是不成功的。如果没有注释，读者就读不懂古籍，古籍整理就没有意思，达不到整理的目的。有的古籍整理者不喜欢对古籍加注释，这是很不规范的，他认为加注释是多余的，认为自己知道的意思别人也一定读得懂。如《采天花》中：

xeenz miz degt miz gvaail,	不赌钱不会聪明，
baaiz miz degt miz rox,	不打牌不懂行道，
sis dianh guc qyus fengz,	四天九牌握在手，
miz banz genl xih mingh.	打不赢就是输命。

sisdianhguc（四天九）是什么意思，如果不注释别人就不知是何意思。“四天九”是骨牌用语。一副骨牌中有“臣子”“点子”两套系统。“臣子”中“天牌”最大，“点子”中“九点”最大。“天牌”和“九点”各两张，合称“四天九”。拿牌时谁要得到“四天九”，说明他牌运好。如此例子，不胜枚举。因此，古籍整理中的注释不是可有可无的，而是注释越详越好，越多越明了越好。

总之，布依族古籍整理尚处在起步阶段，与具有较长历史的汉文古籍整理相比，布依族古籍整理的时间是短暂的，对布依族古籍整理提出非常高的要求是不可能的，也是不现实的。因此我们每个古籍整理工作者在整理古籍时要认真总结经验，认真思考上述问题，把我们的古籍整理工作搞得更好。

原载《布依学研究》（六）——贵州省布依学会第二次年会暨六次学术研讨会论文集，1997 年 7 月 1 日。收入本文集时有所修改。

布依族古籍文献的语言与文字研究

“方块布依字”及其在布依族宗教典籍传承过程中的作用

周国炎

在谈及布依族文字时，人们一般都认为，布依族古代没有文字，新中国建立后才在拉丁字母的基础上创造了布依族拼音文字。布依族因此而长期被列入无文字民族之列。事实上，这是一种错误的看法。布依族在其漫长的历史发展过程中，没有创造出民间普遍使用的文字，这是事实。但在宗教活动中，广泛存在着借用汉语方块字或仿汉语方块字造字来记录本民族祭祀经文的现象，人们习惯称这种文字为“方块布依字”或“布依土俗字”。布依族的丧葬祭祀经文之所以得以从古代流传至今，这种文字的功劳是不可磨灭的。因此，笔者认为，应当把这种文字看成是布依族的古代文字。布依族宗教职业者使用“方块布依字”或“布依土俗字”记录本民族宗教经文的现象究竟始于何时，目前尚无十分足够的材料可供考证。有的学者认为，贵州布依族地区的汉语文教育兴起于明代，布依族于这一时期才开始广泛接触并学习汉字，宗教职业者中的有识之士在学习汉语文之后，才开始萌生了用汉字记音的方式来记录布依族丧葬祭祀经文和古歌的念头。因此，布依族民间流行的用汉字记录布依语音的手抄本丧葬、祭祀经文大约产生于明代或明末清初。

汉字传入布依族地区可追溯到汉代甚至更早的时期。春秋战国时期布依族地区有夜郎、且兰、勾町等古国，布依族先民——百越族群中的骆越、西瓯是这些古国中的主要居民。公元前 3 世纪初，秦始皇征服南方的百越，并在当时布依族先民分布的地区设置郡县。到了汉代，中央王朝加强了对布依族先民分布地区的管理和统治，向那里派驻军队和官吏，其中不乏中原汉族饱学之士，他们向布依族先民传播了中原的汉族文化，汉语、汉字作为汉文化的载体和传播媒介，当在此时开始被布依族先民的上层人士所接纳。但当时人们学习汉字仅仅是为了掌握汉语和汉文化，没有用于记录和书写本民族语言。

大约到了宋代，布依族先民开始借用汉字并自创一些土俗字来记录和书写本民族语言，这一点可以从布依族丧葬祭祀经中所记载的一些地名和事件推测出来。《古谢经》中有“矩州”“广南西路”等地名，经研究，这些都是宋代中央王朝在贵州及黔桂交界地区设立的地方建制。如果当时没有文字记录，而在几百年之后的明、清时代才去追忆记录是不可能的。由此，我们认为，“方块布依字”（或“土俗字”）始用于宋代或宋、元时期，到明代，其使用达到鼎盛，明末清初出现用这种文字统编的布依族丧葬祭祀经文，各地经文内容在一定程度上的一致可以证明这一点。①

布依族先民在汉字的基础上创造了“方块布依字”，但这种文字并没有在广大的布依族群众中运用。发挥作为一种文字应有的教育和社会职能，而仅仅掌握在少数宗教职业者的手中，成为记录并传承布依族宗教经文的工具。目前，在布依族地区仍有不少用这种文字记录编订的经文、民歌、古歌手抄本流行。现已搜集整理并正式出版的有《古谢经》《安王与祖王》《布依族古歌》等几部。这里摘录其中几段为例②：

一、《古谢经》③

咒　贯　未　找　为

tɕiu^{13} kuon^{35} vei^{13} tsɔ^{53} vei^{11},

前世未造火，

---

① 这里指古代文字，不包括现代的新创文字。

② 为打印方便，这里只选摘了与汉字完全相同或变化不大的“方块布依字”，未选自创的“土俗字”。

③ 第一行为“方块布依字”记录布依语语音，第二行为国际音标转写，第三行为意译。

咒　贯　未　找　来
tɕiu^{13} kuon^{35} vei^{13} tsɔ^{53} lai^{33}.
前世未造梯坎。

堂　地　旦　能　旦
taŋ^{11} tei^{13} tek^{13} nen^{11} tek^{13},
到哪在哪住，

隋　来　完　虫　马
to^{35} lai^{33} van^{11} tsɔ^{11} ma^{53}.
砌坎像马槽。

滥　地　邓　能　邓
lak^{35} tei^{13} tun^{13} nen^{11} tun^{13},
哪黑在哪睡，

光　龙　那　未　散
kuoŋ^{33} luŋ^{11} na^{53} vei^{13} ɬaːn^{53}.
主客未分开。

撒　指　拜　能　敢
ɬa^{53} khek^{13} laŋ^{33} nen^{11} haːŋ^{53},
打哈欠就睡，

散　浪　门　卑　你
ɬaːn^{35} laŋ^{33} meŋ^{11} pei^{33} nei^{53}.
今年才分开。

——摘自《古谢经·穆考》

二、《布依族古歌》[1]

塘那　班　盆　份
damznaz banl banz fans,
tam⁴²na⁴² pan²² pan⁴² fan³¹,
田土　分　成　份
田塘已分完，

汉　汝　否　米　憨
hams sul mbous miz haanl.
ham³⁵ ru²² ʔbou³⁵ mi⁴² haːn²².
问　你们　没有　不　回答
问你们没有回答。

皇姜　压　单单
Wangfjiangy nyah daanxdaanx,
waŋ⁴²tɕiaŋ³³ ȵa³¹ taːn⁵³taːn⁵³,
王姜　气　冲冲
王姜气冲冲，

丕　游　邦　故　伴
bail yuz beangz gueh beans.
pai²² ju⁴² pɯːŋ⁴² ku³¹ pɯːn³⁵.
去　游　地方　做　买卖
到各地去做买卖。

---

① 第一行为“方块布依字”记录布依语语音，第二行为现代布依文转写，第三行为国际音标注音，第四行为直译，第五行为意译。

汝 呶　姜　否　里

sul nauz Jiangy mbous lix,

ru^{22} nau^{42} tɕiaŋ^{33} ʔbou^{35} li^{53},

你们说　姜　否　有

你们以为姜已死，

汝 得 份 丕 班

sul dez fans bail banl.

ru^{22} tɯ^{42} fan^{31} pai^{22} pan^{22}.

你们 拿　份　去　分

拿姜的田去分。

——摘自《布依族古歌·洪水潮天》

用“方块布依字”记录的手抄本中数量最多的要数丧葬经文。“经”，布依语称 mol[mo^{33}]“摩”，用文字记录的“经书”被称为 selmol[θɯ^{33}mo^{33}]“诗摩”。在布依族聚居的黔南、黔西南以及安顺地区的镇宁、关岭和贵阳市郊一带，几乎每个村寨都可以找到一套用“方块布依字”记录的经文手抄本。有经书的村寨就有一帮专门主持宗教活动（主要是丧葬活动）的宗教职业者，布依语称 buxmol[pu^{42}mo^{33}]“布摩”或 bausmol[pau^{24}mo^{33}]“报摩”。每一帮“布摩”都有一个领头的，布依语称 jaucmol[tɕau^{35}mo^{33}]“交摩”，意思是“布摩的头”，亦即“师傅”。“经书”平时保存在“交摩”家里，有活动就取出来共同使用。新成员参加学“经”一般不从学文字开始，而是由师傅口授，学员死记硬背。如果学员本身有汉文基础，可将经书借来抄写、学习，这种方法比前者要快一些。经文所使用的方块字各地不尽相同，甚至相距较近的地区也有所差异，这种现象一般是由于两方面的原因造成的。其一是不同地区布依语之间的语音差异，其二是文字使用者自身汉语文水平的不同，布依族宗教经文手抄本所使用的文字常常是随着汉字的发展而发展的。新中国建立前的手抄本为繁体字，用毛笔誊写，自右向左竖排。新中国建立后誊写的手抄本逐渐改用简体字，有的甚至采用了自左向右的横排方式。各地手抄本经文中都有一定数量的自创“土俗字”，但比例不高。自创字的使用情况往往由使用者汉语文水平决定。汉语文水平越高，造字能力越强，手抄本中出现的“土俗字”也就越多。从目前所掌握的材料来看，布依族宗教经文手抄本中的用字和造字方法主要有以下几种。

（1）用与布依语语音相同或相近的汉字来记录该语音，这种属于用字方法，在已知的“方块布依字”中运用最为广泛。在贵州省贞丰县的一套布依族丧葬经中，这类字约占95%。例如：

“方块布依字”	布依语读音	布依语词义	变异形式
奶	lail[lai³³]	屋檐下的台阶	来、赖
姑	gul[ku³³]	我，盐	无
丁	dinl[tin³³]	脚	无
利	ndil[ʔdi³³]	好	里、你、礼
刀	dauc[tau³⁵]	生长	无
八	baz[pa³¹]	妻子	拔
双	songl[θoŋ³³]	二	松
密	miz[mi³¹]	不	无
浪	nangh[naŋ¹¹]	坐	无

这类字在今天布依族地区音译成汉语的地名中使用得较频繁，如“珉谷”Minxguz（贞丰县城），“板磨”Mbaanxmos（新寨，常用地名，各地均有），“瓮坛”或“红坛”Hongcdamz（塘湾），“坡色”Bolseeh（地名，意为“寨神山”），等等。

（2）根据布依语词的词义，用汉语方块字的字符按“六书”造字法重新造字，前文所说的“土俗字”指的就是这一类。这类字在已知的“方块布依字”中所占的比例并不大，而且从各地使用的情况来看，多寡不一，甚至在同一地区不同的使用者也会出现用不同的字形来表示同一语音的情况，如“左钅右年”，nyanz[ȵan³¹]，义为“铜鼓”，也有直接写成“年”的，正如上文所说，这与使用者的汉文化程度有关。在这类“方块布依字”中，形声字占大多数，少数为会意字，目前没有发现象形字。例如：

“方块布依字”	布依语读音	布依语词义
左手右鼻	sangs[θaŋ^{24}]	擤（鼻涕）
外门里外	roh[ðo^{11}]	外边
上不下平	lings[liŋ^{24}]	陡
上水下牛	waaiz[waːi^{31}]	水牛
左身右当	ndaangl[ʔdaːŋ^{33}]	身体
左口右告	hraaus[ɣaːu^{24}]	话
上那下田	naz[na^{31}]	田
左足右拜	bail[pai^{33}]	去
左氵右的	ric[ði^{35}]	小溪
上山下巴	byal[pja^{33}]	山岩

上例中前3个字所用的是会意造字法，“水牛”为合体造字法，其余皆采用的是形声造字法。这类字有时也作地名用字，如“岜浩”Byalhraaul [pja^{33}ɣaːu^{33}]（白岩），“岜汀”Byalndingl[pja^{33}ʔdiŋ^{33}]（红岩），“弄铧”Ndonglnyanz [ʔdoŋ^{33} ȵan^{31}]（铜鼓林），等等。作地名时，表示“田”的“上那下田”也常常写作“纳”，这主要是因为在布依族地区，以“纳”作通名的地名较多，地方行政管理机构的文件中经常碰到这些地名，用土俗字“畓”印刷起来不方便。

（3）用与布依语同义的词来记录，读布依语语音，这类字在目前所掌握的材料中为数极少，常见的有：

“方块布依字”	布依语读音	布依语词义
儿	leg[lɯk^{11}]	儿子
五	hac[xa^{35}]	五
网	meangx[mɯəŋ^{42}]	渔网
酒	lauc[lau^{35}]	酒
鸡	gais[kai^{24}]	鸡

（4）有些汉语古今借字直接用汉字本身来记录。例如：

“方块布依字”	布依语读音	布依语词义
金	jiml[tɕim³³]	金子
银	nganz[ŋan³¹]	银子
龙	luangz[luaŋ³¹]	龙
三	saaml[θaːm³³]	三
四	sis[θi²⁴]	四
未	wih[vi¹¹]	没有

在以上四种方法中，一、三、四种属用字方法，因为它没有对汉字本身作任何修改和加工，完全照搬了汉语方块字（除读音以外）的字形，只有第二种可以算作新创字。

到目前为止，没有人对各地布依族流行的经文或其他作品手抄本的方块字作定量分析研究，因此，还无法知道究竟有多少个布依字。这样的定量分析有较大的难度，一方面，这些字本身在用法上存在着相当大的任意性。布依语的同一个音节在不同地区不同手抄本中可能用不同的“方块布依字”来记音，甚至在同一地区一种文本的经籍中，同一音节在上下文采用不同的布依字来记音或不同的音节采用同一个布依字来记音的情况也常常发生。另一方面，由于布依语内部方音的差异，更造成了各地经文手抄本文字使用的混乱。总之，这种“方块布依字”缺乏严格的系统性和规范性。周有光在其所著《世界文字发展史》一书中将它视为一种文字，称之为“布依字”。事实上，它确实是一种文字，但只能算是一种并不十分完善的文字。这一状况是囿于文字的使用者——占布依族人口极少数的各地宗教职业者各行其是，不相统属而造成的。尽管如此，作为一定历史时期的产物，它对布依族古代文化的传承，对我们今天研究布依族的历史、宗教、文化以及早期布依语的词汇、语法现象等都发挥了它应有的作用。

第一，各地用这种“方块布依字”记录下来的大量宗教经典为我们研究布依族古代社会的生活、生产、政治制度、宗教、哲学和伦理道德提供了宝贵的第一手书面文献材料。在这种“方块字”出现之前，布依族宗教经典一直都是靠口耳相传承袭下来的。如果上文关于这种文字产生年代的推测成立的话，那么，近1000年来，这种文字不仅使布依族一些珍贵的文献不致失传，而且在一定程度上确保了文献资料的真实性和稳定性。

第二，“方块布依字”记录下来的书面（或准书面）材料为我们提供了研究早期布依语，至迟明末清初或更早一些时期的词汇和语法现象提供了可靠的依据。语言是一种社会现象，随着社会的发展而发展，今人的语言与古人的语言必然存在着很大的差异。过去靠口耳相传世代沿袭下来的布依族宗教经籍、古歌等，从古到今，在语言结构，尤其是在语音方面早已失去了它原始的面貌。而“方块布依字”的出现在一定程度上对宗教经典中的布依语句型和词汇起了定型的作用。尽管今天的布依族宗教职业者是用今音去读这些“方块布依字”，但其中的一些古老的句型和词汇在现代布依语中已很罕见，甚至已经销声匿迹了。

第三，布依族宗教经典蕴含着极其丰富的布依族民间文学资料，有人曾用“文学宝库”一词来形容它，这是很恰当的。而用“方块布依字”定型了的宗教经典，其作为资料的真实性和可靠程度要远远高于口碑文学。可以说，布依族宗教经典是布依族文学史上一笔珍贵的遗产，而这一珍贵遗产的传承正是得力于“方块布依字”。

总之，“方块布依字”在布依族文化传承方面发挥了它应有的职能，它是布依族人民的古代文化遗产之一。在今天的布依族宗教活动中，这种“方块布依字”仍然起着很大的作用。

原载《中央民族大学学报》（哲学社会科学版），2002年第5期。收入本文集时有所修改。

布依族古籍中的方块布依字

吴启禄

方块布依字是我国汉字变体的民族文字之一[①]，尚未见有专文论述。笔者20世纪80年代初曾收集贵阳、罗甸的一些用方块布依字记录的经文，近期又审改了荔波、安顺、镇宁收集整理的一部分用方块布依字记录的巫词、古歌，已基本上看出方块布依字的内容和记录方法。本文仅以这五个点的材料为代表，介绍布依族古籍资料中的方块布依字及其记录方法和特点。

一、方块布依字的产生

方块布依字是借用汉字和在汉字基础上自创方块字而形成的具有自己系统的民族文字。

汉字是世界上最古老的文字之一，在国外东方国家影响颇大，如越南的“字喃”，日本的“假名”，朝鲜的“谚文”，都与汉字有联系。在中国境内，也早就有受汉字影响或仿照汉字而创造的文字，如契丹文、西夏文、女真文、古壮字、水书、方块侗字、白文等。尤其是在南方，汉字是各少数民族共同学习、通用的文字。布依族地处贵州内地，没有接触国外和其他民族的拼音文字，加上早就“男知读书”(汉文)，于是直接借用汉字和自造一些类似汉字的方块字——总称之为“方块布依字”，也称为“布依字”“土俗

---

① 中央民族学院少数民族语言研究所编《中国少数民族语言》附表三“我国各民族文字类型表”，四川民族出版社，1987。

字"[①]，以此来记录布依语，乃是当时历史条件下解决布依族没有文字的困难的唯一有效的办法。正因如此，在布依族广大地区，几乎普遍运用这种方块布依字记录自己的古籍资料，其中尤以巫经、古歌居多，据说也有用来记录戏文和故事传说的。

二、方块布依字的内容

（一）借汉布依字

各地方块布依字中绝大部分是借用现成汉字记录布依语的，这些字，姑且称为"借汉布依字"。其具体做法有如下。

1. 取借汉布依字的字音

以借汉布依字的字音（当地布依族说的汉语方音）记当地布依语的音和义，又有同音和近音两种，以近音为多。

（1）同音，用字的汉音与布依语音节的读音基本相同。例如：

罗甸坡球（属布依语第一土语。后文简称"罗甸"）

字　音：比 以　春　慢　翁　当[②] 拉 败

布依语：pi^{53} ji^{53} ɕun^{33} maːn^{24} ɦoŋ^{33} taːŋ^{33} la^{33} pai^{24}

汉　义：如果 剖 代替 床单 山谷 侧门 下面 去

荔波觉巩（属布依语第一土语。后文简称"荔波"）

字　音：岩　都　刚　良　希　颁　练　哇

布依语：ŋaːi^{42} tu^{22} kaːŋ^{33} liːŋ^{42} ɕi^{22} pan^{22} liːn^{35} wa^{22}

汉　义：早饭 我们 讲　粮　丢　分　箭　花

---

① 王伟：《关于布依族语言文字问题》，载《布依学研究》，贵州民族出版社，1989。

② 原字为繁体字，本文一律改用简化字。后同。

贵阳把火寨（属布依语第二土语。后文简称“贵阳”）

字　音：界　安　光　定　立　打　更　若

布依语：kai^{13} ʔa:n^{44} kuaŋ^{44} tin^{24} li^{31} ta^{53} kɯn^{24} zo^{22}

汉　义：瘫　鹅　饭篮　脚　活　河　吃　干

安顺黄腊（属布依语第二土语。后文简称“安顺”）

字　音：哥　歹　党　饶　班　人　威　猛

布依语：ko^{31} tai^{42} taŋ^{42} zau^{31} pa:n^{33} zɯn^{31} wui^{33} muŋ^{42}

汉　义：做祭品　礅　咱们　爬　家　听　马桑树

镇宁扁担山（属布依语第三土语。后文简称“扁担山”）

字　音：折　光　贯　省　讽　把　让　抬

布依语：tsə^{11} kuaŋ^{33} kuan^{35} dən^{42} fuŋ^{42} pɑ^{42} zaŋ^{24} tai^{42}

汉　义：时　头人　前　接　小米　媳妇　坐　是

（2）近音，用字的汉音与布依语音节在声母、韵母、声调上有一定的差异。例如：

罗甸

字　音：会　利　滕　还　如　平　蛮　则

布依语：voi^{35} ʔdi^{24} taŋ^{11} ŋwa:n^{11} zo^{31} pan^{53} ʔba:n^{31} sie^{33}

汉　义：我　好　到　傻　会　刚才　村寨　院子

荔波

字　音：海　摆　兵　欧　汉　罕　尼　伕

布依语：haɯ^{33} pja:i^{33} ʔbin^{22} ʔau^{22} ham^{31} hat^{35} niŋ^{42} fɯ^{53}

汉　义：给　走　飞　要　晚上　早上　射　别人

贵阳

字　音：害　堂　托　论　凡　间　哥　散

布依语：ɣaɯ^{13} taŋ^{22} tok^{45} zan^{24} ʔbaːn^{31} tɕiat^{44} ko^{31} saːm^{24}

汉　义：给　到　落　见　寨子　痛　做　三

安顺

字　音：琅　饿　外　保　王　到　叶　戎

布依语：lam^{42} ɣo^{55} ɣuai^{13} pau^{31} ɣuŋ^{35} tau^{55} ȵe^{33} zuŋ^{31}

汉　义：跌　穷　开　树脚　间房　来　杉　山冲

扁担山

字　音：间　恒　在　朋　洪　任　作　怀

布依语：tɕiak^{24} hən^{42} dai^{35} pun^{11} vuŋ^{11} ʔən^{35} duə^{24} vɛ^{11}

汉　义：块　上　官　梦　手　别的　直　水牛

2. 取借汉布依字的字义

以借汉布依字的字义，记当地布依语的音和义。例如：

罗甸

字　义：猪　骨　未　时　鸭　酒　放　耳

布依语：mu^{24} ʔdo^{53} fi^{53} ɕiːŋ^{35} pit^{35} lau^{33} ɕuːŋ^{35} zie^{11}

汉　义：猪　骨　未　时间　鸭　酒　放　耳

荔波

字　义：内　音　问　山　箭　色　乱　桥

布依语：ʔdaɯ^{22} ɕiŋ^{22} ham^{35} po^{22} liːn^{35} zˌaɯ^{35} luːn^{31} tɕiu^{42}

汉　义：内　音　问　山　箭　色　乱　桥

贵阳

字　义：心　牛　近　瓦　儿　风　命　路

布依语：tsɯ^{24} vaːi^{22} kaɯ^{13} ŋwa^{42} lɯk^{31} zum^{22} miŋ^{53} zan^{24}

汉　义：心　水牛　近　瓦　儿　风　命　路

安顺

字　义：鼻　找　化　拴　锄　七　血　伞

布依语：ʔdaŋ^{11} za^{11} tɕik^{24} laːm^{33} ʔbaːk^{24} tsat^{24} lut^{33} lin^{33}

汉　义：鼻子　找　融化　拴　锄头　七　血　伞

扁担山

字　义：十　比　瓦　钱　海　月　未　印

布依语：tɕik^{24} pei^{42} ŋwa^{42} tɕian^{24} hɛ^{42} ʔdun^{33} vei^{24} jin^{35}

汉　义：十　比　瓦　钱　海　月　未　印

在这种“借汉布依字字义”记录法中，安顺还有用连写两个借汉布依字记一个布依语音节的，如：横写“好怕”记 laːu^{11}（怕），“中央”记 kaːŋ^{11}（中间），“铜鼓”记 ȵin^{31}（铜鼓）；竖写“小脚”记 jiaŋ^{33}（胫骨），“好看”记 ʔbaːu^{35}（好看），“下巴”记 ɣaːŋ^{31}（下巴）。

3. 汉义转记

（1）布依语的音节有两个以上汉义的，用其中的一个借汉布依字记另一义。例如：罗甸布依语“街”“卖”都说 kaːi^{24}，便用“街”记“卖”义，同理，用“字”记 sɯ^{24}（书），“他”记 te^{24}（那），“记”记 tɕie^{35}（祭），“拾”记 ɕip^{11}（树名）；荔波用“条”记 teu^{42}（逃），“同”记 tuŋ^{53}（肚子），“魂”记 wan^{22}（种子），“字”记 ʑɯ^{22}（书）；安顺用“买”记 tsei^{42}（神），“背”记 laŋ^{13}（后），“针”记 tɕim^{11}（金），“头”记 kau^{55}（看），“六”记 zuak^{24}（弓）；扁担山用“友”记 zəu^{42}（倒，情人），“月”记 ʔdun^{33}（蚯蚓），“儿”记 lak^{24}（不），“桃”记 tɔ^{11}（淘），“正月”记 tɕiŋ^{33}（年）；贵阳用“见”记 zan^{24}（路），“牛”记 tsɯ^{22}（时），“时”记 tsɯ^{22}（黄牛），“桃”记 taːu^{22}（淘），“条”记 tiau^{22}（逃）。

（2）用汉义相关的借汉布依字记布依语的音和义。例如：安顺用“眠”记nɯn^{31}（睡），“索”记tsaːk^{33}（绳子），“朝”记ɣat^{24}（早上）；罗甸、贵阳、扁担山用“月”记ŋuːt^{53}、ŋut^{22}（月份）；还有贵阳的“龙”记ŋɯːk^{53}（蛟龙），“闯”记tsap^{44}（遇）；罗甸的“戥”记ɕaŋ^{53}（称）；荔波的“眠”记nin^{45}（睡）。

（3）在有的材料中还有用汉字谐音的借汉布依字（同音或近音）转记的。例如：安顺用“鸦”记pɯt^{24}（鸭），“贤”记ʔdaŋ^{35}（咸），“代”记tei^{31}（带），“讨”记lam^{42}（倒），“味”记tɕiŋ^{42}（喂养）；贵阳用“非”记ʔbin^{24}（飞），“坎”记van^{22}（砍），“犁”记li^{22}（梨）；罗甸用“乙”记ʔit^{35}（一）。

由于汉语和布依语是两种不同的语言，语言结构不尽相同，借用汉字记录布依语，就必然会出现下面三种情况，也可以说是借汉布依字的另三种形式。它们也是布依族各地都普遍存在的。

4. 一字多音

用同一个借汉布依字先后记录布依语不同的音和义。例如：罗甸用“除”记ɕu^{35}（放）、ɕu^{31}（接）、ɕie^{11}（约，黄牛），“迷”记mi^{11}（不）、tɕie^{11}（处所）、ne^{53}（妇女）、fai^{31}（树），“郝”记ɦat^{35}（早上）、ɦa^{35}（汉族）；荔波的“得”分别记tɯ^{42}（拿）、ʔdai^{33}（得），“然”记raːn^{42}（家）、reŋ^{53}（旱），“安”记ʔan^{22}（恩）、ʔɛt^{35}（一）；贵阳用“长”记tsak^{53}（绳子）、tsaːŋ^{53}（匠人）、zan^{24}（见）、tsap^{45}（遇）、tsam^{31}（凉）、tsak^{45}（滴），“彭”记pan^{22}（成）、pɯːŋ^{22}（地方）、pɯn^{22}（盆）、vɯŋ^{22}（手），“那”记na^{24}（厚）、na^{13}（脸）、la^{13}（下面）、naːp^{53}（吩咐）；安顺的“你”记mɯŋ^{31}（你）、ni^{42}（这），“兑”记nau^{31}（说）、tuai^{33}（碓），“伤”记siŋ^{11}（魔鬼，疟疾）、ʔjaːk^{24}（恶）；扁担山的“八”记piat^{35}（八）、pa^{24}（挖），“堆”记tei^{24}（地）、tui^{42}（碗）、ʔdei^{33}（好），“兴”记ɬin^{33}（仙）、ɬiŋ^{33}（抢）。

5. 一音多字

布依语的同一个音节，前后用不同的借汉布依字记音。例如：罗甸记ɕau^{11}（晚饭）的有“嘲”“朝”“肴”，记pu^{31}（人）的有“甫”“哺”“菩”，记kaːi^{24}（卖）的有“街”“盖”；荔波记kaːŋ^{33}（讲）的有“刚”“江”“港”，记tau^{33}（来）的有“抖”“斗”“倒”“叫”，记pan^{22}（分）的有“班”“斑”“颁”；贵阳记ɣaːk^{44}（汉族）的有“亚”“吓”“鸦”“娲”“娃”“汉”，记pai^{24}（去）的有“倍”“拜”“败”“舛”，记ɣaːu[44]（话）的有“高”“搞”“蒿”“话”“夭”“么”；安顺记mi[31]（不）的有“不”“迷”“梅”“眉”“琅”，记siŋ[11]（魔鬼）的有“厢”“伤”“淤”，记lai[31]（哪）的有“来”“而”“且”；扁担山记ma[33]（来）的有“吗”“妈”，记tak[24]（雄性）的有“旦”“坦”，记pei[33]（年）的有“杯”“卑”。

6. 任用借汉布依字

所用的借汉布依字，其音其义都看不出与布依语有什么联系，即任用一个字记录布依语。例如：罗甸的“勒”记za[35]（断），“毡”记taːu[24]（剪刀），“吊”记leŋ[11]（铃）；荔波的“直”记ʔo[35]（出），“卵”记ʔdom[33]（看），“而”记z̥ak[31]（偷）；贵阳的“稳”记ʔbɯk[45]（女），“梨”记vɯ[31]（别人），“来”记wun[22]（柴）；安顺的“香”记ʔiu[42]（颈），“先”记ʔbɯt[24]（歪），“寸”记ka[11]（腿）；扁担山的“让”记ŋə[42]（甜），“颜”记zat[24]（金竹），“使”记hei[42]（溪涧）。

附：自造布依字表：

1. [illegible]	2. [illegible]	3. [illegible]	4. [illegible]	5. [illegible]
6. [illegible]	7. [illegible]	8. [illegible]	9. [illegible]	10. 噉
11. [illegible]	12. [illegible]	13. 退	14. 系	15. 苩
16. [illegible]	17. [illegible]	18. [illegible]	19. [illegible]	20. [illegible]
21. [illegible]	22. [illegible]	23. [illegible]	24. [illegible]	25. [illegible]
26. [illegible]	27. [illegible]	28. 季	29. [illegible]	30. [illegible]
31. [illegible]	32. [illegible]	33. [illegible]	34. [illegible]	35. [illegible]
36. [illegible]	37. [illegible]	38. [illegible]	39. [illegible]	40. [illegible]
41.	42. [illegible]	43. [illegible]	44. 咪	45. [illegible]
46.	47. [illegible]	48. [illegible]	49. 天	50. [illegible]
51.	52. [illegible]	53. [illegible]	54. [illegible]	55. 舡
56. [illegible]	57. [illegible]	58. [illegible]	59. [illegible]	60. [illegible]
61. [illegible]	62. [illegible]	63. [illegible]	64. 卭	65. [illegible]
66. [illegible]	67. [illegible]	68. [illegible]	69. △	70. [illegible]
71. 厶	72. [illegible]	73. [illegible]	74. [illegible]	75. [illegible]
76. [illegible]	77. [illegible]	78. [illegible]	79. [illegible]	80. [illegible]
81. [illegible]	82. [illegible]	83. [illegible]	84. [illegible]	

（二）自造布依字

在各地布依族的古籍资料中，除用上述种种借汉布依字记录外，还普遍可见一些自造的方块布依字（结构、形式均类似汉字）记录布依语的音和义。这些自造的方块布依字，姑且称为“自造布依字”。主要有以下几种类型。

1. 形声布依字

形声布依字即在汉字的基础上加偏旁部首而造的形声字，其中以“左形右声”为最多。例如：罗甸造〔1〕[①] 记 kɔu^{53}（手镯），〔2〕记 nu^{24}（老鼠），〔3〕记 zoŋ^{53}（照，亮）；荔波造〔4〕记 paɯ^{53}（媳妇），〔5〕记 nau^{42}（说），〔6〕记 ta^{31}（河）；安顺造〔7〕记 kaːŋ^{11}（缸），〔8〕记 wa^{35}（裤），〔9〕记 kaːi^{53}（解）；扁担山造〔10〕记 han^{33}（啼）。

在形声布依字中，还有“左声右形”“上形下声”“下形上声”的，但不是很多。例如：罗甸的〔11〕记 ʔaːi^{24}（嗉子），〔12〕记 ko^{24}（棵），〔13〕记 pai^{24}（去）；荔波的〔14〕记 jau^{33}（热），〔15〕记 pjak^{35}（菜）。

2. 会意布依字

会意布依字即在汉字的基础上加偏旁部首而造的会意字。例如：安顺造〔16〕记 tsei^{31}（黄牛），〔17〕记 put^{24}（吹），〔18〕记 tiau^{31}（逃）；罗甸造〔19〕记 pɯn^{24}（毛），〔20〕记 ku^{35}（虎），〔21〕记 ʔda^{53}（骂）。

3. 合体布依字

合体布依字即用两个汉字造成或上下或左右或外内的新方块字[②]。例如：罗甸造〔22〕记 no^{53}（肉），〔23〕记 naŋ^{24}（皮），〔24〕记 waːi^{35}（棉花），〔25〕记 kɯn^{11}（上面）；荔波造〔26〕记 ŋon^{42}（日），〔27〕记 ʔdɯn^{22}（天），〔28〕记 n̥uːt^{31}（月份）；安顺造〔29〕记 me^{33}（母），〔30〕记 laːu^{35}（年青），〔31〕记 ɣam^{35}（问），〔32〕记 kaːŋ^{11}（中间，打开）；扁担山造〔33〕记 ʔdaŋ^{33}（栽种），〔34〕记 ʔɔ^{42}（饭）。

---

① 自造布依字集中在“自造布依字表”中，文内皆以〔 〕括数字表示。

② 合体布依字与形声布依字，会意布依字有区别，虽然前者有的也含“形声”“会意”的内容，但它由两个字合成，而后者由一个汉字加偏旁部首组成。

4. 改体布依字

改体布依字即在汉字的基础上改变某形体而造的布依字。

（1）在汉字基础上加偏旁部首但不构成“形声”“会意”的其他布依字。例如：罗甸的〔35〕记 kaːt^{53}（花椒），〔36〕记 ɕwaːŋ^{24}（开始），〔37〕记 ŋɯə^{53}（蛟龙）；贵阳的〔38〕记 ti^{22}（敲打），〔39〕记 sa^{24}（纸），〔40〕记 vɯ^{31}（别人）；安顺的〔41〕记 jian^{55}（黄），〔42〕记 zam^{22}（水），〔43〕记 vaːŋ^{11}（横）；扁担山的〔44〕记 lɛ^{33}（多），〔45〕记 lak^{35}（黑）。

（2）在汉字基础上增减笔画（主要是加点）而造的布依字。例如：贵阳的〔46〕记 ʔiːp^{44}（吩咐），〔47〕记 kui^{53}（骑），〔48〕记 ʔwe^{44}（扭转脸）；扁担山的〔49〕记 tiaŋ^{33}（再），〔50〕记 puaŋ^{42}（沟）；罗甸的〔51〕记 n̥o^{53}（捅）。

（3）改变汉字某部位的位置或形体而造的布依字。例如：贵阳的〔52〕记 siːn^{24}（仙），〔53〕记 viat^{44}（交叉），〔54〕记 ti^{53}（地）；安顺的〔55〕记 zu^{31}（船），〔56〕记 piak^{33}（雷劈）；罗甸的〔57〕记 ɦi^{35}（气）。

5. 独特布依字

在布依族的古籍资料中，有的地区还自造一些结构类似汉字，却又为汉字所没有的布依字。例如：安顺造〔58〕记 zɯm^{31}（风），〔59〕记 puak^{33}（马鞍），〔60〕记 ko^{33}（拿）；贵阳造〔61〕记 tso^{44}（放），〔62〕和〔63〕记 ka^{44}（炕气），〔64〕记 ɣap^{31}（咬）；罗甸造〔65〕记 zan^{24}（见），〔66〕记 ham^{24}（埋），〔67〕记 zeu^{11}（碎炭）。

（三）画图或符号

在布依族的古籍资料中，有个别处用画图或符号记录布依语。

例如：荔波的画一叶子〔68〕记 ʔdaɯ^{22}（叶子），画一尖形〔69〕记 ʐom^{22}（尖），画一开口状〔70〕记 heu^{31}（叫）；罗甸的画〔71〕记 ʔdɔ^{31}（不）；扁担山的画〔72〕记 ŋɯ^{35}（才）。

三、方块布依字的特点

以上介绍了方块布依字的种种形式，也就是方块布依字的种种记录法。

下面再谈谈方块布依字及其记录法的一些特点。这些特点，可以归纳为以下几点。

（一）局部性

由于社会历史条件的原因，广大布依族人民长期生活在水深火热之中，他们基本上被剥夺了学习汉文汉字的权利。上述种种方块布依字，只是存在于少数读书识字人之中，裔传于巫师（摩公）之手，没有为广大布依族人民所掌握，也就没有形成布依族通用的民族文字，一般人（包括知识分子）无法看懂这些古籍资料。这是各地方块布依字的一个共同特点。

（二）一致性

布依语内部相当一致，同源词比例很大，其中有的词（音节）在一些地区读音相同或相近，各地用同一个方块布依字来记。这种情况虽然不是很多，但也表现出一定程度的一致性。例如（例中代表点有“一音多字”的，只取其中相同的一字）：

“人”，荔波说 wun^{42}，贵阳说 wun^{22}，安顺说 wun^{31}，扁担山说 vən^{11}，均记以“文”；“了，全部”，罗甸说 leu^{53}，荔波说 leu^{53}，贵阳说 liau^{31}，安顺、扁担山说 lian^{42}，均记以“了”；“后”，贵阳、罗甸说 laŋ^{24}，荔波说 laŋ^{22}，安顺说 laŋ^{11}，扁担山说 laŋ^{33}，均记以“浪”；“这”，罗甸说 ni^{31}，荔波说 ni^{53}，安顺说 ni^{42}，扁担山说 nei^{42}，均记以“你”；“他，那”，荔波说 ti^{22}，贵阳说 ti^{24} 或 ti^{44}，安顺、扁担山说 ti^{33}，均记以“的”。

数词“一、二、三、四、五、六、七、八、九、十”，各地大多用“借汉布依字的字义”记录，颇具一致性。

（三）任意性

在布依语读音相同（相近）的词（音节）中，更多的是各地用不同的记录法和字来记录，表现出记录者的任意性。例如（例中代表点有“一音多字”的，只取其中不同一字）：

汉义	罗甸	荔波	贵阳	安顺	扁担山
	读音用字	读音用字	读音用字	读音用字	读音用字
过	kwa³⁵ 卦	kwa³⁵ 跨	kwa⁴⁴〔73〕	kwa³⁵ 过	kwa³⁵ 卦
鸡	kai³⁵ 鸡	kai³⁵ 界	kai⁴⁴ 皆	kai³⁵ 鸡	kai³⁵ 介
要	ʔau²⁴ 要	ʔau²² 欧	ʔau²⁴ 好	ʔau¹¹ 拿	ʔau³³ 夭
成	pan¹¹ 平	pan⁴² 盆	pan⁴² 彭	pan²² 成	pan¹¹ 弁
你	muŋ¹¹ 明	muŋ⁴² 忙	muŋ²² 门	muŋ³¹ 你	məŋ¹¹ 们

（四）记实性

无论是同源词还是方言词，由于各地布依语音值上的差异，记录者根据当地的实际音值选取相应的字来记，结果自然产生用字不同的现象，从而表现出方块布依字记录法的记实性。下面仅举几个同源词（音节）不同读音的实例：

汉义	罗甸	荔波	贵阳	安顺	扁担山
	读音用字	读音用字	读音用字	读音用字	读音用字
路	zɔn²⁴〔74〕	wan²² 弯	zan²⁴ 路	zan¹¹ 路	san³³ 山
头	tɕu³³ 交	tɕau³³ 久	kau¹³ 告	kau⁵⁵ 头	kau⁴² 考
你们	su²⁴ 做	ru²² 汝	su²⁴ 素	su³³ 独	ɬəu³³ 收
哪	laɯ¹¹ 侣	laɯ⁴² 勒	laɯ²² 郎	lai³¹ 那	lɑ¹¹ 腊
主	ɕu³⁵ 除	su³⁵ 主	tso⁴⁴ 闯	tso³⁵ 在	tsuə³⁵ 坐

（五）歧异性

前述方块布依字及其记录法，虽然在布依族各地有普遍存在的共性，但由于各地地理距离，语音歧异，记录者及其条件不同，各地记录材料所采用的具体办法、用字便有差异，各具特点，表现出方块布依字记录法的歧异性。

其一，同一个词（音节）各地采用不同的记录法，有的地区采用“借汉布依字字音”记录法，有的地区采用“借汉布依字字义”记录法或其他种方法，即使记录法相同，用字也不尽相同。这与“任意性”相关，毋庸赘述。

其二，歧异性表现在因地因人而异上，即各地抄写本格式不一致，罗甸的抄写本是竖行两句，贵阳、安顺、荔波、扁担山的抄写本都是竖行连写（句数不定）。即使同一地区，不同的抄写本，其记录方法和用字也存在相异之处，互看不懂，如罗甸坡球的抄写本与罗悃的抄写本用字就有差异。

其三，各种记录法各地使用频率不同。贵阳、扁担山的资料，基本上采用“借汉布依字字音”记录法，“借汉布依字字义”记录法不多，“汉义转记”法，自造布依字很少，扁担山更少，据笔者粗略统计，这两者均不到十字。贵阳资料中“一字多音”“一音多字”的很多，而且数词除个别处用“借汉布依字字义”记录法外，基本上用“借汉布依字字音”记录法，有别于其他地区的抄写本。安顺的资料中，大量采用“借汉布依字字音”和“借汉布依字字义”记录法，还不乏使用自造布依字，尤其是“独特布依字”和“汉义转记”法，且比其他代表点要多得多。罗甸资料中，自造布依字，尤其“形声布依字”和“会意布依字”甚多，与古壮字（见下文）相同的字也比其他代表点的多，而“任用借汉布依字”却很少见。荔波的资料也有自己的特点：（1）在“借汉布依字字义”记录法中保留古音的比其他代表点多，如“天下”tiːn^{22}ha^{31}，“百姓”pek^{33}riŋ^{35}，“牲头”reŋ^{22}tau^{42}（供牲）；（2）有其他代表点所没有的画图记录法；（3）“汉义转记”法和“任用借汉布依字”极少见。

（六）历史性

在众多的布依族古籍资料中，尚有蛛丝马迹表现出方块布依字的历史性特点。

1. 从借汉布依字的字音中表现出当地布依语的历史音变痕迹

扁担山的资料中，凡是 z 声母的音节，几乎都用汉语 y 字母为起头的借汉布依字来记录，如“元”记 zaːn^{11}（家），“由”记 zəu^{11}（游），“养”记 zaŋ^{24}（重复）；单元音韵母 ɔ、ɛ 的音节，几乎都用汉语 ao、ai 韵母的借汉布依字来记录，如“找”记 tsɔ^{42}（造），“老”记 lɔ^{42}（大），“哨”记 sɔ^{33}（量），“排”记 phɛ^{42}（走），“呆”记 tɛ^{33}（死），“败”记 pɛ^{24}（边、面）。这就说明扁担山的布依语曾经有段 z 声母读 j，ɔ、ɛ 单元音韵母读复元音韵母 aːu、aːi 的历史（现代扁担山布依语的 ɔ、ɛ 与多数地区布依语的 aːu、aːi 相对应）；或者说这些古籍资料的记录年代，扁担山布依语的 z 声母读 j，ɔ、ɛ 两韵母分别读 aːu、aːi。

贵阳把火寨的抄写本中“狗”“来”两义同记以“骂”（“来”个别处记以“妈”），可见当时是同音的。多数地区布依语现在还是“狗”“来”同音。但现在贵阳布依语“狗”说 ma^{24}，“来”说 mɯ^{24}，不同音，显然“来”说 mɯ^{24} 是后起的。

2. 从借汉布依字的古音遗迹看与汉语《广韵》的联系

在布依族各地的古籍资料中，都有少数保留汉语《广韵》韵尾的借汉布依字，如荔波的“寒”“含”记 ham^{42}（恨），“阴”记 ɕim^{22}（满），“拎”记 liŋ^{22}（翻），“令”记 ʔdiŋ^{35}（斟），“甲”记 tɕɔp^{35}（斗篷），“合”记 hop^{33}（对场），“末”记 mɯːt（绝灭），“约”记 jok^{35}（六）；罗甸的“贪”记 taːm^{24}（把儿），“心”记 ɕam^{53}（共同），“增”记 siŋ^{24}（争），“任”记 zom^{33}（蓝靛），“甲”记 kaːp^{35}（亡者），“结”记 tɕɛt^{35}（截，节）；扁担山的“南”记 naːŋ^{24}（泥巴），“忍”记 tsəŋ^{24}（包）①，“行”记 jiŋ^{11}（营），等等。难道这些都是偶然的巧合吗？不。笔者认为，这应该说明布依族古籍方块布依字产生的年代，与汉语《广韵》音系时代有一定的联系，至于具体时间，还有待进一步考究。

3. 方块布依字与古壮字的联系

布依族古籍中的方块布依字，还可以联系广西壮字来考察。古壮字，又叫“方块壮字”，俗称“土俗字”②“土字”③，是我国 23 个有古文字的少数民族文字之一④，有一千多年的历史⑤，现已整理出版了《古壮字字典》⑥。布依族和壮族语言相近，地理毗邻，往来密切，两族的文化必然相互渗透。荔波古

① 多数地区布依语的 -m 韵尾，现代扁担山布依语拼入 -ŋ 韵尾。

② 张声震：《古壮字字典·序》，广西民族出版社，1989。

③ 张元生：《方块壮字》，载中国民族古文字研究会编《中国民族古文字》，1982。

④ 张声震：《古壮字字典·序》，广西民族出版社，1989。

⑤ 张元生：《方块壮字》，载中国民族古文字研究会编《中国民族古文字》，1982。

⑥ 张声震：《古壮字字典·序》，广西民族出版社，1989。

籍中有一些用字，与古壮字（包括《古壮字字典》中的异体字，后同）相同，如〔75〕记 nam^{33}（水），“否”记 ʔbou^{35}（不），〔76〕记 hau^{53}（粮）。罗甸古籍中与古壮字相同的字更多，其中主要是自造字，如“提”记 tɯ^{11}（拿），〔77〕记 liːt^{53}（血），〔78〕记 haːn^{11}（扁担），〔79〕记 ʔdoi^{24}（坡），〔80〕记 tai^{33}（哭）。安顺的〔81〕记 tiau^{31}（逃），也与古壮字同字。此外，还有少数用字，乃至造字，布依族内部有的地区相同，又都与古壮字同字，例如：罗甸、荔波，古壮字都造〔82〕记“月”义，〔83〕记“石”义，用“斗”记“来”义，“了”记“完了”义；罗甸、安顺，古壮字都造〔84〕记“羊”义。这些也不是偶然巧合所能解释得了的，而是方块布依字与古壮字有一定历史联系的例证。

可见，布依族古籍中的方块布依字是已有较长历史的。

原载《中国民族古文字研究》(第 3 辑)，1991 年 12 月 1 日。收入本文集时有所修改。

布依族传统择吉书古文字：古骆越文字的活标本

周国茂

择吉书，是民间用来选择吉祥时间、吉祥方位以达到趋利避害效果的民间抄本。在布依族中，根据使用的文字，择吉书分为两种：一种是用类汉方块布依字抄写的本子；另一种是用一套由象形字、汉字古文字、图画、抽象符号和尚未识读的字符构成的文字体系记录的本子。后者无论是内容还是文字构成情况和特点，都显得更为古老，因此笔者称之为“布依族传统择吉书”。

类汉方块字在布依族中流行十分广泛，而且早就被“发现”了。1942 年，陈国钧对安顺一代布依族宗教信仰开展了调查，就发现布依族家中“常将术语咒诀等用汉字注音，录成经典，转相传授”[①]。这里所说的“经典”，即摩教经典，简称“摩经”。而所谓“汉字”，就是类汉方块字，也称“土俗字”或“方块布依字”。20 世纪 50 年代开始，民族文化工作者在开展少数民族社会历史调查和民族文化调查过程中，就在布依族地区陆续发现和搜集了很多这类古文字资料。因此，从事布依族历史文化研究的学者主要关注这类文字。

贵州人民出版社 1984 年出版的《布依族简史》中收录了一幅《白摩书》抄本图片，图中文字与以往人们看到的方块布依古文字明显不同，但是一直没有研究成果。自 2001 年起，笔者在贵州境内和云南东川、巧家等县市开展了调查，陆续发现了与《白摩书》文字相类似的布依族古文字类型。这是布依族历史上最为古老的文字类型，而文本则是比摩经更为古老的文献。笔

① 吴泽霖、陈国钧等：《贵州安顺苗夷族的宗教信仰》，民族出版社，2004，第 200 页。

者认为，《白摩书》一类传统择吉书是布依族先民的古老巫书，书中使用的文字是古骆越文字的遗存。文本内容和文字符号在布依族文化史上均占有重要地位，是研究布依族乃至百越历史文化以及汉字形成和发展的珍贵资料。

一、布依族传统择吉书古文字的流传情况及特点

布依族主要分布在贵州，云南、四川也有少量分布。截至目前，在贵州和云南均发现传统择吉书古文字。最早发现布依族传统择吉书古文字是在云南。20 世纪 40 年代，云南丽江择吉书古文字就被外国传教士发现，并将部分资料带到境外。2010 年，云南民族大学罗祖虞主持相关项目时，该校张纯德将他在美国所收集到的临摹件的复印件献给课题组，经鉴定，与一些地区布依族择吉书古文字属同一类型。

20 世纪 50 年代中后期，民族文史工作者在开展民族古籍的调查、征集过程中，也发现并征集了部分文本。《布依族简史》收录的《白摩书》收藏于贵州省博物馆，就是 1958 年梅世纯从当时的毕节地区赫章县营水公社布依族村民家中征集到的。

根据目前掌握的资料，布依族传统择吉类古文字主要分布在贵州黔南、黔西南、毕节等地区以及云南省东川、巧家、丽江等地。

据韦章柄、韦光荣、赵丽明等者《水族近代史故地考——都柳江源头水族文化初探》对都匀交龙寨布依族吴姓的调查，该寨吴元昌家中有被称为“水书”的古籍，据说是吴元昌曾祖太公自己用过的书，如果按 25 年一代算，该书成书年代应该在 100 年以前。另据韦章柄透露，贵州独山县的麻万镇、水岩乡皆为布依族，但一些地理师用的工具书却是“水书”。而民国十四年（1925 年）编纂的《都匀县志·卷五·民俗卷》记载了 97 个在安龙县龙广镇纳桃村发现的古文字，除“甲”“庚”“寅”三字写法略有差别外，其余与择吉书古文字基本相同。

黔西南州安龙县龙广镇纳桃村虽然没有发现完整的布依族传统择吉书，但发现 94 个与上述文献具有相似性的古文字，可以断定这一带曾流行过同类传统择吉书。

毕节市赫章县发现和征集到的《白摩书》是目前贵州境内发现的择吉书

中篇幅最长、内容最丰富的择吉书。内容包括择日、择方位、历书等。20世纪80年代，在威宁县新发乡也发现此类古文字，但因掌握该套文字的老人去世而仅存部分内容。

在云南，近年来先后在东川、巧家、丽江、禄劝、宁蒗等县发现此类择吉书古文字。其中以东川区的文本（当地布依族群众称为“卡师书”）较为完整和丰富，其余文本都较单薄，如巧家县六合村发现的文本只有40页，与东川文本数百页相比，差距很大，可能在传承过程中出现了丢失现象。

经过初步比较分析，布依族择吉类古文字与水书属于同一类文字，是由部分古汉字、象形字、未识读字符和抽象符号构成的文字体系。

从内容看，无论是贵州还是云南，这些典籍大多用于择吉，即选择出行、建造、婚丧礼仪、驱魔纳祥的吉日良辰以及阴阳宅基及其朝向，出行办事的吉祥宜忌方位等。由于都是用于择吉，因此这套文字中关于天干地支、数字和五行等方面的字符反复出现。经对比，这类古文字在布依族各地虽然不尽相同，但也有一些相同的特点。

第一，这类典籍使用的文字除了抽象字符外，还有部分图画文字和象形文字。如“鸟”“鱼”“虫”“兽”“人”等，都按原物轮廓、形象进行描绘。

第二，部分字符与早期汉字（秦统一前的汉字）甲骨文、金文写法有共同特点，如在同一典籍文献中，同一个字笔画数可多可少，可正写、反写或横着写。如在赫章《白摩书》中，“五”有的写成“五”，也有的倒着写（上下颠倒）；“丑”有的写成“丑”，也有的反写（左右方向变换）；“吉”字上面的“士”有的写成一横，也有的写成两横、三横；有的正写，也有的倒写，甚至斜着写。

第三，择吉的时间模式有共通性，比如多以正、四、七、十月，二、五、八、十一月，三、六、九、十二月作为对某个宜、忌日子的月份组。

第四，各地择吉书中都有诸多目前还无法识读的字符。

从这些共同特点来看，布依族择吉书古文字产生年代比较古远，处于形成中却又未完全定型的阶段。

二、择吉书是古代布依族先民使用的巫书

甲骨文用于记录占卜，是一种“巫”文字，布依族传统择吉书古文字也有“巫”的性质。传统择吉书是布依族先民使用的巫书。

“巫”是这样一种信仰：相信施术者通过某种“技术”和手段，可以作用于对象，达到施术者欲达到的目的。巫属于自然宗教范畴。巫在古代曾是各民族普遍存在的文化现象，布依族也不例外。

布依族有自己的传统宗教——摩教。这是一种介乎自然宗教与人为宗教的准人为宗教形态：它有明确的教主、最高神祇，有教义、系统的经典和礼仪，有半职业化的宗教职业者。摩经是摩教形成的重要指标。根据摩经的相关内容判断，至迟在唐宋时期已经形成[①]，摩教是在自然宗教基础上，吸收了道教、佛教和儒教一些因素加以改造后形成的[②]。因此，摩教已不再是简单的巫，而是与巫有着质的不同的准人为宗教。但是“摩”的名称与巫有密切关联。汉语语音史研究中有所谓“古无轻唇音”之说。据此，“巫”的汉语古音发音近似“摩”。布依语与汉语同属汉藏语系，有诸多的同源词。“摩”或与古汉语中的“巫”为同源词。壮语与布依语同为汉藏语系壮侗语族壮傣语支，壮语北部方言与布依语第一土语基本可以通话，而在壮族中部分土语区由女巫演唱的巫词称为“巫伦”“巫朗”，“巫”读为“摩”，可见，壮族女巫还有被称为“摩”的。

贵州西部布依族习惯把宗教类典籍文献称为“白摩书”。贵州省博物馆收藏的布依族传统择吉书名为“白摩书”。而在水城一带，当地布依族老百姓把借用柏格理创制的苗族波拉字母文字记录的摩经也称为“白摩书”。

所谓“白摩”，指布依族宗教执业者，在多数布依族地区发音为“布摩”。在布依语中，“摩”是布依语对从事布依族传统宗教活动的祭司以及对祭司诵经的称谓，祭司被称为“布摩”或“报摩”“掌摩”等（各地称谓略

---

① 侯绍庄：《布依族古谢经及其断代刍议》，载贵州省布依学会编《布依学研究》，贵州民族出版社，1989，第 151 ～ 160 页。

② 周国茂：《摩教与摩文化》，贵州人民出版社，1995，第 241 ～ 256 页。

有差异，但都有一个“摩”字），诵经则称“古摩”。相应地，摩经被称为“诗摩”,“诗”指“书”,“诗摩”也就是“摩经”或“布摩使用的书”。所谓“白摩”，亦即“布摩”，是用汉文记录贵州西部布依语时发生的音变。因此，在贵州西部布依族中，布摩用的书也就被称为“白摩书”了。

云南东川、巧家等地流行的布依族传统择吉书，其执掌者被称为“卡师”。“师”是汉语词，指“师傅”，是对从事择吉这一行当（相当于汉族的阴阳先生）的成年男性的尊称，“卡”在布依族摩教中，是“布摩”的别称，也写为“呷”。现在，在册亨、望谟、罗甸等地，仍把布摩简称为“呷”。布依族摩经中常将“摩陆呷”与“报陆陀”对举，比如凡人们遇到什么不顺利的事情，就“去请教报陆陀，去问摩陆呷”。贞丰一带布摩在举行宗教仪式活动前，要先举行一个“安师”仪式，即把摩教历代祖师请到现场，保佑布摩和事主家在仪式活动中平安无事。“请师”祷词所请神灵就包括了报陆陀和摩陆呷。根据布依族布摩的解释，报陆陀是摩教教主，对摩陆呷，则没有什么说法。

壮族与布依族具有相同文化和信仰。根据壮族民间传说，摩陆呷（壮族民间文学资料译为“姆六呷”）是一位女神，她是第一代神，为女性，专管生育；第二代神有管天界的雷王、管下界的龙、管人间和中界的布洛陀（布依族译为“报陆陀”）；第三代神是布伯。[①]这些传说告诉我们，摩陆呷（姆六呷）是布依族、壮族信仰中的女性始祖神。摩经常把她与报陆陀并提，可见在布依族传统宗教信仰中，摩陆呷（姆六呷）同样是摩教的始祖。人类学研究结果表明，人类社会的母系氏族社会时期，女性在社会中的地位比男性高，女性担任氏族首领同时兼任沟通人神的中介，后来，社会进入父系氏族社会后，女性的这种社会地位才逐渐被男性取代。由此推知，所谓摩陆呷（姆六呷），应该是母系氏族社会时期的摩教教主，而报陆陀，则是父系氏族社会时期摩教的教主。由于摩教是布依族进入父系氏族社会后才逐渐完善和最后定型的，因此，男性布摩既不敢否认女性布摩始祖摩陆呷（姆六呷），又不情愿把她排在最前，于是采取并列方式把摩陆呷（姆六呷）排在了报陆

① 蓝鸿恩：《广西民间文学散论》，广西人民出版社，1981，第 24 ～ 25 页。

陀之后。

总之，无论是“摩”还是“卡”(呷)，都是指布依族中专门从事摩教仪式活动的从业人员，这种称谓来源于布依族母系氏族社会时期女巫首领摩陆呷。云南东川、巧家一带传承者、执掌者和使用者为“卡（呷）师”，应该是一种更符合事实本真的称谓。而白摩书，或“卡师”书，也就是布依族先民使用的巫书。

三、布依族传统择吉书古文字是古骆越文字

经过比较，布依族传统择吉书古文字与水书是同一类文字，与广西平果县发现的石刻文字也有共同性。这就提出一个问题：几个民族文字具有相同特征是因为文化传播互相借用还是别的原因？笔者认为，壮、布依、水等民族均由古骆越发展演变而来，他们中发现具有共同特点的文字体系，是从祖先骆越那里携带而来的文化行囊。布依族传统择吉书古文字、水书以及广西平果感桑石刻文字都是古骆越文字。

近年来，水书研究很热。原因在于，首先，水族中至今仍传承水书。虽然改革开放后外来文化对水书传承带来严重冲击，但水族中懂得和能够运用水书的水书先生仍大有人在。其次，水书很早就被关注和研究，最早可追溯到晚清的莫友芝。在《红岩古刻歌》一文中，莫友芝对水书的产生年代作了推测，认为其来源于秦代以前的金文和竹简。20世纪40年代中期，岑家梧、张为纲等学者深入水族民间，对水书进行了详细调查，通过比较研究，岑家梧发现水书与甲骨文和金文“颇多类似”，认为“至少水书与古代殷人甲骨文之间，当有若干姻缘关系，亦可断言也。”[①] 这一论断对后世研究水书者产生了广泛影响。20世纪80年代后水书研究出现了蓬勃发展景象，不仅研究者众，而且成果丰硕。因此给人们一种印象，似乎这类文字只是水族独有的文化。

随着贵州和云南一些地区陆续搜集到布依族传统择吉书古文字，广西发掘出平果感桑石刻文字，我们发现它们与水书有一些相同和相似的字符。

---

① 潘朝霖、唐建荣：《水书文化研究》，贵州民族出版社，2009，第449～464页。

有的字符与甲骨文、金文有共同特点，如写法不固定，有的横写，有的竖写，有的正写，有的反写等等。郑超雄推断平果县感桑石刻文字上限为商周时期，[①] 如果这个推断正确，那感桑石刻文字正好与汉字甲骨文、金文阶段的文字相吻合。因此可推断，布依族传统择吉书古文字与水书产生年代至迟在商周时期。考虑到水书和布依族传统择吉书古文字有诸多象形字，笔者认为这些文字的起源应在夏代，到了商周时期，逐渐形成目前看到的这个文字体系。

这些文字中有汉字，但仅占整个文字总量中的一部分。因此，可以肯定它与汉字有渊源，但不属于汉字体系，而是另一种文字体系。由宁琳、金开诚著，吉林文史出版社 2009 年 12 月出版的《百越文化》一书的“百越文化特征”部分，收录了一幅文字符号图片，注明文字为“百越古文字”。该幅图片的字符与水书、布依族传统择吉书古文字相同或相似，属同一个文字体系。这是迄今为止明确提出百越古文字并与具体文字符号联系起来的例子。

综合各方面的情况来看，布依族传统择吉书古文字、水书和广西平果县感桑石刻文字属于古骆越文字是可以成立的。

首先，从布依族、壮族和水族相关传说看。水族中流行水书是“陆铎公”创造的传说。壮族、布依族中则广泛流行摩经是布洛陀（或报陆陀）编创的传说。摩经在壮族、布依族中被称为“诗摩”。“诗”既指文字，也指书籍。正如汉族有了汉字才会有仓颉造字的传说一样，壮、布依、水族先民古骆越人也因为有文字才会有相关造字、造书的传说。

其次，水书和布依族传统择吉书古文字文献典籍“巫”的色彩很浓，这与古代骆越民族“好巫”的习俗有关。对于古越人这方面的习俗，在《吴越春秋》《太平御览》《史记》《越绝书》《魏书》等汉文古籍中均有记载。比如《太平御览》就说：“吴越之境……好巫鬼，重淫祀。”《史记》也说秦汉各地越人“俗鬼”，“祠天神上帝百鬼”。[②] 虽然汉文古籍文献没有关于古越人使用

① 甘宁：《平果感桑石刻字符确认系古骆越文字或形成于商周》，《南国早报》2012 年 3 月 28 日。

② 王懿之、李景煜：《百越史论集》，云南民族出版社，1989，第 435 页。

何种文字的宗教典籍的记载，但在壮族、布依族和水族中发现同一类型古文字宗教典籍，无疑是对古骆越时期共同宗教文化的传承。

再次，从汉字发展演变的历史看，古越人分布区曾流行过文字。汉字学界都承认先秦曾有过“六国文字”时期。所谓“六国文字”，指的是战国时代齐、楚、燕、韩、赵、魏六个诸侯国中流行使用的文字，是与秦系文字相对应的文字体系。虽然以六个诸侯国名称得名，但正如吕浩在其《汉字学十讲》中所言：“六国文字”并不严格局限在六个国家，而是“指分别以这几个国家为主的地区所使用的文字”，因此，“楚系文字”就包括了“以楚国为中心的楚、吴、越、徐、蔡、宋等国所使用的文字”。① 笔者认为，汉字的得名是因为使用这套文字体系的人群主要是汉族。而汉族的得名是源于汉朝。在汉族还没有形成之前，所谓“汉字”早在夏代就已经开始形成。而这过程中，既有汉族先民的贡献，也有包括古越人在内的各民族的贡献。古百越分布地区陆续发现古遗址陶器刻画符号（如大汶口文化遗址、良渚文化遗址等），广西平果感桑发现被推断产生于4000多年前的大石器文化时期石刻文字，说明骆越在新石器时代就开始了创造文字的历程。这一发现终结了史学界长期认为古骆越人没有文字的论断，证明了骆越文化是中华文化的一个重要源头。

原载《贵州社会科学》，2013年第6期。收入本文集时有所修改。

① 吕浩：《汉字学十讲》，学林出版社，2006，第42页。

布依族古文字研究的现状及价值

张　凤*

在以拉丁字母为基础创造拼音布依文之前，人们一般都认为，布依族没有自己的民族文字。但随着布依族宗教典籍资料的不断发现和研究的深入，特别是布依族古文字被文化部确认，成为我国 18 种民族古文字之一后，通过媒体的宣传报道，布依族古文字已被世人广泛认识。“布依族古文字是布依族古籍书写的工具，作为一种载体，它又承载着布依族丰富的历史文化信息，具有重要的历史文化价值和学术研究价值。”① 但由于各方面原因，布依族古文字的研究历史不长，深入研究甚少。从现有所掌握的资料来看，最早注意到布依族古文字存在的文献当是《布依语简志》②，书中对这类字举例作了简单描述。在此后出的文献对布依族古文字的认识逐渐加深。

一、类型

布依族宗教信仰分传统宗教和外来宗教两种。原始社会时期，布依族信仰多神，主要有自然崇拜、图腾崇拜等。“历史上没有出现过全民信仰的宗教，进入阶级社会，随着社会发展和人的意识的提高，多数地区信仰一种在原始宗教基础上发展而成的准人为宗教——摩教，部分地区信仰天主教、道

*张　凤（1988—），女，布依族，西南大学汉语言文献研究所硕士研究生，主要研究领域为民族古文字。

① 周国茂：《布依族古文字研究》，《贵阳学院学报（社会科学版）》2010 年第 4 期。

② 喻翠容：《布依语简志》，民族出版社，1980，第 79 页。

教或基督教。由于宗教不同，布依族宗教典籍所用的文字符号不统一，其中道教所采用的基本上是汉字以及少量特殊的宗教符号，摩教经文采用的文字符号有多种类型。”①周国炎从文字的性质方面把记录摩教经文的文字分为汉字及其变体、特殊符号、拼音文字三种类型。②周国茂也从文字性质角度，以地名命名，把记录摩教经文的文字分为六盘水、威宁、安龙和方块土俗字（荔波）类型。我们概括起来认为主要有两种类型。

（一）拼音文字

流行于贵州六盘水市一带宗教祭司布摩中记录摩经的文字符号，周国茂称为“六盘水类型”③。这套文字系统系拼音文字，由声母和韵母两大部分构成，书写时，声母较大，韵母较小。通过韵母在声母不同部位的标示，表示出不同声调。如：，为声母，发音为[tɕ]，韵母标在声母头上，为高平调，记音为[tɕu^{55}]。这是从外国传教士柏格理为滇东北苗族创制的文字符号借鉴来的。周国炎称这种文字类型为“拼音文字”，认为是布依族宗教经文中后起的文字符号。根据目前所掌握的材料，共有两套以拼音文字作为传播媒介的经文：一套是20世纪初由上海圣经公会出版的基督教圣经《马太福音》布依语译文，采用的是拉丁字母，记录布依语第二土语；另一套是流传于贵州水城县金盆乡锁蒿寨的用西方传教士创制的文字——波拉文来记录的摩教经文。④

（二）方块布依文

“方块布依文”类型，是指直接借用汉字记录布依语和在汉字基础上自

① 贵州省地方志编纂委员会编《贵州省志·民族志》，贵州民族出版社，2002，第223页。

② 周国炎：《贵州水城布依族“白摩书”文字释读》，载傅勇林主编《华西语文学刊》，四川文艺出版社，2011，第60页。

③ 关东升：《中国民族文字书法宝典》，中国大百科全书出版社，2001，第394页。

④ 周国炎：《贵州水城布依族“白摩书”文字释读》，载傅勇林主编《华西语文学刊》，四川文艺出版社，2011，第60页。

造的字。周国炎称作“汉字及其变体”类[①]，周国茂称作“方块土俗字（荔波）”类型[②]，流行范围较广，是布依族摩经主要采用的文字符号。据史料和布依族摩经的记载推测，其至迟于唐宋时期就已出现，而到了明清，才普遍盛行起来。这种文字有多种类型：一是直接借用汉字本身来记录布依语；二是在汉字基础上，利用汉字或汉字的笔画、偏旁作基本部件，并根据布依语的特点模仿汉字造字法创制的文字符号；还有流行于贵州威宁一带，字符的形体、结构类似汉字，其中还夹杂少量汉字的文字符号，周国茂称为“威宁类型”[③]。这种文字符号“是在汉字的基础上增加一些笔画，或是将原汉字的某一笔画作不规则的延伸来表示布依语的词义，读音与原汉字无关”[④]。如：[illegible]读作“金”，[illegible]读作“舍”。其中有些比较特殊的，类似汉字符号，无固定书写规则，有的笔画复杂，有的近似拉丁字母手写体的文字符号，周国炎称为“特殊符号”类型[⑤]。如[illegible]、[illegible]这种文字符号有很多已经不能释读，所以无法确定其造字原则，但是其符号形体类似汉字，也可看作“方块布依文”类型。“安龙布依族古文字”类型[⑥]也可看作“方块布依文”类型，这种文字类型以王仲坤在安龙龙广一带发现的94个古文字字符为代表，是布摩占卜用的。这类型字在形体结构上，有的接近甲骨文、金文，有的与隶书相似，有的字符是仿照汉字形体结构方法创制。

二、名称

由于历史、材料的发掘等原因，限制了对布依族古文字类型的认识，各

---

① 周国炎：《贵州水城布依族“白摩书”文字释读》，载傅勇林主编《华西语文学刊》，四川文艺出版社，2011，第60页。

② 周国茂：《布依族古文字研究》，《贵阳学院学报（社会科学版）》2010年第4期。

③ 关东升：《中国民族文字书法宝典》，中国大百科全书出版社，2001，第394页。

④ 周国炎：《贵州水城布依族“白摩书”文字释读》，载傅勇林主编《华西语文学刊》，四川文艺出版社，2011，第60页。

⑤ 周国炎：《贵州水城布依族“白摩书”文字释读》，载傅勇林主编《华西语文学刊》，四川文艺出版社，2011，第60页。

⑥ 周国茂：《布依族古文字研究》，《贵阳学院学报（社会科学版）》2010年第4期。

民族学者在研究和介绍这种文字时使用的名称各异。有的名称甚至违背了这种文字的实际特征，有的名称含有歧义，容易混淆。目前学界使用的名称主要有以下几种。

（一）白摩书

“白摩书”名称使用极少。《布依族简史》[①]采用这一名称介绍布依族古文字抄本。但从图片上看，此抄本的文字类型属于“方块布依文”类型。周国炎采用这一名称介绍了贵州水城县金盆乡锁蒿寨流传的一套用西方传教士创制的文字——波拉文来记录的摩教经文，属于拼音文字类型。因为当地布依族称从事宗教活动的人为“白摩”，将他们的经书称为“白摩书”，这一称谓可能是受当地彝族影响的结果，因为彝族称从事宗教活动的人为“毕摩”或“呗摩”。[②]

（二）土俗字

《布依族民俗志》在描述布依族的语言文字时说：“解放前民间曾有人想出些办法在汉字的基础上记录自己的语言……这种‘土俗字’虽在记录事情和民间诗歌上，有一定作用，但不科学。”[③]王伟：“民间流行着一种借用汉字的形、音、义和仿造汉字形声字创造的一些方块字，人们称之‘布依字’或‘土俗字’。”[④]《贵州省志·民族志》：“布依族没有代表自己语言的文字，但在民间各地流传着一种以汉字字形为基础的布依语记录符号，常被称为布依语‘土俗字’或‘方块字’[⑤]。”郭堂亮：“布依族历史上曾经有过一种流传于民间但很不科学的自创文字，学术界称为‘土俗字’，有的称为‘古方块字’”，

---

①《布依族简史》编写组编《布依族简史》，贵州人民出版社，1984。

②周国炎：《贵州水城布依族“白摩书”文字释读》，载傅勇林主编《华西语文学刊》，四川文艺出版社，2011，第60页。

③黄义仁、韦廉舟编《布依族民俗志》，贵州人民出版社，1985，第13页。

④王伟：《关于布依族语言文字问题》，载贵州省布依学会编《布依学研究》，贵州民族出版社，1989，第284页。

⑤贵州省地方志编纂委员会编《贵州省志·民族志》，贵州民族出版社，2002，第223页。

并以“土俗字”为名描述了布依族古文字的构造形式。[①]

（三）布依字

《中国少数民族文化史》[②]，周有光《世界文字发展史》[③]都以“布依字”为名举例介绍了布依族古文字。《中国少数民族语言文字应用研究》[④]在介绍受汉字影响而产生的汉字式文字时，用“布依字”名称。

（四）方块布依字

吴启禄：“方块布依字是借用汉字和在汉字基础上自创方块字而具有自己系统的民族文字。”[⑤]吴启禄当是第一个用“方块布依字”名称的。周国炎：“‘方块布依字’是布依族民间流传的一种仿汉字的记音符号，主要通行于宗教职业者群体。”[⑥]

（五）汉字布依文、方块布依文、布依文

陆锡兴：“布依语属汉藏语系壮侗语族壮傣语支。一旦用汉字表达本族语言，特别是那些民间故事、歌本等，就必须把汉字加以改造，形成汉字布依文。”[⑦]金星华在介绍仿汉文字时，采用“方块布依文”名称。[⑧]胡起望：“布依族过去的确存在过一种与方块壮文相类似的‘方块布依文’，只是在过去

① 郭堂亮：《布依族语言与文字》，贵州民族出版社，2009，第 304 页。

② 李德洙：《中国少数民族文化史》，辽宁人民出版社，1994，第 1479 页。

③ 周有光：《世界文字发展史》，上海教育出版社，1997，第 108 页。

④ 戴庆厦、成燕燕等：《中国少数民族语言文字应用研究》，云南民族出版社，1999，第 48 页。

⑤ 吴启禄：《布依族古籍中的方块布依字》，载中国民族古文字研究会编《中国民族古文字研究（第 3 辑）》，天津古籍出版社，1991，第 230 页。

⑥ 周国炎：《“方块布依字”及其在布依族宗教典籍传承过程中的作用》，《中央民族大学学报（哲学社会科学版）》2002 年第 5 期。

⑦ 陆锡兴：《汉字传播史》，语文出版社，2002，第 216 页。

⑧ 金星华主编《中国民族语文工作》，民族出版社，2005，第 23 页。

连汉文方块字都遭到贬斥的情况下，这种少数民族的‘土字’‘俗字’，自然也不会受到重视。”[①] 聂鸿音：“布依文是流行于贵州部分布依族人中的汉字式文字，所记录的布依语属于汉藏语系壮侗语族。”[②]

（六）布依族文字、布依族古文字

周国茂用“布依族文字、布依族古文字”作为历史上布依族使用过的文字符号的总称。[③] 随着布依族被确定为有文字的民族后，社会各界多使用“布依族古文字”名称来指称荔波发现的“方块布依文”类型的文字符号，如《布依族古文字造字浅析》[④]《布依古文字能否走出“天书”困局?》等报道[⑤]。

从对“布依族古文字”的指称来看，人们对这种文字符号的认识在不断地深化。但是目前对“布依族古文字”的指称还没有得到统一。文字术语的规范对文字的研究具有重大意义。“白摩书”名称是从当地人的自称得名，用以指称当地人使用的由西方传教士创制的文字——波拉文来记录的摩教经文，这无可厚非。“土俗字”名称反映了布依族古文字作为汉字的孳乳文字被发现，也看出这种文字在民间使用范围的局限性，但这个名字有些歧视意味。“布依族古文字”系统，不仅包括那些与汉字不同的字，还包括借用的汉字。“布依字”“布依文”使用族名命名，凸显出布依族拥有自己的语言文字，但不能准确反映文字性质和特征，而且“布依文”容易与1956年后以拉丁字母为基础创造的拼音布依文相混淆。“方块布依字”“汉字布依文”“方块布依文”都以外形特征与所记录语言相结合命名，区别在于“字”与“文”的关系。邓章应提出在“针对各具体文字时，用‘某文’来指称文字系统，用‘某字’指称单个的字符。这样的好处是能给某种文字系统内的非本民族字符以正确的位置。如汉语书写符号系统中的字母、标点，均不能称之为汉字，但它们和

① 胡起望：《胡起望民族学研究集锦》，中央民族大学出版社，2009，第315页。

② 聂鸿音：《中国文字概略》，语文出版社，1998，第87页。

③ 周国茂：《布依族古文字研究》，《贵阳学院学报（社会科学版）》2010年第4期。

④ 梁朝文：《布依族古文字造字浅析》，《贵州民族报》2012年1月6日。

⑤ 黎宪友：《布依古文字能否走出“天书”困局?》，《中国民族报》2011年12月16日。

汉字构成了汉字的书写系统。”①“方块布依文”包含多种类型，其中布依族摩经95%以上的文字属于“汉字及其变体”类型。方块布依文中的汉字字符及字符变体也是其有机组成部分。所以，我们建议用“方块布依文”来指称布依族古文字中的“汉字及其变体（荔波）”类型书写符号系统。这样既避免了与1956年后创制的“布依文”混淆，又更好地揭示了这种文字的性质。“白摩书”用于指称流行于六盘水一带的拼音文字。“布依族古文字”名称在布依族被确定为有文字的民族后经常采用，但多用来指称荔波“汉字及其变体”类型的文字，这样不利于对这种文字类型的认识。所以我们建议用“布依族古文字”作为历史上布依族使用过的记录摩教经文的文字符号的总称。

三、造字方法

布依族古文字有“拼音文字”和“方块布依文”两种类型。拼音文字主要采用“波拉文”创制。方块布依文是利用汉字及其笔画、偏旁，并根据布依语的特点模仿汉字造字法，同时结合本民族发明的造字法创制的。

“方块布依文”造字方法的分析，由于受字体性质认识不足的影响，直到新时期才被重视。目前学界的分析主要以以下几家为代表。

吴启禄②考察“方块布依文”字符的来源，把划分借用字和自造字作为分析的第一步，再从字符构件的形、音、义功能和组合功能角度对字符的构成作进一步的深入探讨。一是“借汉布依字”（借用现成字记录布依语），分为借音和借义两类。借音又分为：“同音假借”，如用“败”记 pai^{24}（去）；“近音假借”，如用“海”记 haɯ^{33}（给）。“借义”：借汉布依字的字义，记当地布依语的音和义，如用“儿”记布依语词 lɯk^{31}（儿子）。在这里吴启禄的定义有些不明确，他的“借义”的实质是借汉字的义但不能表示布依语的音。“汉义转借”即布依语的音节有两个以上汉义的，用其中的一个借汉布依字记另一义，如罗甸布依语“街”“卖”都说 ka:i^{33}，便用“街”记

① 邓章应：《水族古文字的科学定名》，《中国科技术语》2009年第3期。

② 吴启禄：《布依族古籍中的方块布依字》，载中国民族古文字研究会编《中国民族古文字研究（第3辑）》，天津古籍出版社，1991，第230页。

“卖”义。他所说的用汉义相关的借汉布依字记布依语的音和义，如：用“眠”记nɯn^{31}（睡），实质是“同义假借”。“任用借汉布依字”即所用的借汉布依字其音义都看不出与布依语有什么联系，即任用一个字记录布依语，这时这个被任用的汉字就只是一个符号了，如：用“直”记ʔo^{35}（出）。二是“自造布依字”分为形声、会意、合体、改体、独特布依字。其中形声、会意布依字是在汉字的基础上加偏旁部首创制。合体布依字与形声布依字、会意布依字有区别，合体布依字是由两个字合成的。“改体布依字”是在汉字的基础上改变某形体造成的，如：tiŋ^{33}（再）。“独特布依字”类，其实质也是改体字，如：ko^{33}拿。三是“图画或符号”类，如：ʔdaɯ^{22}（叶子），ʔdɔ^{31}（不）。

周有光分为“借用”“仿造”汉字两大类。“借用汉字”类型有“借词”法，如：兒lɯk^{31}（儿），其实质是借汉字的音和义；“音读”法，如：打da^{6}（河），实质是借汉字的音。“仿造新汉字”类，有“形声”“会意”两种。①

周国炎②认为借用汉字类属用字方法，因为它是完全照搬汉语方块字的字形，他区分“用字法”和“造字法”。用字法一是用与布依语语音相同或相近的汉字来记录该语音，如：姑ku^{33}（我，盐），其实质是借音；二是用与布依语同义的词来记录，读布依语音，如：儿lɯk^{31}（儿），其实质是借义；三是有些汉语古今借字直接用汉字本身来记录，如：金tɕim^{33}（金子），实质是全借汉字。“新创字”造字方法主要有形声、会意、合体三类。《贵州省志·民族志》③与周有光“借用字”分类相同。

周国茂认为“无论是借现成汉字，还是新创方块字，都是不同的借用”方式。归纳起来，有借音、借形义和借偏旁部首重构几种④，其“借音”类型也分为同音、近音假借。“借形义”的特点是其词义与其所表示的布依语词

① 周有光：《世界文字发展史》，上海教育出版社，1997，第108页。

② 周国炎：《“方块布依字”及其在布依族宗教典籍传承过程中的作用》，《中央民族大学学报（哲学社会科学版）》2002年第5期。

③ 贵州省地方志编纂委员会编《贵州省志·民族志》，贵州民族出版社，2002。

④ 周国茂：《布依族古文字研究》，《贵阳学院学报（社会科学版）》2010年第4期。

义相同，但读音则不相同，如：“儿”被用来表示布依语词“儿”，但布依语读音为lɯk^{31}，此分类的实质与周国炎的第二类分类相同。其“借偏旁部首重构”类型实质上是“方块布依文”中的自造字类型，利用汉字的偏旁部首或汉字，根据“六书”造字法重新组构成文字。形声字由声符和意符组成，其特点是声符借汉字的音，义符借汉字的意表示该字的布依语读音和含义。会意字是用两个或两个以上的汉字组构成新的文字符号，其相加起来的汉字字义即是新构成的字的字义，读音与原汉字没有联系。

喻翠容[①]没有区分自造字和借用字，把它们放置于同一层面上，认为有四种方法。（1）借音，借汉字音表示布依语词，如：打 ta^{6}（河）。（2）训读，借汉字的义改读布依语词的音，其实质就是“借义”，如：儿 lɯk^{31}（儿）。（3）形声，借汉字的形旁和声旁，用形旁表示布依语词的义类，用声旁记布依语词的音，如：䑐 ʔdaːŋ^{1}（身体）。（4）会意，把两个汉字合在一起表示一个新义，读音按布依语，如：躾 maŋ^{6}（胖）。

郭堂亮[②]分三类。（1）借用同音或近音的汉字来表示布依语的语义，如：纳 na^{11}（田）。（2）借用汉义识布依语读音，所借的汉字与布依语语义有一定的关系，如：金 tɕim^{33}（金），儿 lɯk^{31}（儿）。（3）自造字，自造字是利用汉字的偏旁或部首或取其中的一部分或两个字合起来作为一个符号来表示布依语某一特定的意义，它和汉字的读音、语义、字形都互不联系，如：𬏿 haɔ^{35}（话）。

综上，可以看到学者们对方块布依文造字方法的分析大致相同，只是使用的术语不尽相同。这与学者们掌握的方块布依文材料和分析的角度不同以及与目前方块布依文研究还处于初级阶段有很大关系。综合来看，学者们的分析有以下特点。

第一，从方块布依文与汉字之间的关系角度出发，考虑方块布依文的字符来源。从方块布依文字符与汉字字符之间形、音、义的对应关系进行分

① 喻翠容：《布依文》，载中国社会科学院民族研究所、国家民族事务委员会文化宣传司编《中国少数民族文字》，中国藏学出版社，1992，第146页。

② 郭堂亮：《布依族语言与文字》，贵州民族出版社，2009，第304页。

析，将完整借用汉字字形的方块布依文归为“借用”类。主要有“借音”“借义”“借形义”类。

第二，由于布依语与汉语的差异，完整借用汉字时常无法记录布依语词，在这种情况下只有借用汉字偏旁或部件重新组合成汉字中没有的字符并类归为“自造字”；同时考虑字符构件在整字结构中的功能属性。字符有表音、表义、表形的功能，汉字传统的“六书说”在分析汉字形体时也是对部件进行了功能考察，如形声字是对形符和声符功能的运用。“‘六书’具有普遍适用性。”① 学者们在分析时都采用“六书”来分析具有相同特点的方块布依文。另有个别研究者，考察方块字符生成过程中对汉字进行改造，分出“改体布依字”类别，如吴启禄。

由于资料的缺乏，字形研究尚未形成体系，目前的研究只是意识到了方块布依文与汉字有区别，方块布依文作为汉字的孳乳文字被发现。对方块布依文的分析主要以记录的形式进行，字形分析较简单，多采用汉字“六书”理论进行分析。目前，还没有人对记录布依族宗教典籍的文字符号作定量分析研究，也没有对某一部经书的用字作系统的分析。因此，无法知道方块布依文的数量，也无法知道方块布依文文字系统的构成情况。这些是我们今后研究努力的方向。

四、研究价值

对于布依族古文字的研究，在理论上和实践上，都有着多方面的意义和价值。

（一）文字学价值

胡起望研究发现：“方块布依文和方块壮文之间有一些通用字，有一些同字形但却在理解和使用方面各有不同的字。”② 它们同作为一种借源文字系统，但内部却各有特点。对它们进行比较研究尤其是探索它们的共性会促进两种

---

① 周有光：《世界文字发展史》，上海教育出版社，1997，第 16 页。

② 胡起望：《胡起望民族学研究集锦》，中央民族大学出版社，2009。

民族文字研究的进展。作为借源文字系统中的一种，方块布依文的研究还处在初级阶段，对其深入研究必然有益于文字传播与文字关系现象的研究，也有利于为借源文字研究打开一个新的宝库。对于普通文字学与比较文字学的研究也有很大意义。

（二）语言学价值

文字是语言的载体，文字学研究对语言研究有着极其重要的作用，它是探求民族语言古代面貌最重要的实物依据。古文字的解读，能帮助我们了解某些曾经存在但现在消亡了的语言，如要了解当时古埃及语要依靠埃及圣书文字的解读。布依族古文字是布依族宗教典籍的重要载体，由于社会的发展和汉语的冲击，布依语已经失去了其原始面貌，但用方块布依文记录的宗教典籍保存了一些古老的布依语句型和词汇，为我们提供了研究早期布依语的材料。

（三）历史文化学价值

用民族文字保存下来的文献古籍是一个民族最确切的历史档案。我们从甲骨文与金文中读到了汉民族的历史。虽然布依族宗教典籍的记录不像汉文献那样全面，而且它们记录的多是传说、民间文学、祈祷词等，但是它们往往从许多不同的侧面集中反映了布依族先民对日月星辰、天地山川的认识，记录了布依族历史上的先祖神圣、古代氏族观念、社会形态、原始信仰等。即使这种记录与反映不尽准确和真实，至少它们为我们提供了研究布依族历史文化的重要资料。

布依族古文字不仅对研究借源文字的源流、发展和布依族历史文化、语言的发展有积极意义，而且使布依族人民认识到本民族的文字是中华民族文字大家庭中的一员，还能提高布依族人民的民族自尊心和自豪感，对加强民族团结也有积极意义。总之，布依族古文字是布依族人民宝贵的古代文化遗产之一，在今天的布依族宗教活动中，仍然发挥着它的作用。

原载《贵州民族大学学报》（哲学社会科学版），2013 年第 3 期。收入本文集时有所修改。

20世纪初布依族拉丁字母文献及其产生的动因分析

周国炎

一、引言

拉丁字母文字产生于公元前7世纪，随着西方宗教文化向东传播而进入中国。明万历三十三年（1605年），意大利天主教传教士利玛窦设计了第一套用拉丁字母拼写汉语的拼音方案，但未能作为文字加以推广，仅仅作为西方传教士以及其他来华人员学习汉语的一种辅助工具。1626年耶稣会士金尼阁撰写的《西儒耳目资》是最早用音素给汉字注音的字汇，所用的拼音方案是利玛窦方案的修正。[①]

布依族自古以来就没有形成一套适合于本民族语言，并为全民族广泛使用的文字系统。大约明末清初，一些学习过汉文的布依族宗教人士以汉字作为记音符号，记录本民族宗教经文，这类文字目前被学术界称为“古布依文”或“方块布依文”。20世纪中期以来，在布依族地区民间发现了大量用这种文字记录的宗教文献典籍，针对这类文献所进行的整理、保护和研究工作自20世纪80年代以来取得了较大的进展，但另有一类布依族古文献长期以来却一直受到人们的冷落，那就是以拉丁字母文字以及变形拉丁字母文字为载体的外来宗教文献和少量布依族本民族传统宗教文献。本文拟对这类文献的基本情况作一个简单的介绍，并对其产生的社会历史背景及其对布依族传统宗教文化以及社会生活的影响作一个初步的探索。

① http://baike.baidu.com/view/569335.htm.

二、20世纪初布依族拉丁字母文献概述

与拉丁字母文字进入中国的情况相同，在布依族地区出现的拉丁字母文字也跟外来宗教——天主教和基督教的传播密切相关。

早在明万历三年（1575年），罗马教廷已把贵州划入天主教的传教势力范围，但其真正进入布依族地区是在清道光年间，即清道光二十七年至二十九年（1847—1849年），主要在贵州省黔西南的兴义、贞丰、兴仁、安龙以及册亨、望谟等地。从1877年开始，基督教的势力也进入贵州中部、西部的布依族地区，兴建基督教堂，从事基督教传教活动。①

创制文字，兴办教育是西方宗教势力传播的主要特点。天主教在贵州西南布依族地区传教期间，也曾以协助政府发展文教事业为名，创办过两所教会完小，学校除按当时教育部规定的学制和教科书教学外，还增设教理、教义经典等宗教课程。开办经言学校，培养传教人员和教会服务人员。②教会学校招收当地教徒（包括少数民族教徒）。传教期间，西方传教士为了更好地融入当地社会，以扩大传教范围，刻苦钻研当地汉语和少数民族语言，用法语字母配以“五音”（汉语声调）给汉语和少数民族语言注音。如法籍传教士卫利亚用法语字母拼写布依语词汇，搜集布依语单词2万多个，并汇同布依语惯用语、短语、谚语以及民歌等编辑成《布-法试用词典》（Essai de Dictionnaire Dioi-Français），还将简短经文翻译成布依语，散发给传教士念诵。法籍传教士方义和也搜集了贞丰一带的布依语词汇，编成《夷法辞典》，送香港出版。③但目前在布依族地区发现的用拉丁字母记录布依语文献的仅有三种：一种是1904年出版的《马太福音》，另一种是1909年出版的《布-法试用词典》，还有一种是发现于贵州省水城县北部的布依族本民族宗教文献“白摩书”。前两种均以拉丁字母文字为载体，后一种则借用了英国传教士柏格理（Samuel Pollard）为滇东北、黔西北地区苗族所创制的“柏格理苗

① 贵州省民族事务委员会编《布依族文化大观》，贵州民族出版社，2012，第134～136页。
② 贵州省民族事务委员会编《布依族文化大观》，贵州民族出版社，2012，第416页。
③ 贵州省民族事务委员会编《布依族文化大观》，贵州民族出版社，2012，第415页。

文”，也称“波拉文”“老苗文”或“大花苗文”。从宗教的角度看，第二种与天主教有关，第一和第三种与基督教有关。

（一）《马太福音》及其文字

《马太福音》（Gospel of Matthew，布依语名 Fù Ìn Ma-Tai）一书于 1904 年在上海由大英圣书公会（British and Foreign Bible Society）出版，是目前发现的第一本用拉丁字母记录布依语的文献。该书除扉页标明出版单位和出版时间、语言归属（Chung Chia Vernacular，仲家话，即布依语）以外，没有其他文字说明或附加材料，这给我们的研究，无论是从版本的角度，还是从语言文字的角度，都增加了不少困难。不过，由于是以拉丁字母为载体，从拼写形式可以了解每个音节的读音。通过与《布依语调查报告》中的材料进行对比，大体可以知道该书的译语属于布依语第二土语，即贵州省中南部，贵阳市周边地区的布依族语言。

《马太福音》的文字系统完全采用了拉丁字母体系的 26 个字母，按音节书写，外国多音节的人名和地名用连字符号连接，大多数音节包含声、韵、调三个部分，少数音节为零声母，即只有韵母和声调，一部分音节则只有声母和韵母，不标声调。声调标于每个音节主要元音的上方。这套文字系统可分为声母、韵母、声调三个部分。

1. 声母

这套文字共有声母 22 个，包括唇音声母 6 个，即 b[p]、mb[ʔb]、m[m]、v[v]、f[f]；舌尖音声母 8 个，即 ds[ʦ]、s[s]、r[z]、d[t]、t[th]、nd[ʔd]、n[n]、l[l]；舌面音声母 4 个，即 g[ʨ]、ch[ʨh]、sh[ɕ]、ny[ȵ]；舌根音声母 4 个，即 k[k]、ng[ŋ]、z[ɣ]、h[x]；半元音 2 个，即 w[w]、y[j]。其中送气音声母 t[th]、ch[ʨh] 只用来拼读汉语借词；g[ʨ] 只出现在舌尖前音 [i] 的前面。k[k] 与 g[ʨ] 形成互补，除前元音 [i] 之外，都可与之相拼，当拼读现代汉语借词时，可变读为送气音 [kh]。

2. 韵母

韵母一共有 84 个，包括主要元音 7 个，即 a[aː]、a̲ [a]、e[e]、i[[i]、u[u]、o[o]、o̲[ɯ]；二合元音 11 个，即 ae[aːi]、ai[ai]、ao[au]、au[aːu]、ei[əi]、ia[ia]、 ie[iə]、iu[iu]、ua[ua]、ue[ue]、uo[uo]；三合元音 6 个，即 aeo[aɯ]、iao[iau]、iau[iaːu]、iei[ie]、uai[uai]、uei[uei]；-m 尾韵母 10 个，即 am[aːm]、am[am]、im[im]、iam[iam]、om[om]、um[um]、um[um]、uam[uam]、uom[uom]、uom[uɯm]；-n 尾韵母 13 个，即 an[an]、an[an]、en[en]、in[iːn]、in[in]、ian[ian]、ien[ieːn]、ien[ien]、oan[oan]、on[ɯn]、uan[uan]、uen[uen]、uon[uɯn]；-ŋ 尾韵母 12 个，即 ang[aːŋ]、ang[aŋ]、eng[eŋ]、ing[iːŋ]、ing[iŋ]、iang[iaŋ]、ieng[ieŋ]、ong[oŋ]、ong[ɯŋ]、ung[uːŋ]、ung[uŋ]、uong[uoŋ]；-p 尾韵母 7 个，即 ap[aːp]、ap[ap]、ip[ip]、iap[iap]、iep[iep]、up[up]、uop[uop]；-t 尾韵母 8 个，即 at[aːt]、at[at]、et[eːt]、it[it]、iat[iat]、iet[iet]、ot[ɯt]、uat[uat]；-k 尾韵母 9 个，即 ak[aːk]、ak[ak]、ek[eːk]、iak[iak]、iek[ieːk]、ok[ok]、ok[ɯk]、uk[uk]、uok[uok]。

在主要元音中，o 的实际音值为 [ɯ]，可作单韵母，也可带鼻音韵尾 -m、-n、-ŋ 和塞音韵尾 -t、-k。主要元音下加一短横表示该元音为短音。元音 a、e、i、u 有长短之分，但 e、i、u 的长短差别只有带韵尾时才体现出来，a 作单韵母时也区别长短，但短元音 a 的出现频率较低，从所掌握的材料看，只出现在声母 k[k] 之后。元音后加 h 表示该音节调值较低，因此，带尾的韵母实际上不能算独立的韵母。带 h 尾的韵母有 ah、eh、ieh、ueh。

3. 声调

这套文字共区分 6 个声调，其中一个调不标调号，其他五个调分别用五个符号来表示。这些声调符号均标在每个音节主要元音的头上。这五个符号分别是"ˇ""ˊ""ˋ""ˆ""ˈ"。例如 kók 根源、lèk 儿子、làng 后面、sû 主、ko'an 先。由于该圣经译本没有对译语的语音系统作必要的介绍，因此，我们无法知道每个调的实际音值。根据对译文词汇意义的分析，可以得知"ˇ"表示第一调，"ˋ"表示第二调，"ˆ"表示第三调，"ˈ"表示第五调，"ˊ"表示第六调，第四调不标调号。塞音韵尾音节不单独设立调号，它们的调值大致分别与一、二、五、六调相同。

《马太福音》的布依语译本为小 32 开本，共 166 页。除正文外，书中没有任何附加材料，这给我们的研究，无论是从版本的角度还是从语言文字的角度，都增加了不少困难。不过，从文字系统所反映出来的语音特征以及汉语借词调类的分布来看，大体可以知道译语属于布依语第二土语。其主要特点是有舌尖前塞擦音 ds[ʦ]，舌根擦音 z[ɣ]、h[x]，本民族固有词没有送气音声母，鼻音韵尾有 -m、-n、-ŋ，塞音韵尾有 -p、-t、-k，体系比较完整。

（二）《布 - 法试用词典》及其文字

19 世纪末 20 世纪初，法国传教士卫利亚（Gust. Williatte）和吕约（Jos. Esquiroi）来到贵州省册亨县南部的布依族村寨从事天主教传播活动，出于传教的需要，同时也是因为对布依族语言怀有极大的兴趣，他们潜心学习并钻研当地布依语，搜集了大量的布依语词汇、谚语以及布依族民间故事和歌谣，并在此基础上编纂成《布 - 法试用词典》（Essai de Dictionnaire Dioi-Français），于宣统元年（1909 年）在香港对外传教会印刷厂（Hong Kong, Imprimerie de la Société des Missions-Étrangère）印刷。该书原文为法文，属拉丁字母文字体系，记录并转写布依语的也是同一种文字。

根据目前掌握的资料整理出的音系，《布 - 法试用词典》所记录的布依语共有声母 18 个，包括双唇音声母 5 个，即 p、b、m、f、v，舌尖音声母 6 个，即 t、d、n、s、th、l，舌面音声母 5 个，即 ch、tch、ts、gn、h，舌根音声母 2 个，即 k 和 g。

《布 - 法试用词典》所记录的布依语共有韵母 103 个，包括单元音韵母 5 个，即 a、e、i、o、u，复合元音韵母 41 个，即 aeu、eao、eu、ia、ie、ih、io、aeuh、iaeu、ioua、oa、oua、oue、ah、iah、ieh、ai、ei、iai、ioi、oi、ouai、oui、ui、ao、eou、iao、ouao、oueu、ueueu、aou、eou、eue、iaou、iou、iu、ou、ouaou、oueou、aoueu、eueu，带鼻音韵尾的韵母 33 个，即 am、em、euem、iam、iem、im、ioum、ium、om、ouam、oum、an、en、euen、ian、ien、in/iuen、ion、iuen、on、ouan、oun/ouin、ang、eng、euang、iang、ing、iong、iuang、ong、ouang、eung、ougan，带塞音韵尾的韵母 24 个，即 ap、ep、eueup、iap、iep、ip、op、at、et、eueut、iet、iot、it、ot、ouat、out、oueut、ak、ek、euk、iak、ik、ok、ouk。

《布 - 法试用词典》所记录的布依语共有声调 7 个，包括 cha¹，第一高调，是比较高的声调（35）；cha¹，第二高平调（33，实为中平调）；cha²，低平调（11）；cha[3]，高降调（53）；cha[3]，中降调（31）；cha[4]，中升调（24）；cha[5]，此调大致听下来也如低平调（11），低而短。

这一音系由于是在有限的语料基础上整理出来的，因此，还不是十分全面，比如声母只有18个，这与目前各地布依语音系中的声母系统都相差较大。韵母系统也缺乏系统性，复合元音韵母比较复杂，而鼻音韵尾韵母和塞音韵尾韵母这两个系统也不平衡。

（三）水城“白摩书”及其文字

“白摩书”属布依族本民族传统宗教——摩教文献，系贵州省西北部六盘水、毕节一带部分布依族对摩教经书的称呼，其他地区则多称为“摩经”“摩书”（即布依语的Sel Mol），黔南部分地区则称为“傩书”。“白摩”可能受当地彝语“呗摩”（彝族宗教职业者）一词的影响。其他布依族地区的“摩书”大多以汉字及汉字偏旁部首作为字元自创的“土俗字”作为记音符号，书写摩经的内容，而唯独只有水城县金盆乡锁蒿村发现了一套用变形拉丁字母文字抄写的摩经。这种文字系英国传教士柏格理为滇东北和黔西北苗族所创，被称为“柏格理苗文”，或称“波拉文”“滇东北苗文”“老苗文”“大花苗文”。20世纪初曾广泛用于川、黔、滇交界的苗族（大花苗）地区，后稍加改造，用于滇北彝族、傈僳族地区的基督教传播。20世纪初，基督教势力在贵州省西部地区广泛渗透，传教对象主要是当地少数民族。其中以苗族居多，也有少量其他民族的信徒。目前在贵州西部地区的苗族村寨中，以柏格理苗文作为载体翻译的基督教圣经随处可见，在个别地区甚至还用于苗族学校的双语教学。但这种文字对布依族的影响比较小，黔西北地区的布依族中目前已很少有基督教信徒，迄今为止也没有发现用柏格理苗文在布依族中传教的情况。水城县金盆乡锁蒿村的“白摩书”是目前布依族中唯一发现使用这种文字的文献。

柏格理苗文是一种拼音文字，通过改变大写拉丁字母的字形创制而成，也有人认为是受到滇东北大花苗妇女服装上的方框形图案的启发。的确，有几个方框或半方框形字母与苗族妇女服装上的图案比较相似。“白摩书”的文字系统基本来源于这套拼音文字。以下对这套文字作一个简要的介绍。

1. 声母

该套摩经文字系统共有声母 36 个，其中包括双唇音 4 个，即 [p]、 [ph]、 [ʔb]、 [m]，唇齿音 2 个，即 [f]、 [v]，舌尖前音 4 个，即 （） [ts]、 [tsh]、 （） [s]、 （） [z]，舌尖中音 5 个，即 （、） [t]、 [th]、 （） [ʔd]、 （） [n]、 （）（） [l]，舌面音 4 个，即 （） [tɕ]、 [tɕh]、 [ȵ]、 [ɕ]，舌根音 5 个，即 （） [k]、 [kh]、 （） [h]、V[ɣ]、 [ŋ]，喉塞音 [ʔ]，半元音 [j]。

由于材料有限，所归纳出来的不一定是完整的声母系统，有些声母例字很少，如送气塞擦音 /tsh/ 和 /tɕh/ 都分别只有一个例子；前紧喉音声母 /ʔb/ 和 /ʔd/ 的例字也很少，与低声调结合时，前紧喉成分不明显，有些接近浊音。另外，经书在文字应用方面存在明显的错误，对此，笔者在《贵州省水城县布依族“白摩书”文字释读》一文中已进行了系统的论述，这里不再赘述。[①]

2. 韵母

该套摩经的文字系统共有韵母符号 28 个，其中有不少符号既用作单元音韵母，也用作复合元音韵母，有的同时用作复合元音韵母和带鼻音韵尾的韵母，有的符号甚至集三者于一身。包括重复使用的符号在内，记录单元音韵母的有 11 个，即 （） [a]、 （） [o]、 （）（）（） [e]、 （）（） [i]、 [ɿ]、 [u]；记录复合元音韵母的有 15 个，即 （）（） [ai]、 （） [au]、 （）（） [ei]/[əi]、 （）（） [əu]、 （）（） [ie]、 [iau]、 [iu]、 （） [ua]、 （）（） [uai]、 （） [ui]；记录鼻音韵母的有 15 个，即 [an]、 （）（）（） [aŋ]、 （） [oŋ]、 （）（）（）（）（）（） [en]/[ən]、 [əŋ]、 [ien]、 [ian]、 [iaŋ]、 （） [in]、 （）（） [iŋ]、 [uan]、 [uaŋ]、 （）（） [un]、 （） [uŋ]。

从现有材料来看，本套经书的韵母系统相对比较简单，主要元音没有

---

① 周国炎：《贵州省水城县布依族“白摩书”文字释读》，载傅勇林主编《华西语文学刊（第 5 辑）》，四川文艺出版社，2011。

长短音的区别。/i/ 的变体 /ɿ/ 只出现在擦音 /s/ 和塞擦音 /ʦ/ 之后，而且例字很少；少数复合韵母发音很不稳定，常常变读为单元音韵母，如 /ai/ 变读为 /a/，/ie/ 变读为 /e/ 等；鼻音韵尾只有 /n/ 和 /ŋ/ 两个，主要元音为 /i/ 时，后鼻音韵尾常常变读为前鼻音；塞音韵尾已经基本消失，这是该地区布依语的一个共同特征，但个别音节还能听出有轻微的喉塞音韵尾成分，如 /ʔboʔ^{35}/ “容器中的东西减少”。文字方面：与声母相比，韵母部分的符号使用更加混乱，错误也更多，主要是一符多音和一音多符现象比较突出。

3. 声调

“柏格理文字”没有设计专门的符号来表示声调，不同的调值通过将韵母标于声母顶端或右侧的不同位置来表示。从现有的材料来看，该套摩经共有声调 7 个，即高平（55 调）、高升（35）、高降（53）、中平（33）、中升（24）、中降（31）和低升（13），其中中平（33）调和低升（13）调的例词很少。列表如下。

调型	调值	例词					
		文字	读音	词义	文字	读音	词义
高平	55	[illegible]	su^{55}	收拾	[illegible]	taŋ^{55}	嘱咐
高升	35	[illegible]	so^{35}	六	[illegible]	zai^{35}	呼唤
高降	53	[illegible]	phəu^{53}	老者	[illegible]	tɕəu^{53}	桥
中平	33	[illegible]	thien^{33}	穿（衣）	[illegible]	wan^{33}	魂
中升	24	[illegible]	zei^{24}	地	[illegible]	zu^{24}	直
中降	31	[illegible]	va^{31}	铁	[illegible]	nəu^{31}	指
低升	13	[illegible]	pe^{13}	即使			

表中 7 个调值是通过录音材料来进行分类的，与文字对比，有些音节实际调值出入很大，比如，韵母标在右上角的音节，在录音材料中其调值却为低降或中升；另外，调型相近的音节从文字标写很难看出差别，如高降和高升都标在右上角等。

三、布依族拉丁字母文献产生的时代背景及其原因

布依语三种拉丁字母文献都产生于20世纪初，都与外来（西方）宗教——天主教和基督教的传入有直接的关系。早在明朝末年，西方宗教势力就已经把目光投向我国的大西南，随后不断渗透。清道光末年，天主教传教士开始进入布依族地区。

19世纪中期的布依族社会仍处于自给自足的、封闭的小农经济社会，以稻作农耕和山地农耕为主要的生计方式，社会经济还很落后，尤其是黔西南一带。18世纪末清嘉庆初年爆发的“王囊仙起义”遭清政府的残酷镇压，大量的布依族农民惨遭屠杀，幸存者为躲避迫害而被迫远走他乡，社会经济和文化生态受到近乎毁灭性的破坏。至道光末年时，虽经过半个多世纪的休养生息，社会人文生态得到一定的恢复，但仍处于十分落后的状态，社会经济发展十分缓慢。由于布依族地区山高谷深，交通极其闭塞，与外界缺乏交流，布依族人民对外界了解甚少，加之长期的封建统治和政治压迫，阶级矛盾、民族矛盾和社会矛盾极为尖锐。西方宗教势力正是利用了这些矛盾，在贫困、边远的少数民族地区得以立足，达到他们宗教渗透的目的。20世纪初基督教在贵州西部的传播和渗透也有类似的社会历史背景。

西方传教士在少数民族地区传播宗教，首先面临的是语言交际与文化调适的问题。传教士进入中国之前大多都经过一定程度的汉语训练，能用汉语进行简单的交流，但进入贵州南部的布依族地区，要想长期居留下来传播宗教，仅掌握汉语是不够的。他们还需要了解甚至学习教区内少数民族的语言以及他们的传统文化。有些西方传教士对传教民族的语言进行了刻苦学习，不仅熟练掌握了教区的民族语言，还成为该语言的首位调查者甚至研究者。

在天主教传入的19世纪中期，黔西南册亨、贞丰一带的布依族虽有精通汉、布两种语言的双语人，但更多的是略通汉语，以布依语作为主要交际工具的准双语人和只懂布依语的单语人，布依语在家庭、村寨内部以及村寨之间发挥着重要的交际功能。因此，外来传教士想要达到宗教传播的目的，就必须设法适应布依族的文化，学会布依族的语言。19世纪末先后在黔西南布依族地区传教的法籍传教士卫利亚（Gust. Williatte）、吕约（Jos. Esquiroi）

和方义和是这方面的代表，他们不仅自己掌握了布依语，还用自己的劳动成果，即编辑出版法语和布依语对比的工具书，为其他的传教人员提供了帮助。遗憾的是，这类工具书在布依族地区并未得到流传，目前，除上文介绍的《布-法试用词典》以外，未见有其他文献。这说明，一方面，这些工具书服务的对象不是信徒，而是传教人员。另一方面，文字符号本身存在缺陷，不足以准确地记录布依语，从前文对这种文字符号的介绍可以看出，该符号系统以拉丁字母为基础，按法文的读音规则进行拼写，如其中的一些元音字母组合表示复韵母，其读音与法语的字母组合读音相同，再用数字表示声调，比较复杂，这对于未接受过系统的拼音文字教育，甚至连校门都没有进过的布依族信众来说，要掌握该符号系统并达到熟练运用的程度是非常困难的。再者，文字没有承担教育方面的职能。天主教在黔西南布依族地区传播期间，虽然也创办了教会学校，当地的一些布依族信徒也被吸纳到学校中接受教育，但教学语言主要是汉语，文字采用的是汉文和拉丁文，没有布依语文方面的内容。

布依文《马太福音》出现的社会历史背景不是十分清楚，从文字所反映出来的语音特点来看，属于布依语第二土语，该土语主要分布在贵州省黔南布依族苗族自治州的平塘、惠水、贵定、龙里、都匀、长顺、贵阳周边的各区（县）、清镇、平坝和毕节市的黔西、织金一带。我们通过将《圣经》音系与20世纪50年代调查的语言材料对比，发现贵阳周边青岩一带的布依语语音特征与之比较接近。

自1877年开始，英国基督教中华内地会先后派传教士到布依族地区传教，范围遍及大部分布依族地区，包括惠水、平塘、安顺、普定、贵阳、清镇、平坝等。[①] 其中有使用布依语第二土语的。1926年，美国基督复临安息日会派传教士到贵阳、惠水传教，也在布依语第二土语区范围。《马太福音》于1904年在上海出版，因此，应该是基督教传入布依族地区早期的文献。贵州中部也是布依族主要分布的地区之一，虽然聚居程度不如黔南、黔西南那么高，但人口相对集中，由于地处贵州主流文化中心区域，经济文化

① 贵州省民族事务委员会编《布依族文化大观》，贵州民族出版社，2012，第416页。

相对发达，交通便利，与外界接触交流相对频繁，因此，自 20 世纪中期以来，布依族语言和传统文化在这一地区逐渐为汉语和汉文化所替代。今天，惠水、贵定、龙里以及贵阳周边各区县的布依语已经处于濒危甚至严重濒危的状态。但是，在社会相对封闭的 100 多年以前，这一地区的布依语应该是布依族家庭和村寨内主要的交际工具，西方传教士在这一带从事传教活动，仍会面临语言交际和文化适应的问题，在这一背景下，翻译出版布依语版的《马太福音》也是符合情理的。

基督教在贵州西部传播期间，对布依族影响的程度到底有多深，目前尚不得而知。在布依族散居的贵州西部六盘水、毕节一带，迄今未发现与基督教传播相关的布依族文献，如任何文种的圣经，但 2004 年初，笔者在水城金盆乡锁蒿村调查当地布依族宗教文献时了解到，20 世纪三四十年代在当地传播的基督教的确对布依族产生了影响。用柏格理苗文抄录的布依族宗教经文“白摩书”就是这一影响的产物。

“白摩书”发现于 20 世纪 90 年代中期，书主是该村“布摩”（当地称“白摩”）王福明老人，当时只发现有一本，六盘水市民委将原书拿来复印后，交还给书主。2001 年笔者到六盘水调研时，从市民委古籍办拿到一本，并着手进行研究。从影印本可以看出，原书封面和封底以及书的边沿部分已经有所损毁，但内容基本完整。2004 年初，笔者到锁蒿村调查时，原书已经不见，“白摩”王福明本人用的也是影印本。最早接触该文献的是六盘水市古籍办，但对文字的属性和来源未加探究，只是沿用书主本人的说法，将该文字视为“远古流传下来的，没有人能释读的神秘文字”。21 世纪初，贵州民族学院（现贵州民族大学）老师吴定川曾做过调查，并录了音，但相关研究成果没有刊布。2002 年出版的《中国少数民族书法宝典》首次将这种文字与贵州西部少数民族宗教文字联系起来，但也未进行深入的解读。2004 年，笔者赴锁蒿村进行了为期一周的调查，其间与“白摩”王福明老人反复核实了每一个字的读音，并用国际音标进行了转写。笔者对锁蒿村附近的一个苗族村寨进行了走访，了解到该村全体村民均信奉基督教，村中有一座教堂，每周日附近村子的苗族信教群众都要聚集于此做礼拜，他们用的圣经和赞美诗唱本也是用柏格理苗文翻译的，可见当地有非常浓郁的基督教文化氛围。

王福明老人最初反复强调，“白摩书”的文字是老祖宗传下来的古来文字，突出其作为宗教符号的神秘感，不提与柏格理苗文之间的关系，不过，在调查结束时的闲聊中，他却滔滔不绝地讲述了他自己年轻时在当地一所教会学校学习的很多往事，并用汉语和布依语唱了几首当时在教会学校学到的基督教圣歌。这一情况一方面说明，20 世纪三四十年代或稍早些时候，基督教在贵州西北部传播的过程中，的确对当地布依族产生过影响。同时也说明，所谓“白摩书”神秘文字并非远古传下来的，而是从柏格理苗文借来的。

四、结语

拉丁字母文字在中国传播的历史不过数百年，在布依族地区，作为西方宗教传播的一种辅助工具，其使用范围仅限于传教人员内部，虽然布依族信徒也有可能接触到这类文字，比如在教堂或学校，但毕竟是少数。天主教在贵州布依族地区尽管苦心经营百余年，即使在鼎盛时期，信众也不过数万人，在布依族人口中所占比例很低，且绝大多数普通信众并不具备接触和掌握宗教文献的条件。西方宗教在布依族地区传播并拥有一定数量信众的同时，绝大多数布依族仍然坚持自己的传统信仰，布依族的摩教与外来的天主教、基督教是并存的，西方传教士用自己的西方文字传播宗教教义，而布依族的布摩则用汉字作为工具，记录传承本民族的摩经，井水不犯河水。因此，总体来说，拉丁字母文字对布依族文化的影响是有限的，不过，用这类文字记录下来的古籍文献仍是布依族文化中不可多得的珍品。

原载张公瑾主编《民族古籍研究》（第 3 辑），2016 年 11 月。收入本文集时有所修改。

布依族古文字形体结构初探

张　凤　何羡坤*

在以拉丁字母为基础创造布依族拼音文字之前，人们一般都认为，布依族没有自己的民族文字。但是，随着布依族宗教典籍资料的不断发现和研究的深入，布依族古文字逐步被人们认识。“2009年、2010年，连续两年，经国务院批准，荔波县档案馆及民宗局选送的布依族傩书《献酒备用》《接书神庙》《接魂大全》《关煞向书注解》等10部布依文古籍先后入选第二批和第三批《国家珍贵古籍名录》。布依族古文字被文化部确认，成为我国18种民族古文字之一。通过媒体的宣传报道，布依族古文字已被世人广泛认识。布依族古文字是布依族古籍书写的工具，作为一种载体，它又承载着布依族丰富的历史文化信息，具有重要的历史文化价值和学术研究价值。”①

“布依傩书是一千多年来布依先民创造出来的民族典籍，反映了布依族最初的神话传说，展示了布依人民惩恶扬善的10多个独立的民间故事，是记录傩祭、傩戏的书籍，是布依傩戏的唱本，广泛被布依族群众所接受，其中的惩恶扬善、劝人向善、孝顺父母、弘扬人间真善美的思想，构成了布依民族

---

*张　凤（1988—），女，布依族，西南大学汉语言文献研究所硕士研究生，主要研究领域为民族古文字。

何羡坤（1963—），男，布依族，贵州省荔波县政协文史委员会主任，研究方向为少数民族古文字。

① 周国茂：《布依族古文字研究》，《贵阳学院学报（社会科学版）》2010年第4期。

文化最具价值的内容，在潜移默化中成为布依民族的行为规范。”[①] 本文以布依傩书《欢王》为材料，对其一百多个布依族古文字的形体进行统计分析。

一、布依族古文字的结构

布依族古文字是在汉字的直接影响下产生的，它是布依族人民利用汉字或汉字的笔画、偏旁作基本部件，并根据布依语的特点模仿汉字造字法创造或借用汉字进行改造而成。因此，它的结构形式和汉字的结构形式大体一致，主要有形声、会意等类型。

（一）形声字

形声字即由意符和声符构成的字。意符的作用是指出字的意义类属；声符的作用是标明字的读音。布依族古文字多用两个汉字组合成一个形声字，其可细分为以下几种类型。

1. 意符直接表义型

此类型形声字为汉字与汉字组合，用一个汉字构成汉字字义直接显示该组合字所表达的词义，用另一个汉字构成汉字注音。此类型形声字又分两种。

（1）汉注音汉释义。即形声字的读音取构成汉字的汉语读音表示，词义由另一个构成汉字的汉语词义表示，如：觃，以“因”的汉语音注布依语词 [jan^{13}]，以“见”的汉义注释布依语词 [jan^{13}]，意义“看见”。其他例子还有：

楳 mai^{33} 木	右形左声
諾 nak^{35} 重	上形下声
毴 pən^{13} 毛	左形右声

（2）布依语注音汉释义。即形声字的读音取构成汉字的布依语音表示，词义由另一个构成汉字的汉语词义表示。

床+半 ʔbɯːn^{35} 床铺	右形左声
糸+根 zak^{55} 树根	右形左声

①《布依族古文字被“发现”，10 部古籍晋升“国宝”》，《贵州日报》2010 年 8 月 23 日。

泳 zam^{33} 水　　　　　　右形左声

牉，意符为“床”，声符为“半”，但声符不取“半”的汉音 [pan^{51}] 而是取“半”的布依语音 [ʔbɯːn^{35}]，意符“床”的汉义直接表示该组合字的意义。䋸，比较特殊，意符为“根”，声符为“根”的布依语音 [za^{33}] 和“杀”的布依语音 [ka^{53}] 的拼合，意符“根”的汉义直接表示该组合字的意义。泳，多形字，意符为“氵”和“水”，声符取“水”的布依语音 [zam^{31}]。

2. 意符间接表意型

此类型形声字为汉字偏旁与汉字组合，用汉字偏旁作意符表示该形声字的意义范畴（意义类属），而并非字义（词义）本身，用另一个汉字构成汉字注音。此类形声字分三种类型。

（1）汉注音。形声字读音取构成汉字的汉语音表示。如：迣，以“辶”表示行走义，用“拜”（“拜”的俗字）的汉语音 [pai^{51}] 注布依语词 [pai^{13}]。其他例子还有：

朘 zai^{33} 肠　　　　　　左形右声

烱 joŋ^{13} 煮　　　　　　左形右声

汏 ta^{55} 河　　　　　　左形右声

（2）布依语注音。形声字读音取构成汉字的布依语音表示。

䏻 ʔdaŋ^{13} 鼻子　　　　　　左形右声

叻 waːn^{13} 甜　　　　　　左形右声

䏻，以“月”表示“鼻子”义，汉字“能”的布依语音 nangz [naŋ^{11}]，以“能”的布依语音注布依语词 [ʔdaŋ^{13}]。叻，以“口”表示“甜”义，汉字“万”的布依语音 wanq[waːn^{24}]，以“万”的布依语音注布依语词 [waːn^{13}]。

（3）谐声字。形声字读音不完全取汉字的汉语音表示，只是因为汉字的汉语音与布依语读音相近，如：哏，标记布依语词 [ham^{31}]，汉字“恨”的汉语音 [hen^{51}] 与布依语的 [ham^{31}] 读音相近，因此取“恨”作声符。其他例子还有：

拔 fət^{55} 打、鞭　　　　　　左形右声

腺 ʔdaːŋ^{13} 身体　　　　　　左形右声

秘 wa^{35} 裤子　　　　左形右声

囸 zaŋ^{13} 关住　　　　外形内声

黙 ʔbən^{13}lap^{55} 天黑　　　　?

（二）反切字

许慎云："反切者，二形相合，反切造音，甭甦是也。"如"甭"字，它将"不"与"用"两字上下拼合成一个新字，它的读音取"不"的声母和"用"的韵母及声调相拼而成，它的意义等于"不"的意义加上"用"的意义。反切字就是利用反切的方法创造的字。布依古文字的反切字可细分为如下类型。

1. 直接反切

反切字字音由构成它的两个汉字上字的布依语或汉语声母和下字的布依语或汉语韵母拼合而成。由这两个汉字构成的反切字的意义与这两个汉字的字义及它们的会合义均无关。

毴 ʔbin^{13}　　　　飞

嫛 ŋɯːn^{55}　　　　晕

雾 xu^{33}　　　　云彩

毴，标记布依语词 [ʔbin^{13}]，上字"毛"的汉语音 [mau^{35}]，下字"品"的汉语音 [pin^{214}]，上字取其声母 ʔb，下字取其韵母 in，两者拼合得 [ʔbin^{13}]。嫛，标记布依语词 [ŋɯːn^{55}]，上字"安"的布依语音 [ŋan^{33}]，下字"恩"的布依语音 [an^{33}]，上字取其声母 ŋ，下字取其韵母 n，两者拼合得 [ŋɯːn^{55}]。雾，标记布依语词 [xu^{33}]，上字"或"的汉语音 [xuo^{51}]，下字"勿"的汉语音 [wu^{51}]，上字取其声母 x，下字取其韵母 u，两者拼合得 [xu^{33}]。

2. 形声式反切

反切字字音由构成它的两个汉字上字的布依语声母和下字的布依语韵母拼合而成，且由两个汉字构成的反切字的意义不是这两个汉字字义的会合，而是用其中一个汉字的字义来表示。

校 fən^{31}　　　　木柴

舒 meŋ^{13}　　手

杈，标记布依语词 [fən^{31}]，上字“木”的布依语音是 faix，下字“文”的布依语音是 wenz，上字取其声母 f，下字取其韵母 en，两者拼合得 [fən^{31}]。舒，标记布依语词 [meŋ^{13}]，上字“名”的布依语音是 mingz，下字“手”的布依语音是 fengz，上字取其声母 m，下字取其韵母 eŋ，两者拼合得 [meŋ^{13}]。

（三）会意字

会意字由两个汉字构成，其字义会合了所有构成汉字的字义，字音与其记录的布依语词同，而与构成它的汉字字音无关。

咡 ʔdo^{52}n̥i^{13}	知道
黬 lap^{55}ta^{13}	闭眼睛
聍 naːi^{35}nin^{31}	睡
皘 zeu^{35}	干净
嘿 ȶaŋ^{13}haːt^{35}	早上

会意字由两个部分会合而成，但会意字的意义并不等于各部分意义的简单相加，其会意的方式是“字义 + 字义”方式，会合两个构成汉字的意义后还需要联想才能明白这个会意字的意义。如：咡，从“口”从“耳”，“口”有“说、告诉”的功能，“耳”表示“听”的功能，用“口”说给“耳朵”听就是“知道”的意思；黬，从“黑”从“夜”，黑夜里一片黑暗，与闭上眼睛一片黑暗的情形相似，所以表示“闭眼”；聍，从“耳”从“宁”，睡着了耳朵听不见声音，一片宁静，以此来表示“睡觉”；皘，从“白”从“清”，以此来表示“干净”义；嘿，从“日”从“黑”，早上是太阳刚出，黑夜渐隐的时候，以此来表示“早上”。

（四）借音字

借音字由汉字或汉字偏旁与汉字组合而成。所谓借音并不是指布依古文字的音是完全借用汉字的音，而是指布依古文字的音与汉字有联系，它们可能为借汉字音（汉字被借用时的语音、汉字古音）、布依语音与所组成汉字的布依语音接近或布依汉同源，并且布依古文字的意义与组成它的两个汉字或汉字偏旁的字义无关。如：涞，标记布依语词 [ʔdai³³]，汉字“来”的汉语音 [lai³⁵] 与布依语词 [ʔdai³³] 音相近，所以用“来”与“冫”组合成字来表示布依语词 [ʔdai³³]。其他例子还有：

隂 zum³¹	风
噘 jet³⁵ʔdom¹³	偷看
桦 kva⁵²	抓

（五）象形字

“象形者，画成其物，随体诘诎，日、月是也。”（许慎《说文解字·叙》）按照许慎的定义，所谓的“象形”就是对客观事物形体的描绘，其字形所代表的词就是所像之物的名称。布依族古文字的象形字数量极少，但其具有与汉字象形字不同的特点，它已经脱离图画形式。如：“阝”标记布依语词 [ziə⁵²]，“耳朵”义。虽然是取“阝”的“耳朵”形，但是已经失去了图画意味，其实质还是借用“阝”来表示布依语词 [ziə⁵²]。

（六）联绵字

“联绵词也叫‘联绵字’（连绵字），是指由两个音节联缀成义不能分割的词。虽然有两个音节，但只有一个词素，所以联绵词属于双音节的单纯词，不能分开来解释。”① 部分布依古文字是布依语联绵词的组成部分，即用两个布依古文字联绵组合表达一个词语的意义，组成这些词的字且称为“联绵字”，就如汉语里的“葡萄”“琵琶”等，单个联绵布依古文字无这个联绵词所表示的意义。汉语的联绵词，其联绵的两字一般形符相同，字形的另一部件表示字的读音，布依古文字的联绵词具有与其相同的属性。如：妹姢，标记布依语词 [lək³⁵ʔbək⁵⁵]，“姑娘”义。妹，单独存在时无意义，姢，单独存在时有多个意义，如：标记布依语词 [ja⁴²] 妻子，[paɯ⁵³] 媳妇，无“姑娘”义。只有两字组合时才表示“姑娘”的意思。

---

① 吴泽顺：《联绵词的构词特点及音转规律》，《湖南社会科学》2004 年第 2 期。

（七）其他

黔 $pu^{52}hak^{55}$	官员
ㅁ $kvə^{55}$	做、作
乖 $ʔoŋ^{35}$	罐子
杺 $soŋ^{52}$	起来

黔，标记布依语词 [$pu^{52}hak^{55}$]，“斈”是汉字“学”的俗字，组成此字的两个汉字的音均与此字的音无关，非形声字，构字不明。乖、杺均构字不明。ㅁ，标记布依语词 [$kvə^{55}$]，与壮文ㅁ [ku^{6}] 音近义同。覃晓航认为是“截取汉字‘罟（ku^{214}）’字中的‘皿’，然后再简化为‘ㅁ’，仍念‘罟’以保持与壮语 [ku^{6}] 同音”。[①] 在这里覃晓航把这个字看成是借音字，是借“罟”的音然后再减省“罟”字而成。我们认为这样解释是不恰当的，因为“罟”字无“做、作”之义，造字是为记录服务的，简便易懂是其原则，这样繁琐曲折的造字方法，已经使这个字的音义晦涩难懂了。

二、结语

从上面的分析可以看出，布依族古文字是在汉字的直接影响下产生的，它是布依族人民利用汉字或汉字的笔画、偏旁作基本部件，并根据布依语的特点模仿汉字造字法创造或借用汉字进行改造而成的，且它在借用汉字造字方式的同时还融入了本民族的造字思维，创造性地发明了其他一些构造文字的方式。从现有材料来看，真正影响布依族古文字结构的是成熟的汉字，尤其是楷化后的汉字。

笔者通过对布依傩书《欢王》一百多个布依族古文字的形体进行统计分析，发现布依族古文字以形声字居多，且结构复杂；其次是会意字、借音字。形声字的构成方式是模仿汉字的形声字构字法，也有对汉字形声字进行改造来表示布依语词的，如：裤—𫌀（把汉字的声符“库”替换为“化”）。会意字的构成方式与汉字会意字构成方式相同，只是布依族古文字的会意字

① 覃晓航：《古壮字研究》，民族出版社，1980，第 56 页。

字义需要会合构成字字义后进行联想才能明确。借音字是借汉字的音与布依语词相近的音来标记布依语词，但是为了使自己的书写符号与汉字有所区别，于是造字者对汉字进行了形体上的改造。象形字在符号体态上与同义的汉字相比较，其字形比较规整，相对于古汉字的象形，其线条简化，抽象性较强，离原始物象已经很远。

布依族古文字虽然没有经过规范化，不方便使用，使用人数也只局限于布依族中从事宗教活动或从事与宗教活动有关的那些人（主要是摩师），但作为布依族人民的辅助记录工具，并且把布依族的灿烂文化用书面的形式记录下来，使之流传后世，具有重要的语言文字研究价值，其历史功绩应该肯定。不过，布依族古文字毕竟没有发育成为一种非常成熟的文字，只是流传于民间从事宗教活动的人群中，其局限性也显而易见。

原载《鸡西大学学报》，2013 年第 6 期。收入本文集时有所修改。

贵州省水城县布依族“白摩书”文字释读

周国炎

一、布依族宗教及其经籍文字概述

广泛分布于贵州省南部、西南部和西部地区的布依族有着悠久的历史和灿烂的文化，历史上没有出现过全民信仰的宗教，多数地区信仰一种由本民族原始宗教发展而来，同时又吸收了一些外来成分的宗教，布依语称之为 mo^1，学术界按读音直译为“摩”，即为摩教。“摩教”有自己的宗教经典，布依语称为 $suɯ^1mo^1$，即摩经。各地摩经在内容上有相似之处，也有不同的地方。绝大多数地区的摩经都有经文手抄本作为传承的工具。

部分布依族地区信仰道教，道教有自己的一套经典，内容与摩经完全不同。个别地区的部分布依族信仰天主教或基督教。

由于宗教不同，布依族宗教经籍所用的文字符号也不统一，其中道教所采用的基本上是汉字以及少量特殊的宗教符号，摩教经文采用的文字大致可归纳为如下三种。

（一）汉字及其变体

汉字及其变体是布依族摩经主要采用的文字符号，布依族摩经 95% 以上的文字属于这种类型。所谓汉字，是指直接用汉字本身来记录布依语语音，如布依语“人”读作 wun^2，音近汉字“文”，于是便用汉字“文”记录该音；布依语“好”读作 $ʔdi^1$，音近汉字“利”，“利”便成了布依语 $ʔdi^1$（好）的记音。有的借用汉字的字形和字义来表示布依语词，如用“儿”记录布依语的lɯk^{8}（儿子）；用“身”记录布依语ʔdaːŋ^{1}（身体）；用“早”记录布依语sau^{4}/ɕau^{4}（早）；用“网”记录布依语mɯəŋ^{2}（专指渔网）。所谓汉字变形是指利用汉字的偏旁部首或以个体汉字作为偏旁部首，根据汉字的造字法重新组构成字。这类字以形声字居多，占布依族摩经所用汉字的90%以上，其次是会意字，少数字为合体字。如：[illegible]，读作ʔbo^{5}，义为“泉、井”，形声字；[illegible]，读作na^{3}，义为“脸”，形声字；[illegible]，读作kwa^{2}，义为“右”，会意字；[illegible]，读作ʔdian^{1}，义为“月”；[illegible]，读作liŋ^{5}，义为“陡、不平”，合体字；[illegible]，读作ɕiə^{2}，义为“黄牛”，合体字。有些变形汉字没有遵循上述变形规则，而是在原汉字的基础上增加一些笔画，或是将原汉字的某一笔画作不规则的延伸来表示布依语的词义，读音与原汉字无关。例如“[illegible]”读作“路”，“[illegible]”读作“州”，“[illegible]”读作“捧”，“[illegible]”读作“郎”，“[illegible]”读作“手”等等。

（二）特殊符号

这类符号有些类似汉字，但又不是汉字，属于一种比较特殊的文字符号。多数地区的摩教经文中都有类似符号，但根据目前所掌握的材料，用得最多的是毕节地区（今毕节市）威宁县新发乡花园村的一套布依族摩经。该套经书大多数文字仍采用汉字或变形汉字，仅其中一小部分内容用到了特殊字符。这些字符绝大多数目前无人能释读。这种符号多数无固定的书写规则，有些笔画比较复杂，有些近似拉丁字母手写体。目前已释读的有：“ε”义为“男”，“[illegible]”义为“句”，“[illegible]”义为“只”，“∿”义为“带”，“[illegible]”义为“尚”，“e”读作sei^{33}等。尚无法释读的字符较多，如“[illegible]”“[illegible]”“[illegible]”“[illegible]”“ϵ”“[illegible]”等等。

（三）拼音文字

拼音文字是布依族宗教经文中一种后起的文字符号。根据目前所掌握的材料，共有两套以拼音文字作为传承媒介的经文：一套是20世纪初由上海圣经公会出版的基督教圣经《马太福音》布依语译文，采用的是拉丁字母，记录布依语第二土语，本文不打算对此作进一步的介绍；另一套是流传于贵州省水城县金盆乡锁蒿村的布依族摩教经文，采用的是20世纪上半叶流行于贵州西北部、云南东北部的“波拉文（Pollard Script）”[①]，由英国基督教传教士Samuel Pollard（中文名为柏格理）等所创制。下文将对这套文字以及用它记录的布依族摩教经文进行详细的解读。[②]

二、水城县布依族“白摩书”及其文字解读

贵州省六盘水市水城县一套用“波拉文（Pollard Script）”记录的布依族摩教经书（当地布依族称为“白摩书”）是目前发现的唯一采用拼音文字记录的布依族摩教典籍，20世纪90年代中期六盘水市民委发现该套经书，并采取了一些保护性措施，有关专家还对该书的主人进行了录音调查，但到目前为止，除周国茂（2002）对该书所采用的文字符号作简要介绍之外，未见更全面的研究成果。2004年初，笔者到该村做了一周的实地采访，与该书的主人，当地唯一认识这种文字的王福明老人逐字核对了全书每个符号的读音，对该书所采用的文字系统和经书的内容有了初步的了解。笔者在已经完成的两个项目中，都对这套文字作了简要的介绍，并将该套经书的部分内容进行了翻译、解读，作为项目成果的一部分，但由于各方面原因，至今仍未能与广大读者见面。本文拟在前期研究的基础上，对这套文字作更深入、全面的介绍。

（一）文字探源

目前，该套文字所属系统已经非常清楚，属“波拉文（Pollard Script）”，这是毋庸置疑的。这里所谓“探源”是想弄清这种文字何以被当地布依族用来记录本民族宗教经文。

此前，外界对这套文字一直知之甚少。当地人大多都知道有经书的存在，但记录经文的符号对于人们来说，一直是一个未能解开的谜团。都把它

---

① 亦称“老苗文”“滇东北苗文”或“柏格理苗文”。

② 本文资料来源于王福明家传《布依族“白摩书”》手抄本，原书纸质为白棉纸，1996年贵州省六盘水市民委复印。

视为一种古老的文字符号，在当地只有“白摩”① 先生王福明老人能解读该套经书，他也因此成了当地布依族最敬重的老人。而他自己在众人面前对该套经书的来历以及何以采用这种文字符号语焉不详，这更增加了人们对经书及其文字符号的神秘感。

调查过程中，在谈到文字的来历时，王福明老人提到了两个人，一个叫王华章，一个叫王金山（记音）。据说是王华章创造了这套文字，并传给其侄子王金山，王金山再传给他（王福明），他是最后一位继承人。后又说该套文字是从赫章传入的。王福明生于民国十年（1921 年），曾上过 4 年私塾，在当地基督教教会学校学习过一段时间，后来师从他人学会布依族摩经以及摩经文字。现在看来，王福明掌握“白摩书”文字应该主要得益于他在教会学校学习的经历。

1887 年，英国传教士 Samuel Pollard（中文名为柏格理）进入贵州西北地区传教，并为当地群众开办学校，发展教育。其传教对象是当地的苗族，也包括其他一些少数民族，主要活动范围在威宁石门坎一带。为了便于传教，他于 1905 年专门创制了一种文字，以其名字命名为“波拉文（Pollard Script）”，20 世纪初以来在滇东北和黔西北地区信奉基督教的各少数民族中广泛使用，被称为“柏格理苗文”。这种文字当时在黔西北地区广泛流传，从威宁经赫章传到水城北部，即王福明生活的金中村一带。据了解，20 世纪 40 年代，在离金中村不远的义忠曾办有一所教会学校，目前虽然无法了解该校具体的办学情况，但作为传教工具的“柏格理苗文”应该是教学文字之一。今天，金中村一带仍有一些苗族信仰基督教，村里有教堂一座，每周日由当地教头召集教徒在里面做礼拜。据召集人（即教头）杨某介绍，他们用的圣经是汉文版的，但“颂歌”是苗文版的，由基督教会负责印刷。笔者从杨某手中收集到用“柏格理苗文”印刷的基督教“颂歌”一本，杨某本人以及当地一些苗族基督徒对这种文字都非常熟悉。

---

① 即其他地区所称的“布摩”。贵州西北地区的布依族都称“白摩”，将他们的经书称为“白摩书”。这一称谓可能是受当地彝族影响的结果。贵州彝族称从事宗教活动以及从事活动的人为“毕摩”或“呗摩”。

以上种种证据表明，用来记录布依族“白摩经”的文字并不是什么古老的神秘文字，而是受基督教文化传播的影响，创造性地使用了“波拉文（Pollard Script）”，即“柏格理苗文”。

（二）关于“波拉文（Pollard Script）”

“波拉文”，亦称“老苗文”“滇东北苗文”或“柏格理苗文”，是英国传教士 Samuel Pollard（中文名为柏格理）与李司提反、张约翰和贵州威宁苗族传教士杨雅各等在通行于黔西北和滇东北的大花苗语（属苗语川黔滇方言，亦称西部方言）语音系统的基础上创制的一套拼音文字体系。其文字符号据说是受到当地苗、彝等民族服饰图案的启发。1904 年 10 月提出试行方案，1905 年由设在成都的加拿大圣经出版社出版发行了两本用这种文字编写的教科书，一本是 10 页的《花苗一书》，另一本是 16 页的《花苗二书》。这套文字共有 31 个字母，列表如下：

文字符号	国际音标	文字符号	国际音标	文字符号	国际音标
┘	p	ᑕ	n	ıı	au
T	t	L	l	=	没有使用
⊏	tʂ	ɥ	ɬ	G	没有使用
⊐	k, q	Δ	tɬ	C	e，œy
Γ	f	Λ	ʑ	G	œy[1]
V	v	—	A	7	ʐ，ɻ
S	s	ᒐ	e, ai	ↄ	没有使用
Ʒ	z	ᘉ	i	6	ŋ 没有单独使用
/	ʂ	/	ai	,	h[2]

---

① 包括C /e/ 和 ╲ /ai/。

② 也用作送气塞音符号，如┘' /ph/ 以及清化鼻音符号，如'ↄ /m/。

续表

文字符号	国际音标	文字符号	国际音标	文字符号	国际音标
†	ts	O	o	G	ŋ①
Ɔ	m	V	u	T	t②

“波拉文”是一种拼音文字，每个音节由声母和韵母两个部分组成，声母较大，位于音节左侧，韵母较小，位于音节右侧或顶端，没有专门表示声调的符号，不同声调通过将韵母置于声母顶端或右侧的不同位置来表示。③

（三）布依族“白摩书”文字系统

布依族“白摩书”文字借用了“波拉文”系统，文字符号与“波拉文”基本相同，增加了一些符号组合表示布依语特有的声母和韵母。

1. 声母

该套摩经文字系统共有声母36个，其中包括一些声母所使用的两个符号。36个声母中，单字母声母29个，双字母声母7个。列表如下：

发音部位	字母	音标	例词					
			符号	读音	词义	符号	读音	词义
唇音	[illegible]	p	[illegible]	pei^{35}	去	[illegible]	pu^{53}	人
	[illegible]	ph	[illegible]④	$phəu^{53}$	老者	[illegible]	pho^{53}	？⑤
	[illegible]	ʔb	[illegible]	$ʔbo^{35}$	销蚀	[illegible]	$ʔbu^{55}$	泉、井

---

① 与前面的 /ŋ/ 只是符号大小的不同。

② 在 T /t/ 的基础上加了一横。

③Joakim Enwall，A Myth Become Reality，History and Development of the Miao Written Language，Volume 1.

④ 多数情况下，这一符号也读作 /p/，如[illegible] /pie^{35}/ “八”，[illegible] /$piŋ^{31}$/ “地方”等。

⑤“？”表示该词词义不清，下同。

续表

发音部位	字母	音标	例词					
			符号	读音	词义	符号	读音	词义
唇音	[illegible]	m	[illegible]	mən^{53}	你	[illegible]	mai^{35}	线
	[illegible]	f	[illegible]	fa^{55}	把（量）	[illegible]	fən^{53}	拉，握
	[illegible]	v	[illegible]	va^{31}	铁	[illegible]	vei^{24}	未，没有
舌尖前音	[illegible]	ts	[illegible]	tsəu^{31}	听	[illegible]	tsən^{53}	真的
	[illegible]		[illegible]	tsən^{53}	真的	[illegible]	tsen^{31}	钱
	[illegible]	tsh	[illegible]	tsha^{35}	弯曲			
	[illegible]	s	[illegible]	su^{55}	收拾	[illegible]	sen^{53}	路
	[illegible]		[illegible]	saŋ^{35}	庹，三	[illegible]	so^{35}	六
	[illegible]	z	[illegible]	zu^{24}	直	[illegible]	zei^{24}	地
	[illegible]		[illegible]	ze^{53}	长	[illegible]	zo^{31}	知道
舌尖中音	[illegible]	t	[illegible]	taŋ^{55}	嘱咐	[illegible]	tai^{35}	死
	[illegible]		[illegible]	te^{53}	第	[illegible]	tiu^{31}	条
	[illegible]		[illegible]	tiu^{35}	呼吸	[illegible]	təŋ^{55}	?
	[illegible]	th	[illegible]	thien^{33}	穿（衣）	[illegible]	tho^{53}	敬供
	[illegible]	ʔd	[illegible]	ʔdaŋ^{53}	身体①	[illegible]	ʔdi^{35}	好
	[illegible]		[illegible]	ʔdoŋ^{53}	森林			
	[illegible]	n	[illegible]	nəu^{31}	指	[illegible]	nau^{31}	唢呐
	[illegible]		[illegible]	no^{53}	?	[illegible]	noŋ^{31}	侬人
	[illegible]	l	[illegible]	ləu^{24}	换	[illegible]	lo^{24}	拉
	[illegible]		[illegible]	lau^{53}	大	[illegible]	le^{53}	选
	[illegible]		[illegible]	liau^{53}	完、结束			

①该词在经书的很多地方又记作[illegible]。

续表

发音部位	字母	音标	例词					
			符号	读音	词义	符号	读音	词义
舌面音	[illegible]	tç	[illegible]	tçəu⁵³	桥	[illegible]	tçen³¹	胳膊
	[illegible]		[illegible]	tçəu⁵³	就			
	[illegible]	tçh	[illegible]	tçhiŋ³⁵	请			
	[illegible]	ȵ	[illegible]	ȵi⁵³	二	[illegible]	ȵəu³¹	草芯
	[illegible]	ç	[illegible]	çau²⁴	叫、喊	[illegible]	çi⁵⁵	条
	[illegible]	j	[illegible]	je⁵³	那	[illegible]	ja⁵⁵	祖婆
舌根音	[illegible]	k	[illegible]（[illegible]）	kua⁵⁵	过	[illegible]	kəu⁵³	我
	[illegible]		[illegible]	koŋ³⁵	蔸	[illegible]	ke³⁵	老
	[illegible]	kh	[illegible]	khei⁵³	想要	[illegible]	khaŋ⁵³	讲
	[illegible]	h	[illegible]	huŋ³⁵	大	[illegible]	hau⁵³	白
	[illegible]		[illegible]	ha³⁵	五	[illegible]	hai³⁵	海
	v	ɣ	[illegible]	ɣau⁵³	饭	[illegible]	ɣe³¹	吐
	[illegible]	ŋ	[illegible]	ŋəu²⁴	弯	[illegible]	ŋuan³⁵	天、日
喉音	[illegible]	ʔ	[illegible]	ʔu⁵⁵	出去	[illegible]	ʔau³³	要

说明：

（1）音系方面。

①由于材料有限，所归纳出来的不一定是完整的声母系统，有些声母例字很少，如送气塞擦音 /tsh/ 和 /tçh/ 都分别只有一个例子。

②在录音过程中，发现塞音和塞擦音组声母都分别有一些音具有浊音的特征，特别是与低声调结合时，但在整部经书中，80% 以上的字读的是高平、高升或高降调，中平或中升调的浊音特征又不稳定，剩下极个别的低调类的浊音声母只能归入同部位的清音声母。

③前紧喉音声母 /ʔb/ 和 /ʔd/ 的例字也很少，与低声调结合时，前紧喉成

分不明显，有些接近浊音。

（2）文字方面。

经书在文字应用方面存在明显的错误，但本文的目的在于对文献作一个客观的介绍，在声母表中力求将文献的原貌展现给读者，其中的错误在后文将作简要分析。

2. 韵母

该套摩经文字系统共有韵母符号 28 个，有不少符号既用作单元音韵母，也用作复合元音韵母，有的同时用作复合元音韵母和带鼻音韵尾的韵母，有的符号甚至集三者于一身。包括重复使用的符号在内，记录单元音韵母的有 11 个，记录复合元音韵母的有 15 个，记录鼻音韵母的有 15 个。列表如下：

韵母类别	字母	国际音标	例词					
			符号	读音	词义	符号	读音	词义
a行韵母	[illegible]	a	[illegible]	va^{31}	铁	[illegible]	ha^{35}	五
	[illegible]		[illegible]	ka^{53}	生意	[illegible]	ʔja^{53}	恶
	[illegible]	ai	[illegible]	lai^{24}	?			
	[illegible]		[illegible]	zai^{35}	呼唤	[illegible]	mai^{53}	线
	[illegible]		[illegible]	tai^{35}	死	[illegible]	ŋai^{53}	分开
	[illegible]	au	[illegible]	çau^{24}	叫、喊	[illegible]	ŋau^{24}	弯
	[illegible]		[illegible]	çau^{24}	叫、喊	[illegible]	liau^{24}	完、结束
	[illegible]	an	[illegible]	wan^{33}	魂	[illegible]	tan^{24}	想要
	[illegible]	aŋ	[illegible]	taŋ^{55}	嘱咐	[illegible]	khaŋ^{53}	讲
	[illegible]		[illegible]	tsaŋ^{55}	?			
	[illegible]		[illegible]	taŋ^{31}	到	[illegible]	ʔdaŋ^{53}	身体
	[illegible]		[illegible]	ʔaŋ^{55}	高兴			
o行韵母	[illegible]	o	[illegible]	so^{35}	六	[illegible]	tho^{53}	敬供
	[illegible]		[illegible]	tso^{31}	?	[illegible]	so^{35}	六

续表

韵母类别	字母	国际音标	例词					
			符号	读音	词义	符号	读音	词义
o行韵母		oŋ		koŋ^{35}	苑		noŋ^{31}	依人
				thoŋ^{53}	桶		poŋ^{53}	?
e行韵母		e		je^{53}	那里		ze^{53}	长
				ze^{53}	长			
				pe^{13}	即使		ʔde^{53}	麻
				ʔe^{55}	?		ʔde^{53}	得
		ei（əi）		khei^{53}	就		sei^{35}	四
				vei^{24}	未			
				sei^{35}	四		ʔdei^{24}	好
				pəi^{35}	去		təi^{35}	经过
		əu		təu^{31}	守（带）		pəu^{35}	祖公
				ʔjəu^{55}	住，在		tɕəu^{53}	桥
				tiu^{31}	条		ʔjəu^{55}/ʔiu^{55}	住，在
		en（ən）		fən^{53}	拉，握		tsən^{53}	真的
				nen^{31}	虱子			
				then^{53}	穿（衣）			
e行韵母		en（ən）		hen^{35}	升			
				tɕen^{53}	胳膊			
				sen^{35}	根，路			
				sən^{53}	?			
		əŋ		məŋ^{53}	你		tsəŋ^{53}	真

续表

韵母类别	字母	国际音标	例词					
			符号	读音	词义	符号	读音	词义
i行韵母		i		ȵi^{55}/nei^{24}	二		tɕi^{55}	（祖宗）地
				ki^{31}	?			
				ʔi^{31}	刀			
		ɿ		sɿ^{55}	?		tsɿ^{53}	时①
		ie		ʔie^{35}	?			
				pie^{35}	八		ʔdie^{53}	得
				ʔdie^{53}	得			
		iau		liau^{53}	完、结束		ʔdiau^{33}	一
		iu		tiu^{31}	条		ʔiu^{55}	住，在
		ien		pien^{31}	成，有			
		ian		mian^{31}	彝族			
		iaŋ		tɕiaŋ^{53}	兴			
		in		kin^{31}	上			
				tin^{55}	短			
		iŋ		piŋ^{31}	平地			
				piŋ^{31}	平地			
				tɕiŋ^{35}	金		jiŋ^{31}	和、跟
u行韵母		u		su^{55}	收拾		khu^{53}	九
		ua		kua^{35}	过			
				kua^{35}	过			
		uai		tsuai^{24}	修理			
				tuai^{55}	脱		nuai^{35}	接着
				tsuai^{24}	修理			

①也写作

续表

韵母类别	字母	国际音标	例词					
			符号	读音	词义	符号	读音	词义
u行韵母	[illegible]	ui	[illegible]	kui^{55}	柜子			
	[illegible]		[illegible]	sui^{35}	气	[illegible]	hui^{31}	?
	[illegible]	uan	[illegible]	luan^{24}	乱	[illegible]	ŋuan^{35}	天、日
	[illegible]	uaŋ	[illegible]	kuaŋ^{53}	官人	[illegible]	kuaŋ^{35}	宽
	[illegible]	un	[illegible]	tun^{24}	?			
	[illegible]		[illegible]	zun^{31}	起来			
	[illegible]		[illegible]	ɕun^{53}	?			
	[illegible]	uŋ	[illegible]	tuŋ^{31}	相互			
	[illegible]		[illegible]	ɣuŋ^{31}	国王			

说明：

（1）音系方面。

①从现有材料来看，本套经书所代表的韵母系统相对比较简单。共有单元音韵母（包括 /i/ 的变体 /ʅ/）6 个，复合元音韵母 10 个（包括 8 个二合元音和 2 个三合元音），带鼻音韵尾的韵母 13 个。

②主要元音没有长短音的区别，/i/ 的变体 /ʅ/ 只出现在擦音 /s/ 和塞擦音 /ts/ 之后，而且例字很少。

③少数复合韵母发音很不稳定，常常变读为单元音韵母，如 /ai/ 变读为 /a/，/ie/ 变读为 /e/ 等。

④鼻音韵尾只有 /n/ 和 /ŋ/ 两个，主要元音为 /i/ 时，后鼻音韵尾常常变读为前鼻音。

⑤总体看来，塞音韵尾已经基本消失，这是该地区布依语的一个共同特征，但个别音节还能听出有轻微的喉塞音韵尾成分，如 /ʔboʔ^{35}/ “容器中的东西减少”。

（2）文字方面。

与声母相比，韵母部分的符号使用更加混乱，错误也更多，主要是一符多音和一音多符现象比较突出。本节主要展现其原貌，具体问题将在后文进行分析。

3．声调

“波拉文”没有设计专门的符号来表示声调，不同的调值通过将韵母置于声母右侧或顶部的不同位置来表示。从现有的材料来看，该套摩经共有声调7个，即高平（55调）、高升（35）、高降（53）、中平（33）、中升（24）、中降（31）和低升（13），其中中平（33）调和低升（13）调的例词很少。列表如下：

调型	调值	例词					
		文字	读音	词义	文字	读音	词义
高平	55	[illegible]	su^{55}	收拾	[illegible]	$taŋ^{55}$	嘱咐
高升	35	[illegible]	so^{35}	六	[illegible]	zai^{35}	呼唤
高降	53	[illegible]	$phəu^{53}$	老者	[illegible]	$tɕəu^{53}$	桥
中平	33	[illegible]	$thien^{33}$	穿（衣）	[illegible]	wan^{33}	魂
中升	24	[illegible]	zei^{24}	地	[illegible]	zu^{24}	直
中降	31	[illegible]	va^{31}	铁	[illegible]	$nəu^{31}$	指
低升	13	[illegible]	pe^{13}	即使			

说明：

表中7个调值是通过录音材料来进行分类的，与文字对比，有些音节实际调值出入很大，比如，韵母标在右上角的音节，在录音材料中其调值却为低降或中升；另外，调型相近的音节从文字标写上很难看出差别，如高降和高升都标在右上角等。

三、“白摩书”文字的主要贡献及其局限性

(一)“白摩书”文字的主要贡献

水城县金盆乡金中村锁蒿寨流传的布依族宗教经籍——“白摩书”，与其他地区摩教经籍一样，在布依族宗教文化的传承方面起到了非常重要的载体作用，其贡献主要体现在以下几个方面。

（1）较为完整地把一个地区布依族的非物质文化保存下来。布依族摩教典籍内容十分丰富，包含布依族古代或较早时期社会历史、文化、习俗、经济、政治等各个方面，尤其是作为典籍文化不是十分发达的布依族，摩教经籍在文化传承方面所发挥的作用是不可低估的。通过对布依族“白摩书”的解读、研究，我们可以对该地区早期布依族社会历史发展、民族文化的接触和交流等有所了解。

（2）记录并保存了布依语一种几乎消失了的方言土语的语言材料。六盘水市水城县北部的金盆乡一带是布依族散居地区，布依族人口占当地总人口的比例非常低，没有连片聚居的布依族村落群。除了本村或邻近乡镇零散杂居在汉族或其他民族之间的布依族以外，本民族之间交流很少，因此，本民族语言所发挥的作用非常小。早在20世纪中期以前，很多人就已经放弃母语而转用汉语，2004年初，笔者到锁蒿寨调查时，除“白摩”王福明以外，其他人基本上不会说布依语。而王福明本人也仅仅掌握一些非常基本的词汇，连词成句的能力很差，所掌握的也仅仅是些支离破碎的语言片段，对“白摩书”也不是每个词都能理解，很多地方只能讲出整体的意思。当地的布依族语言实际上已经名存实亡。用“波拉文”记录的“白摩书”在一定程度上把这种行将消亡的语言进行了记录，尽管经文无法全面地记录人们日常生活中使用的布依语，但它可以让我们了解一段时期内布依语的语言结构，以及布依语在历史发展的某个时期的发展变化规律。

（3）记录并反映了一段历史时期内布依族文化与周边文化的接触和交流过程。布依族地区历史上曾经受到佛教、道教、天主教、基督教等的影响，但多数地区布依族摩教经籍中都只反映出了佛、道等外来宗教的内容，而对于天主

教、基督教等近代以来从西方传入的宗教的情况则极少能在摩教经籍中看见。用西方宗教的产物——波拉文来记录并传承布依族宗教典籍更是绝无仅有，它反映出特定历史时期布依族传统文化与对外来文化的广泛接触、密切交流以及对外来文化的包容。

（二）“白摩书”文字的局限性

“白摩书”文字利用有限的符号记录大量的布依语的语音，具备了所有拼音文字所共有的优点，与“汉字”“类汉字”类型相比，它在记音方面更加准确，也更加便于学习和掌握。不过，作为一种民间自发使用的文字符号，这种文字系统还存在着一定的局限性。

（1）声母、韵母的读音缺乏一定的稳定性，有些声母或韵母在相同的条件下有多种读音，不同的声母或韵母在相同的条件下也可读同一个音。在声母中，除双唇塞音、舌尖中塞音、舌根塞音等稍固定以外，其他声母至少都有两种形式，如前喉塞音 [ʔb] 除了常常写作“CJ”外，有时也写作“J”；边音 [l] 可写作 L，也可写作“ꓘ”；V 读作 [ɣ]，也读作 [ʔj] 和 [v]；前喉塞音 [ʔd] 可写作“CT”，也可写作“T”。韵母符号除少数单元音韵母比较固定以外，一音多符或一符多音的现象存在，如“Z”既可读作 [aŋ]，也可读作 [uaŋ]，而“&”则有 [əi]、[ən]、[eŋ] 和 [uaŋ]4 种发音。

（2）声调的表示法和读法也很混乱。这种文字是通过将韵母标于声母顶端和右侧的不同位置来表示声调的（见上文），可表示五种不同的调形，正好与当地布依语的声调数目相吻合，但实际读音却比较乱。标于顶端的通常读作高平调（55）；也读作高升调（35）；标于右上角的读作高升调（35），也读作高降调（53）；标于中部的读作中平调（33），也读作中升调（24）；标于右下角的常读作低降调（31），也读作中升调（24）；标于右底边的调出现频率较低，读作低平调（11），但也读作低降调（31）。这种文字声调的标法给书写带来了较大的麻烦，因为书写时的一点点失误都将会使人产生错误的理解。

原载《华西语文学刊》（第 5 辑），2011 年 11 月。收入本文集时有所修改。

布依族经典古籍《布依嘱咐经》古文字研究

周国炎

一、引言

“嘱咐经”，是布依族丧葬经文中比较重要的一卷，在各地经文抄本中分别称为“目当”“墓当”“摩当”“穆荡”“字当”或“登亡科仪”等。“目”“墓”“摩”“穆”即布依语 mo^{24} 的音译，义即“经文”“经书”，“当”或“登”“荡”音译自布依语的 $taŋ^{35}$，义即“嘱咐”“嘱托”。“嘱咐经”是丧葬仪式上，通过布依族经师——布摩之口，实现死者亡灵与其亲属之间的相互告诫和嘱托，因此，它在布依族丧葬经文——摩经中处于比较核心的地位，是各地丧葬经中不可或缺的一个重要部分。从掌握的材料看，各地摩经中的“嘱咐经”篇幅长短不一，内容上差别也比较大。目前已整理出版的有贵州省望谟县蔗香乡里平村和镇宁布依族苗族自治县普里村两个版本，其中镇宁普里的“穆荡”作为《古谢经》中的一个部分，于 1994 年由贵州民族出版社出版，2011 年 4 月，贵州人民出版社出版了由贵州省博物馆黄镇邦翻译整理的《布依嘱咐经》。

《布依嘱咐经》在民间有手抄本，流传于贵州省望谟县蔗香乡里平村一带，以方块布依字作为记音符号，用毛笔在白绵纸上抄写，中缝装订而成。版式为自右向左竖排，册页装，142 页，共 1 卷，页面宽 28 厘米，高 20 厘米，每页分上下两栏，每栏 6 行。韵文体，以五言句为主，夹杂有少量其他句式。

所用记音符号绝大多数为通用汉字，只有少数以汉字或汉字偏旁为构字字元，仿造汉字“六书”造字法自创“土俗字”。记音时，多数情况下采用汉字中读音与布依语词相同或相近的字，少数采用音义均与布依语词相同的字来记录，这类字大多记录的是布依语中较古老的汉语借词，极个别词采用语义上相对应的字，而不考虑字音。因此，只有经常使用该经文抄本的布依族经师——布摩才能熟练掌握哪些字是记音的，怎么读，哪些字是译义的，表示的是什么意思；有时，即使是该套经书的使用者也会出现误读、误解的情况。

关于布依族摩经抄本的文字，此前已有相关研究成果发表，对摩经抄本借用方块汉字的形式和规律进行了初步的归纳。本文拟以《布依嘱咐经》抄本和整理本为具体的研究个案，对其中借用汉字的四种形式以及用汉字转写布依语特有语音的一些规律进行全面的描写和探讨。

二、《布依嘱咐经》内容概述

望谟县里平村《布依嘱咐经》包括以下几个方面的内容。

首先，经文开门见山地表明了举行超度仪式的原因，并叙述了派人前去请布摩到家的艰辛过程，其中也包括布摩基于古老传说所作的自我介绍。

其次，通过布摩之口唤醒亡灵，并进行亡灵与其亲属之间的对话。对话以子女嘱咐亡父（母）开始，告诉他（她）子女和亲属所赠之物以及到阴间该如何生活。然后，亡灵反过来告诫子女和亲属，告诫子女应该如何做人，告诫亲属应该如何照顾孤儿。

再次，送亡灵上路，向他（她）诉说子女选择棺材和坟地的过程，指出通往阴间的路并描述阴间的美好生活，使亡灵对这种生活产生向往，从而欣然离开阳间①。

整本《布依嘱咐经》共包括 15 个部分，每部分均无标题，仅在结尾处用“庚你会耗卦（tɕeŋ^{24} ne^{31} woi^{35} haːu^{35} kwa^{35}），义为‘本节我讲过’”这样一句话表示该部分结束，下一部分开始。全文除少量念白为散文体以外，其余部分均为韵文，以五言句式居多，杂有少量六言或七言句式。据整理者黄镇邦统计，共有 3400 余句（行），是目前发现的布依族摩经中篇幅最长的“嘱咐经”。

三、《布依嘱咐经》记音符号（方块字）使用情况

除个别地方使用了来自汉族道教的咒符以外，整本经书采用汉字及其变体

① 根据黄镇邦译注《布依嘱咐经》的“前言”改编。

作为记音符号记录布依语语音抄写而成，其中的大多数字符为通用汉字，仅有极少数字采用汉字或汉字偏旁重新组合成新字，而且这类字也大多为形声字，即构成新字的两个汉字或汉字偏旁中，一个表音，另一个表义。尽管该抄本抄于1981年，但仍出现了不少繁体字。这可能有两个原因，原因之一是，该抄本原来有一个底本，底本上的字为繁体字，抄写者照底本抄录，因此，将其中绝大多数繁体字搬到了新抄本中；原因之二是抄写者有较深的古文功底，习惯使用繁体字。但从抄本的书法水平来看，第二个原因应该不成立。另外，抄本中有一些生僻字，即使是经常接触文言文的人也很少使用，如：酧，现在多用"酬"；愙，古同"恪"；甯，古同"寕"，今作"宁"；懺，今作"忏"；蕐，古同"華"，今作"华"；彙，古同"彚"，今作"汇"；鸱，音[chī]，古书上指"鹞鹰"；恠，[guài]，古同"怪"等。经文借用汉字记录布依语语音的情况，大致有以下几种。

（一）借音

即用字音与布依语词（音节）读音相同的字来记录。又可以分为两类，一类是完全相同，包括声母、韵母相同，声调相近或相同。例如：①

表一 《布依嘱咐经》中的借音方块字（声母、韵母相同，声调相近）

<table>
<tr><th>方块字</th><th>所在页</th><th>所在行</th><th>布依语</th><th>字义</th><th>方块字</th><th>所在页</th><th>所在行</th><th>布依语</th><th>字义</th></tr>
<tr><td rowspan="2">巴</td><td>44</td><td>11</td><td rowspan="2">pa^{33}</td><td>挖</td><td rowspan="3">红</td><td>113</td><td>1</td><td rowspan="2">hɔŋ^{11}</td><td rowspan="2">水潭、潭</td></tr>
<tr><td>52</td><td>6</td><td>别，不要</td><td>124</td><td>10</td></tr>
<tr><td rowspan="3">岜②</td><td>10</td><td>6</td><td rowspan="2">pja^{24}</td><td rowspan="2">鱼</td><td>217</td><td>12</td><td>hoŋ^{24}</td><td>绸缎</td></tr>
<tr><td>16</td><td>10</td><td rowspan="2">麻</td><td>124</td><td>14</td><td>ma^{53}</td><td>长（大）</td></tr>
<tr><td>23</td><td>4</td><td>pja^{11}</td><td>空心菜</td><td>12</td><td>12</td><td>ma^{24}</td><td>来</td></tr>
</table>

① 有些字在书中出现的次数较多，所记录的布依语词词义有些相同，有些相近，有些则完全不同，这里仅列举其中的一两个作为示例。

② "岜"在贵州地方汉语中读作pja^{24}。

续表

<table>
<tr><th>方块字</th><th>所在页</th><th>所在行</th><th>布依语</th><th>字义</th><th>方块字</th><th>所在页</th><th>所在行</th><th>布依语</th><th>字义</th></tr>
<tr><td rowspan="3">包</td><td>3</td><td>6</td><td rowspan="3">pau^{35}</td><td>小伙</td><td>麻</td><td>3</td><td>7</td><td>ma^{11}</td><td>什么</td></tr>
<tr><td>27</td><td>10</td><td>男子</td><td rowspan="6">那</td><td>2</td><td>2</td><td rowspan="2">na^{53}</td><td rowspan="2">前面、面前</td></tr>
<tr><td>32</td><td>5</td><td>祖公</td><td>10</td><td>3</td></tr>
<tr><td rowspan="4">達①</td><td>2</td><td>13</td><td rowspan="4">ta^{11}</td><td rowspan="3">拉</td><td>15</td><td>9</td><td rowspan="2">na^{53}</td><td rowspan="2">脸</td></tr>
<tr><td>85</td><td>3</td><td>223</td><td>9</td></tr>
<tr><td>144</td><td>4</td><td>36</td><td>3</td><td>na^{31}</td><td>舅舅</td></tr>
<tr><td>17</td><td>2</td><td>就</td><td>11</td><td>3</td><td>na^{11}</td><td>田</td></tr>
<tr><td rowspan="3">斗</td><td>1</td><td>2</td><td rowspan="3">tau^{53}</td><td>来，到</td><td rowspan="4">弄</td><td>40</td><td>9</td><td rowspan="4">$loŋ^{33}$</td><td>谈情</td></tr>
<tr><td>83</td><td>5</td><td rowspan="2">生长</td><td>101</td><td>9</td><td>捉弄</td></tr>
<tr><td>206</td><td>13</td><td>141</td><td>2</td><td>骚扰</td></tr>
<tr><td>洪</td><td>52</td><td>14</td><td>$hoŋ^{24}$</td><td>活路</td><td>147</td><td>10</td><td>哄</td></tr>
<tr><td rowspan="7">界②</td><td>52</td><td>2</td><td rowspan="3">$tɕa:i^{35}$</td><td>老</td><td rowspan="7">若</td><td>19</td><td>7</td><td rowspan="3">zo^{33}</td><td rowspan="3">外面</td></tr>
<tr><td>72</td><td>1</td><td rowspan="2">干板菜</td><td>46</td><td>13</td></tr>
<tr><td>20</td><td>12</td><td>49</td><td>6③</td></tr>
<tr><td>28</td><td>7</td><td>$tɕai^{24}$</td><td>远</td><td>59</td><td>2</td><td rowspan="4">zo^{35}</td><td>漏</td></tr>
<tr><td>22</td><td>13</td><td rowspan="3">$tɕai^{35}$</td><td rowspan="3">蛋</td><td>2</td><td>14</td><td>敲</td></tr>
<tr><td>115</td><td>4</td><td>50</td><td>2</td><td>瓢</td></tr>
<tr><td>175</td><td>12</td><td>59</td><td>8</td><td>织的布</td></tr>
</table>

另一类是声母或韵母中有一项相同、一项相近，声调相同或相近。声母相同、韵母相近的如：

① 除表中所列的例子以外，该字还在第 84 页第 4 行“達翁”$ta^{11}hoŋ^{33}$（院落）和第 17 页第 3 行“達细”$ta^{11}θi^{33}$（牵丝）中作为词或词组的构成成分。

② 在贵州汉语方言中，“界”在老派方言中大多读作 kai^{24}，以 /k/ 为声母。而读作 $tɕai^{24}$，即以 /tɕ/ 为声母是近二三十年的事，显然是受汉语普通话影响的结果。

③ 文中注解为“把”，词性不清，存疑。

表二 《布依嘱咐经》中的借音方块字（声母相同，韵母相近）

方块字	所在页	所在行	布依语	字义	方块字	所在页	所在行	布依语	字义
等	17	8	taŋ^{53}	抬起，竖起	败	23	11	paːi^{33}	边、面
	68	2				65	9		
	39	8	taŋ^{35}	嘱咐	拜	62	8	paːi^{35}	像
	60	4	tɯŋ^{31}	棍子		194	10		注意
	67	3	tam^{53}	砍		197	8		拜
	95	14		寻找	傍	126	13	paːŋ^{31}	旁边
	134	12		碰		1	1		
	196	8		挺		14	12	pɯəŋ^{11}	地方
	103	10	tam^{33}	踩	當	71	13	taːŋ^{33}	藤
	17	11	tam^{24}	舂		16	11	taːŋ^{24}	烫（动词）
	53	9	tam^{35}	低、矮		62	11	taːŋ^{35}	不同的
	82	1				69	1		楼梯
	201	2				90	8		窗户①
	62	10		织（布）	買	1	7	maːi^{53}	喜欢
救	24	12	tɕau^{24}	满足		27	13		
	27	8				201	9		
	215	8		活，活的		4	1		又
	92	2		棺材		141	1		希望
	42	13	tɕau^{35}	救		96	10	maːi^{33}	幸好，还好②
	238	11		劝					

韵母相同，声母相近或不同的如：

① 文中注解为“田坝”，有误。

② 文中注解为“但愿”，存疑。

表三 《布依嘱咐经》中的借音方块字（韵母相同，声母相近或不同）

方块字	所在页	所在行	布依语	字义	方块字	所在页	所在行	布依语	字义
常	5	10	ɕaːŋ^{11}	两（计量单位）	差	78	7	ɕa^{33}	鞍①
	62	6		欺负，欺凌		114	13		垫
	105	11	ɕiəŋ^{31}	养		144	3		绳子
	35	7	ɕiəŋ^{11}	谦让，尊敬	從	138	8	sɔŋ^{24}	埋怨
	36	12				228	6		悔
冲	133	13	ɕoŋ^{33}	洞		18	1	sɔŋ^{11}	观看
	120	7	ɕoŋ^{24}	运气					

有相当一部分作为音符的字，与所记录的布依语词在声母上有较大差异，但却存在比较整齐的对应规律。例如：

“来”，第 44 页第 11 行、第 59 页第 8 行，zai^{11}“长”。

“莱”，第 2 页第 6 行，zai^{11}“找，呼唤”。

“赖”，第 12 页第 3 行、第 72 页第 3 行，zaːi^{33}“踩”；第 38 页第 11 行、第 64 页第 13 行，zaːi^{35}“河滩、沙滩”等等。

（二）音义皆借

有一部分字，不仅字音与所记录的布依语词相同或相近，而且，字义与布依语词的词义也相同或有一定关联。我们称这类字为音义皆借，这类字所记录的词大多数为汉语借词。例如：

① 文中注解为“垫”，不够准确。

表四 《布依嘱咐经》中音义皆借的方块字

方块字	所在页	所在行	布依语	字义	方块字	所在页	所在行	布依语	字义
了	1	7	leu^{31}	完、结束①	猫	233	9	meu^{35}	猫
	6	12			夢	232	7	muŋ^{33}	梦②
龍	25	13	luəŋ^{11}	龙	面	188	5	miən^{33}	面
驢	221	12	luə^{11}	驴	名	28	14	miŋ^{11}	名
羅盤	93	13	lo^{11}paːn^{11}	罗盘	墨	85	3	mak^{33}	墨
羅康	120	5	la^{53}haːŋ^{24}	乐康（地名）	南	191	12	naːn^{31}	南
羅解	120	3	la^{31}tɕaːi^{53}	乐解（地名）	奴	229	11	no^{11}	奴隶
羅斛	109	10	la^{53}ho^{35}	罗斛（地名，即罗甸）	女	95	14	nɯ^{31}	女
满	91	1	ʔbɯən^{11}	满	盤	6	12	paːn^{11}	盘

（三）借义

有些字采用意译的形式，即抄本中的方块字是布依语词的汉译，语音上没有关联。这类字在该套抄本中不是很多。例如：

表五 《布依嘱咐经》中的借义方块字

方块字	所在页	所在行	布依语	字义	方块字	所在页	所在行	布依语	字义
鸦	11	5	ʔa^{24}	乌鸦	猪	14	3	mu^{24}	猪
要	5	4	ʔau^{24}	要，拿		29	7		
	15	6			冇	58	3	ʔdoi^{24}	白白地

① 借自汉语“了”的动词义项，“了结”“完成”。

② 原文注解为“遇”，疑有误。

续表

方块字	所在页	所在行	布依语	字义	方块字	所在页	所在行	布依语	字义
轉	202	9	pan^{35}	转	有	197	14	ʔdoi^{24}	白白地
	66	13	ʔwe^{35}	转身	日	1	5	ŋɔn^{11}	天、日
	28	1	ɕiən^{35}	转		7	4		
鸭	14	2	pit^{35}	鸭子	呆	71	9	ʔwa^{31}	傻
鬼	32	9	faːŋ^{11}	鬼		200	14		
虎	232	1	kuk^{35}	虎	廻	130	4	ʔwe^{35}	转（身）、转，回头
弩	189	7	kɔŋ^{24}	弓		238	4		
五	1	12	ha^{53}	五	贼	100	8	zak^{33}	偷
眉	4	8	li^{31}	有	笑	46	11	zeu^{24}	笑
	23	14			耳	30	9	ziə^{11}	耳朵
	77	10				68	2		
骨	49	4	ʔdo^{35}	骨头	雲	162	7	wɯə^{53}	云

（四）自创字

如前所述，这类字系采用汉字或汉字偏旁作为字元，按汉语“六书”造字法重新造字。在本套经书中，这类字数量并不是很多。组成新字以后，多数为“形声字”，少数为“会意字”。例如：

表六 《布依嘱咐经》中的自创方块字

方块字	所在页	所在行	布依语	字义	所用造字法
左虫右艾①	57	10	ʔjai^{24}	干（儿子）	形声
	106	11	ʔjai^{24}	苍蝇	
左虫右邦	110	8	ʔbaːŋ^{35}	飞虎	形声

① 绝大多数自创字在现有字库中很难找到，插入图片的形式又不便编辑排版，因此，本文采用了按字形结构进行分析描写的方式。

续表

<table>
<tr><th>方块字</th><th>所在页</th><th>所在行</th><th>布依语</th><th>字义</th><th>所用造字法</th></tr>
<tr><td>左虫右邦</td><td>78</td><td>11</td><td>ʔba:ŋ^{35}</td><td>肩膀</td><td>形声</td></tr>
<tr><td>左女右盃</td><td>51</td><td>1</td><td>paɯ^{31}</td><td>媳妇</td><td>形声</td></tr>
<tr><td>上尺下皿</td><td>91</td><td>2</td><td>wa^{24}</td><td>画</td><td>会意</td></tr>
<tr><td>左女右带</td><td>184</td><td>6</td><td>ta:i^{33}</td><td>大</td><td>形声</td></tr>
<tr><td rowspan="2">左身右當</td><td>4</td><td>6</td><td rowspan="2">ʔda:ŋ^{24}</td><td rowspan="2">身体，肉身</td><td rowspan="2">形声</td></tr>
<tr><td>47</td><td>5</td></tr>
<tr><td rowspan="2">上天下丁</td><td>11</td><td>11</td><td rowspan="2">tin^{24}</td><td rowspan="2">脚</td><td rowspan="2">形声</td></tr>
<tr><td>114</td><td>2</td></tr>
<tr><td>左扌右房</td><td>103</td><td>14</td><td>pɯəŋ^{53}</td><td>翻</td><td>形声</td></tr>
<tr><td>风风①</td><td>82</td><td>9</td><td>ti^{11}ta:t^{35}</td><td>嘀嗒</td><td></td></tr>
<tr><td rowspan="2">左女右畐</td><td>17</td><td>10</td><td rowspan="2">ʔbɯk^{35}</td><td>女儿</td><td rowspan="2">形声</td></tr>
<tr><td>74</td><td>14</td><td>沉②</td></tr>
<tr><td>上报下土</td><td>1</td><td>12</td><td>kɯn^{11}</td><td>上方</td><td>形声</td></tr>
<tr><td>左口右莱</td><td>130</td><td>2</td><td>za:i^{11}</td><td>花色的</td><td>形声</td></tr>
<tr><td>左石右寅</td><td>169</td><td>3</td><td>hin^{11}</td><td>城牢③</td><td>形声</td></tr>
<tr><td rowspan="3">左口右雷</td><td>60</td><td>1</td><td rowspan="2">zoi^{31}</td><td rowspan="2">破，烂</td><td rowspan="3">形声</td></tr>
<tr><td>40</td><td>8</td></tr>
<tr><td>138</td><td>14</td><td>ʔdoi^{24}</td><td>坡（坎）</td></tr>
<tr><td>双雷并列</td><td>223</td><td>13</td><td>pja^{53}</td><td>雷</td><td></td></tr>
<tr><td rowspan="3">左氵右水</td><td>10</td><td>11</td><td rowspan="2">zam^{31}</td><td rowspan="2">水，（泪）水</td><td rowspan="2">会意</td></tr>
<tr><td>64</td><td>4</td></tr>
<tr><td>155</td><td>3</td><td>（li^{31}）lam^{31}</td><td>摹状</td><td></td></tr>
<tr><td>上力下灬</td><td>114</td><td>14</td><td>le^{35}</td><td>意义不清④</td><td>会意</td></tr>
</table>

①原文中共有前后两个字，前者为左右结构，两个“风”字并列，后者为上下结构，上部分为一个“风”字，下部为两个“风”字并列。

②此解疑有误。

③hin^{11} 可能为hin^{24}“石头”之误。

④译者注为“身”，疑有误。

续表

方块字	所在页	所在行	布依语	字义	所用造字法
上力下灬	51	12	（ʔdak^{35}）ʔdet^{35}	摹状	会意
左冫右力	54	6	zek^{35}	旁边，附近	形声
	19	2			
	158	10			
左土右利	5	13	zi^{33}	旱地	形声
左衤右良	53	9	zaːŋ^{11}	笋子	形声
左犭右灵	10	5	liŋ^{11}	猴子	形声
上夗下田①	33	1	nau^{11}	说，告诉	形声
	222	8	nau^{11}	箫	
左犭右母	131	4	mo^{53}	土罐	形声
左亻右那	36	3	na^{31}	舅舅，舅爷	形声
	213	4			
左犭右那	10	12	na^{33}	水獭	形声
左土右南	140	2	nam^{11}	靠近	形声
	33	3	naːm^{33}	土地	
	32	7	ʔdam^{24}	栽，种	
	80	9			
左月右囊②	197	6	ʔdai^{31}	得	
鸟鸟③	92	5	tɕi^{11}tɕiə^{33}	摹状	
上竹下弄	67	4	luə^{35}	晒台	
左扌右盤	96	14	paŋ^{11}	布	形声
	202	13	pan^{35}	转	

①疑为“留”之误。

②读音不详，但从声旁的读音来看，与布依语ʔdai^{31}/ndaix读音相差比较大。

③原文中共有前后两个字，前者为左右结构，两个“鸟”字并列，后者为上下结构，上部分为一个“鸟”字，下部为两个“鸟”字并列。

续表

方块字	所在页	所在行	布依语	字义	所用造字法
左忄右品	81	9	lam^{31}	倒①	
左忄右品	115	1	pɔm^{53}	趴，埋伏	
	81	5	pjɔp^{35}	砍	
左身右犬	74	2	ʔbaŋ^{35}	竹筒	形声
	237	4			
上分下手	54	7	paːi^{53}	鼎罐	
左辶右外	61	5	teu^{11}	逃亡	形声
	98	10	teu^{11}	私奔	
	123	6	teu^{11}	走	
左口右巫	9	10	mo^{24}	经	形声
左女右下	35	14	ja^{33}	女祖宗	形声
	73	13	ja^{33}	水滴	
上艹下呀	15	5	ȵa^{24}	乱	形声
左钅右央	12	1	ʔjaːŋ^{31}	马刀，大刀	形声
左犭右羊	14	3	juaŋ^{11}	羊	形声
“天”中加点②	1	9	ʔdeu^{24}	一	形声
	2	3		觉（瞌睡）	
左口右酉	46	2	ju^{31}	恋爱	形声
	113	12	ʔjɯ^{31}	看	
上天下月	9	4	ʔdiən^{24}	月	
	13	5			

从以上所举例字来看，摩经自创字中大多为形声字，以“左形右声”居多，少数为“上形下声”。个别形声字的形符（意符）不是直接表形或表义，而是通过间接的方式来表现的。如“上艹下呀”读作 ȵa^{24}，本义为“草”，

① 原字与布依语 lam^{31}/lamx 读音相差较大，疑有误。

② “天”是声符，“大”右上角的一点表示“一”，是意符（或形符），书中多数地方直接用“天”表音，表示“（一）觉（瞌睡）”是同音假借（字）。

引申表“乱”。个别字是在汉字基础上改造之后，又整个用作一个声符来记录与之相近的布依语语音，如“上分下手”改造自汉字的会意字“掰”，读音与之相同，用来记录布依语的pa:i^{53}“鼎罐”。有些字既可以看作会意字，也可以看作形声字。如“上天下月”读作ʔdiən^{24}“月亮”，月在天，是会意字，“天”音近ʔdiən^{24}，“月”作形符，又是形声字。该字用于表时间的“月”是同声假借的用法。

四、布依语特有语音的方块字转写

布依语特有语音指布依语音系独有而当地汉语中没有的那些音位和音素，就《布依嘱咐经》所属的望谟布依语而言，声母方面主要有带先喉塞成分的ʔb、ʔd和ʔj，鼻辅音ȵ、ŋw，腭化音pj、mj；韵母方面的特征更突出一些，如元音a、o的长短，高元音ɯ，元音i、u、ɯ之后带流音ə，鼻音韵尾-m，塞音韵尾-p、-t、-k等。由于现代汉语西南官话中没有这些音素和音位，因此，用来记录布依语这些特有语音的字比较杂乱，没有任何规律可循。根据我们对材料的初步整理，《布依嘱咐经》中转写特有语音的方块字情况如下。

（一）先喉塞音的转写

（1）转写先喉塞音ʔb的主要是声母为m、p和ph的汉字，其中以m声母字居多。例如：

表七 《布依嘱咐经》中转写先喉塞音声母 /ʔb/ 的方块字

<table>
<tr><th>方块字</th><th>所在页</th><th>所在行</th><th>布依语</th><th>字义</th><th>方块字</th><th>所在页</th><th>所在行</th><th>布依语</th><th>字义</th></tr>
<tr><td>叭赖</td><td>94</td><td>2</td><td>ʔbak^{35}lai^{24}</td><td>梯子</td><td rowspan="3">冒</td><td>2</td><td>8</td><td rowspan="3">ʔba:u^{35}</td><td rowspan="3">小伙子、男子</td></tr>
<tr><td>比</td><td>112</td><td>14</td><td>ʔbak^{35}</td><td>网</td><td>18</td><td>1</td></tr>
<tr><td rowspan="2">并、並</td><td>119</td><td>2</td><td rowspan="2">ʔbin^{24}</td><td rowspan="2">飞</td><td>142</td><td>6</td></tr>
<tr><td>31</td><td>13</td><td rowspan="3">閍</td><td>7</td><td>13</td><td rowspan="3">ʔbɯn^{24}</td><td rowspan="3">天、天上</td></tr>
<tr><td rowspan="2">唏</td><td>31</td><td>7</td><td rowspan="2">ʔbo^{35}</td><td>块（田）</td><td>42</td><td>13</td></tr>
<tr><td>37</td><td>10</td><td>井</td><td>81</td><td>2</td></tr>
</table>

续表

方块字	所在页	所在行	布依语	字义	方块字	所在页	所在行	布依语	字义
埋	78	5	ʔbaːi^{31}	竹筒		13	13	ʔbɯn^{24}	天、天上
買	27	1	ʔbaːi^{35}	礼品	悶	47	3	ʔbon^{35}	床
賣	125	6		东西		128	13	ʔbuŋ^{33} ʔbut^{35}	甲虫
	12	3	ʔbaɯ^{24}	张（量词）	们	13	10		甲壳虫
满	88	2	ʔbat^{35}	饿	孟	133	14	ʔbon^{35}	通
	91	1	ʔbɯən^{11}	满		38	8	ʔboŋ^{24}	森林
慢	5	6	ʔbaːn^{35}	（刀）缺口①	米	5	12	ʔbi^{35}	脱壳
	71	11			命	78	4	ʔbip^{35}	饭盒②
茂	180	10	ʔbau^{24}	轻	怕	78	6	ʔba^{35}	肩膀
	3	5	ʔbau^{31}	未、没有，不		84	1		
	5	6				141	7		
帽	3	6	ʔbau^{24}	轻					

书中多处用“晚”转写 ʔbaːn^{31}，韵母比较接近，但声母相差较大。汉语中能较准确地记录这个音的汉字比较多，如布依族地区常见的地名（通名）用字“板”“曼”等，都是村落地名的通名。据查，“晚”上古属明母元部，拟音为 *miàwan，《广韵》读作无远切，明母阮韵，合口三等上声字，拟音为 *miàwɐn，韵母读音与 ʔbaːn^{31} 接近，声母也符合用 /m/ 转写 /ʔb/ 的规律。土俗字“左身右大”或“左身右犬”在布依族地区民间通常读作 maŋ^{55}，在本套摩经中，该字用来转写 ʔbaŋ^{35}“竹筒”，符合对应规律。

（2）先喉塞音 /ʔd/ 的情况比较复杂，根据初步的统计，本套摩经中用于转写布依语带声母 /ʔd/ 的一共有 48 个汉字，声母包括 t、k、h、tɕ、l、m、n、z、s、th、j 和零声母等十多个，其中个别字属于意译字，不是音译转

① 文中注解为“磨损”，不准确。

② 文中注解为“篮”，不准确。

写，如用“骨”转写ʔdo^{35}“骨头”，“有”转写ʔdoi^{24}“白白地”，“内”转写ʔdaɯ^{24}“里面，内”等。“守”转写ʔdaɯ^{24}“内”虽不是意译，但有一个近音假借的过程。布依语“守”读作taɯ^{11}，与ʔdaɯ^{24}音近。因此既有意译的成分，也有音译转写的成分。其他字大体都可以看作近音转写。限于篇幅，这里略举几例以示说明。

表八 《布依嘱咐经》中转写先喉塞音声母 /ʔd/ 的方块字

<table>
<tr><th>方块字</th><th>所在页</th><th>所在行</th><th>布依语</th><th>字义</th><th>方块字</th><th>所在页</th><th>所在行</th><th>布依语</th><th>字义</th></tr>
<tr><td rowspan="2">里</td><td>28</td><td>2</td><td rowspan="2">ʔdi^{31}</td><td rowspan="2">跟随，也</td><td>利</td><td>5</td><td>11</td><td>ʔdi^{24}</td><td>好</td></tr>
<tr><td>79</td><td>14</td><td rowspan="4">弄</td><td>10</td><td>2</td><td rowspan="3">ʔdɔŋ^{24}</td><td>森林</td></tr>
<tr><td rowspan="2">吝</td><td>34</td><td>4</td><td rowspan="4">ʔdiŋ^{24}</td><td>嫩</td><td>20</td><td>8</td><td rowspan="2">腌</td></tr>
<tr><td>141</td><td>4</td><td rowspan="3">红</td><td>7</td><td>5</td></tr>
<tr><td rowspan="2">令</td><td>12</td><td>8</td><td>47</td><td>4</td><td>ʔdɔŋ^{35}</td><td>亮</td></tr>
<tr><td>29</td><td>5</td><td rowspan="4">呑</td><td>113</td><td>8</td><td rowspan="3">ʔdaɯ^{24}</td><td rowspan="3">里面①</td></tr>
<tr><td rowspan="3">柳</td><td>2</td><td>4</td><td rowspan="3">ʔdu^{31}</td><td>第一，初</td><td>22</td><td>13</td></tr>
<tr><td>86</td><td>5</td><td>先</td><td>52</td><td>10</td></tr>
<tr><td>230</td><td>4</td><td>过去</td><td>174</td><td>1</td><td>ʔdan^{24}</td><td>个（量词）</td></tr>
</table>

（3）先喉塞音 /ʔj/、/ʔw/ 的转写情况也很复杂，其中 /ʔw/ 的出现频率较低，全书出现次数较多的只有“傻”和“转身”两个词，即布依语ʔwa^{31}和ʔwe^{35}，转写“傻”的是“哑”和“呆”两个字，“呆”是意译，“哑”是近音转写，用近音形式转写ʔwe^{35}的是“逦”字，另一个是“转身”，直接用翻译的形式。/ʔj/ 的例字较多，转写该声母的零声母字和声母为半元音 /j/ 和摩擦音 /z/ 的字，限于篇幅，这里仅举几个例子以示说明。

① 文中注解为“在”，有误。

表九 《布依嘱咐经》中转写先喉塞音声母 /ʔj/、/ʔw/ 的方块字

方块字	所在页	所在行	布依语	字义	方块字	所在页	所在行	布依语	字义
鸦	31	11	ʔja^{35}	锄头	鸦	104	2	ʔja^{35}	挖锄
幼	1	9	ʔju^{35}	住，宿	炎	39	8	ʔjaːm^{35}	动身
	5	3				7	10		走
	27	4				113	13	ʔjam^{35}	探望
	230	2		在	佑	25	13	ʔjo^{24}	抬，举起
	3	12	ʔju^{35}（jiəŋ^{33}）	怎样、如何①		140	9		接

（二）鼻音声母 /ȵ/ 的转写

《布依嘱咐经》中以鼻辅音 /ȵ/ 为声母的词（音节）不太多，转写这一声母的字也不是很复杂，主要是半元音 /j/ 为声母的音节（或为零声母音节），如“呀”“彦”“验”“宜”“寅”“吟”“迎”等，此外还有“问”“温”“鳥”“见”等字，这里仅举几个例子以示说明。

表十 《布依嘱咐经》中转写鼻辅音 /ȵ/ 声母的方块字

方块字	所在页	所在行	布依语	字义	方块字	所在页	所在行	布依语	字义
宜	192	7	ȵiə^{53}	草	芽	46	1	ȵa^{35}	季节
	6	5	ȵiə^{24}	听，听到		52	14		
	28	8			彦	128	1	ȵan^{24}	野猫
	72	4				232	1		
	106	2							
	124	13		江					

① 文中译作“事情”，疑有误。

（三）腭化音声母的转写

腭化音声母有 pj、mj 两个，其中 mj 只有“急忙、匆忙、赶忙”，实际上是一个词，用汉字“忙”来转写，pj 有“叭”“岜”“雹”“崩”“蓖”“别”等几个字。举例如下。

“忙”，第 19 页第 11 行、第 136 页第 12 行，mja:ŋ^{11}“急忙、匆忙”；第 54 页第 6 行，mjəŋ^{11}“赶忙”。

“岜”，第 10 页第 12 行、第 139 页第 3 行，pja:i^{24}“末尾”；第 10 页第 12 行，第 16 页第 13 行，pja^{24}“鱼”；第 91 页第 1 行，pja^{35}“顶”；第 23 页第 4 行，pja^{11}“空心（菜）”。此外，“岜”还与其他字组合构成新词，主要作为 pja^{24}“鱼”的记音符号。

“别”，第 28 页第 2 行、第 227 页第 9 行，pja^{33}“分别”。

书中有不少地方用“莱”记录 pj 声母音节，这些音节的韵母大多为 /a:i/，与“莱”的韵母比较相近，但声母相差较大，其原因有待进一步探讨。

（四）特有韵母、韵尾的转写

1. 长元音 /a:/ 的转写

布依语元音 /a/ 单独做韵母时不区分长短，长元音 /a:/ 只出现在带韵尾的韵母中。《布依嘱咐经》所在地的布依语中，所有韵尾都可以以长元音 /a:/ 作为主要元音。由于汉语元音 /a/ 不区分长短，因此，用来转写 /a:/ 音节的汉字大多为 /a/ 韵字。例如：

表十一 《布依嘱咐经》中转写含长元音 /a:/ 音节的方块字

方块字	所在页	所在行	布依语	字义	方块字	所在页	所在行	布依语	字义
岸	101	6	ʔa:n^{24}	平台	罡	91	1	ka:ŋ^{53}	画
	139	4	ʔa:n^{24}	山梁		128	4		讲
拜	62	8	pa:i^{35}	像		18	3		

续表

方块字	所在页	所在行	布依语	字义	方块字	所在页	所在行	布依语	字义
拜	194	10	pa:i^{35}	注意	罡	52	10	ka:ŋ^{24}	陶缸，缸
	197	8		拜		96	14		撑（伞）
烦	198	6	fa:n^{11}	怀孕的，怀孕	戒	86	9	ka:i^{24}	卖
	226	13				149	12		
丐	43	11	ka:i^{24}	卖	台	4	2	ta:i^{24}	死
	87	12				24	14	ta:i^{11}	盘
高	5	8	ka:u^{33}	只（量词）	泰	36	4	ta:i^{35}	外婆
好	82	11	ʔa:u^{35}	弯曲	萬	38	12	fa:n^{33}	万

2. 后高元音 /ɯ/ 的转写

布依语中的高元音 /ɯ/ 可单独做韵母，也可在带韵尾的韵母中充当主要元音。在《布依嘱咐经》中，转写 /ɯ/ 元音音节的字例详见下表。

表十二 《布依嘱咐经》中转写含元音 /ɯ/ 音节的方块字

方块字	所在页	所在行	布依语	词义	方块字	所在页	所在行	布依语	词义
提	10	8	tɯ^{11}	带	更	17	10	kɯn^{24}	吃
	35	8	tɯ^{11}	用	恨	62	9	hɯn^{53}	上（动）
	17	1	tɯ^{33}	筷子		97	5	hɯn^{24}	纬线①
	141	9			寅	13	5	hɯn^{11}	夜
主	33	9	ɕɯ^{31}	买		64	8		
	80	9				112	13		
柱	86	10			仁	4	4	wɯn^{11}	人

① 织布机上横向的纱线。

续表

方块字	所在页	所在行	布依语	词义	方块字	所在页	所在行	布依语	词义
時	5	3	ɕɯ^{11}	时间，时候	仁	4	4	wɯn^{11}	人
	39	2				135	1		
	81	9			奔	85	5	pɯən^{53}	铲（动）
辜	18	4	kɯ^{53}	躲藏	判	87	11	pɯən^{35}	卖，买卖
孤	3	11	kɯ^{33}	胀		126	10		
武	7	6	fɯ^{31}	顿[1]（饭）		218	2		
	12	10	fɯə^{31}	别人	盘	208	9	pɯən^{11}	撮箕
白	96	3	pɯə^{11}	翻		9	14	pɯən^{11}	盘古
厄	37	3	ŋɯə^{33}	蛟龙	彭祖	215	8	pɯən^{11}ɕo^{53}	彭祖[2]
	32	3	ŋɯə^{11}	蛇		27	12	pɯəŋ^{11}ɕu^{53}	
	191	10	ŋɯə^{11}	水鬼	唤	69	9	wɯən^{24}	歌
盖力	46	8	kɯə^{11}lɯk^{33}	不要	等	60	4	tɯŋ^{31}	棍子
	123	8			逢	26	10	fɯŋ^{11}	手
格	175	14	kɯə^{11}	茄子	文	201	8		
会	1	2	wəi^{35}	我，奴仆	的	73	10	tɯk^{33}	着，被[3]
火	81	3	wɯə^{53}	云		156	8		
	126	7				56	6		
锯	85	7	kɯə^{35}	锯子		78	11		
尅	51	14	kɯə^{24}	喂		86	1		
怕	77	5	pɯə^{24}	抬		102	1		
婆	14	9	pɯə^{33}	衣服		116	13		打，砍，吃
	92	8	pɯə^{24}	以为	提	95	6	tɯk^{33}	对准

①文中直接标注为“饭”，有误。

②传说中的长寿老人。

③文中注解为“让”，存疑。

续表

方块字	所在页	所在行	布依语	词义
破	23	3	pɯə^{35}	芋头
	72	10		抢
尾	87	4	wɯi^{35}	挂
位	95	7	wɯi^{33}	位（量词）
無	33	9	fɯə^{11}	箬
	175	13		荒芜
虚	3	10	hɯ^{35}	干涸，涩
品	201	7	pɯn^{24}	头发
本	141	9	pɯn^{24}	毛
盆	187	6	pɯn^{35}	转
	84	14	pɯn^{11}	盆
根	1	7	kɯn^{24}	吃
	7	5		

方块字	所在页	所在行	布依语	词义
謇	118	2	kɯk^{35}	问
挽	103	11	wɯət^{35}	削，砍
方	104	4	pɯəŋ^{24}	地方，方向，方位
	82	5		
	7	3		
	133	7		
傍	1	1	pɯəŋ^{11}	地方
	14	12		
	44	8		
旺	60	1	wɯəŋ^{24}	缝补
	60	6		
往	119	7	wɯəŋ^{35}	小米
皇	77	10	wɯəŋ^{11}	皇帝

3. 鼻音韵尾 /-m/ 的转写

《布依嘱咐经》所在地的布依语有完整的鼻音韵尾体系，即 /-m/、/-n/、/-ŋ/ 齐全。其中 /-n/、/-ŋ/ 与当地汉语方言相同，而 /-m/ 尾为当地汉语所没有，经文中转写 /-m/ 尾韵词的汉字大多是 /-n/、/-ŋ/ 尾韵的字，少量为单元音韵母或元音韵尾字。限于篇幅，这里略举几例以示说明。

表十三 《布依嘱咐经》中转写含鼻音韵尾 /-m/ 音节的方块字

方块字	所在页	所在行	布依语	字义	方块字	所在页	所在行	布依语	字义
担	106	8	taːm^{24}	柄，把	林	14	2	zim^{24}	满
	186	3				98	6		
等	67	3	tam^{53}	砍		6	4	zim^{11}	收拾
	103	10		踩		160	6		

续表

方块字	所在页	所在行	布依语	词义	方块字	所在页	所在行	布依语	词义
坎	75	12	haːm^{53}	跨过	任	43	12	zum^{11}	风
	97	8			㦰	157	4	çaːm^{24}	插
	134	2				117	1		
恨	24	4	ham^{35}	问	侵	202	4	çam^{33}	共
	80	8				60	10		
臨	59	4	lam^{31}	倒伏，倒下		40	12	çɔm^{24}	丢，失、失去
	82	14				100	14		
	98	5				96	9	çam^{24}	安葬
寸	5	14	sɔm^{24}	度①		11	13	çom^{53}	戴
	58	6			针	14	14	çim^{24}	看

一部分用来转写 /-m/ 尾韵的汉字在今天的西南官话中虽然已读作 /-n/ 尾韵，但在中古以前的汉语中，均收 /-m/ 尾。如“坎”，上古属溪母谈部，拟音为 *kham，《广韵》苦感切，溪母感韵，开口一等字，上声，咸摄，拟音为 *khɒm；“林（同‘臨’）”，上古属来母侵部，拟音为 *lĭĕm，《广韵》力寻切，来母侵韵，开口三等，平声，深摄，拟音为 *lĭĕm；“任”，上古属日母侵部，拟音为 *ȵĭəm，《广韵》汝鸩切，日母沁韵，开口三等字，去声，深摄，拟音为 *ʈĭem；“侵”，上古属请母侵部，拟音为 *tshĭəm，《广韵》七林切，清母侵韵，开口三等字，平声，臻摄，拟音为 *tshĭəm；“针”，上古属章母侵部，拟音为 *ʈĭəm，《广韵》织深切，章母侵韵，开口三等字，平声，深摄，拟音为 *tɕĭĕn。

4. 塞音韵尾的转写

《布依嘱咐经》所在地布依语有较完整的塞音韵尾体系，有 /-p/、/-t/、/-k/ 三个，抄本中用来转写带这类韵尾的布依语词的汉字一部分为单元音

① 双臂张开的长度。

韵母字，如“甲”“比”“佛”“達”“的”“德”“踏”“篤”“吐”“腊”“墨”“色”“握”“祝”等等，另一部分为复合元音韵母的字，如“白”“北”“托”“未”“非”“却”“觉”“滅”“违”“韦”“悔”等，也有不少为带鼻音韵尾的字，如“貧”“分”“胆”“干”“看”“共”“捧”“寒”“换”“今”“覧”“鍊”“缦”“满”“挽”“染”“忍”“恨”“侵”“訕”“尚”等。限于篇幅，这里略举一些例子以示说明。

表十四 《布依嘱咐经》中转写含塞音韵尾音节的方块字

方块字	所在页	所在行	布依语	字义
北	192	6	pat^{33}	北
	165	11	pak^{35}	插
達	25	13	ta:t^{35}	悬崖
	228	8		
	32	1	tak^{35}	蚂蚱
	91	6	ta:p^{33} ɕua:n^{33}	门口
德	23	7	tak^{33}	公的
	165	5	tak^{33}	公的
	26	12	tak^{35}	斟
	154	11		蚂蚱
	127	3	ʔdak^{35}	个
篤	59	11	tɔk^{33}	干劲
	53	13	tɔk^{35}	播，撒
谷	7	3	kɔk^{35}	根部，底部
	82	9		
	162	8		

方块字	所在页	所在行	布依语	字义
甲	15	5	ka:p^{35}	摩陆甲①
	149	1		
	224	8		相合，配
觉	19	13	tɕɔp^{35}	斗笠
	136	14		
立	8	4	lap^{35}	（天）黑，黑夜
	46	4		
	194	6	lap^{35}	密
纳	33	4	na:p^{33}	说②
	88	3		压
	32	14		
	209	12	nap^{33}	押
却	137	9	tɕep^{33}	窄
	135	8	tɕep^{35}	块（量词）
色	14	6	sak^{35}	些、些许
	58	6		

① 摩经中的人物，与“报勒夺”齐名。

② 前文注解为“押，即抵押”。此句注解疑有误。

续表

方块字	所在页	所在行	布依语	字义	方块字	所在页	所在行	布依语	字义
谷	68	2	kuk^{35}	老虎	色	92	14	sak^{35}	指针
	233	1				155	11		相貌
满	88	2	ʔbat^{35}	饿	未	7	3	fat^{33}	未（地支）
染	16	2	za:p^{35}	挑，担		71	7		
	77	4			祝	43	3	çɔk^{35}	圈
	127	3		金丝朗		214	5	çuk^{35}	筑
尚	124	11	çak^{35}	潭	鍊	150	12	liət^{33}	血
合	71	6	hop^{35}	一场的周期	今	5	12	tɕit^{35}	把（量词）
	116	9				114	13		
凡	85	4	fa:t^{33}	弹					

用来转写布依语塞音韵尾音节的单元音韵母字在中古以前也大多都是入声字，即亦以塞音收尾。例如“北”，上古属帮母织部，拟音为 *pə̆k，《广韵》博黑切，帮母德韵，开口一等，入声，曾摄，拟音为 *pək；“达”，上古属定母月部，拟音为 *dɑ̆t，《广韵》唐割切，定母曷韵，开口一等，入声，山摄，拟音为 *dat；“德”，上古属端母织部，拟音为 *tə̆k，《广韵》多则切，端母德韵，开口一等，曾摄；“色”，上古属山母织部，拟音为 *ʃĭə̆k，《广韵》所力切，山母织韵，开口三等，入声，曾摄，拟音为 *ʃĭək；“篤”，上古属端母觉部，拟音为 *tə̆uk，《广韵》冬毒切，端母沃韵，合口一等，入声，通摄，拟音为 *tuok；“谷”，上古属见母屋部，拟音为 *kɔ̆k，《广韵》古禄切，见母屋韵，合口一等，入声，通摄，拟音为 *kuk；“合”，上古属匣母缉部，拟音为 *ɣəp，《广韵》侯阁切，匣母合韵，开口一等，入声，咸摄，拟音为 *ɣɒp；“甲”，上古属见母叶部，拟音为 *keap，《广韵》古狎切，见母狎韵，开口二等，咸摄，拟音为 *kap；“覚”，上古属见母觉部，拟音为 *keə̆uk，《广韵》古岳切，见母觉韵，开口二等，入声，江摄，拟音为 *kɔk；“立”，上古属来母缉部，拟音为 *lĭəp，《广韵》力入切，来母

缉韵，开口三等，入声，深摄，拟音为 *lĭəp；“纳”，上古属泥母缉部，拟音为 *nəp，《广韵》奴答切，泥母合韵，开口一等，入声，咸摄，拟音为 *nɒp；“却”，上古属溪母铎部，拟音为 *khĭăk，《广韵》去约切，溪母药韵，开口三等，入声，宕摄，拟音为 *khĭak；“未”，上古属明母物部，拟音为 *mĭwət，《广韵》無沸切，明母未韵，合口三等，去声，止摄，拟音为 *mĭwəi；“祝”，上古属章母觉部，拟音为 *ȶĭəuk，《广韵》之六切，章母屋韵，合口三等，入声，通摄，拟音为 *tɕĭuk。

五、结语

《布依嘱咐经》是迄今为止整理出来的篇幅最长、内容最丰富的一部布依族古籍文献，为我们从多学科、多角度研究布依族传统文化，尤其是宗教文化提供了非常宝贵的资料。目前，各方面的研究处于刚刚起步阶段。本文尝试运用文字学和古籍整理的方法，对该文献中的文字进行初步的梳理和研究，尤其是对其中转写布依语特有语音的文字进行了系统的整理。研究发现，转写布依语 /-m/ 尾韵和塞音韵尾的方块汉字虽然比较杂乱，但相当一部分字也是有规律可循的，如其中转写 /-m/ 尾韵的字在中古以前的汉语中大多都为 /-m/ 尾韵，转写布依语塞音韵尾的汉字，在中古以前也大多为入声字。由此我们不妨大胆推测，在《布依嘱咐经》抄本形成初期，这些用来转写布依语语音的汉字仍保持与布依语词相应的语音形式。由于布依族宗教文献是在一种缺乏规范的状态下传承的，传承者口述的经文与抄本的实际内容往往会出现差异，加之整理者缺乏古籍文献整理和语言学方面的相应知识，导致整理出版的文献中出现了较多错误，需要进行全面的校勘。限于篇幅和笔者的能力，这一工作只有在后续的研究中才能完成。

原载张公瑾主编《民族古籍研究》，2014 年 12 月。收入本文集时有所修改。

布依族摩经古词研究

周国炎

一、布依族摩经及摩经语言

布依族摩经，本民族语称为 θɯ³³mo³³（即摩书）[①]、mo³³pjaŋ³⁵faːŋ³¹（殡亡经）或 mo³³ kuə¹¹he³⁵（古谢经）等。“摩”是布依语 mo³³ 的音译，义为“经”。

布依族摩经是一种韵文体裁的、以口头或准书面形式在布依族祭司[②]集团中流传的宗教经典。其中的绝大部分由祭司在丧葬仪式上吟诵，因此又统称为丧葬经，即本族语所称的 mo³³pjaŋ³⁵faːŋ³¹（殡亡经）。

摩经在布依族聚居的各个地区均有流传，经书系由方块汉字夹杂少量自创字（即“土俗字”）记录当地经文的内容而成，由祭司首领（布依语称 tɕau³⁵mo³³“交摩”）掌握并向本村寨或邻近世代有亲缘关系的村寨中愿意师从者传授。一般一个村寨拥有一套经书，也有几个村寨共用一套的。由于布依语内部的土语差异，以及用方块汉字记录的摩经存在着一音用多字、一字记多音和采用不同的造字法等问题，使跨地区，甚至邻近祭司集团之间的摩

---

① 本文主要的语料来自笔者家乡——贵州省贞丰县北盘江镇一带的布依族摩经，因此，文中布依语语料按当地布依语实际读音标注。

② 布依族祭司，布依语称 pu⁴²mo³³“布摩”或 pau²⁴mo³³“报摩”，是布依族各种日常祭祀或丧葬仪式的职业主持者。要成为“布摩”，必须通过正式的拜师仪式，并经过长期的学习和实习。其职能与巫师有很大差异。

经很难相互交流。

据有关专家研究，布依族摩经至迟在唐宋时期就已经形成雏形，后经历代布依族宗教祭司在宗教祭祀和丧葬活动中不断地进行局部增补、加工和整理修改，使摩经在内容和形式上不断得到充实和完善。明清之际，随着汉文化在布依族地区的进一步渗透，布依族识汉文汉字者不断增多，尤其是宗教祭司，他们在掌握汉文后，便开始利用方块汉字作为记音符号辅助记忆和传授摩经。摩经由此便以书面（或准书面）的形式流传下来，从而结束了其口耳相传的历史，使其内容和形式在一定程度上得到了固定。

各地布依族宗教祭司在吟诵经文时均采用当地现代布依语口语的语音，在句法形式上，各地摩经的句法与当地布依语口语的句法基本相同。为适应韵文的格律，如押韵、对偶、排比等，有些句子在语序上作了适当的调整，与口语表达形式略有差异，但这种情况在各地经文中并不多见。摩经语言与现代布依语口语的差异主要体现在词汇上。通过对一套摩经的近 3000 个词进行统计分析，并与现代布依语口语的词汇进行比较，我们发现摩经词汇中有相当一部分词（近 1/3）是口语中所没有或使用频率较低的，对于这些词，我们认为其来源有两个。一是古代布依语词汇在摩经中的保留，之所以如此，是由于口语是动态的、发展的，而摩经则是静态的、固定的。历代布依族宗教祭司虽然可以用当时当地的语音来吟诵摩经，但除必要的局部调整外，一般不能对其内容任意作删改，因为摩经作为一种宗教经典，具有一定的神秘性，换句话说，摩经是布依族祭司与神、鬼进行交流的语言，内容一旦有改动，交流就无法进行。二是地域间进行摩经交流的结果。现在各地布依族摩经虽然在内容和形式上存在着一定的差异，但相同点还是主要的，这一方面不但说明摩经有共同的历史来源，而且也说明了在历史上的某一时期，布依族宗教祭司们曾经进行过一定范围内的摩经交流或统一的编订，而这种交流或统一编订也只有在出现用方块汉字记音的经书后才有可能。在交流过程中，A 地的词汇在 B 地的摩经中保留了下来。

这一现象对研究布依语词汇的发展以及布依族古代社会的历史、文化概况是一个很有意义的启发。本文以贵州省贞丰县北盘江镇一个布依族村寨的经文为依据，拟通过对经文中使用而现代布依语口语中所没有或罕见的词汇

（本文称之为古词）进行分析研究，从而探讨布依语词汇在历史发展过程中的某些特征以及这些词所反映出来的古代社会布依族地区的民族关系、区域交往、动植物生态的变迁、宗教和文化等现象。

二、摩经中的部分古词分析

摩经中的古词，绝大部分是有含义的实词。虽然这些词在该套摩经所在地的布依语现代口语中已经放弃使用，但通过与布依语内部其他土语或次土语之间的对比，并参照汉语古音，以及从摩经的上下文来推测，其词义基本上还是可以确定的。通过对这些古词的分析，我们不仅可以发现布依族内部不同地区之间文化交流的一些痕迹，还可以找到布依族与汉族之间、布依族与邻近其他兄弟民族之间文化交流和民族关系的一些线索。限于篇幅，本文只研究其中的一小部分。

（1）pu^{42}men^{31} 或单称 men^{31}，口语无，摩经中 pu^{42}men^{31} 出现 4 次，men^{31} 出现 19 次。水城、盘县一带布依族称当地彝族为 pu^{42}mian^{31}，men^{31} 和 mian^{31} 是布依语内部方音差异，因此，pu^{42}men^{31} 和 men^{31} 亦当指的是“彝族”。例如：

naŋ^{11} kɯn^{31} ɕi^{35} pu^{42}men^{31} . 坐上席的是彝族人。

坐　上　是　彝族

pai^{33} ða:n^{31} men^{31} ta:u^{35} tɕai^{24} . 到彝族人家去倒鸡蛋。

去　家　彝族　倒（鸡）蛋①

su^{33}mu^{31} li^{42} ka:ŋ^{35} men^{31} . 苏暮那地方的人有讲彝语的。

苏暮　还　讲　彝（语）

贵州南部及西部地区自古以来就是布依族的居住地。6 世纪，彝族先民爨蛮的一支东爨乌蛮从云南东北部的昭通一带南下，占据南北盘江流域即今黔西南州全境、安顺地区的部分县市以及盘县（今盘州市）和水城县部分地

① 倒鸡蛋，巫师行医的手段之一。治疗四肢无力，疮口流脓、流血时使用。巫医认为，病人之所以四肢无力，是因为有鬼缠身，只需用一鸡蛋，滚遍病人全身，然后将鸡蛋放入火中烧掉或扔于道旁，病魔即会除掉，病人就会好转。

区，布依族人民长期受到彝族统治家族的奴隶制统治，同时也与广大的彝族下层劳动人民有着广泛的接触和交往。在彝文和汉文史籍中都有与这方面有关的记载。直到明清之际，水西、普安、乌撒等处的最后一批有势力的彝族奴隶主被封建王朝的最高统治者派重兵镇压后，布依族人民才开始摆脱彝族统治家族的奴隶制统治。这以后，彝族先民或迁徙，或就地被同化，人口逐渐减少，今天的黔西南州，除普安、晴隆、兴仁、兴义四县市尚有少数彝族零星散居外，其余县市已很少有彝族居住。贞丰县境内今天已经没有了彝族的踪迹，彝族族称 $pu^{42}men^{31}$ 也已从这一带的现代布依语口语中消失。但在这一带仍保留有一些含有 men^{31} 的布依语地名，如 $ʔbo^{35}men^{31}$（磨棉）、$po^{33}men^{31}$（坡棉）等。贞丰城关镇的布依语地名为 min^{31}（men^{31}）ku^{31}，具体含义不清，min^{31}（men^{31}）与 men^{31} 发音较近，这种现象可能与彝族先民曾在这一地区居留有一定关系。

（2）$pu^{42}ðuŋ^{31}$，口语无，摩经中出现 6 次，义为“仡佬族”。例如：

$ɣe^{11}$ ku^{11} $θoŋ^{33}$ $pu^{42}ðuŋ^{31}$. 砍削成两个仡佬族的模样。

砍　做　两　仡佬族人

$ðat^{11}$ ku^{11} $θi^{24}$ $pu^{42}ðuŋ^{31}$. 剪成四个仡佬族人的模样。

剪　做　四　仡佬族人

仡佬族是贵州历史悠久的土著民族之一，几乎遍及贵州各地，尤其贵州北部和中西部最多。由于历史原因，曾发生过几次较大的人口迁徙，人口变动较大。在迁徙过程中与布依族有过广泛的接触和交往，但目前分布在西南地区的仡佬族已为数不多，贞丰县虽是黔西南州仡佬族最多的县，但也不过千余人，且集中居住在县境连环和鲁容两个乡镇的一些村寨，与本套摩经所在地的布依族相隔甚远，平时基本上无接触，口语中没有专门的语词来称呼仡佬族也是自然的。摩经中的 $pu^{42}ðuŋ^{31}$ 同其他与仡佬族杂居的布依族对仡佬族的称呼相同。因此可以推测，摩经所在地区的布依族古代也曾经与仡佬族有过频繁的交往。

摩经非口语词中表示“族称”的语词还很多，如 $pu^{42}pa{:}n^{33}$（出现 4 次）、$pu^{42}maŋ^{31}$（出现 2 次）、$pu^{42}ɣoŋ^{33}$（出现 1 次）、$pu^{42}piŋ^{33}$（出现 2 次）、$pu^{42}maŋ^{33}$（出现 10 次）。由于口语中已不使用这些词，因此，它们分

别所指的是哪个民族已无从考证，但是这些词在摩经中的出现表明今天的布依族聚居区在历史上的某一时期内有可能出现过多民族交错杂处的局面。

（3）pat^{11}，口语无，摩经中共出现 25 次，从上下文看，可推测其义为“佛”“佛地”。例如：

ku^{33} θuaŋ^{24} mɯŋ^{31} taŋ^{31} pat^{11}. 我把你送到佛居住的地方。

我　送　你　到　佛地

ku^{33} mi^{31} ʔdai^{42} ʔju^{24} pat^{11}. 我不能留在佛居住的地方。

我　不　得　在　佛地

taŋ^{31} lai^{31} kaːŋ^{33} liaŋ^{35} pat^{11}? 到什么地方才能将佛伞撑开？

到　何处　撑　伞　佛

tɕau^{35} mɯŋ^{31} sam^{35} maːu^{11} pat^{11}. 你头戴着佛帽。

头　你　戴　帽　佛

“佛教”之“佛”，汉语今音 fo^{35}，根据王力的观点，“佛”在中古是非母、质部、物韵的字。隋唐以前，非母读作 p，质部读作 at，拟音为 pat，现代粤方言“佛教”之“佛”读作 fat^{6}，另有一个读音为 pat^{6}，与布依语的 pat^{11} 读音很相近。可见这个词为早期布依语中的汉语借词是不成问题的。它反映了汉初从印度传入中国的佛教早就对布依族社会产生了影响。

（4）se^{11} 以及含有 se^{11} 的复音词，共计出现 110 次。在口语中 se^{11} 是“浸泡”的意思，在摩经中只出现过 1 次，即：

tɯ^{31} ma^{33} se^{11} ʔdan^{33}toŋ^{35}. 带来浸泡在桶里面。

带　来　浸泡　桶

se^{11} 在口语中的另一用法是与别的音节构成复音词，作地名，如：kɔk^{35}se^{11}、ȵau^{31}se^{11}、laŋ^{33}se^{11}、na^{31}se^{11}、taːn^{31}se^{11} 等，前三个地名中的第一个语素均为方位词，分别表示“se^{11} 的下边”“se^{11} 的顶上”和“se^{11} 的后边”，后两个地名中的第一个语素分别指“田”和“村落”，se^{11} 起限定作用，与第一个语素是领有关系。可见，se^{11} 是一个表处所的名词，它指的是布依族村寨祭祀山神、土地神、寨神的地方，即“神庙”。但这一用法除了出现在地名中以外，口语中并不单独使用。在摩经中，表示这一意义的 se^{11} 及含有 se^{11} 的复音词一共出现 29 次。例如：

pu^{42} ðim^{31} se^{11} ðim^{31} se^{11}. 收拾神庙的收拾神庙。

人　收拾 神庙 收拾 神庙

tɯ^{31} tai^{24} se^{11} ʔun^{42} ma^{33}. 从神庙那边带过来。

带　从 神庙 那边 来

na^{31} taːn^{31}se^{11} mi^{31} ɣai^{35}. 坛社（地名，有神庙的地方）的田不给。

田 坛社（地名） 不　给

ʔdian^{33}ɕiaŋ^{33} sɯ^{31} ɕau^{33} se^{11}. 正月是祭祀祖坟（扫墓）的时候。

正月　　时　祭　祖坟（扫墓）

po^{33} laŋ^{33}se^{11} ɣa^{31} ʔaːn^{42}. 朗社（神庙后面）的山要塌了。

坡 朗社（地名） 要　塌

摩经中的se^{11}与汉语的“社”有密切的关系。“社”，上古属禅母鱼部字，读作ʑia。《词源》注：社，常者切，上（声），马韵，禅。①土地之神，《左传·昭二十九年》：“共工氏有子曰句龙，为后土……后土为社。”祭土神也曰社。《诗·小雅·甫田》：“以我齐明，与我牲羊，以社以方。”②祭土地神之所，即社宫、社庙。《左传·昭十七年》：“伐鼓于社。”《尚书·禹贡》：“厥贡惟土五色。”《汉·孔安国传》：“王者封五色土为社。建诸候，则各割其方色土与之，使立社。”在布依语中，土地之神、山神、寨神等用的另一个词ɕi^{42}是口语用词。“祭祀之所”则用se^{11}，与《词源》“社”的第二个意义相同，读音很相近，有可能是早期布依语中的汉语借词。

摩经中的se^{11}除表示“祭祀之所”这一含义外，还有“（出）生，发，发达，发展”等意思，这一用法在摩经中一共出现50次，有可能是从“浸泡”这一含义引申而来的，但在口语中已不使用。例如：

na^{35} vi^{11} se^{11} θo^{35}waŋ^{31}. 梭王未出生以前。

前　未　生　梭王

nau^{31}se^{11} ɕi^{35} ʔdai^{42} se^{11}. 说到发达就得发达。

说 发达 就　得 发达

nau^{31} lɯk^{11} se^{11} jaŋ^{11}ɣen^{42}. 让儿子也那样发展。

说（让） 儿　发展　那样

wan^{33} saŋ^{35}te^{33} laŋ^{35} se^{11}.（只有）那样念经（家业）才会发。

诵经　那样　才　发

ʔu^{33}　ɕi^{31} ʔu^{33} vaːi^{31} ɕi^{35} se^{11}.养牲畜就会发。

生（养）黄牛 生（养）水牛　就 发达

摩经中的 se^{11} 在 31 个句子里含义不太清楚，尚需进一步考证。

（5）tai^{42}，口语无，摩经中出现 55 次。从上下文推测，其含义为“付给祭司、匠人的酬劳品”。例如：

ðip^{11} ɣaːu^{42} tai^{42} pu^{42}taːu^{11}.收取用来酬谢道人（祭司）的粮食。

收　粮　酬劳　道人

tuan^{24} paŋ^{31} ɣoŋ^{33} ku^{11} tai^{42}.拿一段绸子作为酬谢的物品。

段　布　绸　做 酬劳品

kan^{33} ʔdaːi^{42} ʔdip^{35} ku^{11} tai^{42}.用一斤生麻做酬谢的物品。

斤　麻　生　做 酬劳品

tai^{42}　ku^{33} sai^{31} ku^{33} ʔjaːm^{24}.收齐了酬谢的物品我就走。

酬劳品 我　齐　我　迈步

这个词常常与 ko^{24} 交替使用。

（6）ko^{24}，口语中义为“砌”，这一用法在摩经中只出现 1 次，即：

ʔau^{33} ðin^{33}ʔbaːn^{33} ma^{33} ko^{24}.拿薄石板来砌。

拿　薄石板　来　砌

在摩经中，ko^{24} 共出现 47 次，其中 7 次含义不明，2 次作动词，表示“雇佣”，1 次义为“砌”（见上文），其余 37 次均作名词，根据上下文来推测，表示“酬谢物、酬劳品、酬金”。例如：

vɯ^{42} wan^{33} vɯ^{42} ʔdai^{42} ko^{24}.别人诵经都有酬谢的东西。（作名词）

别人 诵经 别人　得　酬谢物

ðau^{31} ɕi^{35} ʔau^{33} paŋ^{31}ʔau^{33} ŋan^{31} ko^{24} kai^{24} ɣa^{35} tɯ^{31} sua^{31}.

我们 就　拿　布　拿　银　雇　个 汉人　撑　筏

我们就拿布和银子去雇个撑筏子的汉族人。（作动词）

ko^{24} laŋ^{24}li^{42} ʔju^{24} ðaːn^{31}.用作酬谢的物品还放在家里。（作名词）

酬谢品　还　在　家

ʔau^{33} ku^{35}ma^{31} ku^{11} ko^{24}？用什么来当酬劳品？（作名词）

拿　　什么　　做 酬劳品

ko^{24} ku^{33} ʔdai^{42} ku^{33} pai^{33} . 得到酬劳的东西我就去。（作名词）

酬劳品 我　得　　我　去

作动词用的 ko^{24}（不包括口语中经常使用的“砌”这一用法）有可能借自汉语。试比较：汉语“雇”上古属见母鱼部，拟音 ka，《广韵》为古暮切，见暮合一去遇，拟音 ku，与 ko^{24} 都很近。因此，ko^{24} 可能是早期布依族中的汉语借词。

（7）ɣuŋ^{33}，口语无，摩经中出现 37 次。在 20 世纪 50 年代调查的 40 个语言点中，“大”一词读为 ɣuŋ^{33} 的有 10 个点，其中除一个点在第一土语外，其余 9 个点都在第二土语，与第一土语的 laːu^{42} 和第三土语的 lo^{42}/laːu^{42} 相对应。从上下文看，摩经中的 ɣuŋ^{33} 有“宽，大，好”等意思。例如：

ɣai^{35} te^{33} ʔju^{24} ʔdan^{33} ɣuŋ^{33}. 让他在大的（棺材）里面。

让　他　在　个　大

pai^{33} saːŋ^{24} vai^{42} ʔdɔŋ^{33} ɣuŋ^{33}. 去大森林里寻找（做棺材用的）树木。

去　搜寻　树木　森林　大

pi^{42}taːi^{11} ʔau^{33} kai^{24} ɣuŋ^{33}. 大哥要好的。

大哥　　要　个　好

ʔwan^{42} pai^{33} na^{35} ʔwan^{42} ɣuŋ^{33}. 越往前走（铜桥）越宽。

越　　去　前　越　宽

布依语第二土语以及壮语北部方言的部分地区，“大”也作 huŋ^{24}，有学者认为，huŋ^{24}/ɣuŋ^{33} 与汉语的“宏”有 关系。“宏”，上古为匣母蒸部字，拟音 oŋ。《广韵》为户萌切，匣耕合二更梗，拟音 wəŋ。《词源》注：“宏”，户萌切，耕韵、匣母。《书 • 盘庚下》：“各非敢违卜，用宏兹贲。”《注》：“宏、贲，皆大也。君臣用谋，不敢违卜，用大此迁都大业。”《周礼 • 考工记 • 梓人》：“其声大而宏。” 音和义都与布依族摩经中的 ɣuŋ^{33}、布依语第二土语以及壮语北部方言的 huŋ^{24} 相近。由此推测，huŋ^{24} /ɣuŋ^{33} 可能是早期布依语以及壮语北部方言中的汉语借词。

（8）ʔbau^{42}，口语无，摩经中出现 15 次。布依语第一土语部分地区的现代口语中，ʔbau^{42} 义为“不”，与壮语北部方言相同。从摩经上下文的内容推测，ʔbau^{42} 在摩经中也是“不”的意思。例如：

pai^{33} ŋwan^{31}ni^{42} pan^{31}ʔju^{24} ʔbau^{42} ðo^{42}. 今天去会发生什么事不知道。

去　今天　如何　不　知

mɯŋ^{31} ɕi^{35} ʔbau^{42} ðo^{42} tɕai^{33}. 你就不会觉得路途遥远。

你　就　不　知道　远

在摩经中，ʔbau^{42} 常与口语中使用的否定词 mi^{31} 对举。例如：

ʔbau^{42} ɕiŋ^{35} jaŋ^{11}lai^{31} tɕai^{33}. 不请远方的什么人。

不　请　哪样　远

mi^{31} ɕiŋ^{35} wai^{33} lai^{31} ʔɯn^{24}. 不请外姓的什么人。

不　请　族（姓）哪　别的

这种 ʔbau^{42} 和 mi^{31} 对举的句式在摩经中一共出现 3 次。值得一提的是，在用 ʔbau^{42} 表示否定的地区，mi^{31} 则表示肯定，这一现象亦与北部壮语相同。

（9）ðuk^{11}，口语无，摩经中出现 41 次。在 20 世纪 50 年代初的 40 个语言点中，34 个有这个词。据了解，今天的罗甸、望谟一带的布依语中仍使用这个词，义为“房间、寝室、卧室（尤指妇女的卧室）”。摩经中的 ðuk^{11} 除在 5 个句子中含义不明外，其余 36 个句子根据上下文推测，也有“房间、寝室”的意思。例如：

ðau^{31} ɕi^{35} tɯŋ^{31} te^{33} tai^{31} ðuk^{11} ðo^{11}. 我们就让她守外屋。

我们　就　让　她　守　卧室　外

ku^{33} ɣa^{31} ɣau^{35} ðuk^{11} kɯn^{31}. 我想进上房。

我　想　进入　卧室　上

ðuk^{11} la^{35} ðuk^{11} me^{11}liau^{31}. 下房是婶娘的卧房。

卧室　下　卧室　婶娘

se^{33} ðuk^{11} piu^{24} kai^{24} laːn^{33}. 给儿孙们留下空房。

丢　卧室　空　个　孙

今天，在摩经所在地（即贵州省贞丰县兴北镇一带）的布依语口语中，ðuk^{11} 一词已经消失，“房间、寝室”为 ɣoŋ^{24}ðaːn^{31} 或 ɣoŋ^{24}ʔban^{24}。

除以上所列举的这些词外，摩经中还有不少动植物类的非口语词。

（10）动物类。

①以 tɯ^{31}（表示动物的量词，“只，头，匹等”tuə^{31} 的变读形式）为词头的有 tɯ^{31}kun^{11}（2）①，tɯ^{31}wa^{33}（4），tɯ^{31}ʔbai^{33}（1），tɯ^{31}saŋ^{42}（2），tɯ^{31}sak^{35}se^{11}（3），tɯ^{31}waːp^{35}（4）。

②以 ðɔk^{11}“鸟”为通名的有 ðɔk^{11} tɕi^{35}li^{11}（2），ðɔk^{11}ðən^{31}（1），ðɔk^{11}ðu^{35}（6）。

③其他如 ʔbaːŋ^{24}（7）、ŋɯ^{11}（31）等。

（11）植物类。

①以 ɣaːu^{42}“粮食，饭”为通名的有 ɣaːu^{42}ʔaːn^{33}（2），ɣaːu^{42}ʔam^{42}（3），ɣaːu^{42}tau^{31}（1），ɣaːu^{42}tɕat^{35}（2），ɣaːu^{42}mai^{24}（2），ɣaːu^{42}man^{42}（2），ɣaːu^{42}mu^{35}（2），ɣaːu^{42}ʔdiŋ^{33}（1），ɣaːu^{42}ðaːi^{31}（2），ɣaːu^{42}θet^{35}（2），ɣaːu^{42}seŋ^{42}（3），ɣaːu^{42}ʔu^{1}（1），ɣaːu^{42}wai^{24}（1），ɣaːu^{42}wa^{33}（1），ɣaːu^{42}van^{42}（6）。

②以 ɣa^{31}“茅草”为通名的有 ɣa^{31}maŋ^{31}（3），ɣa^{31}ʔdo^{35}（7），ɣa^{31}ði^{31}（1），ɣa^{31}ɕi^{31}（1）。

③以 ma^{35}“水果”为通名的有 ma^{35}ʔaːi^{33}（2），ma^{35}paːn^{31}（1），ma^{35} pjaːu^{31}（2），ma^{35} to^{31}（2），ma^{35}laːn^{31}（1），ma^{35}la^{31}（1），ma^{35}man^{35}（17），ma^{35}ʔdiŋ^{33}（4），ma^{35}ʔdɔŋ^{24}（2），ma^{35}wan^{33}（2）等。

随着这些动物和植物在（本套摩经所在地）布依族地区的灭绝，这些动植物名词也就在这一地区的布依语口语中消失了。这些现象对我们研究该地区动植物生态与人类生存环境的变迁是一个重要的线索。

三、结语

通过上文对摩经部分古词的分析研究，笔者得出如下结论。（1）一部分词曾经出现在摩经所在地的布依语口语中。随着它们所表示的事物的变化，如民族的迁徙，物种的灭绝等，它们也就失去了存在的价值，因而便从口语中消失了。至于消失的时间，绝少部分（如族称）可以从汉文典籍中找到依

① 括号中的数字为该词在摩经中的出现次数，下同。

据，而大多数词则有待进一步的考证。（2）相当一部分词，尤其是联绵词是首创摩经的祭司及其继承者们为了适应摩经的韵文格律的需要而自创的，一小部分可能在一定范围内作为口语词，而大多数则只存在于摩经中。（3）少数词是由于不同地域之间摩经的交流而从外地流入的，但只存在于摩经中，没有成为口语词。

对布依族摩经古词的分析研究，是笔者的一次尝试，可资借鉴和参考的材料很少。文中不乏纰漏和自相矛盾之处，敬请各位专家、同行批评指正！

原载《贵州民族研究》，1995 年第 2 期。收入本文集时有所修改。

布依族《摩经·祭山经》语言文化研究

伍文义 *

《摩经》是学界公认的布依族传统宗教经典。唐宋以来，在汉文化影响下的布依族人创造性地运用汉字音韵和偏旁部首，记录原有布依族传统宗教的“经词”，以此作为祭师“布摩”先生在宗教仪式中唱诵的经书，从而传承了布依族的历史文化。这些转录的经书被称为“摩经”。汉族有《山海经》，布依族也有《祭山经》《祭水经》。在布依族先祖的观念里，山川神灵具有崇高地位。

《摩经·祭山经》[①]说：

蛇神造水出，
雷神发洪水，
水淹各样各种，
水淹天下人，
水淹地上人，
一百二十氏的人全淹死，
只剩燕子王兄妹二人。

---

* 伍文义（1957—），男，布依族，文学博士，佛山科学技术学院教授，主要研究领域为哲学、布依族语言文化及古籍文献。

① 《摩经·祭山经》，有《摩经》原件和国际音标、布依语记音、直译和意译成果。为排版方便，国际音标从略，下同。

兄妹管天又管地，
上方田是兄妹田，
上方之事河龙管，
上方之事神树管，
中间之事山神管。

上古先祖劳动生息在多山环境之中，对山川有一种息息相通的特殊情感和自然之缘，由此形成山川邦土观念和族群凝聚力意识。故历代都有祭山活动，并在祭山宗教仪式上颂扬族群先祖功绩和族群的来源。

《摩经·祭山经》又说：

天管天龙脉，
那神为大官，
那神是天王，
天王管所有地方。
天王告诉我布摩，天王说话就算数。
天王留话我布摩，天王说话就算数。
天王来安排，兄妹相逢燕相昵，
生了个畸形儿。
拿畸形儿来剁成块，
用肉块来排人氏宗支。
一块肉坨做越（粤）人宗支，
一块肉坨做苗人、汉人宗支，
部分肉块做龙的根源。
造人多来好种地，
造人一百二十氏族人。

从这段经文可以看出，布依族人们认为人类特定族群与“龙神根源”，皆为“天王神”授意下得以产生的“燕子王”的子孙，即“燕子王”是古代越（粤）人（壮泰语族，又称壮侗语族或侗台语族）、汉人、苗人等中华汉藏语系族群的共同祖先。远古时代，中华汉藏语系族群先祖们以“燕鸟”为图腾，故而称之为“燕子王”。

“燕鸟”亦即玄鸟、凤凰。《诗经》曰：“天命玄鸟，降而生商。”《楚辞》王逸注曰：“玄鸟，燕也。”《竹书纪年》曰：“初，高辛氏之世，妃曰简狄，以春分元鸟至之日，从帝祀郊禖，与其妹浴于玄丘之水。有玄鸟衔卵而坠之，五色甚好，二人竞取，覆以玉筐，简狄先得而吞之，遂孕，胸剖而生契。”《楚辞·天问》曰：“简狄在台，喾何宜？玄鸟至贻，女何嘉？”《中华古今注》曰：“燕一名神女。”《田家杂占》曰：“紫燕来巢，主其家益富。”“燕鸟”亦即玄鸟、玄鸟、凤凰无疑。《摩经·祭山经》认为中华汉藏语系族群“有共同族源”的历史记载，与传统宗教的“山神祭典”有密切关系，这就道出了《摩经·祭山经》文化背景之久远，且《摩经·祭山经》作为少数民族史籍的记载，这就显得尤为珍贵。

布依族源于汉藏语系族群先祖，我国汉藏语系族群居住区自古以来就是一个多山区域。据统计，我国山地丘陵面积占总面积的70%以上，其中高山面积又占一半左右，真正平原只有国土的10%，主要就指汉藏语系族群的居住区。山川里的财富对人类极其重要。《荀子·强国》说：“山林川谷美，天材之利多。”《国语·鲁语上》说：“山川之神，皆有功烈于民者也；及地之五行，所以生殖也；及九州名山川泽，所以出财用也。”也就是说，因为山川有功德于人民，崇拜所以报恩以偿德。布依族《摩经·祭山经》中全人类面临灭顶之灾之时，只剩下“燕鸟王”兄妹二人。但他们还在奋斗不息，在“天王神”授意下，繁衍了汉藏语系族群，开创了人类社会新的生活。后人感恩戴德，在古老的“祭山”仪式上颂扬“天王神”与“燕鸟王”先祖功劳。这不就是“崇拜所以报恩以偿德”学说的证据吗？

《摩经·祭山经》还说：

只因有孙不见奶，
只因有奶不见孙，
众人才来祭高山，

请山神奶保护地方，
请山神爷保护地方。
祭了有亲家的必有后代，
有爷的必有孙，
有孙必见奶，
有奶必有孙。
众人的外公外婆做花布给孙，
祖母踏实来管家。
在地方搭桥给我们走，
人们有知识懂村寨，
地方兴旺几辈人。

《摩经·祭山经》又说：

请山神管整树整棵，
请山神管主山与龙脉。
管在“社山”脚，
管在中部山，
管在高山上。
管在山洞三个名，
管在山洞六种畜，
管河流村寨与阶地。
祭供全、管得清。
请您保护地方人。
众人在这里用树叶辅垫作祭坛来供您，保福保佑！

这显然是人们相信山川能孕育万物，山岳神灵即是万物的主宰，并举行相应的宗教仪式。列宁说：“在马克思看来，地理环境是通过在一定地方、在一定生产力的基础上所产生的生产关系来影响人的，而生产力的发展的首要条件就是这种地理环境的特性。”[①]《中国大百科全书•宗教卷》(1988年)认为宗教定义一般应包括:(1)相信超自然体的存在;(2)认为超自然体的意志和行动能够影响现实世界和人生的祸福;(3)信仰者因而对之礼拜、求告。”《摩经•祭山经》的山神崇拜观念与宗教仪式合乎上述理论。

布依族是古代越(粤)人后裔,属于汉藏语系壮泰语族,又称壮侗语族或侗台语族。这就是《摩经•祭山经》认为中华汉藏语系族群“有共同族源”的历史渊源。重视《摩经》经文,关注《摩经》使用场景的宗教仪式,宗教经文与宗教仪式相结合,历时研究与共时研究相结合,这正是人类学、民族学非常重视和提倡的科学方法。我们在田野调查中发现珠江上游南盘江流域云南罗平县三江口地区,有两座神山,名叫“戛山”[po^{33}ka^{33}]和“官山”[poŋ^{213}θai^{55}],当地布依族按传统每年农历正月十五日祭“戛山”,农历三月三日祭“官山”。

农历正月十五日上午九时许祭“戛山”,届时由家中年轻男子带香、纸、烛、炮竹到山顶神树脚烧纸点香,大家围拢神树脚跪求山神保佑,放炮竹然后回家。各家家长则在大门外院子中的祭坛祭供,桌上供酒数碗(按家中人口,每人一碗酒),饭一箩,筷一把,用腊肉、香肠、豆腐、鸡肉等敬供,烧纸点香,祈求神山保佑全家平安。此仪式布摩先生不出面。

农历三月三日祭“官山”。由寨老组织,节日前各户出钱若干准备买牛、猪各一头,羊数只,大公鸡三只,酒若干;各家准备香、纸、烛、花糯米饭等物。三月三日当天下午三时,只准男性上山,各户家长由祭师布摩先生带领上到高山之顶祭祀。布摩念《祭山经》,并杀牲畜敬供,称“生祭”;再将牲畜煮熟后又念经敬供,称“回熟祭”。之后众人集中在山上吃肉饮酒。但祭山神的猪肝、羊肝等当时不准吃,由布摩分配每户一小块,用神山树枝插上,仪式结束后由各户带回家中。时至半夜,准备回寨之前,各户家长需举杯再敬神山一杯酒,方才回寨。神山脚,各户小孩等候迎接家长。分配各家的一小块猪肝、羊肝,由家长将其存放炕上灶上(长年不吃),意为保佑田地庄稼丰收。届时还举行植树活动,宣布乡规民约,保护庄稼及防止偷牛盗

① [苏]列宁:《列宁全集(第38卷)》,人民出版社,1986,第459页。

马等行为，通过祭山活动加强社会秩序管理。

清乾隆《安龙府志》也说："（布依族）每岁三月初三'宰猪、牛祭山'，各寨分肉，男妇饮酒，食花糯米饭。三四两日，各村不通往来，误者罚之。"以"猪、牛祭山，各寨分肉，男妇饮酒，食花糯米饭……"说明布依族"祭山"活动的隆重性。用两天时间专门"祭山"，"各村不通往来，误者罚之"显示其庄重性。这在汉语文献记载中是少见的。《摩经·祭山经》中也记载用"猪、牛、羊、大公鸡、酒、香、纸、烛、花糯米饭"等祭品供"山神"，同时也祭供"天神"。这种礼仪，渊源久远。

"天神"的产生，吕大吉在《宗教学通论》中指出："部落联盟首领首先把自己的祖先和天神联系起来，他们的祖先从而也就有了天神的性能，具有支配自然和社会的两种超自然力。所以他们便把祭天和祭祖结合起来。特权家族（王族）的祖先和天神的结合，反映了自然神的自然属性与祖先神的社会属性互相融合，这也说明原始社会氏族宗教正在丧失它原有的自发性，逐渐向阶级社会的人为性宗教过渡和演变。"[①] 按此，布依族"祭山"仪式，是让"天神"与"山神"享受同一祭礼。这一"天神"崇拜观念，可能产生于阶级社会萌芽时期。受命于"天神"的"燕王鸟神"，"燕鸟神"又尊称为"王"，当为部落联盟长的缩影，也说明原始社会氏族宗教正丧失它原有的自发性，逐渐向阶级社会人为性宗教过渡和演变。

布依族在高山顶上设祭坛祭祀"天神""山神"，说明先祖们崇拜"山神"，就直接向"山"祭祀，即认为"山"就是"山神"化身，反映"山神"的最初形象也就是"山"。古人还认为高山之巅离"天神"最近，遂于山顶"祭天"。如《尚书·舜典》："舜在璇玑玉衡，以齐七政。遂类于上帝，禋于六宗，望山川，遍群神。辑五端，择吉月日，见四岳诸牧，还瑞。岁二月，东巡狩，至于岱宗。岱宗，泰山也。柴，望秩于山川。"

山者，高尚尊崇也。原始社会末期的汉藏语系族群部落首领"舜"祭"岱宗山神"，也正是直接巡狩到泰山之上去祭祀和顶礼膜拜的。这大约是我国汉藏语系族群先祖祭天祭山"封禅"的最早记录了。《礼记·祭法》说：

---

① 吕大吉：《宗教学通论》，中国社会科学出版社，1989，第126页。

“燔柴于泰坛，祭天也；瘗埋干泰折，祭地也。”《周书》说：“设丘兆于南郊，以祀上帝，配以后稷农星，先王皆与食。”《南齐书·礼志上》：“缪袭据《祭法》，云天地骍犊，周家所尚。”周代用作祭品的“骍犊”又称“太牢”，主要是牛、羊、猪三牲，其中牛最为贵重。布依族亦然，“每岁三月初三，宰猪、牛祭山”，用“牛、羊、猪三牲”礼仪正与此类似。

“燔柴于泰坛”的祭法，是人们相信随着泰坛烟雾冉冉上升，他们虔诚的愿望也随之上达天庭。人们在祭天神和山川之神时也颂扬天神与先祖之功，以示感恩戴德。布依族《摩经·祭山经》也在古老“祭山”仪式上颂扬“天王”与“燕鸟王”图腾祖先的功劳，反映“以祖配祭”天神的礼仪观念在布依族传统宗教礼仪中也存在着。

布依族亦在山顶祭坛上“燔柴”祭“天神”“山神”。之后，集体吃肉饮酒，感谢“天神”“山神”“祖神”的恩惠。祭祀“天神”“山神”“祖神”除了用“牛、羊、猪三牲”，还用“米酒”“花糯米饭”，显示了水稻农业民族的突出特点。

应当指出，秦汉之后，祭泰山神和祭天神，已是天子垄断的特权。《礼记·王制》规定：“天子祭天地，诸侯祭社稷，大夫祭五祀。天子祭天下名山大川。五岳视三公，四渎视诸侯。诸侯祭名山大川之在其地者。”其祭祀礼仪充满了政治等级和专制性观念，已没有布依族祭祀山神活动所体现的群体性、和谐性、平等性和民主性特征。

可能因布依族社会仍保留了氏族公社社会的许多特征，如同恩格斯在《家庭、私有制和国家的起源》中所说，在古代德意志人的初期国家之中，“氏族消失在马尔克公社中了，但在马尔克公社内，它起源于各成员的亲属关系痕迹往往还是很显著的。可见，至少在保存着马尔克公社的各个国家……在法国北部，在英国，在德国，在斯堪的纳维亚……氏族制度不知不觉地变成了地区制度，因而才能够和国家相适应。但是，它仍保存了它那种自然形成而为整个氏族制度所特有的民主性质”①。布依族祭祀山神活动体现的群体性、和谐性、平等性和民主性，与先秦文献记载我国中原王朝祭祀山神的森

---

① [德]恩格斯：《家庭、私有制和国家的起源》，人民出版社，1999，第157～158页。

严等级和专制压抑感形成鲜明对比。这正好反映了布依族《摩经·祭山经》在我国汉藏语系族群文化中，如同古代德意志、法国、英国、斯堪的纳维亚国家一样，是更有诗意，更为悠久的“自然形成而为整个氏族制度所特有的民主性质”的文化载体。

原载《佛山科学技术学院学报》(社会科学版)，2012 年第 3 期。收入本文集时有所修改。

布依族《摩经·用牛祭祖词》语言文化研究

——“天堂观”及其孝道伦理

伍文义

布依族举行用牛祭祖丧葬宗教仪式时，直接以自然物——高达二三十米的大龙竹作为“大竹图腾神位”，上挂“五彩圆柱大龙幡”象征十二层天；其与大竹神位底部四方粮斗组成“天圆地方的天地观念”；大竹神位的供碗、供杯之数以“三、九为尊”；又以三牲（牛、羊、猪）和稻米、谷物、酒等祭祀，表示“祖灵归入大竹神位，升到天堂”。庄严隆重的“用牛祭祖”宗教氛围，给人一种心灵震撼和洗礼。

仪式上，请祭师布摩先生念诵《摩经》，为祖先描绘祥和的彼岸世界，显示出特定“天堂”观念和深厚孝道伦理。例如《摩经·用牛祭祖词》[①]说：

> 您老逝世了去成仙，去千年，好万世。仙人应许，随仙升天。天开让您占位置……

《摩经·用牛祭祖词·天堂歌》采用段式复沓的修辞方法，依次描述了“天堂仙界”多达六个方面的美好生活，称之为“天堂好又乐”。

第一方面的“天堂好又乐”。《摩经·用牛祭祖词·天堂歌》说：

---

①《摩经·用牛祭祖词》，有《摩经》原件和国际音标、布依语记音、直译和意译成果。为方便排版，国际音标从略。下同。

天堂仙家好又好，天堂仙家好又乐。那里仙家房子新，那里仙屋高，仙屋建有栅栏围墙。大门装饰着雕刻精美水牛角和羊角图案，屋内装饰着雕刻精美的花古纹，祖爷祖奶全部在那里，先逝祖辈全都在那里。

从这段经文可看出，布依族人们认为去世老人升天并不孤单，是归于天堂与先逝祖先同居一处。这种宗教观念反映出人类特有的恋祖心理。

布依族认为人生源于祖先，死后升天亦归到祖先身旁。这可能与布依族仍存在的“共同氏族坟山”的墓葬文化有关。1989 年，戴复东、罗德启、伍文义著的《中国民族文化专题研究丛书——石头与人》曾经描述过布依族“共同氏族坟山”的文化景观：“石板寨——这是一个很有特色的居民点，村寨围绕大池塘建立。先人们为了创造这一美好环境，献出了毕生精力，他们被葬于南山北坡，冥冥中似乎可以俯视他们的后代；而继续创造这一美好环境不断奉献的后代，可以在村寨里和田野上遥望先人。这里进行着阴与阳、生与死的对话和感情上的交流，富于人情味。”[①]“（其石室墓）覆压三百余米，不知其几百千落。”[②] 这种“共同氏族坟山”文化，不仅体现了布依族古老的氏族忠孝伦理，其中反映“阴与阳、生与死的对话和感情上的交流，富于人情味”，久之遂产生了“人生源于祖先恩情，死后亦当归到天堂仙界祖先身旁”的浓厚孝道观念。这正是《摩经》“逝世者归于天堂，与先逝祖先同在”逻辑的题中应有之义。

能够感知“天堂仙界”的古人，当是古代现实世界的宗教智者——布依族祭师“布摩”。因而“天堂仙界”文化因素，也只能到相应的布依族先祖的古代社会中探寻。类似情形，西方的早期基督教亦然。牛津大学历史神学教授阿利斯特 • E. 麦格拉斯指出：“早期罗马基督教”有“天堂里的亲人团聚”的记载。“在天堂与家人、朋友团聚的想法的确很吸引人。然而到中世

① 戴复东、罗德启、伍文义：《中国民族文化专题研究丛书——石头与人》，贵州人民出版社，1989，第 34 页。

② 戴复东、罗德启、伍文义：《中国民族文化专题研究丛书——石头与人》，贵州人民出版社，1989，第 76 页。

纪初期，占主导地位的观念却是把天堂看作上帝辉煌壮丽、无与伦比之美的所在。这种以上帝为中心的天堂观并不否认与亲友团聚的快乐，只是强调这种快乐在上帝惊人的美德和荣耀前已经相形见绌了。”[①] 两相比较，相似性很明显。但是布依族《摩经》内容包含了更多的原始宗教文化，是更为久远的东方民族传统宗教意识。

布依族《摩经》关于“逝世老人的灵魂升上天堂仙界，祖爷祖奶全部在（天堂仙界）那里，先逝祖辈全都在（天堂仙界）那里”的记载，可直接作为东、西方“天堂仙界”相似性宗教文化的比较史料。这是中华少数民族宗教文献的价值和闪光之点。

“氏族有共同墓地”是人类早期氏族制度的内容之一。恩格斯认为古代希腊、罗马等早期国家仍然保持“氏族有共同墓地”，这是早期氏族制度的历史痕迹。[②] 布依族《摩经》反映的年老逝世者灵柩葬入“共同氏族墓地”是极为重要的祖先崇拜宗教仪式。其氏族亲情还反映在“天堂观念”之中，并举行“大竹图腾崇拜”与“用牛祭祖”仪式，诵读优美的《摩经》经文，超度逝世老人的灵魂升入天堂仙界。祭期三日，非常隆重，体现了布依族特别重视孝道和崇尚礼仪。祭期之内，乡里村邻无偿相帮，热情待客，显示出布依族社会人与人之间和谐友好的民风。

对于《摩经》的“仙家高屋”，“仙屋建有栅栏围墙”“大门装饰着雕刻精美水牛角和羊角图案，屋内装饰着雕刻精美的花古纹”等等记载，我们认为经文所指，当是古代布依族先祖——我国南方汉藏语系族群“濮（卜）越（粤）、百越（粤）人”的水稻农业文化使然。

中华汉藏语系族群自古就以农业立国，但因自然地理不同、降雨量多少不同、气候暖热湿润差异而有北黍、南稻两种农业生产方式，住宅也主要分为“地穴、半地穴式”和“干栏式”两种建筑形式。

布依族是古代“百越（粤）”或“濮（卜）越”人后裔，属于汉藏语

---

① [英]阿利斯特•E. 麦格拉斯：《天堂简史》，高民贵、陈晓霞译，北京大学出版社，2006，第139～142页。

② [德]恩格斯：《家庭、私有制和国家的起源》，人民出版社，1999，第102页，第124页。

系壮泰语族，又称壮侗语族或侗台语族。中华“百越（粤）”或“濮（卜）越”先祖最早驯化并耕种水稻，居住在“干栏式”竹木楼房之中。考古发掘证明，早在“7000年前的浙江河姆渡文化遗址中，已发现人们开始种植竹子，并有竹席等竹器出土。6000年前的马家滨文化遗址亦有‘大竹’文化。同时期的浙江钱山漾文化遗址出土了200余件竹编器物。[①]良渚文化遗址发现干栏式建筑遗迹，其上盖有九层大竹席。大溪文化是长江中游新石器时代文化，流行红烧土房屋并使用大竹建房，夹柱之间编扎竹片和植物秆茎。[②]

“河姆渡遗址中年代最早的第四文化层发现有大量人工栽培的稻谷、谷壳、稻秆和稻叶等的堆积，一般厚20～50厘米，最厚处超过3米。有人从稻谷堆积的厚度及面积推算，稻谷总量当在100吨左右，其数量之多，保存之完整，都是世界考古史上仅有的。第四文化层发现了成行排列的木桩和大量的梁、柱、地板等木构残件，总数有数千件之多，其中有大量榫卯残件。这是属于‘干栏式’大长屋的构件，总计有‘大长屋五排，可能为五个氏族的部落所在地’。单体大长屋长度在23米以上，进深约7米，全体氏族成员都住在这里。河姆渡遗址是我国迄今发现年代最早的‘榫卯木结构的干栏式建筑’，即以桩木为基础，其上架设大、小梁以承托楼板，构成架空的建筑座基，上边再立柱、架梁盖顶，建成高于地面的‘楼层’。”[③]在距今6000～7000年期间，河姆渡一带的气候暖热湿润与现代广东，广西壮族自治区的中部、南部及海南岛气候条件差不多。[④]“干栏式”建筑文化的创造与当地自然环境有密切关系。这是“百越（粤）”或“濮（卜）越”水稻农业文化区的典型建筑形式，至今尚盛行于汉藏语系“百越（粤）”或“濮

① 张秀平、王乃庄：《中国文化概览》，东方出版社，1988，第18页。

② 中国大百科全书总编辑委员会《考古学》编辑委员会、中国大百科全书出版社编辑部编《中国大百科全书·考古学》，中国大百科全书出版社，1986，第83页，第84页，第211页。

③ 石兴邦：《河姆渡文化——我国稻作农业的先驱和“采集农业”的拓殖者》，载浙江省文物局、浙江省文物考古研究所等编《河姆渡文化研究》，杭州大学出版社，1998，第2～8页。

④ 魏丰、吴维棠等：《浙江余姚河姆渡新石器时代遗址动物群》，海洋出版社，1989，第108页。

(卜)越”后裔的布依族、壮族、傣族、侗族、水族、仡佬族等汉藏语系族群地区。说明布依族《摩经》中“仙家高屋”,“仙屋建有栅栏围墙”“大门装饰着雕刻精美水牛角和羊角图案,屋内装饰着雕刻精美的花古纹”的记载是有真实的历史渊源的。

其中“仙家高屋的大门装饰着雕刻精美水牛角和羊角图案”,我们认为也源于布依族先祖“越(粤)人”使用牛、羊祭祀的装饰图案。因为古“越(粤)人”先祖的河姆渡文化遗址出土有“圣水牛头骨”达30余个之多。其中保存较完整的“圣水牛头骨”有16个,残破的“圣水牛头骨”有19个,且全部“圣水牛头骨”的切割断面,基本整齐一致。专家们推测:“这些圣水牛可能是河姆渡人所饲养,如果是狩猎所得,就不可能有保存状况一致的‘圣水牛头骨’。”①显示出一种特定“圣水牛”屠宰方法,或是一种特定宗教祭祀习俗②。这种分析是很有道理的。因宗教祭祀留下圣物——“圣水牛头骨”,将其挂在住宅大门上作为精美装饰品,这就是《摩经·用牛祭祖词》的“大门装饰着雕刻精美水牛角图案”的宗教学、民族学依据。“羊角装饰”,其理亦然。由此说明,“太牢祭祖”文化,早在7000年前的水稻农业初期就已产生了。

“太牢祭祖”即“用牛祭祖”,是中华汉藏语系族群一种古老而隆重的祭祖礼仪。“太牢”包括“牛、猪、羊”三牲。其中礼仪最重者是“牛”,故而称之为“太牢”。《大戴礼记·曾子天圆》曰:“诸侯之祭,牲牛,曰太牢;大夫之祭,牲羊,曰少牢;士之祭,牲特豕,曰馈食。”《诗经·我将》曰:“我将我享,维羊维牛,维天其右之。”《礼记·王制第五》曰:“天子社稷皆大牢,诸侯社稷皆少牢。大夫士宗庙之祭,有田则祭,无田则荐。”《本草纲目·兽一·牛》曰:“(牛)《周礼》谓之大牢。牢乃豢畜之室,牛牢大,羊牢小,故皆得牢名。”所以,《摩经·用牛祭祖词》的礼仪与《诗经》《礼记》等中华“太牢祭祖”文化是一致的。

第二方面的“天堂好又乐”。《摩经·用牛祭祖词·天堂歌》说:

---

① 周新华:《稻米部族——河姆渡遗址考古大发现》,浙江文艺大学出版社,1998,第93页。

② 周新华:《稻米部族——河姆渡遗址考古大发现》,浙江文艺大学出版社,1998,第94页。

天堂仙家好又好，天堂仙家好又乐。家仙地域无难事，仙家有许多金晒席和银晒席，还有一张金银晒席找不到人领，是给你仙逝老人去领来用；仙家有许多金睡席和银睡席，还有一张金银睡席找不到人睡，是给你归仙老人去领来睡；仙家有许多金碗连银碗，还有一个金银碗找不到人用，是给你归仙老人去领来用。

这种描述，如同《云笈七签·元始天王纪》说："忽焉逍遥，流盼忘旋。琼轮玉舆，碧辇玄龙，飞精流霭，耀电虚宫。东游碧水豪林之境，上憩青霞九曲之房。"《摩经·用牛祭祖词·天堂歌》所说的仙界用"金银晒席"晒谷物，用"金银睡席"睡觉，用"金银碗"吃饭。两者都是奇特的想象，同样是说明仙界无忧无虑与财富充足。

第三方面的"天堂好又乐"。《摩经·用牛祭祖词·天堂歌》说：

天堂仙家好又好，天堂仙家好又乐。仙家不缺什么银，仙家有金银做成的水白菜；仙家不缺什么棉花，仙家的草地自然棉花开成片；仙家不缺什么田，仙家的丘田像层层马蜂窝；仙家不缺什么水，山中清水自然流到近处；仙家不缺什么肉，马蜂自然叨肉送到家；仙家不缺什么屋，家仙位置在宝平地。

布依族语言中的"田"表示"水稻田"；"地"表示"旱地"。"水稻田"和"旱地"都需要水利灌溉，但"水稻田"对水利灌溉需求尤甚。《摩经·用牛祭祖词·天堂歌》所说的"宝平地""丘田像层层马蜂窝""不缺什么水，山中清水自然流到近处"表现了汉藏语系族群布依族先祖"百越（粤）"或"濮（卜）越"人的悠久水稻文化；布依族先祖借以描述"天堂仙界"优良盛况似乎超过凡间的农耕社会，但却也类似凡间水稻文明。

第四方面的"天堂好又乐"。《摩经·用牛祭祖词·天堂歌》说：

天堂仙家好又好，天堂仙家好又乐。仙家不缺什么蝉，蝉儿越叫越多；听蝉儿叫就吃晚饭，开阔好在的地域是仙地域；仙家不缺什么盐，拍拍筷尖自然有盐味，拍拍脸颊自然有香味。

“盐”是饮食重要因素。饮食民俗又称烹调民俗。“烹”是对原料进行加热，表现为原料从生到熟的过程，其起源以火的应用为标志。“调”则是指调和滋味，表现的是使食物富有美妙滋味之过程。“调”之起源即以“盐”的使用为标志。大约在新石器时代，我国汉藏语系族群先祖已掌握晒干海水为食盐的方法，从而开始了中华饮食文化的“有烹有调”的历史。《摩经·用牛祭祖词·天堂歌》的“盐”即食盐（海盐）。它源于悠久的中华烹调文化。其“仙家不缺什么盐”说明食盐数量充足。既然食盐充足，还不必用食盐，“拍拍筷尖自然有盐味，拍拍脸颊自然有香味”。其浪漫色彩跃然纸上。这是《摩经·用牛祭祖词·天堂歌》语言中描述仙家神通广大的文学艺术性笔法。

第五方面的“天堂好又乐”。《摩经·用牛祭祖词·天堂歌》说：

天堂仙家好又好，天堂仙家好又乐。没有什么村寨能赶得上仙寨，蟋蟀能变作鸡肉营养着仙域的仙人，花领獐做狗守卫着仙域之地；老爷得仙域的仙女做妻子，头发白了还得年轻仙姑娘相伴。

其中“花领獐”是神兽，故而能担当“守卫仙域之地”重任。神兽有神药，中药麝香即出自雄獐之身。《摩经·用牛祭祖词·天堂歌》指明：“逝世者升上天堂能娶仙女为妻”，“头发白了还得年轻仙姑娘相伴”。这是极为大胆的宗教性想象和夸张。

第六方面的“天堂好又乐”。《摩经·用牛祭祖词·天堂歌》说：

天堂仙家好又好，天堂仙家好又乐。那里田多仙送给，仙分给你家下的大田，仙分给你窗下宽田；早晨仙带你去拜堂，晚上仙带你去拜庙；古仙带你去拜官，你就去拜官；仙栽菜做种，你就同栽菜做种；仙栽竹笋做笋片，你就同栽竹笋做笋片；仙栽粽粑草做粽粑叶，你也同仙栽粽粑草做粽粑叶；仙安桌吃酒，你就同仙安桌吃酒；仙娶媳嫁女，你就同娶媳嫁女。

“拜堂”即成亲；“拜庙”即认祖；“拜官”即领受官职。天堂亦有类似人间礼制，这正是古代汉藏语系族群文明的曲折反映。其“天堂仙界”的“大田”“宽田”“粽粑”“笋片”“吃酒”“娶媳嫁女”是理想的水稻耕作条件，周围竹林竹笋，粮棉丰茂，社会生活非常美好。《摩经·用牛祭祖词·天堂歌》认为仙人也从事农耕，仙逝者能娶仙女为妻，生儿育女；也能同仙人一样“娶媳嫁女”，其乐融融。

总之，《摩经·用牛祭祖词·天堂歌》反映的是一种祥和、优美的世界，它反映的是一种族群的社会理想。千百年来，教育影响着布依族同胞的价值观。这种崇尚正义事业、英勇奋斗、视死如归、不怕牺牲的民族精神可能就与《摩经》“天堂观”的宗教信仰有关。因为为人忠良正义者是光荣的，死后就能升上天堂享受无比的快乐幸福。

《摩经》中有关层层天界的天路描写，都是想象的产物。经文中运用对比、比拟、象征等手法较多。其间有一座铜桥要通过，这座铜桥会变化，德行好的人越走桥面越宽；而为歹为恶、行偷行抢者则越走越窄，最后窄得如同刀口无法通行。这就用宗教神话教育人们活在世间要与人为友、为善，要为人忠良、正义；否则逝世后过不了天路“铜桥”，进不了“天堂仙界”。奇妙的想象，大胆的夸张，具有浓郁的抒情气氛是《摩经·用牛祭祖词·天堂歌》的突出特点。它使《摩经》在古代社会教育中收到了感人至深的艺术效果。这足以证明《摩经》不愧是中华少数民族宗教古籍的文化珍品。

原载《贵州社会科学》，2012 年第 8 期。收入本文集时有所修改。

《安王与祖王》的语言特色

郭堂亮

布依族在悠久的历史长河中，创造了许多丰富多彩的民间故事，这些故事曲折生动、情节感人、语言精练，是布依族文学的重要组成部分。贵州民族出版社出版的用布依、汉文对照的《安王与祖王》（布依语为 Haans weangz riangz Xocweangz）用诗歌形式叙述，共 1767 行，该书故事情节曲折跌宕，线索明晰，人物性格鲜明生动。尤其在语言方面，不仅在语音上委婉曲折、娓娓动听，对人物动作的描述也惟妙惟肖、淋漓尽致，富有强大的感染力。语言精练是这部作品的一大特色。

一、“四字音格”

《安王与祖王》的语言特色之一是多处使用“四字音格”。它在句子里相当于汉语的成语，有时相当于词、词组或短语，语意简洁。对事物描绘得惟妙惟肖、淋漓尽致，说明事物事件的动作或状态极其形象逼真。具体在句子里它又有多种形式出现。

① ABAC 式：

布依语：ramx oonx xaadt oonx haaul.

意　译：（用）水越刷洗（婴儿）越白。

布依语：genl haaux ruax haaux raad.

意　译：（饭菜）一起囫囵吞枣。

布依语：deel mal haail banz xagt banz xees.

意　译：（吉鹏鸟）它说话头头是道。

布依语：romh dez bidt dez gais lac waail.

意　译：老鹰带鸭带鸡下坝中（谢罪）。

② ABAB 式：

布依语：bux faix jaz faix jaz,

意　译：有人用木头压（井里的安王）。

布依语：bux fal nabt fal nabt.

意　译：有人用篱笆压（井里的安王）。

③ AABB 式：

布依语：soongl ses bail ndix ndiangz ndix ndiangz.

意　译：两媒人急急忙忙（起程）。

布依语：soongl ses bail ndix ndaul ndix ndaul,

意　译：两媒人风风火火（赶路）。

④ ABCB 式：

布依语：niangz diab ndianl laab ndianl.

意　译：仙女怀孕一月又一月。

⑤ ABACD 式（CD 是一个词或词组）：

布依语：romh nix romh beangzlaez?

意　译：这老鹰是哪地方的？

布依语：yah xocweangz yej gah qyus gah luzlangx.

意　译：祖王之妻自（感）彷徨。

布依语：dinl lumc dinl duezbidt dazraaix.

意　译：（安王的）脚真的像鸭脚板。

⑥ ABCAD 式（BC 是一个词或词组）：

布依语：byac xeeuhgoons byac qyas.

意　译：从前的雷公很恶。

布依语：oonx genlxaz oonx nauz.

意　译：边喝茶边讲。

⑦ ABCDB 式（CD 是一个词或词组）：

布依语：beangz bix daaus haec bix.

意　译：兄的（天下）还给兄。

⑧ ABCD 式（即不规则式）：

布依语：goons fih xaaux xib wail sis sings.

意　译：远古没有兴族和姓。

布依语：jeedtlih bail dangz yej geaz haec duh miz duh.

意　译：吉鹏到（安王身边）后该站不站。

布依语有许多谚语格言，在日常交际或叙述故事过程中经常用到，这在《安王与祖王》中屡见不鲜。

① faix miz mboongs miz goonl,　　木不钻不空，
wenz miz soonl miz rox.　　人不教不会。

② rog miz xic luanh mbinl,　　鸟三顾而飞，
wenz miz xic luanh xianh.　　人三思而行。

③ xag miz gac buxses,　　交战时不斩信使，
ies miz genl wanldiangl.　　再饿也要留瓜种。

二、关于“weis”

weis 是“奴仆”或“奴家”的意思，也有作“我”或“本人”的谦称。有人认为这个词是反映布依族奴隶制社会的“遗迹”。布依语中有 pu^{31} su^{53} 音译为“布苏”，意为长工或奴隶的主人。历史上布依族是否经过奴隶制社会，一直众说纷纭，没有定论，weis 多次出现在《安王与祖王》中，对于研究这个问题具有重要意义。weis 有男人自称的，也有女人（包括寡妇）自称的，还有鸟儿自称的，现分列于后。

①盘果自称为 weis（我或本人）：

dongc weis miz bail lag,　　我的木桶没沉底，
sag weis miz lail dah,　　（洗的）衣物没有被冲去，
weis damx banz maais yah mboxmiz.　　我妻离去成鳏夫。
weis xih daic minghwanl,　　我哭自己命运苦，
weis xih nyaus minghgaus,　　我悲生活太艰难，
mingh wanl weis miz nauh,　　我命苦在世受熬煎，

gah minghgaus weis mizrox daail. 唯我受难在人间。

②仙女自称为 weis（奴家）：

gah weis ul leg banz rinlraix, 唯有奴生孩像碾子，
gah weis ul leg bas miz ndangl, 唯有奴家生儿没五官，
weis riuc xos jaangl doongh xiangxal. 奴家拿（婴儿）放野外乌啄。

③媒人自称为 weis（奴们）：

gaaisnix buxweangz xingc weis mal, 安王派奴们来，
weis yej xaauc bidt jais gais doonl. 请奴们吃鸡和鸭。

④寡妇自称为 weis（奴家）：

bah gac weis lo weangz, 别杀奴罗祖王，
mengz xih dez weis bail gveec bas docndaix, 你再拿奴家去割嘴都行，
xaauh weis bail gveec linx docndaix. 你再拉奴去割舌头都行。

⑤吉鹂鸟（音译）自称为 weis（奴家、奴仆）：

myaec gac weis lo weangz, 不要杀奴罗安王，
haec weis xux weangz daaus raanzhaz, （祖王）让奴家接安王回茅屋，
haec weis xux weangz mal raanzgaus. （祖王）让奴家接安王回故乡。

⑥祖王的妻子自称为 weis（奴家、奴仆）：

weis miz lix legnis ninzjaangl, 唯奴家中无娇儿（奴家没儿睡中间），
weis miz lix xizlaanl qyus rungh, 唯奴怀中空无子，
weis miz lix legnis umx jaanglfengz. 唯奴到老守空屋（奴没有儿子抱手中）。

⑦安王与祖王平分天下时，weis 专指“奴隶”“奴仆”：

banl guel haec laamz nois, 小筐的盐分给安王，
banl weis haec weis gvees. 不中用的奴隶分给安王。

三、关于“niangz”

niangz 在布依语中指女性，在《安王与祖王》中可根据它出现在不同的地方作不同的翻译。

① niangz 译作“仙女”：

soh mal hauc ndaangl niangz, 露水沾满仙女身，

niangz mal bagt soongl nac, 仙女有了孕，
niangz mal bax soongl ndaangl, 仙女怀了孕，
niangz mal xuangl soonglxoh. 仙女有了妊娠。

② niangz 译作“鱼女”：

niangz mal bagt soongl nac, 鱼女有了孕，
niangz mal bax soongl ndaangl, 鱼女体怀孕，
niangz mal xuangl soonglxoh. 鱼女有了妊娠。

③ niangz 译为“小姐”：

dogt dah daail bildaul, （光仲）前年死河中，
niangz gveeuc yungz banzmaais. 巧蓉小姐成寡妇。

四、修饰关系

《安王与祖王》在使用修饰关系时准确地把事物或事件描绘得恰如其分。书中使用得最多的是词的修饰关系和词组的修饰关系。

①词的修饰关系：

rogxeeuh goons bas gvaail. 从前的鸟嘴很巧。
laauxjees hams rixrag. 老翁问根底。
ndaixleg banz rinlbanz. 生孩像块磨刀石。
ses basnagt miz nauz. 媒人嘴拙未开口。
maais basmbaul hams goons. 寡妇嘴巧先问话。

②词组的修饰关系：

isnauz ndaix byalnix gueh maix leeuxndil. 如果得这鱼做妻真好。
jail genl mbal fogdoih. 爱吃碓舂的粑。
aul mulbiz mal gac. 拿肥猪来杀。
fad gvaanl gul lixmos. 我夫的魂幡没变旧。
haec gaabt laez mbagtgaul. 请哪位布摩来克相。

五、押韵

布依语诗歌的押韵有押尾头韵、尾腰韵、尾尾韵的，还有押腰腰韵的，还有混合押韵的。这几种押韵方式在《安王与祖王》中都有。

①押尾头韵的，即第一句的末音节和第二句的首音节相押，第二句的末音节和第三句的首音节相押，依此类推。

gahgul ul leg banz rinlraix,	唯我生孩像石碾，
●	
ndaix leg banz rinlbanz,	生孩像磨石，
● △	
banz rinl manl baangxdah,	生孩像鹅卵石，
△ ●	
gahgul ul leg bas miz ndangl.	唯我生孩没五官。
●	

②押尾腰韵。

bih fih xaaux dul xingz,	世上没有京城门，
○	
has dul xingz fih roongs,	京城门未亮，
○ ●	
doongh sianl weangz fihxaaux,	仙王殿堂没有立，
△	
jiangz saamh baauc fih xuis,	三脚灶没有造，
△ ●	
meeuh dusdih fih riangz.	土地庙里未焚香。
●	

③尾头、尾腰混韵的。

saaml ngonz rox jaaus max,	三天会驯马，
○	

hac ngonz rox jaaus gongl,　　　　五天练弓箭，
○　　　　　△
rongz bail ndongl degt daus,　　　　进深山去打猎。
△　　　△　　●
jaaus max miz laaul longl,　　　　驯马不怕难，
　　　●　△
jaaus gongl miz laaul loodt,　　　　诚心练弓箭，
　　△
haec gaabt laez mbagtgaul ,　　　　请哪位布摩来克相，
gaabt laez jej miz gaamc mbagtgaul.　　　　布摩不敢来克相。

④押尾韵的。

bail rih bux ndiangx xax gullix,　　　　下地有人给我背柴刀，
guehgax bux dez xangh gullix,　　　　做生意有人给我拿秤，
nanghyux bux songs gaaul gullix,　　　　玩表有人给我送糕点，
nangh saaul bux songs sins gullix.　　　　玩表有人给我送礼信。
……

以上仅是《安王与祖王》语言特色的一部分，由于篇幅所限，仅对上述几点作一介绍，权作抛砖引玉，更深层的研究有待于布依语言研究者进一步探讨。

原载《布依学研究》(五)——贵州省布依学会第三次年会暨第四次学术研讨会论文集，1993 年 9 月 1 日。收入本文集时有所修改。

布依族古籍文献多视角研究

布依族丧葬祭祀歌社会历史价值刍议

侯绍庄*

贵州省安顺地区（今安顺市，后文不再注解），近年来，在中央关于整理古籍发扬民族文化方针的指引下，对流传在该地区的少数民族古籍，进行了大量的搜集，获得了许多民间珍藏的抄本，并初步翻译、整理出布依族丧葬祭祀歌——《古谢歌》《超荐经》《开路词》等经书。

这些经书都是布依族在丧葬时，由本民族经师（布摩）口诵的祭祀词。原文基本用近音汉字作为符号记录布依词语，有少量是汉字布音或自造的“土俗字”，也有一些地方全部借用汉字汉音念唱。由于民族语言有自己不同的音韵系统和语法规律，记音不可能十分准确，加之少数民族语言的方音差异较大，古代布依族掌握汉文的水平不一致，还有布依语古今读音发展变化等社会和历史因素的影响，今天要把这些经文准确地翻译出来，难度确实不小。为此他们采取了由老经师，熟悉本民族当地方言、风土人情的老同志和掌握标准记音工具（国际音标）的同志三结合的办法，首先把读音弄准，并以国际音标记录，然后逐字逐句把每个汉字符号的意思（汉文词义）直译出来，最后再将全句融会贯通反复斟酌，把每句的含义翻译出来。在翻译过程中，特别是对古代的民族称谓、人名、地名、物名、祭品、祭仪、陈设程式、祭祀过程，以及有关习俗和社会关系等方面的情况，务求一一搞清。在翻译的文句中不能表达清楚的，即加注予以说明。另外，在汉意翻译过程中，为了使含义通达流畅，虽然作了一些文字上的梳理，但为了忠实于原

---

* 侯绍庄（1934—2011），男，汉族，曾任贵州史学会会长。

文，使译意不失原文风貌，不作精细加工、增删、调整，以保持原经文的可靠价值。

流行在镇宁扁担山布依族地区的祭祀歌词种类较多，其中以《古谢歌》最为系统和古老。它不仅以民间崇拜的形式在这里世代流传，同时，内容十分广泛。它全面反映了布依族特有的“古谢”习俗的全部过程，叙述了布依族对人生老死葬的观念和礼仪，反映了布依族对开天辟地、远古社会形态及其历史演变的种种看法。“古谢”是布依语，直译为“做客”或“做鬼客”。“古谢”是布依族特大的祭祀仪式，参加的亲友和观众成千上万。只要来者，主家都视作客人予以款待，故有“古谢”（做客）之名。《古谢歌》歌词共分8卷，即《头歌》（穆考或构考）、《魂竿歌》（穆告或构告）、《坝场歌》（穆翁或构翁）、《请灵歌》（穆荡或构荡）、《转场歌》（穆正或构正）、《祭灵歌》（穆揆或构揆）、《咒牛歌》（穆稳或构稳）、《过场歌》（穆杂或构列）。整部歌词共5000余行，每首歌均有其主要内容、中心思想，各卷之间又互有联系，形成一个发丧送葬的整体。流传在安顺县旧州区黄腊布依族乡（今安顺市西秀区黄腊布依族苗族乡，后文不再注解）的《超荐经》也分为8卷，即《砍树经》《请魔经》《棺廓经》《祭鸡经、祭腿经》《超魂幡经、祭伞经》《出门经》《买牛经、造牛经、砍牛经》《嘱咐经》。该经书的全部内容，与镇宁扁担山布依族地区流行的《古谢歌》虽不尽相同，但也同样叙述了该地对亡灵发丧送葬的全过程，其中不少地方大同小异，可以互相参证。至于流行在安顺市郊阿歪寨（今安顺市幺铺镇歪寨村，后文不再注解）一带的《开路词》，虽仅记述了为亡灵开路，送其返回祖先居住的地点，没有反映为亡灵发丧送葬的全部内容，但不少观念以至歌词，仍与上述两部经书大同小异，也可相互参证。

上述这些经书，就其本来意义看，都是一些从事宗教迷信活动的工具，这是毫无疑义的，但宗教迷信作为一种社会存在，正如马克思、恩格斯深刻指出的，它总是人们的现实生活在头脑中的歪曲的反映。同时它作为一种社会意识，又是一种特殊的文化现象，特别是在产生这些经书咒语的时代，当时反映人们的物质生产和精神生产活动的知识领域尚未分开，人们对生产、历史、社会、宗教、道德、民俗乃至艺术和科学的认识都混杂在一起，借用迷信的形式表达出来，形成一个形式庞杂和内容极其丰富的表现体系。这些经书歌词固然浸透了人们对灵魂不灭和祖先崇拜的唯心观念，但也从一个侧面曲折地反映了布依族古代先民的劳动生产、民族历史、社会生活和精神生活等方面的内容，蕴藏了不少有价值的民族学资料。

布依族和我国的许多少数民族一样，宗教迷信紧紧地同民族习俗交织在一起，成为一种不可忽视的传统力量和社会意识。目前，在偏僻的布依山寨尚保存有这类经书的，是极少数的老经师在“文革”的冲击中，以殉道者的精神保存下来的，现在不但经书所存不多，而且能念诵的布摩也所剩无几了。这些经书以往一概被视为“四旧”，现在通过初步整理，发现它虽然满篇都是“做斋”“招魂”“送鬼”等粗糙的咒语，而且重复、杂沓，但它从口耳相传到借用汉字记录，经过了长期的发展演变，积淀了各个历史时期的生活内容，兼容并蓄了许多民族文化思想的精华和糟粕。因此，我们对它采取简单的肯定和否定的态度，都不是实事求是的。正如对待汉族古文献中的《易经》一样，一方面我们肯定《易经》总体上是一部用以从事迷信占卜的工具书，另一方面它的许多内容又包含着丰富的朴素辩证法思想，并反映和记录了许多我国古代社会生活的宝贵资料。因此我们在禁止将《易经》用以从事迷信占卜的同时，将其作为研究我国古代社会的有用资料，这样我们会从中得到许多有益的资料和启示。上述经书同样是研究布依族古代历史、民族源流、语言、哲学、文化意识等多方面的可贵资料。所以安顺地区的同志把它列入民族古籍抢救的工作中，进行搜集、翻译、整理，是很有见地的。

1987年秋，笔者被邀请参加了安顺地区民委古籍办召开的讨论会，有幸接触了他们辛勤翻译整理的上述经文，经初步研究，拟将一些初步看法提出作引玉之砖，以促进这些经文的深入研究。

要揭示这批布依族经书在学术上的价值，首先我们必须考订其成书的背景和年代。对此安顺地区民委古籍办在几部经书翻译本的前言，即“打开迷宫，探索民族文化资源——关于编印布依族《经书》的几句话”中说：“从明清以后，随着社会经济、文化的发展，布依族和汉族相互联系，交流频繁，布依族内学习汉文的人增多，这样就有人借用汉字来记录布依语。我们搜集和翻译的以上几部手抄经手，是清代留下来的，这点是可以断定的。但是开始以汉字为符号来记录经书的上限，还不清楚”。笔者认为，上述看法基本上是符合实际的。

首先，这种以汉文作为记音符号的布依族经文，确实只有“随着社会经济、文化的发展……布依族内学习汉文的人增多”，才有人可能借用汉字将原用布依语念诵的经文记录下来。而安顺地区的布依族群众，有比较多学习汉文的时间，正是明清时期。据查，明太祖洪武年间（1368—1402年），就在今安顺地区设立了安顺府学和平坝卫学；成祖永乐十一年（1413年），置贵州布政使司，将贵州正式设置为行省以后，明王朝为了巩固在贵州的统治，在全省普遍设立府、州、县学的基础上，又于仁宗洪熙元年（1425年）在今镇宁境设立安庄卫学；宣宗宣德八年（1433年）在今普定设立普定卫学，在今清镇县城设立威清卫学；后又在英宗正统八年（1443年）在今镇宁设立镇宁州学，其中安庄卫即位于今镇宁扁担山地区。当时学生在校名额的规定，一般是府学40人、州学30人、县学20人，生员在各级官学中，就礼、乐、射、御、书、数等“六艺”中专习一科，均由各级学校中的教授、学正或教谕教授。此外，自明代起贵州文风日开，除由政府在各地设立的官学外，全省各地还有一些由私人举办的书院。武宗正德年间（1506—1521年），当时著名的理学家王守仁就曾于1508—1510年，在被贬谪到贵州龙场驿（今修文县龙场镇）任驿丞期间，在当地创立了龙岗书院和阳明书院，聚徒讲学，并在1509年应贵州提学副使席书的聘请，到今贵阳担任过贵州书院的主讲。及至清初，统治者“以黔省穷荒固陋，必崇文治而后可以正人心，变风俗”，用发展教育来“开其智巧”“乐育人才”，于是早在康熙初年，经提督学政田雯奏请，即在“永宁、独山、麻哈三州，贵筑、普定、平越，都匀、镇远、安化、龙泉、铜仁、永从九县……建学育才”(见《黔书·附请建学书》上)。此后，全省各府、卫、州、县以至乡都设立了学校。府有府学，卫有卫学，州有州学，县有县学，乡或民族聚居地区设立“社学”。这段时期，今安顺地区新增设的学校，有康熙三十八年（1699年）设立的普定县学，同年设立的广顺（今长顺）州学，开州（今开阳）州学，永宁（今镇宁）州学等。官学发展的同时，由公私各方设立的书院也有进一步发展。当然，能够进入这些学校学习的，主要是汉族地主官吏的子弟，但由于科举制的吸引，特别是清代为少数民族划定了一定数量的地方乡试名额，并规定各级土司的承袭，必须通过科举的所谓“正途”出身，因此许多少数民族上层以至部分中下层百姓都积极争取学习汉文化。总之，由于官私学校、书院的广泛建立，特别是一些就设立在布依族聚居地区的学校，对推动这些地区的布依族学习汉文，从而为用汉文为记音符号来记录布依族民间经文，提供了有利的社会条件。

其次，译者将这批经文的成文时间的下限定在清代，是十分审慎的，同时也是有根据的。据译者介绍，《古谢歌》原件，是镇宁扁担山的普里寨布依族时年74岁的老歌手（经师）杨开佐的家传手抄本。杨开佐本人自8岁起就跟祖辈学习，20多岁当古谢主师、歌头，有丰富的古谢知识。流传在安顺市郊阿歪寨一带的《开路经》原本，也是该寨时年59岁的韦永桢老人祖上一代代传下来的。这些经文的成文时间，如在他们的祖、父辈，不可能记忆不清。我们如以5至10代计，当在距今一二百年以前。另外我们从这些经文的内容，还可找到有力的内证。如《古谢歌》卷1《穆考》中，在叙述与巫师谈论报酬时，就有“包谷作礼信”一句。贵州省俗称的“包谷”，学名玉蜀黍，又称玉米，全国各地俗称又呼为番麦、玉米、玉黍、包芦、棒子、珍珠米等。还有叫作六谷也写作稑谷或鹿谷的，意为我国传统的粮食作物“五谷”，即稻（大米）、黍（高粱）、稷（小米）、麦、菽（大豆）之外的又一种谷物。包谷原产于美洲，1492年即明孝宗弘治五年，哥伦布发现美洲后，才陆续传入世界各地。玉米传入我国的情况，西方学者虽有许多不同的推测，或谓由阿拉伯人从西班牙带到麦加，再传到中亚然后到我国西北，或谓从麦加传到孟加拉然后到我国西南，然后再向全国传播。不过他们所依据的资料，都是成书于16世纪80年代，由李时珍撰与的《本草纲目》和田艺蘅的《留青日扎》。但据我国现存的方志记载，早在距哥伦布发现美洲不到40年的1531年，即明世宗嘉靖十年，处于南方沿海的广西境内就有玉米的种植。贵州省种植玉米的记载，首先见于成书于清康熙五十七年（1718年）的《贵州通志》。不过从贵州省方志的编纂情况看，在康熙《贵州通志》前，曾有明代弘治《贵州图经》和万历《贵州通志》。所以康熙《贵州通志》的记载，不能作为贵州开始种植玉米的依据，很可能在万历以后已开始种植，到康熙时才被方志采入。因此我们说，安顺地区民委古籍办认定这批经书的成书年代，至迟不会晚于清代，这不但是符合情况的，而且是审慎的。

依据上述考察，这批经书的成文时间既在明末清初，那么当其未经用汉文记音，作为布依族民间巫词咒语口耳相传时，其形成的时间又当在何时呢？笔者认为应在唐宋时期，且至迟不会晚于南宋。《古谢歌》卷8《穆杂》中，有全部用汉语念唱的“便告”即“魂幡词”一节，歌词有“金调引路，罗甸国管责。有南泉部州，大宋国广南西路里州，要五行三寨去主管下部郑山州林多街”等语。又在《古谢歌》卷2《穆告》和卷6《穆揆》中，几次念到送死者亡灵前往其想象的领地时，都出现了用汉语念唱的“矩州”字样。同时据了解，每当念到“矩州”字样时，参加“古谢”的在场人员，均需全体起立。此处提到的“矩州”“罗甸国”“广南西路”等地理概念，都具有明确的时代性，可以作为考订这些经文形成时代的指示标志。

查“矩州”始置于唐初，据《新唐书·地理志》初置于高祖武德四年（621年）。初为经制州，后玄宗天宝三年（744年）降为羁縻州。其地据《新唐书·南蛮传》记载，高宗“龙朔三年（663年），矩州刺史谢法成招慰比楼等七千户内附”。知矩州刺史本系牂牁诸谢中的一支。考牂牁谢氏，自两汉之交谢暹住郡功曹，曾与本郡大姓龙、傅、尹、董诸氏，在公孙述据蜀时，遣使自番禺江到中原向光武帝奉贡，受到世祖刘秀嘉奖，以后即世代雄长牂牁。两晋之交李氏割据巴蜀，谢氏子孙谢恕为牂牁太守，又曾“保城拒守”“保境为晋”，受晋授为“抚夷中郎将，宁州刺史，冠军将军”。隋末天下丧乱，牂牁谢龙羽又“保境自固”，及唐高祖武德三年（620年），龙羽“遣使来朝，以其地为牂州，拜龙羽刺史，封夜郎郡公。次年改名牁州”，其地约当今瓮安、余庆一带。及太宗贞观三年（629年），又有南谢蛮谢疆及东谢蛮谢元深内附。遂以南谢地置庆州，约当今惠水、龙里、贵定一带；以东谢地置应州，约当今都匀一带。而据唐代文献尚有西谢一部，未载其内附后置为何州，按上引高宗龙朔三年矩州刺史谢法成招慰比楼内附一事，则此矩州之谢法成或即西谢归附所置。其称既为西谢，当在东谢之西，应即今安顺一带。其所招慰之比楼，或即宋元时之毗那（即今织金县地），以地望推断，亦顺乎情理。

按“罗甸国”亦首见于唐代，为彝族先民所建。据《安顺志·普里本末》引《罗鬼夷书》记载，约东汉晚年彝族先民中的闽部一支阿者部，在首领慕齐齐（或作慕济济）的率领下，自今滇东北东川一带迁入黔西北，后即为“水西之祖”。唐代彝族先民所建之南诏国占领昆明，阿者部称牂牁国。《新唐书·南蛮传》谓：“昆明东九百里，即牂牁国。兵数出，侵地数千里（宪宗）元和八年（813年），上表请尽归牂牁故地。（文宗）开成元年（836年），鬼主阿佩内属。”其地在今毕节地区，宋代所称“罗氏鬼国”即此。其后唐在（武宗）会昌中，又“封其别部为罗甸王”。按上引《普里本末》记载，阿者部首领济火，于蜀汉后主时，因助武侯平南和受命征普里革僚，遂据有其地。后济火又将普里让于其兄慕克克之子柏墨，柏墨自濮地（约当今云南沾益、富沅）徙居，后遂成播勒部或称普里部，“累传至于唐世内附”。据此，知罗甸国原即西谢地一部，后为彝族占领，为播勒部统治，到唐开成年间当牂牁国鬼主阿佩内附，得封为罗甸国，其地当在今安顺地区西部及六盘水一带。五代时罗甸国曾入朝中原，《旧五代史》卷38载，后唐明宗“天成二年（927年）八月乙酉，昆明大鬼主罗殿（甸）王、普露郡王九部落各差使随牂牁、清州八郡刺史宋朝化等一百五十三人来朝，进方物，各赐官诰，缯彩、银器，放还番”。北宋时因统治者“北有大敌，不遑远略”，对西南各部诸多防范，与罗甸不见往来记载。南宋时，王朝因买马需要，与罗甸等部交往，史不绝书，罗甸与宋王朝在广西买卖马匹，曾活跃一时，到元世祖忽必烈时归附于元。

至于广南西路则明显为宋代行政区划。据《宋史·地理志》记载，该路始置于徽宗大观元年（1107年），“割融、柳、宜及平、允、从、庭、孚、观九州为黔南路，融州为帅府，宜州为望郡。三年（1109年）以黔南路并入广西，以广西黔南路为名。四年（1110年）依旧称广南西路”。辖地25州、3军、65县。宋室南渡后，辖2府、20州、3军，其地约当今广西及广东雷州半岛一带。

从上述可见，经文涉及的这些地理概念，均出现于唐宋时期，到明清时早已废止。依此推断，如非该经文的雏形口耳相传始于唐宋时期，则明清时的布依族民间经师（布摩），断难作此附会依托。所以笔者认为，今安顺、镇宁一带布依族中流行的这批经文，应形成于唐宋，早就在民间巫师中口耳相传，以后历代又有不少新的内容添加进去。到了明清时期，才由本民族中懂汉文的知识分子，用汉文作为符号将其记录下来罢了。比如其中涉及的“包谷”等较晚时期的概念，很可能是明清时期，念诵经文的经师，根据当时的社会生活加进去的，不能据此否定经文形成较早的事实。

经文对布依族先民的古代历史，有若干生动具体的反映，在此不想全面系统地论述，仅就其中的两点谈谈个人看法。

首先，经文对布依族先民的族属源流，有若干曲折隐晦的反映。《古谢歌》卷1《穆考》叙述先民的古代生活时说：“世前未造火，到哪在哪歇，哪里哪里歇，打哈欠就睡；世前未造坎，砌坎像马槽，合家未分开，今年才分开；前世未造房，拿芦苇做柱，拿苦竹来箍，拿葛藤当蔑，拿楸叶来遮，拿芭蕉叶盖。”这说明布依族古代先民最早曾经历了一个“穴居野处”，到处为家，随处安歇的原始群居时代。及至后来群体开始分居，人们脱离了“穴居野处”的生活，虽然初步学会了起造简陋的住处。但由于技术水平还很低下，只好用芦苇、苦竹、葛藤、楸叶和芭蕉叶等简单的自然物作建筑材料。这些反映了布依族古代先民，必然居住在气候炎热，环境潮湿，盛产芦苇、芭蕉的近海或河湖低洼地带。所以《古谢歌》卷2《穆告》，在送请亡灵回归祖先居住的地方时说：“我祖魂升天要去管古代相传的田庄，混沌玉女来看望，我顺着江入海洋下到龙宫玉殿。”这里死者亡灵要去到的祖先所在的“天界”，除了所谓混沌玉女、龙宫玉殿（显然是后世渗入的概念）外，明显反映了祖先与江河湖海的关系。而且亡灵要去的这种天界，根据本卷另一处的描述，乃是“栽一根魂竿让你从这升上天去……去得同老祖奶在，去得同老始祖公在，去得同老祖婆在，去得同多人在一起”。这里所描述的“天上”，不但没有什么神仙菩萨之类，俨然是一幅同“多人在一起”的氏族社会面貌，而且特别强调“老始祖奶”“老祖婆”的地位，似乎还透露出死者亡灵将去到的天上，还是一幅母系氏族社会的状况。

经文既要送亡灵“顺着江入到海洋”，那么所顺的是哪条江，要入的海洋又是何处呢？镇宁扁担山地区位于北盘江支流打帮河上游，河水在今贞丰东北汇入北盘江。而北盘江又在望谟、册亨间南面的者香与南盘江合流，东流至罗甸县南的八腊，与惠水、紫云南来的蒙江汇合后称红水河。红水河又东南流至广西象州南之石龙，与北来之柳江汇合后称黔江。黔江又东南流至桂平，与自南宁东来之郁江汇合后称浔江。浔江自桂平又东流至梧州，与北来之漓江或桂江汇合后称西江。西江自梧州东流经广东肇庆至广州附近，与北江、东江汇合为珠江，在广州南附近入海。故经文念诵送亡灵顺江入海的路线，必然基本是循此江流水道的流向。由此可以推知，布依族古代先民可能居住于今珠江主流西江水系分布的两广地区。

又据《古谢歌》卷5《穆正》中的“梯坎歌”，歌颂布依族先民所信奉的创世主“报六夺”说“前世报六夺还未来造田，经师祖未来造梯坎，未得田坝种，未得梯坎走。人挑谷下地，走路像猪样，挑谷子回家，跨门像燕子；人挑谷下地，走路像狗样，挑谷子回家，进屋像燕子。今世创世主才来造田，经祖师才来造梯坎，才得这田种，才得梯坎爬。人挑谷去地，才不像猪走，挑谷回家来，才不像燕飞；人挑谷去地，才不像狗爬，挑谷回家来，才不像钻”。这里歌词所描述的“报六夺”，不但同水族传说中的仙人“拱陆铎”读音非常近似，而且其在人们心目中的地位和作用，也都大体类似，似乎一人。同时布依族同水族又同属汉藏语系中的壮侗语族，在族属源流上有着紧密的渊源关系。所以有关水族族源的传说，对探讨布依族的族源，具有很大的参考价值。据水族民间传说，他们的祖先很早时居住在今广西南宁附近的岜虽山一带。后来被一种使用铜弓铜箭的人把他们驱赶出来，才顺江河溯流而上，迁到今都匀以南的黔桂边境的都柳江和龙江上游一带。印证我国历史，中原使用青铜作武器的下限，应在秦始皇统一六国收缴民间兵器，熔铸为12个金人以后，即公元前221年以后。而秦统一六国后，始皇即发大兵进攻岭南的两广地区。据《淮南子·人间训》记载，当时始皇派尉屠睢率兵50万南伐五岭，与今两广境内的越人诸部发生了激烈战斗。秦军遭到很大损失，虽“三年不解甲弛弩”，并令史禄开凿了今广西兴安境内的灵渠，沟通湘桂二水，以运输粮饷接济，在优势兵力进攻下，杀了西呕（瓯）君译吁宋，但仍遭到越人激烈的抵抗，他们“皆入丛薄中……莫肯为秦虏，相置桀骏以为将，而夜攻秦人，大破之，杀尉屠睢，伏尸流血数十万”。后秦又不断加派士卒，才将越人征服，以其地置南海、桂林、象三郡。可以想见，在这长期激烈的争战中，越人各部虽然给予秦兵沉重的打击，但在秦军大兵压境，而己方又无统一指挥领导，各部各自为战的情况下，最后只好被迫四散奔走。而从当时两广的政治和地理形势分析，东面今福建、江西、湖南一带，正是秦军进兵的地方；南面濒临大海；西边是今越南，当时有瓯骆国存在，均无法前往。逃散的唯一方向，只有北面今黔桂边境一带。从今贵州境内的情况看，当时除今黔东北因原属楚黔中地，已被秦纳入黔中郡范围，又今黔西北因秦派常頞开通了自今四川宜宾通往云南曲靖的“五尺道”，在沿途设官置吏外，今黔南至黔中的广大地区，对秦来说还处于政治空白，这正是今两广境内的越人部落，能以北迁避难的理想地区。而越人又是一种习惯沿江河湖海沿岸活动的民族，今黔桂边境一线，又正为西江水系各水所沟通，这更是越人诸部溯水北迁的理想路线。另外，上述水族民间传说还说，当时北迁的祖先有三兄弟，大哥顺浑水河上去了，三弟沿清水河下去了。我们认为这里说的三兄弟，可以理解为血缘关系比较密切的三支越人。所谓大哥迁去的浑水河，应即指今南北盘江合流后的红水河；三弟迁去的清水河，亦即今黔东南南面的都柳江。这就是说今天的布依、侗、水三个民族，他们的祖先都是秦代从今两广境内迁入贵州省的越人，在以后的历史进程中才逐步形成单一民族。这与今天布依、侗、水的分布情况，以及他们间的族属亲缘关系都是吻合的。

关于布依族古代先民属于今两广境内的越人这一事实，还可从经文中多次提到苡仁同布依族先民的关系的歌词中得到证明。《古谢歌》卷 2《穆告》在叙述亡灵在冥世的生活时说：“天上有十寨九河，有一条河的青鱼、油鱼是我们老人的；天上有十块九块地，一块给我们老人栽苡仁米和花卉。”又卷 5《穆正》也说：“为埋老人我们挖这里，为埋老人我们来这里，埋老人我们挖一堆二堆，埋老人我们转一处二处；留一处栽菜，留一块栽麻，留一处种苡仁米，留一片做园子，留一坝给牛转。”从这里可以看出，苡仁曾是布依族先民种植的主要作物之一。按苡仁学名薏苡，属禾本科植物，果实椭圆，果仁白色可作粮食用，亦入药。在我国南北各地栽培甚早，而以南方生长者果大仁肥，质量最佳。《后汉书·马援传》载，援在东汉初奉命征交趾时，“常饵薏苡实，用能轻身省欲，以胜瘴气。南方薏苡实大，援欲以为种，军还，载之一车”。考汉代交趾在今越南北部，据前所述当地居民为越人中之骆越一支，其地所产苡仁实大肉肥，故马援将其载返北方为种。可见种植苡仁当为南方越人很早即已栽培之品种，而经文中一再提到亡灵到冥世生活时，还要为其专门辟出一块种植苡仁的土地，可见布依族先民确属今两广境内之越人一支。

其次，经文对布依族古代先民的图腾崇拜也有曲折的反映。“图腾”一词，原出美洲印第安人奥基华斯部落语，意为氏族的徽号或标志。图腾作为一种氏族的识别标志，来源于原始时代，人们由于受科学技术发展的限制，不可能科学地了解人类的起源，认为不同氏族的人与自然界的某种动物、植物或无生物间，有一种特殊的亲密关系。进而认为该氏族即起源于该种动物、植物或无生物，并视其为本氏族的图腾加以崇拜和信奉。因此，古代各民族崇拜的图腾对象，往往又被视为祖先的具体化身。这种观念，在上述经文中有着曲折的反映。《古谢歌》卷 7《穆稳》是在古谢过程砍牛前所唱的歌词。全文大意说：古时人同野人同住一处，由于食物缺少，老人死后由大家将死者尸体共同分吃。人在过去吃过野人父母的肉，后来人的老人死了，野人照例前来要求分吃。人不忍将老人尸体分食，悄悄做好棺木准备埋葬，于是双方发生争执。由于人吃过野人父母的肉，无法拒绝野人的要求，只好提出用牛肉来代替，得到野人同意，争执才算了结。从此，人同野人在社会生活中就完全分开了。为了使老人亡灵到冥世不再受野人的纠缠，就兴起了砍牛祭祀的风俗。类似的情节在安顺黄腊的《超荐经》卷 7《买牛经、造牛经、砍牛经》中，也有详细的描述。不过《超荐经》所说的这种古代分吃老人尸体的习俗，不是发生在人同野人之间，而是存在于一个名叫“阿 Yen^{55}”的人和他人之间。《超荐经》说“别人父亲死，阿 Yen^{55} 带头去剐，别人父亲死，阿 Yen^{55} 急忙去剐”，及至其父死时，其他人赶来问阿 Yen^{55} 说“你父死在那里，抬来我们剐，剐来我们吃”。阿 Yen^{55} 由于不愿将父亲的尸体让大家分吃，十分着急惊慌，于是对大家说等变卖了树林、田地、粮食和自身后，再买牛来宰杀，以“牛肝替父肝”“牛肉替父肉”“大黄牛替我公”。征得众人同意后，阿 Yen^{55} 先后到城里做仆人，去做买卖，购得黄牛回来，用来宰杀祭祀，分给众人吃了，才解决了争端。从此人们不再分吃死人尸体，改用牛来祭祀，然后即用以分享前来祭奠的亲友。这个传说，乍一听来似乎荒诞无稽，但从民族学角度去看，却真实地反映了人类历史发展的早期历程。据了解世界上有许多民族，包括在我国占人口绝大多数的汉族，远古时都曾存在过类似上述经文中所说的“吃老”之风。这是由于当时社会生产力水平很低下，个人劳动所得，除了维持自己的生存外，很少剩余能用以养活其他不能直接参与生产活动的人口。这样当人一旦年老失去劳动能力后，不但成为其所在群体的负担，老人自身也失去了生的乐趣。因而往往要求其子女亲属及早送他回归祖先的住地，并往往主动嘱咐将其遗体分食，以减轻生者的生活负担。这种习俗是社会生产极端不发达时期的产物。随着社会的发展进步，随着生产工具和生产技术的改进，生产力水平有了一定提高，人们生产所获除维持个人必要生活之外，已经有了少量剩余，可以养活一定数量的不直接参与生产活动的人口。这样老年人因为具有制作生产工具和技术的经验，受到人们的普遍重视，社会上才出现了尊敬老人、爱护老人的风气。由此可见经文所述的布依族砍牛的传说，正是这一特定历史时期的产物。不过这种习俗的转变，并非一下就完成的，“吃老”作为一种古老的传统，又不可能短期内在人们的意识中全部消失。于是人们想出了用与祖先具有同等崇拜价值的牛来代替死者的办法，这便形成了砍牛祭祀的习俗。从上述分析我们可以看出，布依族今天虽不存在明显的以牛为图腾的观念，但从经文对砍牛的意识看，古代应有以牛为图腾的习俗。对此还有一点很值得我们注意，就是布依族在对老人亡灵进行砍牛祭祀时，一定要由死者的女婿来执刀。对此《超荐经》卷7《砍牛经》中，有详细的描写，经文甚至说“女婿吃了黄牛肉才聪明，父亲的亲生儿子吃了黄牛肉要死；女婿吃了发富贵，母亲的亲生儿子吃了也要死”。这是因为，从氏族血缘的关系来看，女婿虽与死者有亲戚关系，但与死者并无直接的血缘关系，所以吃了代替死者尸体的牛肉，不但不会死亡，反而会变得更加聪明和得到富贵。但死者的亲生儿子，因与死者有直接的血缘关系，所以不能吃代替死者尸体的牛肉，否则就会招死者震怒，使其死亡。在此我们还注意到了经文在禁止死者的直系亲属吃代替死者尸体的牛肉时，只特别强调了“亲生儿子”，而没有提到女儿，这显然是在以男子为中心的父系氏族社会下，女儿出嫁后，本人虽与死者存在直接的血缘关系，但从社会意识角度看，已属夫方即女婿氏族的成员，与死者已不属于同一氏族，所以经文并不强调禁止女儿参与分吃牛肉。由此我们可以推知，这种砍牛祭祀的习俗，应是父系氏族时代的产物。或者其雏形虽产生于母权制时代，但在后来的历史进程中，从形式到观念内容都发生了深刻变化。

经文对布依族古代先民同周围各兄弟民族的关系，也有许多生动而具体的反映。概括起来说，这种关系主要表现如下。

第一，各族错居杂处，和睦相存。如《古谢歌》卷1《穆考》中，歌词指示亡灵通往祖先住地的路，要“顺那街那槽，朝大路上去，走大路上去。不要走上街，上街是汉族；不要走下边，下边是彝族”。在卷4《穆荡》中，歌词唱到敲击铜、皮鼓，迎请死者亡灵前来受祭时说：“你若到河桥，河桥听头声，你若到响屯，响屯听到音。若到上彝寨，彝寨三百人；若到下汉寨，汉寨三千人。见生人远让，见众人可看。”这里经文嘱咐亡灵不要到汉、彝村寨去，并非民族关系紧张，而是一种要死者魂归故里的民族心理的反映。如果说从上述两段歌词中，布依族先民与周围其他民族的友好关系，反映还不够明显的话，那么《超荐经》卷1《砍树经》的下面一段歌词，就说得十分明确了。经文叙述到父母死后，“丢下阿 Yen^{55} 孤独伶仃，阿 Yen^{55} 跟苗胞做朋友，朋友见面有说有笑；阿 Yen^{55} 和仡佬交朋友，朋友见面笑颜开”。

第二，互相传授生产技术，共同发展生产。《超荐经》卷1《砍树经》在叙述布依族孤儿阿 Yen^{55} 与仡佬族交朋友后，“仡佬朋友送板子，拿来做风箱……风吹来吹去，铁水往下淌，风吹来吹去，红红铁水刺眼睛……拿来做个铁凳子……用它来打铁……打成宽口斧……打成扁口柴刀”。于是遂用刀斧到森林去砍伐树木为父母做棺木。仡佬族本长于冶铸、打铁，故古有“打铁仡佬”之称，经文反映了这个地区布依族的打铁技术，可能是从仡佬族那里学来的。又如《超荐经》卷7《买牛经、造牛经、砍牛经》中的《造衣裙经》一段说到，古代布依族妇女画好蜡染图案后，“找到下苑的苗婆，才得蓝靛来化水，找到上苑的老太太，得石灰水来放”。据我们了解，布依族和苗族古代先民，均长于蜡染技术，是贵州省颇有特色的民间工艺，但经文反映，布依族种植并使用蓝靛作染料的技术，可能是从苗族学来的。

第三，经济上彼此贸易，互通有无，活跃城乡经济。《超荐经》卷2《请魔经》说："上方汉人去贩马，儿也随去行商，下方汉人去贩牛，儿也随着去贩牛，相才去贩卖奴婢，儿也跟去贩，贩到上方去，遇上方人做瓦，贩到下方去，遇着下方人造房……别人把瓦样藏在裙子里，儿也把它藏在裙子里，别人藏在衣服里，儿也揣在衣服里。"又《超荐经》卷7《买牛经》中，谈到阿 Yen^{55} 为了赚取钱财购牛代替父亲尸体以分享众人时说："Yen^{55} 急忙过河去，去城里做仆人，遇着汉人去做买卖，买卖到大路冲，牵得黄牛来……别人挑纸卖，儿也挑纸去卖，到城衙去卖，去到店里卖。"又如《古谢歌》卷1《穆考》中也说："世人做生意，你儿做生意，世人做买卖，你儿做买卖，人家儿卖盐，你儿去卖盐，人家女卖棉，你儿去卖棉……人家去赶场，你儿不来赶。"从这些经文中，我们不但可以看出布依族已同周围的各兄弟民族交易往还，交换的商品有牛、马、纸张、盐、棉等日常生产生活用品，而且还有作为劳动者的奴婢。同时经文也反映了当时布依族地区已经有了集镇贸易即赶场。这里经文提到贩卖牛马、棉花和赶场几点，特别值得我们注意。据文献记载，宋室南渡后，由于购买战马的需要，在今广西宜山等地设立专门机构，向今西南各族地区购买马匹，其中贵州织金的毗那、安顺地区的罗甸（今罗甸是黔南州管辖下的一个县）、兴义地区的自杞就是宋室购马的重点地区。今镇宁花江是通往上述各地的必由之路，所以花江的牛马市场，至今盛行不衰。而棉花本产于南亚印度一带，南宋时已通过海道传入我国江南一带，那时可能也通过马市交易联系，初步传入贵州省。

第四，互通婚姻，促进民族融合。《超荐经》卷3《棺廓经》中说："看到一个健美的女子，去为儿子找她，遇着一位漂亮的女子，为儿子去找这位漂亮的姑娘，猜是上方人，不是上方人，可能是荒山野地人，不是荒山野地人，什么地方都不是，怎么会到这里来，是从彝族或汉族那里来的吧！"同卷在另一处又说："望女孩子长好讨好价，望女儿长好嫁个好婆家，嫁去 Pu^{53}miŋ 寨（布依族中一个分支的互称），嫁到汉族地方"。经文反映了布依族不但在本民族内通婚，也可同外族比如汉族或彝族通婚；布依族男子可追求外族的姑娘，布依族女子也可嫁往外族。这便促进了民族之间的融合。

经文中涉及的汉、彝、仡、苗各族，何时方与当地布依族先民发生联系，除苗族尚难确定外，汉、彝、仡各族在秦汉时即已进入当地。

据考查今安顺一带，战国秦汉时期，本为夜郎旁小邑且兰国所在。自汉武帝开西南夷，于元鼎六年（公元前111年）置牂牁郡后，该地即被置为故且兰县，为牂牁郡首邑所在。当时这带的主体民族，是与其西边的夜郎一致的“魋结”的古代濮人，即今仡佬族的古代先民。随着汉王朝在当地设置郡县，为了解决驻军和郡县官吏的给养，武帝时又采取了“移豪民田南夷”的措施，从今川西一带将一批汉族地主豪民连同众多的依附农民迁入今云南贵州境内进行垦殖，将种植的粮食就地交纳给当地官吏以供开销，而由汉王朝从内库中支付财物，来补偿他们的交纳。这样第一批汉族移民，就有计划地进入了这个地区。据文献记载，当时迁入今贵州西部一带的汉族大姓，主要有龙、傅、尹、董各氏，其中龙氏可能就定居在安顺附近一带。西汉晚年，由仡佬族先民所建立的夜郎国被汉王朝灭掉，濮人势力开始衰落。东汉时期彝族先民又从今滇东北一带迁入，慕济济后人勿阿纳一支进入黔西北地区，征服当地濮人，雄长该地成为后来的水西始祖。三国蜀汉后主建兴元年（223年），越嶲叟帅高定、益州大姓雍闿、牂牁郡丞朱褒联合叛蜀，政治上依附于东吴。到建兴三年（225年）诸葛亮举兵南征，派部属李恢率一军自僰道（今四川宜宾）向益州，派部将马忠领一军自僰道进兵牂牁。不到半年战事平定，诸葛亮率军自今川东北经黔西北回兵成都。在此期间，水西彝族首领济火，为武侯“纳粮通道”有功，事后受蜀汉封为罗施鬼国国主。不久又因普里仡佬反叛，后主又赐济火镂银鸠杖，命其前往征讨。济火占领普里不久，又将其地转让于其兄之子柏墨，柏墨自今滇东之濮地迁入，世袭统治其地，遂成彝族中之播勒部。普里旧说在今安顺旧州扬武大寨，但据上引经文所述，今镇宁扁担山区尚有普里寨名，故济火所征之普里仡佬的中心，似以在镇宁为宜。至此仡佬族先民濮人势力更加衰落。及至“五胡十六国”时期，巴氐李氏割据巴蜀建立成汉，李氏在位时，以成都郊甸空虚，派兵攻占黔西北至黔中一带，自牂牁“引僚入蜀”，即将仡佬族先民大量迁往四川境内，计十余万户数十万之众。这些被迁往四川境内的僚人，后来都被逐渐融合到当地汉族中去了。至于在今贵州境内留下的仡佬族先民，有的被当地其他民族融合，保留下来的就为数甚少了。自东晋十六国到南北朝对立时期，南北割据战争频繁，今贵州西部的政治归属也时南时北。东晋时，当李氏成汉攻占牂牁后，晋广州牧邓岳曾一度派兵北上收复夜郎、兴古等地；以后晋将桓温又曾灭掉成汉，一度收复巴蜀。在这南北战守无常的条件下，随着南方政权的几次进军北上，可能布依族古代先民即随同自今黔桂边境向北扩张，到达今安顺一带，从而与原在这里的仡佬、汉、彝各族发生联系。至于苗族迁入这个地区的时间，容以后进一步探讨。

最后，我们认为，从经文的总体内容看，《古谢歌》的时代似乎比《超荐经》略早。这是由于经文本身的成文时代就是如此，还是翻译的准确性所致，容待以后研究。还有，经文涉及的内容很多，本文不可能一一涉及。就是以上初步涉及的一些问题，由于联系的知识十分广泛，本文探讨的深度也还远远不够。在此仅作为个人的一些粗浅看法，聊以作为引玉之砖，盼能得到各方面的赐教。

原载《贵州民族研究》，1989年第3期。收入本文集时有所修改。

殡凡经文化功能初探

周国茂

布依族祭司布摩在社会生活中扮演着十分重要的角色。他们是主持祭祀、超度亡灵、禳灾解邪等一系列文化活动的宗教人物。与这些活动相适应，他们拥有大量的经典。其中，超度亡灵的经典占有很大比重。

超度亡灵布依语称为“殡凡”，因而其经典可称为“殡凡经”。殡凡经可谓布依族的文学宝库：整套经典大多为整齐的五言韵文体；如果打破经文本身的分类体系，按文学的分类法梳理出其中的文学类型，可看到其中包含了神话、传说、古史歌、故事歌、情歌、猜歌等方面的文学体裁，并且，在艺术上达到了较高的水平。

殡凡经文学是布依族中一种独特的文化形态，是一种特殊的文化载体。这表现在：它是以原始宗教经典的形式出现的；传播和传承范围仅限于布摩这一职业群体；用汉字记音的方式记录；某些部分需要或可以有一般群众的参与和接受。这就决定了经文作品具有神圣性、庄严性及相对的稳定性。经文的相对稳定性在很大程度上确保了布依族固有的传统文化不因大幅度的变异而丧失本来的面目。对于布依族这样一个没有自己的民族文字、缺乏文献资料，而汉文史料记载又语焉不详且多有歪曲不实之词，殡凡经文学更显示出了它重要的文献学意义。它为我们研究布依族的历史和文化，了解布依族的民族特性，提供了弥足珍贵的资料。不仅如此，它还通过仪式，通过布摩这一中介发挥着特殊的社会功能，对布依族人民的价值观念和行为规范等进行制约和影响。布依族民间文学的产生和发展，布依族戏剧的形成等，也可以从中找到深刻的内在原因。

布依族是贵州土著民族，世居贵州高原。这是布依族文化特点形成的自然条件。

殡凡经文学中记述和反映的文化资料可从物质、社会和精神三方面加以分析。当然，这里只能择其要者述之。

（1）殡凡经文学中有关制造箭射杀太阳，有关捕鱼以及食物或祭品如蕨菜、冬兰菜、竹笋、芭蕉、野芭蕉等的诸多记述，无疑都是布依族早期狩猎、捕鱼和采集生活的反映。

特殊的地理和气候条件使布依族由采集逐步向农耕发展，渔业以及野生植物的采集退居次要地位。这一转变可能发生得比较早，在《射日·洪水》神话以及古史歌《安王和梭王》等早期作品中，表现得非常突出。

殡凡经文学中反映的农耕文化以稻谷的种植为其突出内容。稻谷的耕作不仅很早就进入了犁耕阶段，而且派生出一系列关于水稻的文化因素。综观殡凡经文学，我们对布依族农耕的特性获得的是一种强烈的“稻作文化”印象。

《安王和梭王》中叙述到梭王出生前后安王所受待遇的变化时说，未生梭王时，“祖宗田”“肥沃田”“水母牛”“水犛牛（幼小的牝水牛）”都给安王。很显然，作品反映的是比较进步的稻作犁耕农业。分给水牛，正好说明作品反映的时代已使用犁耕。《射日·洪水》更直接地反映了稻作农耕。“王”之所以派天下人射日，是因为天干旱种不出粮食；“王”用作射日的报偿是好田；“王”食言后，射日者用蛇作绳索，套上狗犁田；洪水过后寻谷种重新耕种……作品自始至终紧紧围绕着一个核心，即稻谷耕作。

司马迁在《史记》中记载当时西南夷的社会生产状况时说他们：“耕田，有邑聚”。殡凡经文学中稻作文化的反映与汉文献及地下发掘相映证，对研究西南民族史及水稻栽培史无疑提供了重要线索。水稻耕作被学术界公认为是古越人的文化特点之一，河姆渡遗址发掘的约7000年的谷物遗存是一个重要例证。殡凡经文学中有关稻作文化的反映也从一个侧面说明了布依族与古越族的渊源关系。

殡凡经文学对布依族居住方式的发展有非常生动的记述。《亨闷》中唱道：在学会建造房屋之前，人们“住树梢也安\住树丛也满足\走到‘达’

树林黑就住‘达’树林\走到刺泡丛黑就住刺泡丛”。这是一幅生动的树居生活图，实际上也就是所谓“巢居”。晋代张晔在《博物志》中就记载了南越人的这种居处习俗。这种巢居方式后来演化成了“干栏”建筑。宋人周去非在《岭外代答》中分析了这种建筑样式形成的原因：“盖地多虎狼，不如是，则人畜皆不得安，无乃上古巢居之意欤。”布依族生活的地区除周去非所说的虎狼多而外，还有林茂多蛇和潮湿等特点。趋利避害的本能促使人们选择了树居这一较佳方式。当然，这并不排除布依族古代也有穴居的情况。

殡凡经文学中，在讲到人们过了一段游移的树居生活后，“拿芦苇作柱子\用苦竹作檩子\用金丝朗树作椽皮\稻草作篾片\拿‘汝’树叶来压\用冬兰菜叶来盖”，发明了最初的房屋。“用芦苇作柱子”“用苦竹作檩子”，反映了工具在非常原始的条件下，对最适于用作房屋建筑材料的选择。而“汝”树叶、冬兰菜叶阔大，用以作屋顶的遮盖物也是十分自然的。这段记述还给我们一个启示：古越人从“巢居”到木质干栏建筑过渡的中间环节是竹料建筑。联系汉文献对百越民族集团中一些民族居所的记载以及今天作为古越人后裔之一的傣族中还存留着大量竹楼的情况看，这一假设似乎是可能成立的。当然，从竹料建筑到木质干栏建筑的过渡各地先后不一。

用竹作柱，以木叶盖的房屋当然是太简陋了，经不起日晒雨淋。殡凡经文学说，后来有一个叫“难”的人出外周游，学会了建造房屋的技术，回来后便架炉打制铁釜、砍刀，上山伐木，建成了木质结构的房屋。这表明，木质建筑是在金属工具普遍使用之后。新中国成立后我国考古学工作者在布依族地区征集到不少铜制器具（其中有铜釜、铜锄等），经鉴定，为公元前2世纪左右的遗存，其风格之独特，可证明是布依族先民铸造的。因此，布依族地区木质建筑的历史应该是很悠久的。作为古越人的后裔，河姆渡遗址中发现的7000多年前的干栏建筑遗存，也能为此提供有力的旁证。殡凡经文学在这方面的记述是符合史实的。

（2）社会文化方面，殡凡经文学对婚姻形态、社会组织形态等有很多反映。《射日·洪水》中有关兄妹结婚的唱述，无疑是远古血缘婚的“记忆”；关于情人多易进仙界的观念以及超度仪式上演唱情歌送亡灵登仙界等，反映的则是一种对偶婚制习俗。但殡凡经文学表明，布依族进入一夫一妻制的历史已十分久远。例如，《安王和梭王》中虽然还有母权的痕迹，但从总体上看，父权制已较巩固。从整首古歌表现出的对安王的褒扬和对梭王的批判上看，当时长子继承权已经确立。至于其他作品，男尊女卑观念表现得更为明显，比如在《嘱咐词》中对女孩在社会生活中行为规范的限制；《问穷问义》中对无子者表现出悲凉情感，等等。

图腾制是母系氏族社会的产物。在《安王和梭王》中，安王的母亲是龙王的女儿，实际上就是以龙为图腾的氏族的成员。安王的父亲则是雷神（或北斗星）之子，说明其氏族图腾为某种天体。《射日·洪水》中比香（或老姜）之所以能激怒天神，就因为他用蛇捆猪狗，犯了禁。这表明蛇可能也是布依族的图腾之一。

殡凡经文学中，报陆陀（baus legdoz）这个形象很值得注意。他是作为一个长者、智者的形象出现的。人们一旦有难题，就“去找报陆陀”。经他指点，做的事总奏效。这一风俗一直延续到后代。据布摩说，报陆陀是布摩的祖师爷，具有崇高的地位。

《安王和梭王》中有关用人口作租向安王上交的情节，人们普遍认为是布依族历史上曾有过奴隶制社会的写照。如果联系到整个殡凡经文学，那么种种迹象甚至可以表明：布依族历史上似乎曾建立过国家。

先看“王”以及有关记述。殡凡经文学中反映了这样一种观念：冥世有一个Wangz（王），即最高统治者，而一般的鬼魂进入冥界后就成了“王”室成员。在一些地区，殡凡经文学中对亡灵的称谓，男性、女性分别为“报光”“亚郎”。在布依族古代，这是对出身高贵者的尊称。可分别译为“公子”“小姐”。《射日·洪水》中也出现了“王”的形象。《安王和梭王》中除了“盘果王”“安王”“梭王”外，还有居住在天上的“王少”，等等。

“Wangz”在布依语中指国家最高领导者或者首领，也可以指造物主。但殡凡经文学中的“Wangz”显然不属后两个意义。因为冥界中的“Wangz”似乎只有一个，而《射日·洪水》中的“Wangz”拥有好田地可用来招募射日者，俨然一个奴隶制国家的最高君主。《安王和梭王》中，“安王”之“安”，有“执掌权柄”之意，“安王”意即“执政之王”。在安王与梭王的斗争中，梭王不仅要独占全部祖宗家产，而且高喊：“杀大哥要王印！”这说明安王是王权执掌者。作品中的兄弟之争实质上是争夺国家最高领导权的斗争。

布依族的农耕具有悠久历史，而且很早就进入犁耕阶段，因此布依族社会阶级分化的出现也应该是比较早的。这无疑为布依族国家的产生提供了可能。

春秋战国到秦汉时期，在布依族地区曾先后出现过牂牁、且兰、夜郎等国家，但由于汉文献语焉不详，所以它们的族属至今仍是悬案。从分析布依族社会生产力发展的历史及生产关系入手，再结合其他文献史料、地下发掘和古歌等，殡凡经文学中的记述对探讨布依族古代国家问题无疑提供了重要线索。伍文义根据有关古歌反映的国家观得出布依族曾建立过国家的结论。①

（3）精神文化在一个民族中属深层文化，它决定该民族物质文化和社会文化的面貌，决定着该民族的价值标准和行为方式。

殡凡经文学比较集中地体现了布依族的哲学、宗教及伦理道德观念，是研究布依族民族特点的宝贵资料。

①哲学。殡凡经文学对人和宇宙的本体结构进行了形而上的思考：人是由肉眼看得见的物质实体（躯体）和肉眼看不见的精神实体（灵魂）构成。当两者结合在一起时，就构成一个活生生的人，一旦灵魂离开肉体而去，人就死了。但灵魂是不灭的，它既可以在尸体附近游移，又可停驻在家里供奉的神龛上，又可随着布摩的导引进入冥界（仙、佛界）。而且灵魂仍是有形体的，只不过肉眼看不见罢了。灵魂进入冥界后仍和在世时一样生活。这种“既可以这样又可以那样”的观念从列维·布留尔的“神秘互渗”理论中能得到解释，也可以从民间所谓人有“三魂七魄”说中得到说明。但实际上，它具有一种历时性因素。它似乎是不同历史时期观念的集合。关于宇宙的结构，殡凡经文学认为是由阳界和冥界两个部分构成。阳界住着的是灵魂和肉体结合着的活生生的人，冥界则是亡灵的世界。阳界冥界的交接处有一座铜桥（或谓仙桥）连着，被一个“黑洞”隔着。黑洞似圆窗一类，亡灵通过时打开，亡灵一旦通过即关闭。但这个交接处以及整个冥界都是肉眼所看不见的。亡灵进入冥界后，还须经过南宫、南海、十二重街、十狱门等处，才能

① 伍文义：《试论布依族〈赎买经·柔番沃番钱〉的初期国家观》，《贵州民族研究》1983年第4期。

到达其居处之所。可以看出，这个宇宙结构论有汉文化和佛教的影响，但其独特性仍很突出。

殡凡经文学反映出了一种古老的变形观念。这种观念有如下特点：一是动物、植物和人都可以互变，高等动物和低等动物也可以互变；二是一物变为另一物都有一定的相似性和相关性（表面的，直观的），比如小偷和野猫、嘴巧者和燕子、木匠和啄木鸟等；三是与善恶没有关系，这与佛教的轮回观念不同。

殡凡经文学中，对事物来历的解释反映出了一种朴素的发展和进化（也有退化）观点，例如说鸡是由鱼变来的，人寿由长到短，谷粒由大到小……有的认识十分接近唯物主义历史观。

②宗教。殡凡经作为宗教经典，其中，宗教观念反映得比较充分。如果按发生的时序排列，那么首先当然是巫术。整个丧葬仪式实质上就是一种巫术活动——通过一种行动使鬼魂到达冥界。经文中也夹杂了不少咒语。人对自然的依赖和恐惧，加上万物有灵观，便产生了自然崇拜。《射日·洪水》中比香（或老姜）因“王”食言而恼怒，故意违禁激怒天神，降下大雨，反映的实际上是一种天神崇拜。而关于祭田、赎谷种等，反映的则是田神、谷神崇拜。《冗给》（意为“去场地”）中把死者的死因归罪于门神、石阶神没有拦住厉鬼，反映的也是一种自然崇拜。图腾崇拜如前所述，有龙、蛇和天体图腾等。鬼魂崇拜和祖先崇拜在殡凡经文学中表现得就更为直接。之所以举行超度仪式，就因为相信鬼魂的存在。对一般的鬼魂，人们怀有恐惧感，对这种鬼人们采取的是驱逐和防范的手段，如仪式中的驱鬼巫术及《登仙》等篇中告诫亡灵对途中各种野鬼的防范即是。而对亲人的鬼魂，则怀有恐惧和依赖的双重感情。由于恐惧，就要举行仪式将鬼魂超度进入冥界；由于依赖，人们就祷告亡魂保佑，并供养祭品。人们相信，只有这样，才能得到亡灵的护佑。对父母丧事的重视，以及关于亡灵所去之处乃是祖先灵魂居处之地的观念，无疑反映了布依族的祖先崇拜。

③伦理、道德。如何处理社会成员、邻里以及家庭成员之间的相互关系？作为一个特定的社会角色，应遵循什么样的行为规范？有关这些方面的问题构成了殡凡经文学中的伦理、道德内容。

这些内容，有的是通过“训诫”的方式规定下来的（《嘱咐经》），有的是通过死后灵魂住所的不同安排来表明人们对善恶两种行为的态度。在说明子女应对父母履行义务时用“摆事实，讲道理”的方式，动之以情，晓之以理（《忆恩》《问窝问义》），或用讲故事的形式（《迪云的传说》），使子女明白应该孝敬父母的道理。

勤劳、俭朴、敬老爱幼、互相帮助等等，是殡凡经文学中倡导的美德；而偷盗、抢劫和赌博则是人们厌恶的恶行。如《嘱咐经》中劝诫人们“要认真种地，种地才有吃，神仙才保佑”；下地做活要“妻约夫早起，夫约妻早起”；两口子吵架，不应该伤害娘家人；死了父母的孤儿寡女，邻居伯娘婶母要关心、照护；赌博是一种恶习，染上会败家。《登仙》篇认为，抢劫、偷盗的人死后进不了仙界，只能在上冥界途中的一个特定地方受苦。也有的伦理道德观念是比较消极或很消极的。比如无原则地反对“惹官司”，认为这会导致败家（《嘱咐经》），当然，这是由民族压迫阶级压迫的特定环境决定的。又如，对妇女行为的规范明显是一种约束。《嘱咐经》中告诫说：女儿不能和儿子平分家产；出嫁到夫家后，家里有公公婆婆，不能坐火炉上方，不能和公婆对面站，不能张口大笑，要坐在避人处等等，否则就是没教养。

关于亲子之间的伦理道德观念，殡凡经文学中反映得更为突出。这种观念可集中地概括为：父母对子女有哺育和教养的义务，子女则对父母负有赡养和送终的责任，即尽孝道。双方都可从对方那里享受到相应的权利。这两个方面是同时并重的。殡凡经文学还分别从子女和父母两个角度唱述了缺少对方时，自己命运如何悲惨。这些叙述虽有些夸张成分，但却把亲子双方失去对方时的无助、悲凉突出地表现出来了。对于强化亲子之间的责任感和义务感来说，显然比干巴巴的说教更有效。

殡凡经文学中的文化信息通过各种途径影响和制约着布依族的社会生活以及人们的价值观和行为方式。

一种途径是人们对经文内容的“接受”。比如布摩在吟诵《嘱咐经》时，孝子须全部跪于灵前听诵，因为其中有死者对亲人的嘱咐。在贵州贞丰一些地方，布摩在对唱 weanl（即“歌”，内容多为情歌）时，听者甚众。云南罗平县和贵州兴义县（今兴义市）的一些地方，《问都朵》（内容唱述无子者晚景的凄凉）和情歌分别由死者外家和女婿家请歌手来唱，因此这两类歌不仅布摩懂，一般人中懂得的也不少。尤其是情歌，无论在何地，都颇受青年男女欢迎。

但就经文的总体来说，除布摩外，一般人知晓的内容毕竟很有限。因而这种文化信息传递的另一途径即是仪式本身。由于对经文咒语般的语言力量坚信不疑，加上诵经时伴随着的象征性的仪式动作所具有的神秘性，诵经这一行为本身就足以给人们强烈的影响。这里，人们种种复杂的情感得到宣泄，愿望似乎得到了满足，信念再一次得到支持，归属感和内聚力得到加强……因而，经文结合仪式进行吟诵所造成的一种文化氛围，使其对人们的影响实现了。

殡凡经文学中的文化信息更主要的是通过布摩这一中介进行传递的。如果说上述两种情况对布依族社会生活，对人们的价值观、行为方式的影响是比较直接的，那么，这种途径所产生的影响就比较间接了。布摩掌握着全部经文。殡凡经文学的形式及它包含的丰富的文化内容，对布摩来说，可说是了如指掌。在某种意义上，把布摩称为布依族中的“高级知识分子”，一点也不过分。他们在社会生活中一般都有较高的地位。而且，历史的指针越是往后拨，这种地位越发显得突出。当他们根据经文对某种现象进行解释时，当他们根据经文中的规范对社会生活中的人和事进行评判或指导时……殡凡经文学对布依族社会生活的制约和影响便产生了。

正因为存在这种影响，所以布依族社会生活中的一些事象我们都可以在殡凡经文学中找到其根据，得到解释。例如，布依族中不仅给自己的岳父家、娘舅家拜年，而且有很多人家还给祖母的外家、曾祖母的外家拜年。这一习俗乃是源于殡凡经文学中的一句谚语：“舅家五代走，外家五辈拜”。又如，布依族青年男女的“浪哨”习俗，从形式上看，似乎是对偶婚制的残迹。但在一夫一妻制早已确立，并且婚姻封建化早就已很严重的布依族社会中，为什么还能存在？我认为，这跟殡凡经文学中“情人多才好进仙界”这一观念的影响分不开。这一观念在经文中出现，说明经文产生于对偶婚时代或者经过对偶婚制时代打上了该时代的印迹。但由于经文的相对稳定性，这一观念并未因婚姻制度的改变而改变。不过应当注意的是，浪哨活动的实质内容与对偶婚制已不是一码事。浪哨活动中青年男女之间虽可自由跟若干异性结交、对歌，但也受着另一条规则的制约，即婚前或婚外性禁忌。这种禁忌借助宗教信仰的力量得以确保。因此，浪哨活动实际上是一种“乐而不淫”的社交和娱乐活动。

殡凡经文学中的勤劳、俭朴、互相帮助、尊老爱幼以及戒赌、鄙视偷、抢行为等道德观念，对布依族中良好社会风尚的形成无疑具有积极意义。应该说，这些都是布依族社会中固有的美德。但殡凡经文学作为永不干涸的信息源，经过不断地传递，却使这些美德得到不断的巩固和发扬。

与此同时，殡凡经文学中的消极因素对布依族社会生活也产生了不可低估的影响。例如，笼统地厌恶“吃官司”在很大程度上造成了人们性格中卑怯、软弱，不敢坚持正义、追求真理，维护自己的尊严等等。另外，对妇女行为准则的种种规范，有很多实际上反映了妇女社会地位的低下，是对妇女的束缚。很显然，这些消极影响不消除，对布依族整个民族的发展进步都是不利的。

殡凡经文学对布依族的文化艺术，特别是对布依族的民间文学也产生过深刻的影响。比较明显的是直接将殡凡经文学中的作品加以改造和传唱。《情歌》《猜歌》《鳏寡孤儿歌》等即是如此。民间文学中这些类别的作品往往可以在殡凡经文学中发现其影子。但通过布摩这一中介仍是这种影响的重要途径。由于丧葬活动的内容主要是处置亡灵，而处置亡灵与灵魂观念几乎是同步产生，而灵魂观念的产生比较久远。此外，布摩在社会生活中往往同时扮演着祭司和歌手的双重身份，这一切可使我们得到如下推论：殡凡经文学至少是一部产生年代十分久远的作品，当身兼二职的布摩运用殡凡经（或巫歌）的创作方式创作出一般的作品时，无疑为人们提供了一种范本和文体模式；而布摩用语言的形式表现对鬼魂进行处置的“模仿巫术”由于内容本身表现一种过程，具有情节性，因而，它无疑为布依族叙事性作品的创作奠定了基础。这里只是简单的推论，充分的论证需要丰富的民族志资料和比较文化学方法，限于篇幅，当另文详述。

此外，值得提及的是，殡凡经文学的演唱方式对布依族戏剧的产生也有一定影响。这种影响包括表演和脚本等方面。殡凡经文学的《女儿祭》和传统布依戏《胡喜与南洋》，似乎存在某种渊源关系。

殡凡经文学，作为一种以宗教经典的面目出现的文化信息载体，随着社会的发展和进步，对布依族社会生活的影响和制约也许会逐渐减弱甚至消失，然而它的认识价值将永不衰竭。从这个意义上来说，它负载的文化信息将伴随着历史走向未来，成为人们认识这个民族，认识这个民族的历史文化的重要文献。

原载《民族文学研究》，1988 年第 6 期。收入本文集时有所修改。

试论布依族《赎买经·柔番沃番钱》的初期国家观

伍文义

布依族先民是否建立过自己的国家？先民对自己国家的意识形态的反映怎样？这是布依族民族史和思想史研究上的重大课题，至今仍未作过深入的探讨。事实上，布依族先民在其历史发展的长河中，由于社会内部生产力和生产关系诸因素的运动发展，他们曾经突破了原始社会的关口，迈入阶级社会的文明时期，并且建立过自己的国家。布依族《赎买经·柔番沃番钱》（以下简称《赎买经》)，就是用汉字拼写的布依语所描述的当时丰富的社会生活与思想感情。

《赎买经》在布依族民间广为流传。至今农村里，每年正月都要选择吉日，举行颂读仪式。它生动地记载了布依族“国王”“臣民”“城邑”的具体情形。社会存在决定社会意识，有了这个存在，才会出现对这个存在的意识形态的反映，这就是布依族先民曾经建立过自己国家的明显例证。

《赎买经》是宗教书籍，他带有不可避免的宗教神秘色彩。然而，我们根据马列主义的立场、观点和方法对之深入研究，挖掘其中的合理因素，对填补布依族思想史的空白，对丰富中华民族的古代思想史宝库，以及对了解布依族人民的心理素质，促进布依族地区的四化建设，将是一个极有意义的工作。

限于布依族民间的大量资料还有待进一步发掘和翻译，本文仅就《赎买经》的内容进行初步分析和探讨，以见教于学者专家。

一、王权至高无上，王位与天同齐

“国王”，布依语称“报同”。在阶级社会里，统治阶级为了确立和维护自己阶级的统治，除了利用国家机器外，还必须把原始宗教的内容加以改造，使它成为统治人民的工具，表现在对王权的说明上，就是王权的至高无上，王位与天同齐。这种思想在《赎买经》中得到了反映。《赎买经》说：

国王“兴”啊在天上，
恩德播四方。
恩德撒四面。

“兴”是经书叙述的第一个国王之名。“兴”，因是音译，同书中有的地方用“新”。他不住人间，而是身居天上，地位之高尚可想而知。显然，这是当时国家的统治者制造出来的神秘理论。如同汉文书籍记载的第一个奴隶制国家——夏朝一样，他们也曾借用原始宗教来抬高皇帝地位，甚至到了夏朝的最后一个皇帝“桀”，他把自己比作不落的太阳，只要天上的太阳在，他的统治地位就存在。但是“兴”的时代并不像夏桀的时代那样产生“时日曷丧？予及汝皆亡[①]”的反抗怒潮。这大概是因为一个是经书的第一个国王，而一个是王朝最后一个国王的缘故吧。历史上开国之君往往都是贤明的。布依族先民意识中的“兴”可能就是这样一个贤明的君王。

春天“兴”来主播种，
“兴”在上层收获，
请示您啊造木碓，
请示您啊修石坎。

这种叙述明确表达王权虽然至高无上，地位高在天里，但国王本人还在

---

①《尚书·汤誓》。

“播撒”恩德。国王对人民的生产和生活是有所操心的。从春天的开始播种，到秋天的最后收获，都必须由国王管理和主持。这是《赎买经》描述的国王“兴”的突出特点，同时反映了“兴”管辖下的国家乃是以农耕为业的农业国家。

不仅农耕如此，《赎买经》认为，就是连人民要进行“修建石坎”的农事建设和“制造木碓”的手工业生产，都必须首先请示国王，获得国王的批准后才能进行。这种关于国王管理社会生产的详细而具体的记载实为一般史书所少见。

应该指出，《赎买经》认为国王乃身居天上的高高在上者，人间天上相距之遥，人民大众的经常性生产活动，怎么可能去取得上天国王的同意或不同意呢？这是《赎买经》理论本身所不可克服的一对矛盾。但是我们只要继续深入一步就会发现，这对矛盾正好反证：国王并非住在天上，而是身居人间。如同“有夏服（受）天命”[①]和禹“致孝乎鬼神”[②]一样，它们都是夏代统治者利用宗教迷信和唯心主义天命论来奴役人民的明证。马克思指出，“社会生活本质上是实践的，凡是把理论导致神秘主义方面去的神秘东西，都能在人的实践中以及对这个实践的理解中得到合理的解决”[③]，布依族《赎买经》中王权神化论的出现也是同样的道理。历史与逻辑相一致，人们的认识总是受到当时当地生产方式的客观限制，因此，王权神化论虽然错误，但它是人类认识史上必经阶段之一。它与人类社会里国家的初次诞生和发展，以及人类未能摆脱原始宗教的束缚等因素密切相关。

然而，在汉文书籍记载的国家理论中，王不居住天上，而是作为“上帝”之子在人间实行统治。所谓“帝立子生商”[④]，也就是说，上帝派他的儿子来建立商王朝，商王是依据上帝的命令来统治人民的。布依族先民的意识

---

①《尚书·召诰》。

②《论语·泰伯》。

③［德］马克思：《关于费尔巴哈的提纲》，载中共中央马克思恩格斯列林斯大林著作编译局编译《马克思恩格斯选集（第1卷）》，人民出版社，1995，第18页。

④《诗经·商颂·长发》。

则不同，他们的国王身居天上，地位“与天同齐”，这是布依族先民在国家理论上的独特之处。显然，他们已经把王权和王位更加神化了。

二、贤君统治下的社会繁荣

在布依族先民的意识中，“兴”就是这样一个贤明的君王，他管理着人民的生产和耕作，地位至高无上，拥有巨大的权力。人民则在他的领导下，取得林茂粮丰的成果。《赎买经》说：

“纳昆”田坝杉木多。
“纳昆”田坝柏木密。
“纳昆”田坝好粮仓。

“纳昆”是布依语地名。“纳”为稻田，“昆”是田坝名称。布依族民间至今仍用“纳 ×”，“纳 ×”对每个田坝区别命名，例如望谟县有“纳夜”，镇宁县的古名叫“纳吉堡”。“纳夜”“纳吉”都是布依语名。“杉木多”“柏木密”“稻田好粮仓”，这是一幅多么壮观的丰收景象。

《赎买经》认为，由于生产发展，国王的财富也充足起来。

王有十仓杉木做。
王有十仓柏木修。
千个粮仓装满粮。
好粮全是过节粮。
王啊，天上吃着收租子。
日日夜夜，您在天上好自由。
清晨时刻，您在云层之上好自在。

尽管这里仍继续强调王权的神圣，但剔开其神秘外壳，其中国王“有千个粮仓”，且仓中粮食全是人们过节用的好粮，这种描述，很可能就是神秘外衣的城邑富足景象的如实反映。

在当时的国家中，国王的财产是以农产品的富足来体现的。这是亚细亚农业民族的特点。布依族素有“水稻民族”之称。因此，农耕的发展成了社会财富的主要来源，其国力的强盛与否也必然以农业的发展水平作为标志。时至今日，布依族地区仍以这种经济特点著称。《赎买经》所揭示的社会经济，看来有着深刻的历史渊源，它与布依族人民自古以来流传的生产方式和生活方式是相吻合的。

《赎买经》还认为，除了当时的社会物质生产活动必须取得国王的批准才能进行之外，人民的物质生活资料也是通过赎买的形式获得的。

> 王啊，您分下的粮食给我吃，
> 您留下的稻谷我赎买，
> 我要赎到十一、十二重天里，
> 赎到四面八方的地面。
> 赎来那聪明的谷子奶样白，
> 赎来田和地种子，
> 赎来豆种和荞麦。

这是对当时人民大众生活方式的具体描述。我们知道，“在亚细亚生产方式下，是实行奴隶主土地国有的生产资料和集体氏族奴隶的劳动力两者相结合”[①]。这样，社会产品也必然地归奴隶主所有了。人民对自己生产的东西，是不能任意使用的，甚至连“田地种子”也要通过“赎买”来获得。根据《赎买经》的描述，“赎买”似乎已经渗透了社会生活的各个方面。

但是，在奴隶社会里，奴隶一无所有，他们拿什么东西向国王赎买呢？“赎买”一词在布依族先民的国家里究竟意味着什么？

第一，当时社会可能已经有比较频繁的商品交换。布依族是农耕民族，他们建立起来的国家也必然是农业国家，农产品无疑成为社会商品交换的大宗产品。正是这种比较频繁的社会交易，促使布依族先民产生了自己的“赎

① 侯外庐：《中国古代社会史论》，人民出版社，1955。

买”概念。

同时，布依语里还存在着一整套关于商品交换的词汇。例如：“柔”（zou）即赎买，“者”（za）即买，“该”（ge）即卖，“混”（fen）即贩卖，等等。说明这些词汇都不是外借，而是从自己的社会实践中产生出来的。

第二，这种赎买力，或者叫当时社会的商品交换能力，由于阶级条件所决定，只有国家中的贵族才能具备，社会商品流通领域是狭窄的，只能限于奴隶主阶级之间的相互交易。《赎买经》所描述的经济活动也可能就是当时社会里，贵族阶级之间经济活动的意识形态的反映。

第三，正因为如此，贤君统治下的社会繁荣，也只不过是贵族阶级的繁荣。且贵族阶级本身，财富的多寡也是不平均的。这种社会财富占有的多层次水平，在人们的思想意识上打下了深刻的烙印。加上人们迫切希望社会财富得到进一步满足，不得不把幸福寄托于贤明君王身上。每当历史中碰到不管人民死活的昏君时，人们这种向往贤君的社会心理愈加强烈。这种思想在《赎买经》描述的第二代国王时期，得到了进一步的反映。

三、王“有”无道导致的社会苦难

“有”是继“兴”之后的第二代国王。《赎买经》认为，布依族国家到了这个时期，由于君王昏庸无道，导致了严重的社会灾难。

甲辰乙巳年啊，
王位十二年。
那年穷到底，
那年饿死多少人。

意思是说，“有”在位第十二年，也就是“甲辰乙巳年”，社会灾难出现了。这与汉文书籍记载的一般历史现象是一样的。历史上开国皇帝治理下的社会往往繁荣，就是同一王朝中的君王由于吸取前人的教训而有所作为，往往会出现中兴之治。这种皇帝因而得以作为人民心目中的贤君，被长期地歌颂着。但随着历史的发展，统治阶级本身由于其剥削本性所决定而逐渐蜕化变质，在许多国王的更替过程中，有的发展到溺酒沉色，昏庸无道，不事国政，因而给国家和社会带来严重的灾难。此种无道之君，违背人民愿望，人民对他的态度必然是给予鞭挞。

由于布依族资料目前还有待进行大量的挖掘和翻译，在大量资料出来之前，尚不能肯定《赎买经》中的“兴”就是第一个开国之君，然而他能被当作贤君而长期受到歌颂，与“有”的昏庸而受到鞭挞形成了鲜明对比。历史发展规律是一致的，因而同样性质的历史褒贬理论出现于布依族经书之中，则应当得到肯定。

《赎买经》描述的社会苦难是深重的，“有”对刚出现的苦难无动于衷，使社会矛盾进一步激化，“十二个太阳”也同时出现了。

古辈十太阳，
九个太阳紧紧挨，
十二个太阳齐出来。
谷粒稀似人脚杆啊，
稻穗稀似人的头，
岩石都倾倒，
棉花秆枯焦。
哪有你禾苗？

衣服卖吃光了。
鞋也脱吃光了。
头上的耳环也卖吃光了。

禾苗枯焦，岩石崩裂，饿尸遍野，民不聊生，如同狂风中的烈焰，火借风势，风助火威，越烧越旺。不言而喻，王“有”时期的社会经济已全面崩溃，国家危在旦夕。在这种形势下，国王才被迫寻找能人，希望能人出世帮他渡过此次大难，为此还许下了报酬优厚的诺言。

国王才来谈弓弩，
国王才来讲弓箭。
谁能射太阳？
炼铜的田坝我来给，
新开的良田我来分。
炼铁的田坝我来给，
新开的良田我来分。

三年之内如果水冲田，
四年换来高田给，
配给高高的水车田，
坝中的肥田我也分。

平时贪图享乐，不会用人，危急之际又惊慌失措。这是一个多么无能的昏君啊！

值得注意的是，在国王优厚报酬的诺言里，我们看到了“高高的水车田”和“坝中的肥田”，甚至还出现了“炼铜的田坝”和“炼铁的田坝”的概念。说明当时国家里，人们已能改土变田，制造水车提水灌溉高地。相应的冶铜业和铜器已经产生，甚至铁器也可能已应用于战争和生产了。

然而，生产工具的进步，并不能无条件的长期维持社会的繁荣。上层建筑对经济基础的反作用也是相当大的。经过王“兴”执政的社会繁荣，到王“有”执政的第十二年，统治阶级已经腐化堕落了。统治阶级的堕落和社会矛盾日益激化是相辅相成的，《赎买经》所揭示的理论也是同样的道理。

《赎买经》中，国家已经出现，国王已经换代，仍有“十二个太阳”同时出现，岂不荒谬？不是的。我们知道，《古歌·十二个太阳》在布依族民间广为流传，每当十二个太阳同出之时，就是社会大难之日。《赎买经》显然已经借用《古歌》故事曲折地反映社会矛盾的尖锐化。没有什么能比“十二个太阳”更能形容奴隶制国家的深重灾难了，王“有”的压迫并不亚于“十二个太阳”同时出现的残酷烧烤。这是布依族先民运用艺术方式对昏庸君王的无情鞭挞。

可以想见，在王权神化论占统治地位的历史时期，这种敢于揭露昏君统治的社会黑暗，并予以无情鞭挞的反抗精神是难能可贵的。它代表了当时社会的进步思潮，对唤醒和鼓舞人们的斗志具有相当大的作用。

四、“能人射日”的英雄救世观

王“有”面临着严重的社会灾难，他迫切期待的能人如何出现呢？《赎买经》认为，能人为国效力也是必须通过一定的渠道的。

国王身在“干栏”讲，
“布光”身在外面答：
“王啊，您是真心实意地说话吗？”
光啊，我说的话全是真，
样样话我都算数啊，
种种话我讲真实。

王的讲话果是真，
说话算数好极了。

这是经书中王“有”与“布光”生动的对话。“布光”是布依语官吏的名称之一。在奴隶制国家里，“布光”显然是指奴隶主贵族官吏而言。“布光”并非一个人，而是一个阶层，只有这个贵族官吏阶层才能亲自与国王对话。

“国王身在‘干栏’讲，‘布光’身在外面答。”“干栏”是布依语房屋的名称。“布光”与国王的对话必须有房里屋外之隔，说明当时的等级制度是严格的。同时，这段对话向我们揭示，贵族举荐乃国家人才出世的必经之道，只有贵族才能向国王举荐人才。这是当时阶级压迫的不平等，但不管怎样，能人终于出现了。

“真”带竹饭盒，

饭菜带随身，
走到“榔”树林，
去到青冈林，
边走边思索啊，
劈得岩石垒屋基，
住在沟旁来造箭，
抓着河鱼来当粮。

“真”就是“布光”为国王举荐的能人。他一旦接受任务，便开始了积极的救灾斗争。没有住房，“劈得岩石垒屋基”，没有粮食，“抓着河鱼来当粮。”然而，由于未能找到理想的造箭材料，弓箭没有造成。但“真”并未灰心，继续寻访当地的知情人。

“真”是“谈更”访“达光”，
“达光”说：“沿着坝上走，
坝头有棵马桑树，
树尖高齐天，
坝中棵‘登金’木，
树梢宽又长。”

“达光”即官吏阶层中的长老。“谈更”是布依语地名，即上寨。例如今天的镇宁县扁担山油寨大队，就分有“谈高”“谈刚”“谈纳”“谈将”“谈乐”等五寨。《赎买经》认为，“真”是在“达光”的帮助下找到了良好的造箭材料：沿着河边往下寻，坝头得棵马桑树，坝中得棵“登金”木，好木做得强弓弩。他的准备工作终于得以顺利完成，接着开始了英勇的射日斗争。

他来射日头，
他来开弓弩。
头次拉开如鸡神，

二次拉开如稻神。
弓响第一声，
四个太阳往下掉。
弓响第二声，
六个日头往下落。

剩下两个，“真”还要射，国王急忙劝说：“射勿射得太愚蠢，杀要杀得有聪明。留一个晒王的谷子，留一个暖官家地方，留一照明姑娘纺织，留一个照小伙串寨。”于是“真”才停射，“脖子挂弓返回坝中来”。从此，人民的苦难得以消除，大地又充满了生气。这是布依族先民又一个“英雄射日”的光辉形象。

前面我们已论证《赎买经》借用了《古歌·十二个太阳》来形容奴隶制国家的苦难。但是，经书中这个由贵族官吏举荐的能人，在其实践过程中并没有一意孤行，而是在遇到困难时主动拜访长老，终于在“达光”的帮助下完成了伟大的射日事业。这是《赎买经》与《古歌》的不同之处。

“射勿射得太愚蠢，杀要杀得有聪明”的议论，说明国王由于长期执政，已经具备相当的镇压人民的经验。王“有”如此昏庸狡诈，更进一步反衬了“射日英雄”的高大形象。历史褒贬，跃然纸上，异常醒目。

事实上，任何巨大的社会灾难都不是个人所能挽救的，必须有千千万万的人民参加才能完成。《赎买经》却把完成这一艰难事业的功绩归功于“真”一人，这是错误的，是一种唯心主义的英雄救世观。同时，“真”乃贵族官吏举荐，实践中又主动拜访“达光”，说明他与奴隶主贵族有着千丝万缕的联系。然而，我们不应该苛求古人。况且他的行动本身，客观上起到了为民除害的作用，这点是应该肯定的。这种记载不仅反映了一个奴隶制国家的人才出世的必经之道，而且也体现了人民希望国家选贤任能的良好政治愿望。这为我们研究布依族古代国家的政治面貌提供了极其宝贵的历史资料。对于克服社会灾难的原因，不是到天国去寻找，而是人类自己努力的结果。整个过程贯穿了阶级和阶级关系，是对当时社会的如实描述，其中包含了唯物主义的因素。

五、国王无信，导致“天罚”的唯心主义因果观

按理，“真”在为国王克服了严重的社会灾难后，应当得到其预先许下的优厚报酬，国王也应该吸取教训而改变自己的统治手段了。其实不然，《赎买经》认为，昏君还是昏君，他不可能因为教训而改变自己狡诈的阶级本性。国王以为灾难已过，便放弃诺言，为此，经书运用夸张的语言描述了上天的惩罚过程。

回来讨炼铜田坝，
炼铜田坝没有给。
回来讨新开良田，
新开良田没有给。
回来讨路边秧田，
路边秧田没有给。
来讨好田角，
好田角都没有给。
“真”要讨哪样，
样样都不得。

国王出尔反尔，诺言如同一阵大风，大风过后，一切依旧。为国立过大功的人，竟连一点“田角”都没能得到。“愤怒的‘真’啊，等着灾难的墨线再出现；愤怒的‘真’啊，把脸朝向神圣的铜鼓。”“铜鼓”是布依族人民的神圣乐器，它带有保佑善良的功能。人们认为亡灵会随着铜鼓的声音升到天堂。“真”被欺骗后，“把脸朝向神圣的铜鼓”，说明他已经愤怒到极点，盼望神圣的铜鼓能给他新的启示。

这里，“真”是一个有远见的人，他相信“灾难的墨线再出现”，昏君的统治不会长久，社会矛盾将进一步激化。因此，国王的高压和欺骗，并未使他屈服和消沉，虽然经书没有讲明铜鼓如何启示，然而他已经主动地奋起反抗了。

他把所有的山头都寻遍，
他把所有的草蓬都寻周。
边走边思索啊，
遇着太公龙，
遇着大母龙。

右边的耙绳母龙做，
左边的耙绳公龙做。
黄鳝当鞭子，
山丘当牛丫。

牛丫套着猪，
哇哇猪惨叫。
牛丫套着狗，
汪汪狗哭泣。

上天看见了，
成片成堆的乌云滚过来。
乌云掩没了人间，
乌云覆盖着大地。
古时的雨点啊，
雨点大如青冈树。
王“有”的时代受干扰，
王“有”的时代遭灾难。

“真”日夜期待的“灾难墨线”终于出现，他的主动反抗奏效了。只是这种反抗手段异常特别，“龙当耙绳，黄鳝当鞭，山丘当牛丫”。如此令人惊骇恐怖的犁耙工具，压在身小力微的猪狗身上，它们当然受之不住。如此神奇的记载至今未见于任何已经搜集的布依族《古歌》之中。《赎买经》认为，这种异于常规的举动，“上天看见了”，才对人间施予严厉的惩罚。

聪明的“真”为什么不直接对国王付诸武力，而是利用“龙”，对“龙”采取行动呢？因为布依族先民崇拜龙图腾。对于统治阶级的国王来说，图腾信仰一旦被损害，他的统治基础就动摇了。这是原始宗教束缚下人们意识的一般特点。为此，“真”才采取了这种异乎常规的举动。

然而，图腾信仰并非个人的信仰，而是整个社会共同体的信仰，图腾信仰被损害也必然导致整个社会共同体被损害。在“天罚”过程中，人民连同国王，甚至“真”本人也遭受了灾难。这是“真”万万没有想到的。《赎买经》说，在老天的惩罚下，人间暴雨倾盆，洪水滔天。

地面全淹没，
四方淹没了。
“伦罕坡”还剩扇子般地方未淹，
“雄梅坡”还剩斗笠般地方露出水面，
“坝罕坡”也只剩屋子般大小地方了。

“素”鸟飞去归那里，
“优”鸟飞去归那里，
人们也去躲那里。

昏庸的君王“有”也在这场“天罚”的灾难中销声匿迹了。“真”的反抗终于取胜。

在这里“天”被作为一个能看能听，有意识，有惩罚行为的最高神，这种唯心主义的观点无疑是错误的。然而，马克思说：“（神话）就是已经通过人民的幻想用一种不自觉的艺术方式加工过的自然和社会形式本身。”“因此，绝不是这样一种社会发展，这种发展排斥一切神话地对待自然的态度和一切把自然神话化的态度；并因而要求艺术家具备一种与神话无关的幻想。”[①]如若让先民的思想具有纯而又纯的唯物主义，相反看不出它的时代特征来，因此，问题的实质不在这里，而在于布依族先民“向往贤君，反抗昏君”的社会进步思想。如同欧洲的整个中世纪，社会革命无一不是披上宗教外衣来进行。这就是“天罚”观出现的历史根据。

六、灾难消除，贤君治理的社会复苏

昏庸的国王被天惩罚了。但是人民中灾难的幸存者在洪水退却之后都没有饭吃，没有谷种，怎么办呢？《赎买经》说：

“优”鸟抓来看，
“素”鸟抓来瞧。[②]
翻里又翻外，
翻鸟舌底边，
翻这又翻那，
翻鸟肚里头。
鸟嘴有小米，
鸟肚有高粱，
鸟身有稻子。
这才得良种啊，
种是古代“兴”的种，
稻是古代王的稻。
古代时曾有皇犬仙人带种子，
今朝鸟类带良谷。

这是布依族先民关于“鸟带谷种”的历史记载。由于人们怀念贤君，在经

① [德]马克思：《政治经济学批判导言》，载中共中央马克思恩格斯列林斯大林著作编译局编译《马克思恩格斯选集（第2卷）》，人民出版社，第113页。

②“优鸟”“素鸟”为布依语两种鸟名。

过灾难之后愈发强烈，因而“种是古代‘兴’的种，稻是古代王的稻”。这种心情是可以理解的，但社会不能没有君王，因此，《赎买经》说：

种子交“算”王，
“算”王妻子多，
“算”王妻子成群。
他管清泉水，
他管石粮仓。

“算”王是继“有”之后第三个国王。《赎买经》认为，人民是在新国王的领导下开展生产自救，生活才慢慢好起来的。

好粮选种“稿弄”[①]田，
谷粒抛上天，
谷粒撒四面。
那块成小米，
那块成“金”稻。

割来做成堆，
晒干泡发芽。
三天过去了，
五天赶后来。
我们的种芽发似马儿喜吃的嫩草丫，
我们的种芽发似刚刚睁开的鸡眼。

带到上方撒，
上方拿来做秧田。

①“稿弄”，布依语地名。

带到下方撒，
下方拿来做母田。

撒得三场过去了，
撒得五场赶后来。
秧苗软得如同姑娘的头樱，
秧苗长势如同山上的剑草。

秧苗长成蓬，
带到河边坝。
插到上方田，
上方现青秧。
栽到下方田，
下方现“金”稻。

古代的谷粒，
古时的粮仓，
翻身的日子，
美好的命运，
吉利的年成。

这是一幅多么雄伟壮观的社会生产自救图。人们在新国王“算”的领导下，从选种到育种，撒播，一直到收获，观察细微，描写细致，说明当时的农业栽培技术已发展到较高水平。丰收的景象给社会带来新的复苏，也给人一种向往新生活的美好享受，“兴”王时期的社会繁荣又开始出现了。

大年之时您过节，
我也来过节。
过年之时您赎买，

我也来赎买。
我要赎买田和地种子，
赎买豆种和荞麦，
赎买小麦和“金稻”，
赎买竹柜底下的钱。

这家真富贵啊，
每到年底就赎买。
他家不向外露财，
勿怪我传言。
他家不肯向外讲，
勿怪我富贵。
赎买丰收归此家，
此家粮屯满澄澄。
粮食消了粮会长，
吃了旧粮新粮来。
过富贵日子，
辈辈享荣华。

国财增多，人民也富裕起来，而且比“兴”王时期的社会繁荣有过之而无不及。这就是在第三个国王“算”的领导下取得的社会成果。

综上所述，布依族《赎买经》叙述了一个从贤君到昏君，再到新的贤君，从幸福到苦难，再到新的幸福的历史发展的辩证过程。在这个阶级社会的国家发展过程中，昏君曾给社会带来苦难，贤君能给社会带来繁荣；贤君的业绩永远得到歌颂，昏君的腐朽永远受到鞭挞。这就是《赎买经》全书的逻辑，它向人们生动地展示，布依族祖先具有百折不挠的创业精神。在人类历史发展的长河中，他们也曾同其他民族一样，独立地进入阶级社会，建立过自己的国家，并产生了相应的国家政治理论。这是布依族人民极其宝贵的文化遗产。

《赎买经》反映的理论说明，布依族先民已经意识到社会政治和经济的发展是一个曲折的上升过程，或者说是一个否定之否定的过程。尽管其中会遇到困难甚至灾难，但经过人民的努力奋斗，灾难可以克服，社会终将前进。这种意识虽然不是自觉的，却是布依族先民在社会实践中取得的。这是《赎买经》中的合理内核。

《赎买经》在布依族民间广为流传[①]，今日农村中，每家每户都在正月里选择“萨（ɬak）”和“咀（zei）”两个吉日，请“报摩”即男巫师举行颂读仪式，祈福来年五谷丰登，家业兴旺。两个吉日的含义是，“萨（ɬak）”即醒悟，象征觉醒；“咀（zei）”即粑粑，象征粮食。两个吉日的含义与《赎买经》的内容以及颂读仪式的含义是一致的，同时表明《赎买经》的思想在民间有着广泛的群众基础。

当社会的政治条件和经济条件消失后，思想意识的东西还会长期地保存着。这就是此种仪式时过千年经久不衰的历史渊源。可见，宗教仪式可以随着社会物质生活的日益提高而逐渐消失，但是布依族人民英勇奋斗，向往新生活的精神将会随着历史的进步得到发扬光大。

原载《贵州民族研究》，1983年第6期。收入本文集时有所修改。

---

① 此本《赎买经》，由镇宁县扁担山布依族韦光良（时年77岁）收藏并颂读，由伍文义翻译，搜集时间：1983年1月，翻译时间：1983年3月～5月。

黔中布依族丧葬之《引路幡词》考论

叶成勇*

笔者近年来在黔中地区搜集到几种布依族丧葬古籍文献。（1）镇宁县扁担山区普里寨（今扁担山镇普里村，下文不再注解）76岁老经师杨开佐家传抄本《古谢经》，其中有《便告》一文，编译者注为《魂幡词》。①（2）贵阳市开阳县禾丰乡王车村石头坡组59岁经师罗继登家传光绪十八年（1892年）抄本《砍牛经》，其中有《引路旐》。②旐，音“放”，即“幡”字。引路旐，即引路幡。（3）贵阳市小河区（今花溪区，下文不再注解）金竹镇金山村长滩组74岁经师金在贵家藏父辈抄本残卷《东南引路旛》。③旛，通“旛”，即“幡”字。（4）紫云县火花乡明万历时期《韦氏谱序》（韦汉朝源流）所载《亡人归天大事由三》。④（5）长顺县睦化乡纳傍村纳傍组布依族老人杨玉修家藏

---

*叶成勇（1977—），男，仡佬族，贵州民族大学历史系教授，主要从事西南民族考古与文物研究。

① 贵州省安顺地区民族事务委员会、镇宁布依族苗族自治县民族事务委员会编《古谢经》，贵州民族出版社，1992，第373页。

② 笔者2007年10月4日在开阳调查时发现，此书保存完整，由罗继登保存。

③ 笔者2011年9月13日在当地调查时发现，此书保存不甚完整，《东南引路旛》抄录在类似《砍牛经》的末尾两页，文字与正文字体不同，当不是同一人抄录，也不是同时抄录。现由金在贵保存。

④《韦氏谱序》由韦永松、伍文义收集，载于贵州省民族研究所编《民族研究参考资料（第19集）》，1983，第41～52页。

约民国时期抄本《杨氏家谱》所载《富州水田》。（6）长顺县鼓扬镇2007年修撰之《班氏家谱》所载《祭祀幡文》。①总体来看，这六种布依族丧葬古籍文献虽然其名称、时代和地域不同，但内容却基本相同，性质一致，姑且将其统称为《引路幡词》。所谓“引路幡”，就是出丧时为死者带路的旗帜。一般有两支，由童男童女执之，幡上常见题句是“金童前引路”“玉女送归山”。故《引路幡词》，简单地讲即书写于引路幡上的词句，但有其特定的内容、要求、句式、格式和文化内涵。布依族中这类文词，周国茂早在1986年的调查中就有一些发现，并重点记录了贞丰、望谟、罗甸和云南罗平的丧葬祭祀文本《殡亡经》，其中往往有引路幡文，以“幡文经”或“挂幡经”的形式存在，但未对其内容作进一步分析。②另外，他还提到贞丰兴北镇岜村《殡亡经》中之《挂幡经》，其中有“照州”“矩州”“柳州”“旺西州”“广南西路翁州”等行政区划概念。威宁县新发乐居村《殡亡经》中之《目中师》也可能属于引路幡词，其中有“金丢引路、男女引路、括姑夹舍、路往州、口棒州、腊款州”等汉字记布依族语音文字，很有价值。③遗憾的是全文内容未作附录，不便深论，但也说明布依族中尚有不少《引路幡词》，有待进一步搜集整理研究。本文主要讨论笔者亲自调查搜集的六种布依族《引路幡词》的基本内容，并在此基础上揭示其所反映的历史文化信息。

一、六种《引路幡词》的内容及疑难文句试释

六种《引路幡词》中都有很多难懂的文句，而这些文句又是布依族独特丧葬文化的表达，录文后对其尽可能释读，不妥之处，恳请同仁批评指正！（凡前后文句有重复者，不重注。）

1. 镇宁县扁担山区普里寨杨开佐家传抄本《古谢经》之《便告》

金调引路[1]，罗甸国[2]所管责有南泉部州[3]，大宋国广南西路[4]，

① 分别见于贵州民族大学2009级历史学专业赵兴鹏和吴悠同学毕业实习报告。

② 周国茂：《摩经与摩文化》，贵州人民出版社，1995，第77～84页。

③ 周国茂：《摩经与摩文化》，贵州人民出版社，1995，第79～84页、第197～198页。

里州要五行三寨去主管下部郑山州林多街[5]。家有弟子，年登己岁[6]，顾俞岁，阳道午时，大郎，今年今月今日今时[7]在家请酒迷旺，大山糜文[8]，不还还路，不回往[9]。今有孝男孝女，今备金银一共[10]、凉伞[11]一把、挂度[12]一辕，今有大鹅公鸡，大牛一头[13]。其罗父果[14]酒食，登登丈钱竹上，祖公婆，司尸司户路[15]。尤备万万九千九贯九分九厘九毫长天果，买到祖地，左有青龙，右有白虎，前有朱雀，后有玄武。东至甲乙，南至丙丁，西至庚辛，北至壬癸，中至戊己[16]，四至八向分明。

三仲无陆八在山淡，已在千年不动，万年不移。第一保牛马，第二保田地庄，保千年富贵，保万年命长，荣华平安乐矣。[17]

吾奉太上老君急急如律令。

注释：

[1] 金调引路，类似于“金童引路”。[2] 罗甸国，又称为“罗殿国”，详见后文。[3] 南泉部州，另外的《引路幡词》作“南瞻布州”“南膳部周”，皆应作“南瞻部洲”，为佛经中所谓的四大部洲之一。（唐）玄奘《大唐西域记•序》：“海中可居者大略有四洲焉。东毗提诃洲，南瞻部洲，西瞿陀尼洲，北拘卢洲。”[4] 大宋国广南西路，宋代今广西地区的建置，详见后文。[5] 当是死者居住地点，但所指不明。[6] 己岁，下文《韦氏谱序》所载作“吭十岁”，贵阳小河金竹镇金在贵家藏父辈抄本《东南引路瀋》作“己十岁”，即几岁或某岁，指多少岁之义，“己”“吭”当为“几”字误写，为不确定代词。[7] 今年今月今日今时，即某年某月某日某时。据笔者调查，布依族摩公常常称某年某月某人某处某寿之“某”字用“6”或“△”这样的符号代替。[8] 请酒迷旺，大山糜文，疑为布依族语汉字音译，不知其意。“迷旺”，或即“迷纳”，音译之别，布依族中从事占卜和祭祀的女巫师。①[9] 不还还路，不回往，当是对死亡的委婉表达。五代至宋时期汉人买地券中有类似的表述，详见后文。[10] 金银一共，“共”当作“供”，指祭祀时摆设的祭葬之品。[11] 凉伞，

---

①《布依族简史》编写组编《布依族简史》，贵州人民出版社，1984，第170页。

布依族中有给死者送伞的习俗，人下葬后，伞置于坟上。据（明万历）郭子章《黔记》卷59，仲家“葬以伞盖墓，期年而火之，祭以枯鱼”。清嘉庆年间编撰的《清一统志》卷500《贵阳府》也云仲家苗“葬用棺，以伞覆墓上，期年而火之”。《百苗图》云补笼仲家“贵阳定番、广顺二州，南笼、安顺二府皆有之……祭亦必用鱼，葬则以伞盖墓，期年而后焚之”。①[12] 挂度一镶，当为冥器，不明其意。[13] 鹅、公鸡、牛，皆祭品。布依族为什么要用鹅和牛作祭品？鹅能为死者避开毒蛇猛兽。据杨庭硕调查研究得知：在贵州南部地区的茂密森林中的水族、布依族、苗族熟知鹅有主动攻击蛇类的天性，目的在于保护它们的幼崽。因而人们为能在茂密森林中生存而不受毒蛇侵害，都要在家中放养鹅和旱鸭。而且说只要鹅和旱鸭能去的地方，人也能去，不会有危险。② 故人死后自然也会送上一只鹅，为其避开蛇虫的侵害。牛乃其农耕民族生存所依托，寓意在能继续耕地。关于用牛作祭品，文献多有记载。《百苗图》云：“卡犹仲家在贵阳、安顺、南笼、平越、都匀诸府……亲死，古俗分食亲肉，今以牛代之，贫者用牛一只，富者用牛头数个，亲戚朋友携鸡酒致祭，绕牛而哭，祭毕屠牛分肉饮食，饱醉而散。孝家不食。”③ 据《布依族简史》，杀牛是办丧事中很隆重的仪式。所用的牛，有的地区由丧家自备，有的地区由女婿送来。纸幡、纸旗、亡伞等都由女婿备送，丧家给女婿孝衣、孝帕，给女儿孝裙。丧葬活动由本民族巫师“老摩”主持。④[14] 其罗父果，《韦氏谱序》作“地罗甫果”，或者指鱼。前引《百苗图》云补笼仲家“祭亦必用鱼”。[15] 祖公婆，对死者男女之称呼。司尸司户路，当为布依语的汉字音译，不知何意，可能与尸单、尸包有关。据覃东平对贵州独山县麻尾区（今麻尾镇）布依族丧葬的调查可知：人死后地理先生要按照死者生辰八字、死亡时辰，推算并书写办丧事的程序，即“尸单”。所谓“尸

① 杨庭硕、潘盛之：《百苗图抄本汇编》，贵州人民出版社，2004，第40页。

② 参见杨庭硕《非物质文化的特殊形式：贵州各民族的生态知识和技术》，2010，贵州省文化生态会议提交论文。

③ 杨庭硕、潘盛之：《百苗图抄本汇编》，贵州人民出版社，2004，第38页。

④《布依族简史》编写组编《布依族简史》，贵州人民出版社，1984，第169页。

包”，指用红纸包的纸钱，共49包，并杀鸭用鸭血淋上，由主家烧掉，7天烧一次，49天烧完，据说尸体上天要走49天的路。①[16]戌己，当作“戊己”，字形近而误。[17]大致意思是让死者永安，保佑生人。

2. 紫云县火花乡明万历时期《韦氏谱序》(韦汉朝源流）所载《亡人归天大事由三》

大路如来，大宋国广南西路洪州、右州，行江三寨，左管旧顺地名城梁[1]，太保太子戍巳郎王己娘，年登吭十岁[2]，不横[3]，今年今花甲乙月今月时酉。

把大子大病中病不横甲乙，况凉伞果银钱，东至甲乙，南至丙丁，西至庚辛，北至壬癸，中至戊己，土子午卯酉年安葬，地罗甫果左右。

有九江九海沙木一府[4]，太牛一条，一两银钱，三沙件。九千九万九十九百九文，翁与亡人前往买卖。左有青龙，右有白虎，前有朱雀，后有玄武。一兑凉年[5]一把，还力猪鸡狗[6]酒食等齐备。今往归天子去。莫里了里死莫生与用三十四万，过了地只了。千年不动，万年岁稷。千年保富贵，万年保子孙，千年保猪羊，万年保田地。千年保奴婢，万年保金银，千年保牛马，万年保男女，保千代富贵。吾奉太上老君急急如律令。

注释：

[1]以上地名不明，但路、州、寨的行政等级观念是宋代历史的遗留。右州，据《宋史·地理志》，宋代在今广西左右江地区设四十四羁縻州，分属左江道和右江道，其中左江道有羁縻州“左州”。相应地，右江道当有“右州”，文献缺载。[2]吭十岁，即几十岁。[3]不横，布依族语汉字音译，不知其意。[4]沙木一府，指棺木一副。[5]“凉年”，疑即“凉伞”，古人往往把“年”字写成“秊”，与“伞”字形似而误。[6]狗作祭品。狗是重要的

---

①覃东平：《独山县麻尾区布依族来源及节日婚姻丧葬习俗调查》，载贵州省民族研究所、贵州省民族研究学会编《贵州民族调查（之九）》。

狩猎助手，是布依族日常生活中不可缺少的一种动物，人死后作祭品也是可以理解的。

3. 贵阳市开阳县禾丰乡王车村石头坡组罗继登家传光绪十八年（1892年）抄本《砍牛经》中的《引路旐》

敕令太长拒州[1]水田一坵，占引路鬼初公[2]，请我上、中、下元有天、水官，保我四坐把亡界急急如律令。三寨三州有家神南瞻布州龙长里甲逢至山二万十州、罗何莫州、老平鸭水州，[3]其祐阳龙难到得信士[4]死了代好娚，今用银钱买讨棺木一片，六堂定堂[5]上头有飞衣[6]，白裙，鞋袜帽子帷子一头，有牛一只殡葬，有猪有鸡有酒饭食，□九万万九十九贯九万九千九毫九厘九分，定将军[7]买讨本阴地一所，保使其国无，其里定敬，东至甲乙木，南至丙丁火，西至庚辛金，北至壬癸水，中至戊己土，上至青天，下至黄泉，前有朱雀，后有玄武，左有青龙，右有白虎。二十四□大官管里，鱼在水中，肉在高山[8]，千年不动，万岁不回。吾奉太上老君急急如律令。敕令定出去（按：此五字倒写）。

注释：

[1] 拒州，疑为《新唐书·地理志》所载之“矩州”之误。贞丰兴北镇岜村《殡亡经》中之《挂幡经》中即有“矩州”。矩州，始建于唐代，其地在今贵阳。[2] 初公，即布依族巫师“摩公”，或称“道公”，为死者开路。[3] 此段文字颇为费解，大致指布依族曾迁徙走过的地域范围，估计当与唐宋时期在今贵州乌江及以南地区设置的羁縻州有关。唐时设五十羁縻州，隶于黔州都督府，五代至宋变化不大，基本沿袭唐代州名。[4] 信士，信奉佛教的在家男子，梵语“优婆塞”的译称。汉碑中有“义士”之称，泛指出财布施者，宋避太宗赵光义讳，改称“信士”，后因专称信仰佛教而出钱布施的人。参阅（清）顾炎武《金石文字记·郃阳令曹全碑》。[5] 六堂定堂，布依族语汉字音译，不知其意。[6] 飞衣，即绯衣，红色衣服，与后文“白裙”相对应。[7] 定将军，当指“李定度”，其充当幽契中的卖主，详见后文。[8] 肉在高山，“肉”当为“鹿”字之误，详见后文。

4. 贵阳市小河区金竹镇金山村长滩组74岁经师金在贵家藏父辈抄本残卷《东南引路簿》

太长州[1]水田难惟，娑婆世界[2]有南膳部周[3]大明国南西路[4]管下居住人齐杨到地起人黄九郎，即年登己十岁[5]，得□在身，今年今月今日今时在家说话，惟路不还，路不回。今有孝男孝女得立长籓乙套，用银钱买棺木六行，合成停堂[6]衣服六对，上门坤直[7]花裙，难子[8]，齐出一牛，鸡、猪、鸭[9]、酒食，惟说公婆迎却上，合用银钱买九万九千九百九十九分九厘九毫，买得黄江大地[10]一所安葬，千年不退，万岁不回，东至甲乙，南至丙丁，西至庚辛，北至壬癸，中至戊己，上至青天，下至黄泉，左有青龙，右有白虎，前有朱雀，后有玄武。吾奉太上老君急急如律令，出。

注释：

[1] 太长州，文字有遗漏，当与前篇同作“太长矩州”。[2] 娑婆世界，佛教中指三千大世界的总称。[3] 南膳部周，即“南瞻部洲”之误。[4] 当为“大明国广南西路”，但广南西路为宋代建置，明代称广西。[5] 己十岁，即几十岁。[6] 停堂，与前篇“六堂定堂”类似，文字序列上，都位于棺木与服饰之间。[7] 上门坤直，布依族语汉字音译，不知其意。[8] 难子，当与前篇同，作“帷子”，字形近而误。[9] 鸭作为祭品，其文化根源与前篇以鹅作为祭品类似，但用鸭取代鹅，或许表明时代偏晚。旱鸭被驯化比鹅要晚得多。[10] 黄江大地，即下文所见“黄冈大地”，“江”，古音同“冈”。

5. 长顺县睦化乡纳傍村纳傍组布依族老人杨玉修家藏约民国时期抄本《杨氏家谱》第3页所载《富州水田》

天上明明，地下出星，连朝引详，化仙人鬼[1]。维为安安世界，则有南前部州[2]大送国广南西路有州有姜营泗城州[3]管福，阳道弟子黄己郎、黄己娘，神男女年登几十年，到岁死幸，于今在家舍下天告终，风往南山，栽花供养，失物不转，至每路不送，送路不面[4]。今则孤男孝女一下东永、孝义坛场，立番正包[5]、上下虎衣件阑一锁领，今有所金钱九千九贯九百九十九分九文九厘九毫买到黄罡、官木[6]地穴，二丁当共禄八金有弗，不先至，处独大牢一头牛，猪鹅鸭鸡，酒食等件，道增申亡神、开召上祖公婆。今上佑保里买到黄罡地一所，上至青天，下至黄泉，东至甲乙，南至丙丁，西至庚辛，北至壬癸，中至戊己。子午卯酉安葬亡神，共地远见、风黄仙见、先刑桃树、青龙动由、于合、四钱、白虎、后有玄武、青龙白虎、前朱雀时。[7]时童连安，横刑桃后，安葬亡神，千年万岁不移。生有田地，死有棺椁，有关冲口河、落[8]水官不得，定禄一时，行到鸟问，鸟问白来，读山中鱼，何读着学问，问水中禄，朱在千千年年万岁不移。[9]吾奉太上君。

注释：

[1] 道教语言，开场导引神灵之语。[2] 南前部州，即“南瞻部洲”之误。[3] 大送国，即“大宋国”之误。有州，或为“右州”之误。泗城州，宋元时期设置，辖今广西右江地区及南盘江以北贵州兴义部分地区。[4]“在家舍下天告终”至“送路不面”数句，与前述《古谢经》中“在家请酒迷旺，大山麋文，不还还路，不回往”和贵阳市小河区《东南引路籓》中“在家说话，惟路不还，路不回”在文本中位置一致，意思当是对死亡的委婉表达。“不面”，当为“不回”之误。唐开成二年（837 年）江西弋阳县姚仲然买地石券中有类似的表述：“因往南山采药，遇仙不回，遂即致死。”①[5] 坛场，可能是受到黔北黔东北地区傩坛丧葬习俗的影响而出现。据道真冉文玉《上坝土家族乡巫佛合一坛班“提坟”仪式》一文介绍，仪式中有法师跪于坟前宣读《地契疏》，其文与布依族此引路幡词很接近。②关于二者之关系，见后文所述。正包，疑指前述之“尸包”。[6] 黄罡，即黄冈，《正字通・山部》：“罡，俗冈字。”黄罡大地，道教中常用语。官木，即棺木。[7] 自“今则孤男孝女”至“前朱雀时”，大致讲对死者的祭品祭器和购买葬地的情况，但层

① 陈柏泉：《江西出土地券综述》，《考古》1987 年第 3 期。

② 冉文玉主编《道真古傩》，贵州民族出版社，2012，第 280 ～ 281 页。

次较混乱，文字上多有歧出、错乱和复沓。与下述长顺县《班氏家谱》所载《祭祀幡文》相关部分比较一致，文字上也互有出入，不知孰是。[8] 箌，音 zhǎo，同“旐”，出丧时在前面引路的旗子，也叫引魂幡或引路幡。[9] 自“时童连安”至“千千年年万岁不移”，大致意思是让死者永安，不再妨碍生人，但无求保佑之词。类似文句在汉地买地券中常见，但差别很大（参见后文）。禄，当为“鹿”之误，“禄”与“鹿”同音。前引唐开成二年（837 年）江西弋阳县姚仲然买地石券中有类似的表述：“何人书？水中鱼，何人读？高山鹿。鹿何在？上高山，鱼何在？在深泉。”对照可知，布依族此幡文语句多有不通。所谓“山中鱼、水中禄”当为“山中鹿、水中鱼”。

6. 长顺县鼓扬镇 2007 年修撰之《班氏家谱》所载《祭祀幡文》

长州水田[1]天上开门（右开门，上开门，左开门），天上明明，地下出星星，金桥花地[2]下生金之鱼。婆婆世界[3]，则有南善部州大宋国广南西路巴州右江横出三寨，贵州省贵阳府长顺县管下鼓扬枝[4]××× 寨小地名，阳道弟子黄己郎（娘）寿命年登 ××× 岁到死，得病于家中，鬼灵天命告终，南下栽花供养，猪狗南堂，右江迷路不返，返路不回。则左男右女，东敬成双，上下衣裙，长短二阑，鞋袜布明，有所对处，备金、银、钱九万九千九百九十九两九分九钱九厘九毫九贯，买到棺木米叮当共几件，大宰牛一头，猪、鸡、鹅、鸭、米、酒等，在于堂前祭上祖公婆李定度[5]，买到黄罡大地一所，上至青天，下至黄泉，东至甲乙，南至丙丁，西至庚辛，北至壬癸，中央戊己，四面八方，子午卯酉安葬亡神，其地看凤凰，见仙穴合刑，左有青龙欲动鱼于盆前，右有白虎扣布庄移后时。童遥迎接安葬，生有田地，死有棺木，道路何北，水管不得停留，急急行北方，何为书，山中鱼，何为件，水中绿，绿在山，鱼在案[6]，若要相见，万代千年。吾奉太上老君，急急如律令。

正月天德在午方　　七月天德在子方

二月天德在未方　　八月天德在丑方

三月天德在亥方　　九月天德在巳方

四月天德在酉方　　十月天德在卯方
五月天德在戌方　　十一月天德在辰方
六月天德在寅方　　十二月天德在申方
东引路童子　　南引路童子
西引路童子　　北引路童子
中央引路童子[7]

注释：

[1] 长州水田，当作为标题出现，如前一则之“富州水田”，新修家谱时不明其意，误入正文，又另以“祭祀幡文”作标题。[2] 金桥花地，与傩坛戏中的许愿观念类似。布依族中年无子女时，则要修桥积“阴功”，女方坐家多年不孕，也请迷纳（女巫师）搭花桥，用红绿纸剪成许多纸人，分别代表男女小孩，贴在桥上，表示神灵送来许多儿女。① 幡文中出现“金桥花地”，明显受到黔北黔东北乃至四川的傩坛的影响。[3] 婆婆世界，当作“娑婆世界”。[4] 贵州省贵阳府长顺县管下鼓扬枝，作为地名，存在时间不一致，有混乱之嫌。贵阳府一直存在至民国三年。长顺县，则是民国三十年（1941年），合并长寨、广顺两县而设，一直沿用至今。鼓扬枝，今长顺鼓扬镇一带。枝，清代州、县下设置的行政机构。[5] 李定度，魏晋以来在买地券中主要充当土地买卖的见知人和保人，有时候也充当书契人或读契人，属墓冢中的“专职神仙”，常与张坚固一起出现。② 根据文意，这里的李定度充当土地的卖主，这种情况在汉地买地券文中十分罕见。[6] 绿，当为“鹿”之误。黔中方言“绿”与“鹿”同音。与前则幡文对照可知，布依族此幡文语句也多有不通，有同样的错误。[7] 自“正月天德在午方”以下，未见于其他《引路幡词》，道教意味更浓，当是后人累加。

以上六种《引路幡词》内容大致包括五个部分：一是开场导引神灵之语言；二是死者信息（籍贯、年龄、死亡原因）；三是安排布置丧葬仪式及其所

①《布依族简史》编写组编《布依族简史》，贵州人民出版社，1984，第170页。
② 黄景春：《地下神仙张坚固、李定度考述》，《世界宗教研究》2003年第1期。

需之祭器和祭品；四是购置葬地情况（所用费用和葬地范围大小）；五是道符律令文，强调死者永安，不妨碍生人，所谓“生死异路，不得相碍”。各部分文字比较接近，应有相同的来源，可以看出，六种《引路幡词》基本上是一种模式化的文体格式。其实，这种文体在唐宋时期的中原汉族地区已经成熟，被称为“买地券”，是葬家为死者虚构的一种置买阴地的契约，通常为道家人士书写，具有明显的道家文化色彩。[①] 规范的买地券文本，出现在北宋时期，王洙等人奉宋仁宗之命，于嘉祐元年（1056 年）编修了《重校正地理新书》，其中卷 14 即有《斩草建旐》篇，这是目前传世文献中的唯一范本，金元时期编修有《大汉原陵秘葬经》，影响很广。这表明宋元时期风水思想极为流行，但葬师又各有师法，颇为相异。[②]《斩草建旐》格式与同时期出土的部分买地券完全一致，但也有很多与之不同的地券，[③] 可见并无强制性的规范券文，虽对宋代民间买地券文书写有一个持续影响，但从来没有真正实现统一规范。《斩草建旐》是从买地券文的契约性质向引路魂幡文的引魂安魂性质转变的重要标志，前者一般书写在石、砖、金银质材料上，与死者一起下葬，即所谓“丹青铁券”，后者则一般书写在幡上，下葬时烧掉。但是如何理解贵州布依族中这种模式化的文体呢？我们拟从两个角度作比较分析。一是与汉地的买地券文比较，二是在它们之间作比较。

二、与汉地唐宋时期买地券文比较

通过与唐宋时期中原地区买地券文比较，可以发现它们之间相同之处仅在于基本格式上，都有第一、二、四、五部分内容，但就这四部分而言，具体在文字上又有很多不同。如关于死者逝世的委婉之词，镇宁县普里村《引路幡词》作“在家请酒迷旺，大山糜文，不还还路，不回往”。小河区金山

---

① 张传玺主编《中国历代契约会编考释（上册）》，北京大学出版社，1995，第 606 ~ 624 页。

② 徐苹芳：《唐宋墓葬中的“明器神煞”与“墓仪”制度——读〈大汉原陵秘葬经〉札记》，《考古》1963 年第 2 期。

③ 黄景春：《地下神仙张坚固、李定度考述》，《世界宗教研究》2003 年第 1 期。

村《引路幡词》作“在家说话，惟路不还，路不回”。《韦氏谱序》作“不横……把大子大病中病不横甲乙”。长顺睦化民国时期抄本《杨氏家谱》所载《富州水田》作“今在家舍下天告终，风往南山，栽花供养，失物不转，至每路不送，送路不面”。长顺县鼓扬镇2007年修撰之《班氏家谱》所载《祭祀幡文》作“病于家中，鬼灵天命告终，南下栽花供养，猪狗南堂，右江迷路不返，返路不回”。这些都是中原地区极罕见的表述，目前仅在唐开成二年（837年）江西弋阳县姚仲然买地石券中有类似的表述：“因往南山采药，遇仙不回，遂即致死。”[①] 合肥西郊出土的南唐保大四年（946年）墓葬的买地券中也有“为……路至今不还”这样类似的表述，而这样的表述在已发现或传世的宋代买地券中实无一件，说明布依族的表述渊源可追溯至唐末宋初。

又如，在所购置墓地范围的表述中，各《引路幡词》都有“东至甲乙，南至丙丁，西至庚辛，北至壬癸，中至戊己，上至青天，下至黄泉，左有青龙，右有白虎，前有朱雀，后有玄武”，只是文字排列顺序有别。然而，在中原地区唐宋时期买地券文绝无这么全面，一般表述是“东至青龙，西至白虎，南至朱雀，北至玄武，上至青天，下至黄泉”。而且东南西北所对应的只是四象，无前后左右与四象对应。极个别券文为“东止甲乙青龙，西止庚辛白虎，南止丙丁朱雀，北止壬癸玄武”。也无前后左右与四象对应。那么，前后左右与四象对应应当是南方，尤其是西南多山地而少平原的自然环境的反映，出门便是山，山前山后住，山上山下走，在这种环境中难辨东南西北，也不需要分清明确的方向，前后左右的方位观念更实际一些。今云贵高原的人们在描述方向时，常说前后左右，不说东南西北，即是这种观念长期存在的体现。另外，就道符律令而言，也与中原汉族地区的表述有异。各《引路幡词》多有千年不动，万岁不回，保万年生命、财物、富贵等之类的词句，以《韦氏谱序》所记最全：“千年不动，万年岁稷。千年保富贵，万年保子孙，千年保猪羊，万年保田地。千年保奴婢，万年保金银，千年保牛马，万年保男女，保千代富贵。”这种表述在已有的宋元时期的买地券中不

① 陈柏泉：《江西出土地券综述》，《考古》1987年第3期。

见，而在隋唐时期却有类似的表述，如1972年出土于湖南湘阴城关镇郊外的隋大业六年（610年）陶智洪买地陶券中即有："毕事之后，千年不惊，万年不动。"[①]至唐末似还有类似的表述，如唐大顺元年（890年）南昌县熊氏十七娘买地木券云"□□□万岁不得相关"。[②]在道符律令部分，如长顺睦化民国时期抄本《杨氏家谱》所载《富州水田》有"生有田地，死有棺椁，有关冲口河，蕅水官不得，定禄一时，行到鸟问，鸟问白来，读山中鱼，何读着学问，问水中禄，朱在千千年年万岁不移"。长顺县鼓扬镇《班氏家谱》所载《祭祀幡文》有"生有田地，死有棺木，道路何北，水管不得停留，急急行北方，何为书，山中鱼，何为件，水中绿，绿在山，鱼在案，若要相见，万代千年"。鱼、鸟、鹿，三国时期买地券中已出现，但身份不明确不稳定。五代、宋以来，买地券文中的鱼和鸟（鹤），往往分别是作为书契人和读契人的身份同时出现。如南汉大宝五年（962年）扶风郡马二十四娘买地券："书券积是东海鲤鱼仙，读券是天上鹤，鹤上青天，鱼入深泉。岗山树水，各有分林。神仙若问何处追寻，太上老君，敕青诏书。"[③]这是最为复杂的一种表述，一般则很简单明了，如四川蒲江发现的北宋初年的两件买地券，一则为"书契人鸟飞上天，读契人鱼入黄泉"，一则为"书契人天上飞鸟，读契人是江中鱼。书契得了，鸟飞上天，读契了，鱼归大海"。[④]这说明已经很规范程式化了。比较而言，布依族幡文表述很复沓，语义甚繁乱，而汉地券文中一般又没有"千年不动，万岁不移"之类的语句附在其后。这反映了其来源很早，当在宋代之前，且有来自汉地早晚不同时期的券文的重叠影响。

值得注意的是，《引路幡词》中出现了"坛场"，前文推测可能是受到黔北、黔东北地区傩坛丧葬习俗的影响而出现，而且《引路幡词》文本与傩文化中的《地契疏》十分接近。据道真冉文玉《上坝土家族乡巫佛合一坛

---

① 张传玺主编《中国历代契约会编考释（上册）》，北京大学出版社，1995，第248～249页。

② 江西省博物馆《江西南昌唐墓》，《考古》1977年第6期。

③ 张传玺主编《中国历代契约会编考释（上册）》，北京大学出版社，1995，第263～265页。

④ 龙腾、李平：《蒲江发现后蜀李才和北宋魏训买地券》，《四川文物》1990年第2期。

班“提坟”仪式》一文介绍，仪式中有法师跪于坟前宣读《地契疏》，其文与布依族《引路幡词》很接近。《地契疏》文曰：“阴阳院为出给地契事：今据中华人民共和国贵州省遵义市道真仡佬族苗族自治县××乡（镇）××村××组地名××墓前奉圣设供，焚香炳炬，买山安位。孝信××又洎合家孝眷人等，伏为昔故受地亡人×××葬于此地，礼宜安位。孝眷虔具买地珍财九万九千九百九十贯文，买到土府之尊位下吉地一穴，坐取本山吉向，东至甲乙青龙，南至丙丁朱雀，西至庚辛白虎，北至壬癸玄武，上至青天，下至黄泉，中至一穴地，亡人坐中庭。自此以后，神坛不敢占，古墓不敢侵；倘有侵占者，须令受地亡人，执契告赴女青天，依律治罪，决不姑宽。须至地契者，右给予受地亡人正魂收执，永远为凭。天运×年×月×日具疏立出卖地神，土府真敕令。九宫钟瑞气，八卦灿祥光。一干中证：东王公（金）、西王母（木）、张坚固（水）、李定度（火）、石功曹（土）、金主簿（同）、白鹤仙（在）、敕火令（笔）。三十三天诸圣作证，亡人×××亲身准此。”[①] 就其行文格式和内容而言，《地契疏》与唐宋时期的巴蜀地区的买地券文更为接近，重点强调买地范围及其合法性，而与祭祀和安魂关系不大。其源头当为唐宋时期的买地券文，更进一步而言，道真傩坛此种文本很可能直接源自川东地区。据冉文玉《道真仡佬族苗族自治县傩文化简志》，道真傩文化至迟在元明时期已传入，最早即来自川东一带。[②] 但是《地契疏》有开场导引神灵之语言和安排布置丧葬仪式两部分，这又与出现了傩文化中“孝义坛场”的《引路幡词》接近。这似乎表明黔中布依族《引路幡词》某些文本是经由黔北傩文化转承，而与巴蜀地区唐宋时期的买地券文有某种关系，是汉地买地券文化与布依族祭祀文化重新组合创造而成的新形式。

总之，六种布依族《引路幡词》中有大量隋唐五代以来的汉地买地券文的格式和文字信息，充分验证了清康熙《贵州通志》所载布依族丧葬中“习阴阳家言”之俗由来已久，但又有很突出的自身文化色彩。

---

① 冉文玉主编《道真古傩》，贵州民族出版社，2012，第280～281页。

② 冉文玉主编《道真古傩》，贵州民族出版社，2012，第67页。

三、六种文本内在关系比较

我们发现上述六种《引路幡词》虽然都是黔中地区布依族的丧葬文书，但它们之间在具体内容上又有许多差异。首先是标题就不一致，更重要的是各部分文字出入很大。就第二部分而言，各种《引路幡词》提及的地名性质和范围很复杂（见下表），有罗甸国、广南西路、州、寨等，这些地点多数已经无法考证，特别是州、寨之名，除矩州和泗城州外，汉文献基本无线索可寻。时代很久远的罗甸国和矩州之名，一为唐代中央朝廷封赠的土著国名，一为唐宋王朝羁縻而治的行政区划名。国、路、州、寨等行政等级区分也无不体现出中央王朝治理地方的影响。广南西路之名出现频率很高，州、寨作为行政区划已经很详备，等级区分甚为明细，在贵州、广西地区，这种情况更是宋代方有之事。尤其是宋代在边鄙各险扼控御之地置堡或寨，置有寨官，掌招收土军，阅习武艺，以防盗贼。[①]总之，其唐宋时代的特性已甚为明了。另外，唐宋至明清不同时期的地名往往叠加，可以看出其形成和发展演变的过程。结合前文的比较，可以看出以上六种《引路幡词》的基本内容与唐宋时期中原的买地券文类似，可以初步判定布依族的这种丧葬文书即来源于此。因此，布依族的丧葬文书自然不会早于唐宋，这成为我们讨论其产生时代的起点。就第三部分而言，主要是反映布依族丧葬文化的葬器和祭品，最能体现民族丧葬文化特色（见下表）。大致看来，六种文本在此方面具有时代性和区域性的差异，并非产生于一时一地，生动地反映了不同地域布依族丧葬仪式的独特性。但葬器和祭品又具有一致性，特别是祭品，六种文本基本一致，体现了一个民族的文化共性。而葬器方面的细微差异则表明随着时代发展而有所变更，大体反映的是受汉式丧葬文化影响不断加强的历史过程。比较文本结构和内容，六种文本似乎可以分三型。为了探究布依族在不同历史时期丧葬文化演变及其特定的关联，我们姑且把镇宁、紫云两地的文本称为A型，把开阳和小河两地的文本称为B型，把长顺两地的文本称为C型，列表如下。

---

① 参见《宋史·职官志七》镇寨官条。

六种《引路幡词》相关信息比较表

	A型		B型		C型	
出处	镇宁扁担山家传抄本《古谢经》	紫云火花万历时期《韦氏谱序·韦汉朝源流》	开阳禾丰家传光绪十八年（1892年）抄本《砍牛经》	小河金竹家藏父辈抄本残卷	长顺鼓扬2007年修撰之《班氏家谱》	长顺睦化家藏约民国时期抄本《杨氏家谱》
名称	《便告》	《亡人归天大事由三》	《引路旒》	《东南引路藩》	《长州水田》（家谱载为《祭祀幡文》）	《富州水田》
开场占引	金调引路，南泉部州	大路如来	占引路鬼初公，请我上、中、下元有天、水官，家神南瞻布州	娑婆世界有南膳部周	天上开门，天上明明，地下出星星，金桥花地下生金之鱼。婆婆世界，则有南善部州	天上明明，地下出星，连朝引详、化仙人鬼。维为安安世界，则有南前部州
地名	罗甸国、大宋国广南西路、里州、五行三寨、郑山州、林多街	大宋国广南西路、洪州、右州、行江三寨，左管旧顺地名城梁	太长矩州，三寨三州，罗何莫州、老平鸭水州	太长州、大明国南西路	长州，大宋国广南西路巴州右江横出三寨，贵州省贵阳府长顺县管下鼓扬枝	大送（宋）国广南西路有州有姜营泗城州
死者情况	在家请酒迷旺，大山糜文，不还还路，不回往	大子大病中病不横	信士死了	在家说话，惟路不还，路不回	得病于家中，鬼灵天命告终，南下栽花供养，猪狗南堂，右江迷路不返，返路不回	在家舍下天告终，风往南山，栽花供养，失物不转，至每路不送，送路不面
葬器	金银一供、凉伞一把、挂度一辕	凉伞、银钱、棺木	银钱（作购买之用）、棺木、绯衣、白裙、鞋袜、帽子、帷子	长藩乙套、银钱（作购买之用）、棺木，衣服、花裙、帷子	东敬成双，上下衣裙，长短二阑，鞋袜布明，金、银、钱（作购买之用）、棺木、米叮当共几件	东永、孝义坛场（严格说不属于葬器），立番正包、上下虎衣件阑一锁领，金钱（作购买之用）、棺木、二丁当共禄八金

续表

	A型		B型		C型	
祭品	鹅、公鸡、罗父果、酒食	牛、猪、鸡、狗、罗甫果、酒食	牛、猪、鸡、酒、饭食	牛、鸡、猪、鸭、酒食	牛、猪、鸡、鹅、鸭、米酒	牛、猪、鹅、鸭、鸡、酒食
购置葬地	尤备万万九千九贯九分九厘九毫长天果，买到祖地，左有青龙，右有白虎，前有朱雀，后有玄武。东至甲乙，南至丙丁，西至庚辛，北至壬癸，中至戊己，四至八向分明	九千九万九十九百九文，翁与亡人前往买卖。左有青龙，右有白虎，前有朱雀，后有玄武	九万万九十九贯九万九千九毫九厘九分，定将军买讨本阴地一所，保使其国无，其里定敬，东至甲乙木，南至丙丁火，西至庚辛金，北至壬癸水，中至戊己土，上至青天，下至黄泉，前有朱雀，后有玄武，左有青龙，右有白虎	合用银钱买九万九千九百九十九分九厘九毫，买得黄江大地一所安葬，千年不退，万岁不回。东至甲乙，南至丙丁，西至庚辛，北至壬癸，中至戊己，上至青天，下至黄泉，左有青龙，右有白虎，前有朱雀，后有玄武	备金、银、钱、九万九千九百九十九两九分九钱九厘九毫九贯……李定度，黄罡大地一所，上至青天，下至黄泉，东至甲乙，南至丙丁，西至庚辛，北至壬癸，中央戊己，四面八方。子午卯酉安葬亡神，其地看凤凰，见仙穴合刑，左有青龙欲动鱼于盆前，右有白虎扣布庄移后时	金钱九千九贯九百九十九分九文九厘九毫……买到黄罡地一所，上至青天，下至黄泉，东至甲乙，南至丙丁，西至庚辛，北至壬癸，中至戊己。子午卯酉安葬亡神，共地远见、风黄仙见、先刑桃树、青龙动由、于合、四钱、白虎、后有玄武、青龙白虎、前朱雀时
道符律令文	三仲无陆八在山淡，已在千年不动，万年不移。第一保牛马，第二保田地庄，保千年富贵，保万年命长，荣华平安乐矣	千年不动，万年岁稷，千年保富贵，万年保子孙，千年保猪羊，万年保田地。千年保奴婢，万年保金银，千年保牛马，万年保男女，保千代富贵	二十四□大官管里，鱼在水中，肉在高山，千年不动，万岁不回	无	童遥迎接安葬，生有田地，死有棺木，道路何北，水管不得停留，急急行北方，何为书，山中鱼，何为件，水中绿，绿在山，鱼在案，若要相见，万代千年（另外还附有十二月天德方位和五方引路童子）	时童连安，横刑桃后，安葬亡神，千年万岁不移。生有田地，死有棺椁，有关冲口河、落水官不得，定禄一时，行到鸟问，鸟问白来，读山中鱼，何读着学问，问水中禄，朱在千千年年万岁不移

四、三型《引路幡词》产生的时代背景与源流

（一）A 型《引路幡词》产生的时代背景与源流

镇宁县普里寨《引路幡词》中有罗甸国、大宋、广南西路等具有鲜明时代信息的名词。罗甸国，汉文献又称为“罗殿国”。《新唐书·南蛮传》：“昆明东九百里即牂牁国，兵数出，侵地数千里。元和八年（813 年）上表请尽归牂牁故地。开成元年（836 年）鬼主阿佩内属。会昌（841—846 年）中封其别帅为罗殿王，世袭爵。”据史继忠研究，鬼主阿佩辖地为罗氏鬼国，或称“罗施鬼国”，地在今毕节地区及安顺、六盘水部分地区，为彝族阿者部所建立。罗殿王国在今安顺地区，为彝族播勒部所建立。[①] 五代时期，罗殿国曾入朝。《旧五代史·唐书·明宗纪》载：后唐明宗天成二年（927 年）八月乙酉，昆明大鬼主罗殿王、普露静王九部落，各差使随牂牁、清州八郡刺史宋朝化入朝。至宋代，罗殿国因为参与卖马活动，而为史家所注意。至元代，罗甸国灭亡。据《元史·地理志六》和《贵阳府志》记载：至元十六年，潭州行省平章事阿里海牙遣两淮招讨司经历刘继昌招降八番罗甸蛮，遂置宣慰司及小龙番、卧龙番、大龙番、程番、洪番、方番、石番、卢番、罗甸国九安抚司，以刘继昌为宣慰使，以兵三千戍守。九安抚司并授怀远大将军佩虎符。至元二十六年置八番罗甸宣慰司，以斡罗思为宣慰使。然而，据《元史·地理志四·普定路》记载，罗甸国归附后，改为普定府，隶属云南行省。其实元代罗甸国虽然灭亡，但土著势力很强，加之朝廷派遣来的官员从中拨弄，归属难定，后几经变动，改属湖广和四川行省。《元史·地理志四·普定路》特别提到云南行省所反映的当时实情：“罗罗即普里也，归附后改普定府，印信俱存，隶云南三十余年，赋役如期。今（指至元二十七年）所创罗甸宣慰安抚司，隶湖广省。斡罗思等擅以兵招降普定土官矣资男、扎哇、希古等，勒令同其入靓，邀功希赏，乞罢之（按：此即至元二十九年斡罗思入贿丞相桑哥等，请创罗甸宣慰司之事），仍以其地隶云南。”元成宗

---

① 史继忠：《罗殿国非罗氏鬼国辨》，《贵州民族研究》1982 年第 4 期。

大德七年（1303年），改普定府为普定路，隶曲靖宣慰司，终属云南行省。从上可知，罗甸国之名存在于唐会昌（841—846年）中到元至元十六年（1279年）间。但是，从“罗甸国”与“罗殿国”之称谓看，唐宋时期的汉文献一般都是称为“罗殿国”，唐朝最初所封其国主即为“罗殿王”，而在宋代称“罗甸王部落”者仅发现有《太平寰宇记》一处。[①]元明时期文献多记为“罗甸国”，无一见“罗殿国”者，由于元大德七年改为普定路，“罗甸国”之名淡出文献，至明清时期只在追溯历史时偶有提及。因此，可以推测“罗甸国”之名始于北宋，主要流行于元代。由此得出，镇宁县普里寨《引路幡词》“罗甸国”之名产生的时代不大会早于宋代，但也不会晚至元代以后。把罗甸国之名摆在大宋国广南西路之前，其主体地位则不言而喻，“罗罗即普里也”，从唐代罗殿国到宋元罗甸国再到元代的普定府，一脉相承，更说明这一带在宋元时期已有布依族存在，且统属于罗甸国。

至于《引路幡词》提及的“大宋广南西路”，有必要另作分析。据《宋史·地理志一》，至道三年（994年），分天下为十五路，广南西路为其一。大观元年（1107年），别置黔南路，三年，并黔南入广西，以广西黔南路为名。四年五月，改为广南西路。别置之地，据《宋史·地理志六》，“割融、柳、宜及平、允、从、庭、孚、观九州为黔南路，融州为帅府，宜州为望郡”。查谭其骧等编绘《中国历史地图集》第六册，融、柳、宜、平、观五州在广西境内，大致范围在今广西河池地区和柳州北部地区。另外，还涉及贵州与广西邻边的从江和荔波一带。而允、从、庭、孚四州，据《宋史·地理志六》载，时置时废，反复不定，但大致在今广西与贵州的交邻地带。总之，宋广南西路地几不与今贵州相关，其辖地并未到今黔中一带，更没有到黔中以西的安顺、镇宁等地。实际上，宋代仅对今贵州乌江以南之地实行羁縻控制，而乌江以西之地更是土著统治，朝廷势力基本不能控制。前面分析已经表明，在宋代今安顺、镇宁一带是罗殿国的势力范围。在这种政治形势下，汉民族基本不会进入，自然不可能带来汉地流行的丧葬文化。而《引路幡词》偏偏说是在大宋广南西路，

---

①《太平寰宇记》卷120：“南宁州本清溪镇，唐末置，在黔州西南二十九日行。从南宁州至罗甸王部落八日行，与云南接界。”

其源头只能到宋代的广南西路去寻找。据《宋史·蛮夷三》，大批汉人迁入广西西部，当与宋仁宗皇祐年间（1049—1054年）平定广源州侬智高之乱后，军人留守广西有关。今广西西部及黔西南地区布依族中之岑、黄、王等大姓，都说其祖先是随狄青征讨侬智高叛乱而入粤，这些人正是留守广西的汉人与布依族先民融合而成。贵州望谟《王氏宗谱》记载，在狄青平定侬氏后，上表朝廷以岑仲淑为首的八员留守（八员，即岑、黄、王、覃、柏、许、潘、李八姓）。“各率领本部人马驻镇邕州，建元帅府。置部下将官往各处镇守。”[①]而且各姓驻镇后，因黔、桂两地土著联合，二万余人侵入泗城讲里、罗那地方，地方叛乱再起，八员受命前往镇压，后各受其封地，势力遂进入今黔西南望谟、册亨、罗甸等地，并设甲治理。因此，这些地带即并入广南西路，与当时罗殿国的势力范围交错。再从地名看，详细的路、州、寨三级行政区划，也真实反映了宋代在边境地方的行政机构设置情况，这是后人无法虚构出来的。进入这一带的汉人站在客籍的立场，用汉人丧葬习俗写成买地券文，故有“金调引路，罗甸国所管责有南泉部州，大宋国广南西路里州”这样的文句。也因此而保留有“不还还路，不回往”这样的在宋代不见，而在唐末五代时期中原地区的买地券文中存在的内容。这是移入汉人的文化滞后性的反映。这种文句后又被布依族上层人物或者是融入布依族的汉人所移植，加入布依族的丧葬文化因素，而变成《引路幡词》，故又最能体现布依族丧葬文化鲜明的时代性和地域性。因此，镇宁《引路幡词》的真正形成当是在北宋仁宗皇祐年间以后，与汉人的文化影响密切相关。故可推知，今黔中、黔西一带布依族的这种丧葬文书形式很可能就在宋代的广南西路境内形成，随着布依族的迁徙而带到了镇宁一带，只是不知是形成后又过了多少代人才进入镇宁地区。

相比之下，今紫云县火花乡一带明万历时期《韦氏谱序》所载《引路幡词》与之在结构文字表述方面很接近，在地域上也邻近，二者应属同源关系。据谱序记载，自明初以来，韦氏为当地土司，具有特定的政治权利和心

---

① 参见广西《田州岑氏源流谱》(1965年3月广西民族研究所编印)，贵州望谟《王氏宗谱》，贵州册亨《黄氏宗谱》[载贵州省民族研究所编《民族研究参考资料（第19集）》，1983，第41～52页]。

理上的优越感，乐于接纳汉人的丧葬文化。而且韦氏与广西汉移民王氏有长期的军事斗争，文化上自然也会受到影响。据《韦氏谱序》，明初，韦氏先祖韦卜銮因立功，被授为永、镇二州土官州同知，并准许世袭，于打罕设衙门管理十马之地。元代韦氏本为镇宁州火烘司冠带土司，洪武十五年世袭土官，管理打罕地方。将元代德安州（土语“打罕”）改设前阮州，并于打罕境内的落黎寨开设州同知衙门。火烘，现在紫云县火花乡一带，但明代无火烘司之设，且明代安顺府所辖康佐、十二营、西堡、宁谷、顶营、募役六长官司，皆在洪武十八年后建立，《韦氏谱序》火烘司可补正史之阙。至于在打罕落黎寨设前阮州同知衙门管理上、下三马之地，传世文献也无确载。所指上三马包括扫喷、板陆、洒浪、板完、雷林、落圯、岩峨、更名、仰鹅等地，下三马包括落运、落坎、播西、册秧、垛温、落坝等地，这些地名都是布依族语言之汉语音译。通过与附近地区布依族其他传世文书提及的相关地点参照比较，推知上述地点大致在今紫云、镇宁、关岭三县之南部地区。其中，在镇宁，民国二十五年韦治安所抄反映其族人迁徙史迹的《开方科仪》中即有打罕、播西这两个重要的地名，落圯，此文则作“落运”，并说打罕驻韦氏，是个好地方，播西驻叶氏，落运驻杨氏。打罕、播西、落运三地点都属于今镇宁六马镇。另外，安顺幺铺镇歪寨韦永桢藏的布依族祭祀经《开路词》中为亡灵回家指路，提及达罕、坎动、纳巴、纳芥、邦接，达罕即打罕，纳巴即落坝，纳芥即落坎，邦接即播西，整理者只笼统地说这些地点在今关岭境内，但查阅今地图，应属于镇宁县六马、良田、简嘎一带。汉文献中也有相关记载，（道光）《安顺府志》卷3《地理志二》引旧《通志》云：“镇宁州，宋为普东部，元于罗黎寨置和宏州，寻改镇宁州。又永宁州，元为达安州，夷名打罕，寻改永宁州，大德中改属湖广行省，至正中为广西泗城州所并。”同书卷6《地理志五》引《永宁州志》云永宁州东南有六马，分上三马和下三马，乐举司、大屯司、八大司，为上三马，乐运哨、乐坝哨、播西哨，为下三马。卷3及卷23《安顺置府本末》又云永宁土州同知韦氏，盖成化三年作乱，即已讨绝。或者韦氏既绝之后，用泗城有功土目王氏为正副长官，直至清代仍有王氏管理打罕地区。打罕王氏乃宋时入广西之余姚王氏之裔，明初，韦氏叛乱，其裔有王应时者，擒韦卜銮于伏泥屯，防守打罕哨，随后分其子管理打罕、乐举、八大，是为上三马之地。又云元末有王国宾者，居乐运，其后裔则管理播西、乐坝、乐运等地，是为下三马之地。依此说，则是王氏早于元末明初已占有六马地区，韦氏灭亡已久。其实，《安顺府志》这里提及的韦氏作乱，泗城王氏入并一事在《韦氏谱序》中有详细记述，全非前者所言。本系正统九年王应时父子统兵七万越省前来，杀占城池，焚毁衙门，抢劫无数。韦氏也并未灭亡，直至万历时期仍存在，只是衰落了。

这篇《引路幡词》的时代从谱序的历史叙述看很清楚，不会晚于明万历二十二年（1594年）。由此说明，至明万历时期，其结构和文字基本定型了。不过韦氏所载文字则更为原始，层次更为混乱，用词颇不严谨，反映了比较拙劣的汉文水平，这似乎表明汉文化水平本不高的布依族上层在自身丧葬习俗的基础上，开始主动模仿汉人丧葬文化，因而显得不伦不类。有的语言是纯粹的布依族丧葬仪式的汉语化表达，有的则是直接引用汉文，行文基本结构也依从汉式。不过，这样的文本对无文字不行书面语的布依族而言，已经是十分完善了，当是经过了一段时间的运用融合以后的形态。同时，罗甸国之名已经淡出不存。那么，据此推定，今紫云一带的布依族《引路幡词》的产生不会晚至明代中期，很可能是直接受到了广西北上的以岑、黄、王氏为代表的汉移民的影响。

总之，今镇宁、紫云一带的布依族《引路幡词》大约形成于宋元时期，至明中期传入镇宁、紫云一带。这一支布依族与北宋皇祐年间以来迁入广西西部的汉族有密切关系，其丧葬中所用之《引路幡词》是在移入汉族丧葬文化（尤其是买地券文）影响下，自身土著性文化与移入的汉式文化因素缓慢融合的产物。

（二）B型《引路幡词》产生的时代背景与源流

开阳禾丰的《引路幡词》虽然是王车村石头坡组罗继登家传光绪十八年抄本，但也当由来已久。从文字上看，没有前两种典雅，呈现出比较粗俗的语气，同时，道教色彩甚浓，如“上、中、下元天水官”“信士”、倒写“敕令出去”等。但是其中的“拒州”（矩州）、“初公”（摩公），一则说明时代较早，二则强调布依族摩公的主导地位，这当是在汉文化影响还不甚浓厚的情况下，夷汉丧葬文化初步交融痕迹的保留。矩州，始建于唐初武德四年（621年），至宋代仍存在，其地在今贵阳，以州南有水方如矩为名。今贵阳南明河流至中曹司一段称“四方河”，故推测矩州当在贵阳市花溪区金竹镇中曹司一带。小河区金竹的《引路幡词》开头也一样有“太长（拒）州水田”，接着是“大明国南西路”，此语则表明时代属于明代。明代距离宋代虽不甚远，而布依族民间对宋代的广南西路已经很模糊了，故误写成“国南西路”而不觉，可见其对历史的记忆已经不明确了。但是，唐代的矩州距离明代更是遥远，为何在民间的历史记忆还那么清晰，且是摆在最首，这充分说明矩州对于这一支布依族的特殊意义。据笔者调查，今关岭断桥镇、兴义巴结镇板舍村等地的布依族称今贵阳仍为“谢收”或“谢州”，或因唐代矩州刺史为谢氏，或因“矩州”本是布依语“谢收”之音变。因此，综合起来看，开阳和小河的两篇《引路幡词》都有一个共同的源头，起源的时代当在唐宋时期。这可能与唐五代以来的“蕃”（元以后写成“番”）有关。《旧唐书》卷199《东谢蛮传》载贞元十三年（797年）已有西南蕃大酋长宋鼎请求入贡之事，又说蛮州、牂州“户口殷盛，人力强大，邻则诸蕃悉皆敬惮’.《宋史》载宋初有“西南番”“五姓番”“西南七番”，“八番”之名则起于宋元之际。具体是哪几番，史载不一，一般指龙、方、石、张、罗、韦、程等番，韦番、程番后起，比附前五姓，史称“西南七番”。

《新五代史》卷16《楚世家》载：后晋天福四年（939年），楚王马希范平溪州，于溪州立铜柱，意在讽喻周边的牂牁、两林、桂林、象郡。“于是南宁州酋长莫彦殊率其本部十八州，都云酋长尹怀昌率其昆明等十二部，牂牁张万浚率其夷、播等七州皆附于希范。”《资治通鉴》卷283《后晋纪四·齐王上》记载此事在天福八年十二月，或与四年各是一次，云：“宁州酋长莫彦殊以所部温、那等十八州附于楚。其州无官府，惟立牌于冈阜，略以恩威羁縻而已。”其中，南宁州酋长莫彦殊之本部十八州即是当时的羁縻州。宁州，胡三省注以为唐时之南宁州。然天宝以前之南宁州在今云南曲靖一带，天宝末没于蛮。唐末复置，然已向东侨置于清溪镇（今惠水境内），属于黔州管辖。故《太平寰宇记》卷120：“南宁州，本清溪镇，唐末置，在黔州西南二十九日行。从南宁州至罗甸王部落八日行，与云南接界。”至五代时今贵州中南部即为南宁州地，故不得与彼唐前期之南宁州相混。莫氏本部之温、那等十八州，应为《新唐书》卷43《地理志七下》所载之芳、劳、羲、福、犍、邦、清、峨、蛮、鼓、濡、琳、鸾、令、那、晖、都州，共十七州，相差一州。这十七州从排列顺序看，介于牂牁蛮与昆明蛮分布之间的今黔中地区，境内其族属关系复杂，其中无疑有布依族先民，且应以其为主体。故推测《资治通鉴》所言莫氏本部之温州即芳州，那州即那州。南宁州能在唐末徙治并侨置于此地，当与布依族先民之中的莫氏、尹氏的“输忠”“投诚”有关，也与唐以来今黔中各地土著大姓如谢氏、赵氏、宋氏等长期归顺的政治传统密切相关。[①] 至宋代，南宁州地位进一步上升。据《宋史》之《地理志五》和《蛮夷传四》，南宁州在绍庆府下辖四十九羁縻州之首位，其时首领为龙氏。境内有诸番部族数十，独龙、方、张、石、罗五姓最著，号称“五姓番”，皆常奉贡职，受爵命。又有程氏、韦氏，比附王姓，故又有“西南七番”之名。自宋代以来，诸番以龙氏为宗，称为西南番主，以“五姓番”为代表的诸番集中居住在今惠水境内，发展演变线索很清楚，至今皆为布依族中的大姓。

至于“八番”的来历，文献中多有记载，但也各有出入，或云马殷时，或云马希范时。明弘治《贵州图经新志》：“五代时楚王马殷遣八姓率邕管、柳州兵讨两江溪峒，至此留军戍之，遂各分据号‘八番’。”而清《黔南识略》则云：“五代时马希范遣兵戍地，其部众欲自异于诸蛮，因以其主帅之姓为号，遂为仲家。故今仲苗犹以贵种骄诸苗。”道光《贵阳府志》卷87《土司传上》记述甚为详细，谓龙、方、石、程、韦、洪、卢、张等氏“皆起于马希范之世。先是马殷时，遣马平龙德寿等率柳州兵讨略两江溪峒，数岁始平之。而殷已卒，希范嗣立，晋天福五年（940年）至南宁州，南宁州酋长莫彦殊率其本部十八州附于希范，遂留德寿等戍其地，与校七族各番南宁，而授土，以时番上。因称‘八番’，亦称‘八蕃’”。以上所谓“八番”，来历大致如此，但多与唐宋史籍所载相混淆。其实，唐时已有诸“番”人，并非起于五代楚国之马氏，但马氏时当有汉移民进入此地，并与“番”人融合。简单说来，是今惠水一带五代时新来的汉移民，后与以土著为主的番人融合发展，成为今黔中地区布依族文化在五代时期的重要来源。道光《贵阳府志》卷87《土司传上》

---

① 叶成勇：《黔中“夜郎竹王”后裔：金竹金氏族属认同及其变迁探析》，待刊稿。

又云："其后复有滕氏、谢氏、罗氏亦称番，或为土族，或为蜀族，盖马氏之衰，孟氏抚有南宁，又使其将领土人备番南域也。然诸番有盛衰。"所谓马氏，即指前述楚王马希范，孟氏，则指后蜀孟知祥。据《宋史》卷496《蛮夷四》，宋太宗雍熙二年（985年）八月，夷王龙汉璇自称权南宁州事，兼番落使，遣牂牁诸州酋长赵文桥来献方物、名马，并上蜀孟氏所给符印。这充分说明孟氏确实控制到今黔中一带。而且，民国《贵州通志·金石志一》记有一件清光绪初年出土于定番龙氏宅地中的"广政通宝"铜鉴。广政，即后蜀孟知祥在位年号（938—965年），而"广政通宝"铜鉴或即孟蜀所赏赐，为五代时期夷王龙氏所有。至于谢番与滕番，其实在宋代文献中颇有提及，范成大《桂海虞衡志·志蛮》、周去非《岭外代答》卷5《财计门》中即有记载。谢番，道光《贵阳府志》卷87《土司传上》云："谢番，和武州节度使，今居归化厅之火烘。"谢氏原为唐代牂牁大姓，查《新唐书·地理志七下》江南道诸蛮州之牂州，武德三年乃以牂牁首领谢龙羽地置，领建安、宾化、新兴三县。宾化，后讹为平伐，在今贵定县南部一带。至宋代，谢番则向西进入归化厅之火烘（今紫云县一带）。大致看来，五代至宋时期的谢番当为隋唐时期的牂牁首领谢龙羽之后，为"番"中的土族，地在今贵定至紫云一带，只是到了唐代后期，谢氏衰落或南迁，这大概就是今关岭、兴义等地的布依族仍称今贵阳为"谢收"或"谢州"的原因所在。他们中的一部分当在唐代就居住于黔中，且统属于牂牁谢氏之矩州。谢氏衰落或南迁后，赵氏、宋氏、龙氏相继起于黔中地区。而滕番则为五代时来自四川，为"番"中的蜀族，道光《贵阳府志》卷87《土司传上》即云：平伐长官司庭氏本姓滕，四川灌县人，五代末仕后蜀孟氏，征南有功，授宾化令，世守其土，号曰滕番。因居蛮日久，滕讹为庭，宾化讹为平伐。元时，滕氏还在活动，《新元史》卷248《八番顺元诸蛮传》记载大德五年六月，小盘寨主腾香与其他寨主共誓不叛之事。腾香，即滕香。此外，南宋淳熙四年邕州知州、广南西路安抚使吴儆奉诏出横山寨，赴大理市马，在《竹洲集》卷10《邕州化外诸国土俗记》中就记述了其沿途亲历所见，其中提到西南番各有君长、姓氏，且"自言诸葛武侯所留戍卒后裔，有武侯碑在西南番境中"。今罗甸县城西孔明祠旧址内道光二十一年《南☐山爱吾庐记》碑文："昔者孔明先生征伐南蛮，尚有佩剑之遗迹，土人得之，以为乃祖从戎屯戍于此，即以先生瘗剑之地，建祠而尸祝之。”[①] 这些都表明“番”中的土族还有不少是三国时期戍卒的后裔，可见被称为“番”的群体来源很复杂，最早可追溯至三国时期戍卒，甚或西汉时期的汉移民大姓。

总之，五代以来布依族中“番”来源和成分很复杂，除了隋唐以来莫氏、尹氏、谢氏等土族外，有不少来自楚地和蜀地的汉人融入今惠水、贵定一带的布依族中。或为土族，或为蜀族，或为楚族，然诸番各有盛衰。来自楚地和蜀地的这部分汉人可能带来了更早的属于隋唐时期汉地的丧葬文化习俗和买地券文的文书表述，如“千年不动，万岁不回”与“千年不退，万岁不回”之类。今惠水、贵定、龙里、贵阳一带布依族文化中有很多汉文化因素的存在，也当与这一带汉族进入后与布依族融合有一定关系，从而形成现在这些地区布依族中汉文化因素的最早来源。前文说这一支布依族对广南西路记忆已经很模糊，这与他们本身的历史不甚关切，推测可能是元明时期广西地区布依族上层的统治向北扩张，其丧葬文化对早已居住今贵阳地区的布依族的一种影响，表明早期布依族对后来同族文化的吸纳。一个是唐代的矩州，一个是宋代的广南西路，都在明代的文本中并列，有主有次，本末分明，是历史因素的叠加，可以从中窥探贵州少数民族历史文化演变的深层关系。

（三）C 型《引路幡词》产生的时代背景与源流

长顺鼓扬和睦化两地很近，《引路幡词》构成及各部分内容几乎一致。其涉及地点与 A 型类似，强调大宋国广南西路所辖州、寨。值得注意的是泗城州，《宋史》《元史》地理志皆无载。今人地志中往往以宋皇祐五年（1053 年）置泗城州，不知何从。但据明清时期地志追述，元代即有泗城州。据林富、黄佐修撰明嘉靖十年《广西通志》记载，泗城州土官知州，岑姓，旧为溪洞蛮夷酋长。元时有岑怒木罕，尝为泗城州土官。经元明时不断开疆拓土，泗城州成为广西左右江辖域最大的土州。“弘治三年，土官知州岑应复据上林长官司及贵州镇宁等处一十八城。”“隆庆二年，泗城蛮黄

---

① 黔南布依族苗族自治州史志编纂委员会编《黔南布依族苗族自治州志·文物名胜志》，贵州民族出版社，1989，第 84 页。

豹、黄豸等据贵州程番府麻向、大华等司，时出掳掠，官军剿之，豹等遁去。”其辖地向“北至永宁州界一千里”，至今贵州关岭、镇宁南部的六马地区。明代，岑氏以其子孙分据泗城、程县、安隆、上林等处，又令其部将王初、王旦、黄慧等人越过红水河而入今贵州境，势力达于镇宁、永宁、普安边界，形成“上江王、下江黄”的统治格局。因此，涉及的路、州、寨地理观念是典型的宋代建置的反映。但是，鼓扬《班氏家谱》所载则有明清乃至民国时期的建置，是后人随着建置的不断变化添补更改所致，从文本中地点反映的建置的叠加，可以初步认为C型产生时代不早于宋代，至明清民国时期一直沿用并增补，这说明文本的延续性使用。

为了进一步探讨其时代性，还须从该类型与其他两类的区别上分析。首先，关于死者情况，有“风往南山，栽花供养”的字句，目前只有唐开成二年江西弋阳姚仲然墓券中有类似表述。其次，在购置墓地方面，李定度充当保人，并购买黄冈大地，这种情况在汉地南朝以来都有发现，但主要流行于宋代及其以后。再次，在葬器方面，出现了“东永孝义坛场”，前文已指出其可能是受到黔北黔东北地区傩坛丧葬习俗的影响而出现。宋代以来傩坛在四川、重庆及黔北一带流行，与道教关系极为密切。在布依族丧葬文化核心层面出现来自这些地区的典型汉文化因素，应与这一带人口（川人）迁入和影响密切相关。因此，推测其源头可追溯至宋代四川。最后，道符律令部分，鱼、鸟、鹿三种动物扮演书契人和读契人。鱼和鸟（鹤），三国时期买地券中即已出现，但身份不明确，唐末、宋以来，鹿始偶尔充当读契人，如前引开成二年江西姚仲然墓券买地券文中鹿作为读券人。宋代，鱼和鸟（鹤），往往分别是作为书契人和读契人的身份同时出现，关系十分稳定，但一般不见三种动物同时出现者。如前引南汉大宝五年（962年）扶风郡马二十四娘买地券和四川蒲江发现的北宋初年的两件买地券。这说明C型文本的源头仍可追溯至唐末至宋代早期，且与四川、江西有某种关联性。但是，更应该看到幡文中的叠加所呈现出来的矛盾性，即一方面有很早的源头，另一方面是整个文本又十分繁复而规范，道教色彩十分突出，这又只能是宋元时期汉族风水观念在丧葬中定型完善后才可能出现的。结合前述贵州黔中一带移民的历史特点，我们认为C型幡文中包含唐末至宋代早期的汉地买地券文表述，当是川人直接迁入时带入，这部分人很可能就是五代至宋时期被称为“番”的来自四川的那部分人；而繁复规范的形态则是明代洪武以来，大规模从江南迁入黔中的汉人带入。当布依族中使用C型这部分人的先民的丧葬文化在与五代时期川人文化融合后，至明代又接受了江南移民的丧葬文化影响，使其幡文更加规范完整，所以，其中有来自江西同一个体墓券的券文痕迹也就很正常了。当然，北宋以来，随着从广西北上的王氏、黄氏强势进入，大宋广南西路州寨的文化因子早已深入布依族中，因而也成为黔中整个布依族的整体性历史记忆，与其葬器和祭品共同构成其核心层面文化因子。但是，其记忆越来越模糊，以致把大宋国误写成“大送国”而丝毫不能觉察，居然把“长州水田”和“富州水田”作为标题出现，根本不知长州、富州[①]为何物！大明王朝在黔中的影响实在太大，又不断磨灭颠覆以往的真实记忆，把大宋广南西路改写成“大明广南西路”，这大概不是无意的疏漏，而是曲意的归附。这与黔中一带不少布依族声称其祖籍源自江西有内在关系。

五、余论

黔中布依族《引路幡词》蕴含的历史文化信息非常丰富，本文仅是一个初步的探索。文中较详细地注解了文本中的文字，讨论了三种类型的时代背景和关联性。总体而言，B型产生要早一些，约在唐末五代时期，与布依族中八番这一支有关；A型产生时代约在宋元，至明中期已进入贵州，与宋代平定侬智高以来广西地区移入汉人的影响密切相关；C型则反映了五代时期四川汉移民和明代江南移民的重叠影响。通过本文的分析，我们对幡文中历史文化内涵的多样性和叠加性作了较充分的揭示，可以比较清晰地看到黔中布依族族源的多元性和文化因子的融合性，对布依族的族源和文化渊源提供了较深入的理解和个案分析。但就祭器和祭品的完整性看，B型和C型又要

① 长州，据《旧唐书·地理四》载，属安南都督府，其地在今越南南部，与黔中相去近两千里。富州，据《旧唐书·地理四》载，属桂州都督府，《宋史·地理志六》广南西路昭州龙平县条注：“开宝五年废富州，以县来隶，又以思勤、马江入焉。”其地约在今广西东部之昭平县一带，与黔中相去也近两千里。相隔如此远，不知有何关系。

晚得多，已经到了明代，这是充分发展的形态，故至今仍在布依族中沿用。然而不管是哪一种哪一型，都不是绝对的，本质上讲，它们都是夷汉丧葬文化缓慢融合发展的产物。由于资料不全面，我们只能看到这个历史进程中的一点一滴，一个片段。各种文本之间的深层次关系仍有待探讨，如六种《引路幡词》中都有“千年不动，万岁不回”之类的语句，只是各本之间个别字有异，这似乎也表明它们有一个共同的祖源。

另外，幡文一般是作为附录出现，存在于家谱中或布依族丧葬祭祀经典《砍牛经》文的末尾，而家谱和《砍牛经》是两种不同性质的文本。家谱在早期只有少数上层或土司家族拥有，而后者则仅有摩公拥有。可见，布依族上层和摩公是汉式丧葬文化传入的主要力量，笔者在长顺县营盘乡调查摩公文化时，他们举行的汉式丧葬仪式和文本都说是从附近的汉人学习而来。幡文则往往用汉字记布依语发音，就连最近几年所修家谱中仍然保留了这样的传统，如长顺鼓扬2007年修撰《班氏家谱》即是。由于布依族巫师（摩公）的汉文化水平有限，认知不全面，在吸纳汉族丧葬文化的过程中带有相当强的主观性，体现在引用汉族券文中，幡文文字多有复沓、歧出和错漏，如把“鹿”字分别写成“禄”“肉”“绿”，如果没有汉文地券作比照，多不知所云。加之掺入一些音译汉字，使幡文更加难以理解。我们调查时还发现前人往往在原本上有过点读和标注，但句读明显不合文义，这说明使用者对这样的文本并不深知其意，还停留在口传形授的层次上；即使在邻近地域内，巫师之间都有不同认知上的差异，使得同一型的文本之间都只能是大同而多异。这就不可避免地在民族之间的文化交流中出现“复写”与“误写”。与此同时，这个过程中也有一些“创造”，如方位的地方性知识运用，即从汉族券文中的“东南西北”转化为“前后左右”，在道符律令部分，创造性地加入了与自身经济生活密切相关的内容，如保地庄、牛马、奴婢、富贵等。又如“鹿”字在不同地方被写成“禄”“肉”“绿”，则是方言的充分自觉运用。这些都反映了文化融合中按照自己的文化习惯加以创新和改写的一种现象。类似的现象还有不少，有待进一步研究。

原载《贵州世居民族文献与文化研究》(2013年卷)，2014年7月31日。收入本文集时有所修改。

壮族麽经布洛陀中的“麽汉皇”与布依族摩经中同类题材文献对比研究

周国炎

一、引言

布洛陀经诗，亦称麽经布洛陀，是壮族重要的历史文献，以书面或口头的形式广泛流传于广西、云南各地的壮族民间，其中有关“汉皇（haːn⁵vuəŋ²）”的题材是各地布洛陀经诗中非常重要的内容，在一些地区的布洛陀经诗中甚至占据大部分的篇幅。主要分布于贵州省南部和西南部的布依族与壮族有着非常密切的渊源关系，布依族民间也广泛流传着类似壮族布洛陀经诗的宗教经籍，这些经籍是布依族民间宗教——摩教的重要文献，老百姓称之为θɯ¹mo¹，即“摩经”，其流传方式也与壮族的布洛陀经诗相同。在各地摩经中，也存在着类似“汉皇”题材的内容，布依族地区将其翻译为“安王（haːn⁵vɯəŋ²）”。本文在广西民族出版社2004年出版的8卷本《壮族麽经布洛陀影印译注》和贵州民族出版社1994年出版的布依族古籍《安王与祖王》、1998年出版的《布依族古歌》的材料基础上，从文献名称、经籍功能、文献内容以及人物几个方面对壮族布洛陀经诗和布依族摩经中“汉皇（安王）”题材文献作一个初步的对比。

二、文献名称对比

壮族布洛陀经诗和布依族摩经分别是两个民族民间宗教的重要文献，尽管其功能范围主要在宗教祭祀、驱邪禳灾等方面，但其内容涉及的范围却非常广泛，包含壮、布依民族古代社会政治、经济、历史、文化、哲学、科技、教育等等诸多方面。无论是壮族的布洛陀经诗还是布依族的摩经，都有一则关于古代一对名叫汉王（安王）和祖王的兄弟因争夺天下，反目成仇，后经多方调解，最后和好，相安无事的故事。多数壮族和布依族地区，都流传着以古壮字和古布依字为载体的“汉皇（安王）”麽（摩）经抄本，而在一部分地区，至今仍采用口耳相传的方式①。

以口耳相传的形式传承的“安王”故事在民间没有统一的名称，如在布依族地区，有称为ɣaːn^{5}waŋ^{2}（即“安王”）的，有称为kaːu^{5}waŋ^{2}（即“告王”）的，有称为ka^{3}waŋ^{2}（即“卡王”）的，也有从功能上称之为mo^{1} kuə^{6}ðu^{6}（汉译为“破地狱”）的。由于没有调查，壮族民间的称谓形式不详。

2004年由广西民族出版社出版的8卷本《壮族麽经布洛陀影印译注》共收录了4套“汉王”题材的麽经，名称亦不完全统一。该书采用古壮字、新壮文、国际音标和汉文直译四行对照的形式编排，并附有原古壮文抄本的影印件。其中收集于云南省文山壮族苗族自治州西畴县鸡街乡古鱼村的“汉王与祖王”是当地壮族麽经《麽荷泰》（mo^{35}hɔk^{55}thai^{11}）中的一部分，载于该系列丛书的第8卷②。原文没有标题，“汉王与祖王”是编者根据内容加上去的。载于第7卷的《汉皇一科》（haːn^{5}vuəŋ^{2} it^{7}ko^{6}）收集自广西巴马瑶族自治县燕洞乡岩廷村岩涯屯，“一科”意为“一个科目”。《汉皇一科》即当地壮族麽经抄本中的一卷的书名，意即“麽诵汉王故事的一个科目”③，书内没有章节标题，编者根据内容分为引子、后母进家、汉王受欺、出逃被害、申冤报仇、解冤和好6个部分。载于同一卷的《麽汉皇祖王一科》（mo^{1}

①1994年整理出版的布依族摩经《安王与祖王》长期以来一直采用口耳相传的形式传承，2004年笔者到望谟调查，经文的传承者韦文坤用了5个小时的时间，向我口述了该套经文。

② 张声震主编《壮族麽经布洛陀影印译注（第8卷）》，广西民族出版社，2004，第2780页。

③ 张声震主编《壮族麽经布洛陀影印译注（第7卷）》，广西民族出版社，2004，第2382页。

haːn⁵vuəŋ² ɕo³vuəŋ² it⁷ko⁶）收集自广西百色市田阳县玉凤镇玉凤村亭怀屯，系当地麽经中的一卷，正文亦无章节小标题，编者根据内容划分为父王再娶、兄弟相争、汉王被害、申冤报仇及解冤和好 5 个部分[①]。"入口郎麽汉王"，即"进入喃诵汉王篇"，是收集自广西田阳县玉凤镇能带村坡福屯麽经《麽叭床能一科》（mo¹tɕaːt⁷ ɕoːŋ² naŋ⁶ it⁷ ko⁶）中的一个部分，壮语称为 jap⁸ hau³ laːŋ⁶ mo¹ haːn⁵vuəŋ²[②]。

布依族摩经中有关"安王"题材的文献目前整理出版的并不多，1994 年 7 月由贵州民族出版社出版的布依族古籍单行本《安王与祖王》收集自贵州省望谟县石屯镇白头坡村，该套经书以口耳相传的形式传承，民间没有抄本，所以既无书名，文内亦无章节标题，《安王与祖王》（haːn⁵wɯəŋ² ziəŋ² ɕo³wɯəŋ²）系编者根据内容所加。该书采用新创布依文、国际音标和汉文直译的形式编排，右侧附汉文意译。与此同名的"安王"题材摩经文献收录到 1998 年贵州民族出版社出版的《布依族古歌》中，该套摩经亦来自望谟县，但材料提供者不同，编译者采用了三行对照的形式，即新布依文、国际音标和汉语直译，未附原文（布依方块字），也没有说明民间是否有抄本存在。正式出版的"安王"题材文献还有 1997 年刊载于《布依族摩经文学》[③]中的"祖王与安王"。遗憾的是，该书只刊载了摩经的汉语译文，未附布依语原文，作为文学作品赏析或民间文学研究的资料，该书具有一定的参考价值，但对于语言学和文献学研究却有所欠缺。

除上述几种经过翻译整理正式出版的文献以外，在布依族地区，流传于民间的"安王"题材故事还很多，有的以相对固定的韵文形式作为摩经的一个重要组成部分在布依族宗教职业者当中传承，有的则以散文的形式，作为民间故事在广大老百姓当中流传。根据笔者近几年来的调查，以韵文

---

① 张声震主编《壮族麽经布洛陀影印译注（第 7 卷）》，广西民族出版社，2004，第 2492 页。

② 张声震主编《壮族麽经布洛陀影印译注（第 3 卷）》，广西民族出版社，2004，第 670 页。

③ 韦兴儒、周国茂、伍文义编《布依族摩经文学》，贵州人民出版社，1997。

形式传承的主要有如下几个版本：（1）贵州省贞丰县珉谷镇岩鱼村纳蝉寨的《摩经·开书边》（布依语名称为 mo[1] ku[6]ðu[6]）；（2）贵州省贞丰县北盘江镇岜浩村的《摩经·告王》（亦称“卡王”，布依语名称为 mo[1] kaːu[5]waŋ[2] 或 mo[1] ka[3]waŋ[2]）；（3）贵州省贞丰县长田镇坪寨村的《摩经·安王与祖王》（布依语名称为 mo[1] ɣaːn[5]waŋ[2] ðiaŋ[2] so[3]waŋ[2]）；（4）册亨县（具体小地名不详）的《摩经·安王》（布依语名称为 mo[1] haːn[5]wɯəŋ[2]，作为内部资料刊载于 1988 年内部印刷的《布依族调查研究》中）；（5）贵州省罗甸县八总乡的《摩经·司禳暮汉皇江洞国或禳和求花》（布依语名称不详）。

三、文献功能对比

作为宗教经文，无论是壮族布洛陀经诗中“麽汉皇”系列文献还是布依族摩经中的“安王”系列文献，其主要的功能都是服务于宗教祭祀，但至于具体的用法，两个民族之间，甚至本民族内部不同地区之间都有所不同。

广西壮族的布洛陀经诗“麽汉皇（王）”主要的功能是解冤，即在为解除兄弟之间冤仇而举行的宗教仪式吟诵。如田阳县亭怀屯的《麽汉皇祖王一科》又称“解兄弟冤”，是在兄弟闹纠纷以至结仇时，请布麽来喃诵此经，以化解冤仇。当地壮族民众认为，兄弟之间因争吵结冤最深的，莫过于从前的汉王祖王两兄弟，所以，现实的社会家庭中，兄弟姐妹之间的任何争吵纠纷，只要请布麽去喃诵《麽汉皇祖王一科》或《汉皇一科》经书，都可以一一化解，和好如初。① 从这个意义上讲，麽经布洛陀不仅能解决虚幻的鬼魂世界的问题，而且能够解决现实世界中客观存在的社会问题。云南文山壮族的《麽荷泰》（“汉王与祖王”是其中一个部分）则主要用于民间丧葬活动中的超度亡魂仪式。广西田阳玉凤镇能带村坡福屯的“入口郎麽汉王”作为《麽叭床能一科》的组成部分之一，其主要功能也是禳解冤怪，解除灾难。

布依族摩经中的《安王与祖王》主要在以下几种情况下喃诵：其一，家里有小孩染上天花（俗称“出痧子”）；其二，家中有人死于非命，即非正

① 张声震主编《壮族麽经布洛陀影印译注（第 7 卷）》，广西民族出版社，2004，第 2492 页。

常死亡，如被洪水冲走，溺水而死或因其他方面的灾难而死亡；其三，家中有人常年卧病不起，难以痊愈。以上情况无论哪一种发生，家里都要请布摩来举行禳解仪式，吟诵《安王和祖王》。此外，农历正月间在举行“扫寨”仪式和“祭田坝”仪式时，也要有布摩吟诵《安王与祖王》，以求来年无灾无难，粮食丰收。[①] 贞丰北盘江镇一带的“安王与祖王”（当地称“告王”或“卡王”）用于一种被称为 ðu⁶tɕau³ 的仪式，这是一种为凶死者举行的特殊的超度仪式，布依语称 kuə⁶ðu⁶，汉语称为“破地狱”。贞丰县珉谷镇纳蝉村的《摩经·开书边》亦具有此功能。

四、“汉皇（安王）”题材文献的内容对比

无论是壮族的布洛陀经诗还是布依族的摩经，各地“麽（摩）汉皇（安王）”在篇幅上都存在着较大的差异。根据目前所掌握的资料，《壮族麽经布洛陀影印译注》所收录的4篇“汉皇”题材文献中，田阳县亭怀屯的《麽汉皇祖王一科》是篇幅最长的，共2080行，其次是巴马县岩涯屯的《麽汉王一科》，共1500余行。布依族摩经《安王与祖王》目前所发现篇幅最长的为1994年7月贵州民族出版社出版的单行本，共1765行。20世纪80年代内部刊印的册亨版《安王》，其篇幅也在1500行以上，其他各地摩经中的“安王与祖王”，篇幅大约在几百行至千余行不等。如贞丰北盘江镇岜浩村的《摩告王》仅有341行。

篇幅长短不一，反映在内容上，故事情节的详略也有较大差异。壮族麽经大多在简短的“引子”之后，从汉王的后母进家详细说起。重点讲汉王受到后母和祖王的欺凌和迫害，最后出逃，上天申冤报仇，后经乌鸦和鹞鹰充当信使，从中牵线，兄弟俩的冤仇得以化解。望谟版的布依族摩经《安王与祖王》是目前发现的所有“安王”题材文献中篇幅最长、内容最丰富的。经文用了五分之一的篇幅叙述了安王出世之前的详细情况。天地初开，仙女饮甘露受孕生混沌王。后来混沌王意外溺水而死，仙女金蓉以同样方式饮甘露受孕生盘果王，盘果王爱上白鳞鱼，与之结合生下安王。故事的核心亦在安

---

① 望谟县民族事务委员会编《安王与祖王》，贵州民族出版社，1994，“前言”第1页。

王如何与后母和祖王结怨交恶，安王受到迫害后升天制造各种灾难对祖王和后母进行报复这一情节上。与望谟版的相比，其他地区的“安王与祖王”故事情节都不是十分完整。有的从祖王和安王结怨说起。如贞丰县岜浩村摩经“告王”(kaːu^{5}waŋ^{2}，亦称 mo^{1} ðu^{6}tɕau^{3})，在寥寥几句叙述安王和祖王的来历之后，便开始以 ɣaːn^{5}waŋ^{2} lɯk^{8} me^{6} ʔdu^{4}, so^{3}waŋ^{2} lɯk^{8} me^{6} laŋ^{1}（安王系大妈所生，祖王系后娘所养）两句引入安王和祖王这对同父异母兄弟在生活待遇上的天壤之别，并因此而导致的两人之间的明争暗斗。

无论是广西壮族的“麽汉皇”，还是贵州布依族的“安王和祖王”，其中一个共同点是，在“汉皇（安王）”与祖王较量的过程中，“汉皇（安王）”始终处于弱势的地位，以一个受害者、一个受欺凌者的身份出现，从而引起读者（听者）对他的同情，以至于认为他后来制造灾难对祖王的惩罚是理所应当的，并因此而忽略了众多百姓为此无辜受到牵连。而祖王则处于一个相对优势的地位，与其母亲一起，对汉皇（安王）施以迫害，引起读者（听众）对他们的憎恨，以至于认为他后来受到汉皇（安王）的报复是罪有应得。但云南文山西畴版的《汉王与祖王》与此却稍有不同。在这个版本中，同样是 haːn^{11}huŋ^{44} luk^{31} me^{31} du^{11}，su^{11}huŋ^{44} luk^{31} me^{31} laŋ^{35}（汉王系大妈所生，祖王系后娘所养），但汉王原先自恃是老大，欺负祖王，分田地牛马家产时，汉王抢要大的好的多的，祖王只得小的烂的少的。于是兄弟俩争吵打杀结仇，双方不分输赢，后母（祖王的母亲）出面调解重分家产，这样才将好田地、金银手镯归祖王，大的男仆、漂亮女奴归祖王，剩下的才给汉王。麽经中对此是这样描写的：

haːn^{11}huŋ^{44} luk^{31} me^{31} du^{11}
汉王　　　儿子　母　前

su^{11}huŋ^{44} luk^{31} me^{31} laŋ^{35}
祖王　　　儿子　母　后

luk^{31} me^{31} du^{11} nuŋ^{31} phaŋ^{35}
儿子　母　前　穿　　布

luk^{31} me^{31} laŋ^{35} nuŋ^{31} dɔk^{31}

儿子 母 后 穿 烂

……

pan^{35} na^{44} au^{35} na^{44} zaːi^{55} haɯ^{33} huŋ^{44}

分 田 拿 田 坏的 给 祖王

pan^{35} vaːi^{44} au^{35} vaːi^{44} lɛŋ^{44} haɯ^{33} huŋ^{44}

分 水牛 拿 水牛 瘦小 给 祖王

……

pan^{35} zai^{31} au^{35} zai^{31} phoːm^{35} haɯ^{33} huŋ^{44}

分 地 拿 地 贫瘠 给 祖王

pan^{35} po^{35} au^{35} po^{35} lak^{11} haɯ^{33} huŋ^{44}

分 山坡 拿 山坡 坍塌 给 祖王

可见，云南文山西畴“麽汉王”在这个情节上与其他大多数地区的版本都完全不同。

以下我们将广西田阳县玉凤镇亭怀屯壮族布洛陀经诗《麽汉皇祖王一科》和贵州望谟县石屯镇白头坡村的布依族摩经《安王与祖王》在内容上作一个全面的比较。

(1)《麽汉皇祖王一科》的故事首先从汉王的父亲开始叙述。

从前，王（即汉王的父亲）做事不择日子，娶媳妇时选了凶日，结果妻子没有几年就死了，自己成了鳏夫，家务事无人料理，心灰意冷，想远逃他乡。后经人说合，娶了一个寡妇，并带来一个随娘改嫁的小儿子①，王很喜欢这个孩子，给他取名叫祖王，并规定以后由他掌大印管天下。

王与前妻生有一子，名叫汉王。祖王进门后，处处受宠溺爱，而汉王常常被欺负受虐待。后来两兄弟经常互相争吵打骂，父母只好主持分家。汉王受到极不公平的对待，不仅自己名下没分到多少家产，连自己的劳动成果也被祖王霸占，妻儿也一起遭受凌辱。万般无奈之下，汉王被迫逃进

① 在这个版本中，汉王与祖王不仅不同母，而且不同父。

山林。祖王还不放过，继续追杀，走投无路的汉王只身来到交趾，结帮掳掠，不久带兵回来攻城劫寨，搅得祖王不安宁。祖王只好派两个使者去交趾找汉王，答应将所霸占的东西如数退还，但被汉王一口回绝。祖王只好亲自前去央求，并以父王病重为借口，再三跪请汉王回去，汉王思父心切，日夜兼程赶回故乡。

汉王回到家看见了病重的父王。父王想吃黄猄肉，让汉王和祖王到高坡深谷打来黄猄。父王想喝深井的泉水，让汉王和祖王去打井。结果井挖得太深，需要接九级绳梯才能下到井底把水舀起来。汉王和祖王互相推诿，谁也不肯先下去。汉王作为大哥，又是父王的亲生子，只好先下去。刚下到第五级，祖王就命人把绳梯砍断，扔下石头，欲把汉王埋在井底。汉王喊来地下的“畓厄（$tuə^2ŋɯə^6$）”和天上的雷神来救命。雷神率三千天兵呼啸而来，掀起阵阵龙卷风，吹走井沿上的人群，卷起汉王上天去。

汉王在天上诉苦申冤，让雷神三年不下雨惩罚祖王，可是祖王靠山谷田种稻顶住了三年旱灾；接着雷神又连下三年大雨，祖王用二百艘船渡过了灾难；汉王又派老虎、野狸下去咬水牛和男孩女孩，祖王请来布麽施法，让老虎野狸自相残杀撕咬；汉王又派野猪、黄猄、大鸟、猿猴来糟蹋田地，祖王叫了条猎狗去咬，用铁猫网套取装捕；汉王又派千军万马来围城封寨，祖王派自己的兵马应战。汉王如此不停地制造各种灾难来惩罚祖王，祸害天下。面对灭顶之灾，祖王终于招架不住。他急忙派乌鸦和鹞鹰上天转达悔罪求和之意，请求汉王收回各种灾难。汉王毫不理会，警告乌鸦和鹞鹰不要轻信祖王的虚情假意。乌鸦和鹞鹰灰溜溜回到地上，把汉王拒绝和解的话转告祖王。祖王急忙召集长老来商议，打算再派乌鸦和鹞鹰上天充当使者。乌鸦和鹞鹰知道后慌忙逃出山谷，躲进山弄。祖王连连求情，并许诺如果成功，将给予丰厚的回报，乌鸦和鹞鹰才答应飞上天再当一次使者，请求汉王退灾消难，解除冤仇。汉王看在三代祖宗、天地家神和无辜百姓的面上，向祖王提出化解冤仇的条件，祖王满足了汉王所有要求，并且规定今后地上的人每月都定时备祭品供神台敬汉王，从此祖王汉王化解冤仇，天下百姓平安[①]。

（2）贵州望谟县石屯镇白头坡村的布依族摩经《安王与祖王》则从安王的祖父辈（混沌王）的身世开始唱起。

天地初开，万物处于混沌状态，仙女国的仙女饮大自然的甘露受孕，生下一个肉团，以为是怪物，扔在路边。一长者路过看见，说这是“混沌王（ʔon⁵ton⁶）”，并用茅草杆在肉团上画上五官和四肢，让仙女把它放在高山之巅接受大自然的灵气，后来变成了“混沌王”。后来混沌王外出意外溺水而亡，丢下家业无人照管，仙女金蓉自告奋勇，接下重担。她也以同样的方式受孕于大自然的甘露，生下“盘果王（pɯːn²ko³）”。盘果王天天下河打鱼，有一天碰上一条可爱的白鳞鱼，白鳞鱼变成美丽的姑娘，盘果王很喜欢，与之结合，生下安王（haːn⁵wɯəŋ²）。安王长得很快，三天会骑马，五天会射箭打猎。他跟父亲一样，也喜欢打鱼。一天，他打得一条紫鳞绿鳍的鱼。他母亲告诉他，那鱼是他外公外婆，不准他做来吃，安王不听，把鱼下了锅。于是他母亲跳入江中，丢下了盘果王和安王。

盘果王又娶了后妻，生下祖王（ɕo³wɯəŋ²）。祖王长大后，见人办喜酒要先找安王，打官司告状也找安王。就向其母问缘故，母亲告诉他，只有杀了安王，才能掌印（权力）。平时，后娘对待安王和祖王也厚此薄彼，安王和祖王同去干农活，后娘给安王包的饭是“东南菜下小米饭”，给祖王的却是“鲜鱼白米饭”。后娘还设下毒计，教唆祖王杀害安王。在打猎时，祖王便依计射伤了安王。安王心中愤恨，骑马远离了家乡。

盘果王病了，喊了安王回家。为了寻找龙须凤蛋给父亲治病，安王和祖王命人“挖三十根竹竿深，打七十竹竿高（pa⁶ saːm¹ɕip⁸ ɕeu⁶ fai⁴faːi² lak⁸, tɯk⁷ ɕat⁷ɕip⁸ ɕeu⁶ fai⁴faːi² saːŋ¹）”的地洞，安王下洞去，祖王就推下石块泥土把井口堵住，并用篱笆压住，意欲害死安王，安王向龙外公外婆呼救，方才得以脱险。

脱离险境的安王上到天界，发誓要制造一系列的灾难对祖王实施惩罚。

---

① 根据田阳玉凤镇怀亭屯《麽汉皇祖王一科》故事梗概改编。张声震主编《壮族麽经布洛陀影印译注（第7卷）》，广西民族出版社，2004，第2492页。

摩经中对此是这样描述的[①]：

ku¹ kuə⁶ saːm¹ pi¹ lap⁷ haɯ³ mɯŋ²（给你制造三年的黑暗）
ku¹ pai¹ kɯn² kuə⁶ ɕat⁷ pi¹ ham⁶（我去天上做七年的黑暗）
……
ku¹ kuə⁶ saːm¹ pi¹ zeŋ⁴ taŋ² ti⁶（我给你做三年的大旱）
ku¹ kuə⁶ si⁵ pi¹ tum⁶ taŋ² pɯəŋ²（我给你做四年的大涝）
……
ku¹ kuə⁶ saːm¹ pi¹ kuk⁷ ziəŋ¹ zai²（我给你做三年的虎患）
si⁵ pi¹ nai² pa⁵tɕo⁵ haɯ³ mɯŋ²（四年猛兽侵扰你）
……
ku¹ kuə⁶ saːm¹ pi¹ zat⁷ tau³ siːn²（我做三年麻疹来传播）
si⁵ pi¹ ziən² tau³ swaːu⁵（四年痧子来折磨）
swaːu⁵ lɯk⁸ laːu⁴ mɯŋ² naːi⁵（让你长子染上病）
haːi⁵ lɯk⁸ taːi⁶ mɯŋ² taːi¹（害你长子命归西）

面对安王的这些惩罚，祖王都一一找到对策，予以化解，并一再表示：

ku¹ mi² paːi⁵ siən¹wɯəŋ²（我不拜仙王）
ku¹ mi² kuən² pi⁴taːi⁶（我不求大哥）

后来，祖王长子真的染上了天花（即痧子），一命归西。祖王没有办法，只好请来嘴巧的鹩鹂鸟（zok⁸ tɕet⁷li⁶ pa⁵ kwaːi¹）作使者，去向安王请降认输，愿交回王位权力。安王答应了他的请求，愿意和解。但祖王又反悔，不履行自己的承诺，双方只得刀兵相加，安王的天兵天将杀得祖王一败涂地。祖王只得再次请降认输，答应交还王权。最后安王提出，哥哥管上方，弟弟

① 原文见贵州民族出版社1994年版《安王与祖王》第177～199页，为了节省篇幅，这里仅列国际音标和汉语意译。

管下方，下方对上方要交租进贡。安王与祖王的斗争，便这样得以解决。

五、人物对比

壮族布洛陀经诗中的《麽汉王》和布依族摩经中的《安王与祖王》在人物方面有共同的地方，也有不少不同点。相同之处首先表现在，作为故事主人公的“汉王（汉皇或安王）”与“祖王”这两个人物贯穿故事的始终，而且在多数版本中，汉王（安王）始终以正面的形象出现，他备受后母和祖王的欺凌和迫害，得到人们广泛的同情。而祖王及其生母则以反面角色的形象出现，他们四处刁难汉王（安王），加害于汉王（安王），遭到人们的憎恨。与此稍有不同的是，在云南文山版的壮族麽经《汉王与祖王》中，汉王最初是加害者，祖王的生母介入后，形势急转，祖王和他的母亲反过来成了欺凌和迫害汉王的罪魁祸首①。汉王（安王）和祖王的出世在壮族麽经和布依族的摩经中稍有不同。在壮族麽经《麽汉皇祖王一科》中，对“汉皇”的来历没有作详细的叙述，而在布依族摩经中，安王则是盘果王和白鳞鱼结合所生。在《麽汉皇祖王一科》中，祖王是汉王的后母带来的，与汉王没有血缘关系。在《汉皇一科》（巴马版）中，祖王原来是前妻所生儿子的名字，后母为了让自己的亲生儿子获得王位继承权，将前妻儿子的名字改名为汉王，而用“祖王”作为自己儿子的名字，显然两人也没有血缘关系。而在布依族摩经《安王与祖王》中，两人则是同父异母的关系。

另一个共同点是，在所有版本的“汉王（安王）”麽（摩）经中，祖王的生母②都扮演着极不光彩的角色，她从一开始就挑唆祖王，迫害汉王（安王），要“杀大哥管天下，杀汉王管印”，如布依族摩经中的 zau^{2} ha^{2} ka^{3} pi^{4}taːi^{6} kwan^{3} pɯəŋ^{2}，ka^{3} haːn^{5}wɯəŋ^{2} kwan^{3} ʔin^{5}③。云南文山壮族的

---

① 详见前文。

② 在贵州望谟版的布依族摩经《安王与祖王》中祖王生母名为囊巧蓉（naːŋ^{2} kweu^{3}juŋ^{2}），其中 naːŋ^{2} 是布依语对有地位的女性的尊称，kweu^{3}juŋ^{2} 是人名。在壮族“汉王”麽经中，祖王母亲无名无姓，直接称为 ja^{6}maːi^{5}，即寡妇。

③ 望谟县民族事务委员会编《安王与祖王》，贵州民族出版社，1994，第 131 页。

《汉王与祖王》亦有 kha^{33} pi^{31} tɕi^{11} tɕau^{35} mɯŋ^{44}，kha^{33} pi^{31} huŋ^{44} tɕau^{35} baːn^{33}[杀了我兄（即汉王）管地方，杀了大哥管村寨]这样一些出自祖王生母的鼓动性的语句①。在祖王与汉王的多次交锋中，她不但没有加以劝阻，还袒护祖王，从中煽风点火。

在人物方面的第三个共同点是，在汉王（安王）和祖王之间起沟通联络作用（或称信使）的都是乌鸦（laːŋ^{2}a^{1}）和鹞鹰（laːŋ^{2}jiːu^{6}），布依族摩经中为 laːŋ^{2}ʔa^{1}（乌鸦）和 laːŋ^{2}zɔm^{6}（老鹰），有些地方为 naːŋ^{2}ʔa^{1}（乌鸦）和 naːŋ^{2}ʔbaːŋ^{5}（飞虎）。所不同的是，在布依族摩经中，安王与祖王第一次决裂，祖王失利后派乌鸦和老鹰前去了解情况，看是否可以修复与安王之间的关系，乌鸦和老鹰被安王射杀，后来每次求和，祖王又改派鹡鸸鸟（zɔk^{8} tɕet^{7}li^{6}）。而在壮族麽经中，乌鸦（laːŋ^{2}a^{1}）和鹞鹰（laːŋ^{2}jiːu^{6}）由始至终都担当信使，第一次出征未完成使命，逃进山谷中，祖王也把它们找了回来，继续充当信使，终于不辱使命，促成了汉王与祖王之间的和解，使天下得以安宁。

在人物方面，壮族的布洛陀经诗《麽汉王》与布依族摩经《安王与祖王》之间也有不少不同的地方。其中，壮族麽经中有而布依族摩经中没有（至少目前发现的各种版本中不存在）的人物有如下几位。

（1）三王（ɬaːm^{1}vuəŋ^{2}）：上界之王雷王、中界之王布洛陀、下界之王啚厄。

（2）四王（ɬi^{5}vuəŋ^{2}）：除上述三王之外，再加森林之王老虎。壮族多部麽经都以 ɬaːm^{1} kaːi^{5} ɬaːm^{1} vuəŋ^{2} ɕi^{5}, ɬi^{5} kaːi^{5} ɬi^{5} vuəŋ^{2} ɕaːu^{4}（三界三王安置，四界四王创造）作为开篇之词。而布依族各地不同版本的摩经《安王与祖王》中都没有出现“三王”“四王”这样的人物。

（3）布洛陀（pau^{5}luk^{8}to^{2}）：壮族摩教崇拜的男性祖神，整部汉王麽经中出现不多，与主要人物没有发生直接关系。布依族摩经《安王与祖王》中未出现此人物。

（4）麽渌甲（布渌甲）（mo^{1}luk^{8}tɕaːp^{7}、pau^{5}luk^{8}tɕaːp^{7}）：亦称“佅渌

① 张声震编《壮族麽经布洛陀影印译注》，广西民族出版社，2004，第2817页。

甲”，系由壮族神话传说中的创世女神演变而来。在整部汉王麽经中出现不多，与主要人物汉王和祖王没发生直接关系。布依族摩经《安王与祖王》中未出现此人物。

（5）盘古婆（puəŋ^{2}ku^3）：壮族汉王麽经中只有一处提到了“盘古婆造冤”(ja^6 puəŋ^{2}ku^3 ɕaːu^4 iən^1)。盘古婆与整部经书的主要人物没有直接联系。布依族摩经《安王与祖王》中没有这个人物。

（6）牙先肉（ja^{31} tɕhɛn^{11}nɯ^{55}）和报先肉（baːu^{11} tɕhɛn^{11}nɯ^{55}）：云南文山壮族麽经《汉王与祖王》中汉王的生母生父。牙先肉和报先肉在两条河的交汇处戏水交欢而生汉王。布依族摩经中没有这两个人物。

同样，贵州望谟版布依族摩经《安王与祖王》中的一些人物也是壮族布洛陀经诗《麽汉皇》中所没有的，这些人物如下。

（1）仙女（niəŋ^2）：来自仙女国（kwak^7 siən^{1}nɯ^4）的仙女。

（2）混沌王（ʔɔn^{5}ton^6）：仙女（niəŋ^2）受孕于大自然的甘露所生。

（3）金蓉（tɕim^{1}juəŋ^2）：混沌王长大后去做生意，在挑盐过河时被淹死，丢下家业没有人管，仙女金蓉自告奋勇，接管混沌王的家业，她同仙女一样的方式受孕生下盘果王。

（4）盘果王（pɯən^{2}ko^3）：系金蓉受孕于大自然的甘露所生。

（5）老翁（laːu^{4}tɕe^5）：仙女生下没有五官的肉团，认为是怪物，扔到路边，过路的老翁告诉她这是“混沌王”，他用茅草杆当笔，在肉团上画出五官、四肢，让仙女放到高山之巅，肉团受大自然的灵气而变成了“混沌王”。在摩经《安王与祖王》中，老翁这个人物在《安王与祖王》中多次出现，只要关键人物遇到什么疑难的事，他都出来帮助出谋划策。这可能是其他摩经中出现的智慧的化身——报勒夺（pau^5 lɯk^{8}to^2），即壮族麽经中的布洛陀。

（6）王母（me^{6}wɯəŋ^2）：在布依族摩经《安王与祖王》中，王母分别指几个不同的角色，最早出现时指的是混沌王之母，紧接着指盘果王之母，随后又分别指安王之母和祖王之母。

（7）鱼女（pja^{1}paːn^1）：白鳞鱼，盘果王之妻，与盘果王结合生下安王。后因安王从河中捕鱼回来煎吃，一气之下回到河中。

（8）光仲（kwaːŋ^{1}tɕuŋ^1）：祖王母亲的前夫，因落水而死，使祖王母亲成了寡妇。kwaːŋ^{1} 在布依语中指有地位的男性，tɕuŋ^{1} 是人名。

（9）囊巧蓉（naːŋ^{2} kweu^{3}juŋ^{2}）：光仲的妻子，光仲死后成了寡妇，后盘果王托媒提亲，与盘果王结合后生下祖王，成为安王的后母。naːŋ^{2} 在布依语中是对有地位的女性的尊称，kweu^{3}juŋ^{2} 是人名。在壮族汉王麽经中，祖王母亲无名无姓，直接成为 ja^{6}maːi^{5}，即寡妇。

（10）多嘴的寡妇（ja^{6}maːi^{5}）：安王下井给父王取水，受到祖王的迫害，蛟龙和雷神救了安王。祖王以为自己的阴谋得逞，杀猪宰牛宰羊庆贺，邻居一位寡妇上山，看见树丛中有一人样子像安王，赶紧去向祖王汇报，说她亲眼看见安王没有死，祖王说她撒谎，要割她的舌头。她再三请求，让祖王派人去查看，如果不是安王，再割她的舌头不迟。祖王于是请乌鸦和老鹰前去查看，发现果然是安王。

六、结语

通过上文几个方面的对比，我们不难发现，布依族和壮族的“汉（安）王”题材麽（摩）经文献具有不少共同之处，同时也存在着一些差异。其中存在的共性与通常意义上的地缘类型共性或偶合现象不同，它缘于布、壮两个民族之间在族源、历史、文化等方面所存在的密切的渊源关系。除本文所对比的几个方面以外，在语言方面，无论句式还是词语，同形结构在文献中俯拾皆是。限于篇幅，本文未在这一方面作详细、深入的比较。综上所述，我们有理由认为，布、壮两个民族的“汉（安）王”题材麽（摩）经是从一个母题衍生出来的，甚至可以肯定，它是在形成固定的韵文体形式之后才向各地传播的，各地经文在各方面所存在的差异是由于传播过程中地区方言差异、传播介质、传播途径、传播者文化素养等诸多方面的原因所造成的。

原载《创新》，2012 年第 2 期。收入本文集时有所修改。

布依族民间叙事长诗抄本《王玉连》及其文献价值初探

周国炎

一、关于布依族民间抄本

布依族民间抄本指以汉字、汉字变形或其他文字符号记录布依族口碑文献，并誊写装订而成的书籍。过去，人们对布依族民间抄本的认识大多局限在宗教经文，尤其是布依族本土宗教——摩教经文的抄本。的确，摩经抄本是布依族民间抄本的主体部分，目前发掘出来的抄本绝大多数（90% 以上）属于这一类型。这些抄本除极个别采用一些特殊文种以外[①]，大多数都以汉字及其变异形式来作为记音符号，转写经文，并抄录成册。这类抄本迄今已发现不少，一部分抄本经过翻译整理，已正式出版发行。但可以肯定地说，在布依族民间，仍有不少这样的抄本目前尚未被发现。

除摩经抄本外，布依族民间另一类规模较大的文献抄本是道教的经籍。这一类经籍主要用于为超度死者亡灵而举行的道场以及一些与祈福禳灾相关的宗教活动中。记录的载体为汉字，记录的语言为汉语。这类经籍是随着中原道教一起原封不动地移入布依族地区的，与布依族本土宗教——摩教文化有交叉的层面，对布依族宗教文化产生了较大的影响，但摩经中的成分并没有渗透到道教经籍中。因此，从本质上说，这类经籍所承载的主要是汉文

---

①水城金盆乡锁蒿村的摩经抄本采用“波拉文（柏格理文字）”，威宁县新发乡花园村的摩经抄本采用一种尚未破译的文字。

化，而非布依族文化。称之为布依族民间抄本，主要考虑的是其流行地域和服务对象这两方面因素。

近年来，随着人们对民族古籍文献的历史文化价值的认识水平的进一步提高以及民间和官方对少数民族非物质文化遗产保护和抢救意识的加强，民族古籍文献发掘的力度不断加大。在布依族地区民间，摩经抄本和道教抄本之外的古籍文献陆续被发现。在贵州荔波，近几年陆续发现了大量用于当地一种被称为“做桥”（布依语称 $kuə^{33}tɕeu^{31}$）的民俗活动的经籍，被当地民间称为“傩书”。2008 年，笔者在荔波翁昂调查时，曾接触过这种抄本，均以汉字或汉字变异形式作为记音符号，记录布依语语音，吟诵时用布依语。在当地政府和相关职能部门的努力下，这类手抄本及其文字已进入国家非物质文化遗产名录。

布依族叙事长诗《王玉连》抄本也是近几年发现的摩经和道教经籍之外的古籍文献。《王玉连》是布依族地区广为流传的一部叙事长诗，为了便于传承，在清朝末期，贵州望谟的一位文人把它与《幼学》中关于王伦家世的故事相结合进行了改编，并用汉字记音，抄写成册。

二、长诗《王玉连》故事梗概

长诗《王玉连》叙述古代布依族英雄王玉连出生、成长和从军征战的故事。全诗可分两大部分：前一部分叙述王玉连成长的经过；后一部分描写玉连从戎报国、英勇杀敌的事迹。

王玉连兄弟三人，即王玉连，王金连，王银连。他们是同父异母的三兄弟，玉连是贫穷而且双目失明的大妈生的，金连和银连分别是富有的二妈和三妈生的。王玉连从小聪明伶俐、勤奋用功，凡事总比两个弟弟胜一筹。他出众的天赋引起了二妈和三妈的嫉妒，于是她们商量害死王玉连，好让“二弟三弟在家管家产”。有一次，王玉连放学先回来，二妈三妈端出放了毒药的包子让他吃，由于家中女仆向玉连暗中透露，他才免遭毒害。玉连见势不妙，只好与母亲出外讨饭度日。八九年以后，王玉连长成了一个英俊壮实的后生，被选夫婿的柳小姐看中。柳小姐不顾家庭的阻挠，与穷苦的玉连结成眷属。后来，当“曹操来攻打皇帝”，国家出现危难时，他毅然从军入伍，并与金连、银连相遇。王玉连从军报国，英勇善战，“打得曹操的人马都死光了”，受到皇帝的赏识。当他再次投入战斗，准备捉拿敌军七名女将时，不幸身陷壕沟，反被敌人擒住。七名女将对他软硬兼施，力图使他降服，玉连趁机佯降求和，骗得了七名女将的信任，然后寻机智斗，“割得了七名女将的头”，立下大功，凯旋回朝，受到奖励。

三、长诗《王玉连》的民间抄本

长诗《王玉连》在布依族地区民间流行甚广，版本也较多。20世纪60年代初，由廖家国演唱，杨路塔记录并翻译的版本搜集于贵州省望谟县的城关公社（现为望谟县复兴镇），收录到贵州民间文学工作组编印的内部集子《民间文学资料》第四十一集（布依族古歌、叙事诗），1986年10月中国民间文艺研究会贵州分会重新翻印。记录翻译者杨路塔未提及是否参考了民间相关抄本，估计该版本流行地区没有或者当时未发现用汉字记音的《王玉连》手抄本的存在。

目前发现的《王玉连》手抄本来自望谟县昂武乡的渡邑村。2008年10月由当时就读于中央民族大学民族学与社会学学院的硕士研究生黄镇邦向笔者提供。该抄本以普通毛笔在当地自产的白绵纸上抄写而成，册页装。全书损毁非常严重，封面字迹已经很模糊，只能依稀辨认出“王玉连”三个字，作者、抄写时间等信息已无法分辨，而根据民间抄本通常的格式，这些信息在封面是应该有的。正文部分分上、中、下三卷，共70页，版式为正向竖排（即自右向左），版心为150毫米×220毫米，无天头和地脚，每页8～10行，多数页靠页边的文字已经残缺，无版框，不分栏。全文散韵相间，这是黔西南布依族地区常见的民间说唱文学形式。韵文部分每列排4句，均为五言句，句与句之间有一个字的间隙，同时以朱红笔标点作为句停顿的标志，形成自然的4栏。散文部分则只用红笔标出句子停顿的地方，句与句之间没有间隙，版面也很凌乱。

四、抄本的文字学研究

抄本所用文字绝大多数为常用汉字，只有少数是利用汉字偏旁部首根据汉字的造字方法重新组成新字。如“左女右下”[①]“左辶右貝”“左足右任（或壬）”“左氵右血”“左身右當”“左若右鳥”“左扌右命”“左扌右正”“左氵右任”“左足右歪”“左米右厚”“左扌右见”“左口右耗”“左足右興”“左口右岩”等。常用汉字部分有“罵”“踵”“會”“殺”“軍”“萬”“當”“賣”“羅”“騰”“續”“標”等繁体字。也有些是新中国成立以后才出现的简化字，如“国”“难”“双”“对”“们”“过”等。有些字繁简兼用，如“们”又写作“們”，“闭”又写作“閉”，“开”又写作“開”等。有些简体字出现得更晚，如“仗”在20世纪70年代的简化字方案中是“信”字的简化，后取消。但“仗”在《王玉连》抄本中显然与后来出现的“信”→“仗”无关，从抄本上下文看，该字应该读作 $\mathrm{wɯn}^{11}$，是布依语“人”的意思，采用的是形声造字法，即“亻”表义，“文”表音。

从用字的情况来看，多数采用的是以音记音的方法，即以一个汉字的字音去记录与之发音相同或相近的布依语音节。示例详见下表：

记音汉字	所记音节读音	含义	记音汉字	所记音节读音	含义
你	ni^{31}	这	浪	$\mathrm{laŋ}^{24}$	后
罵	ma^{24}	来	們	$\mathrm{mɯŋ}^{11}$	你
故	$\mathrm{kuə}^{33}$	做	同	$\mathrm{tuŋ}^{31}$	一起，相互
有	$\mathrm{ʔju}^{35}$	在	更	$\mathrm{kɯn}^{11}$	上
悶	$\mathrm{ʔbɯn}^{24}$	天	味	wei^{35}	我（谦称）

大部分形声字也以记音为主，表义有些牵强。如“左足右任（或壬）”以“任（或壬）”记 $\mathrm{zɔn}^{24}$，意思是“路”，“足”旁表义，意为“‘路’是用

① 自创土俗字不便标写，只能采取这种权宜之计。

‘足’走的”；“左目右任”以“任”记 zan^{24}，意思是“看”，左侧的“目”字旁表义，即“‘看’东西要用‘目’”；“左米右厚”以“厚”记 xau^{31}，意思是“米、饭、粮食”，“米”字旁表义；“哽”以“更”记 $kɯn^{24}$，意思是“吃”，“口”字旁表义，即“‘吃’东西要用‘口’”；“左口右岩”以“岩[①]”记 $ŋa:i^{11}$，意思是“早饭”，“口”字旁表义。这种记音方法与大多数布依族古籍文献相同，如在贞丰北盘江镇的一套摩经中，用形声字记录布依语语音的比例在95%以上。与其他文献不同的是，抄本《王玉连》中直接用汉字意译布依语音节（词）的比例较大，其中包括那些音义相同的字。如“字”读作 $sɯ^{24}$，“日”读作 $ŋon^{11}$，“酒”读作 lau^{53}，“養”读作 $çiəŋ^{31}$，“殺”读作 ka^{53}，等等。此外如“當兵”“吩咐”“皇帝”“二娘”等都是直接看汉字念布依语。

五、长诗及其抄本形成年代初探

《王玉连》抄本成书的具体时间现在很难考证。残缺不全的抄本本身能给我们提供的信息是极其有限的。抄本中多次提到“南京”这个地名，说明长诗所反映的内容应该与这个城市有关。南京是明朝开国初期的都城，长诗所叙述的事情应该发生在明朝。抄本收集者黄镇邦在调查过程中了解到，该抄本系清末望谟渡邑村文人王廷彬根据《幼学》中关于王伦家世的故事改编而成，文中也多次出现“王伦”这个名字，与这一说法相符。但从《王玉连》在各地有不同版本这一情况来看，王廷彬版的《王玉连》不一定是原创，而有可能是他结合当地流传的民间故事或说唱，并结合《幼学》中的相关情节改编而成的。《王玉连》抄本韵文部分基本上是严整的五言句，如图所示：

① 岩，在贵州汉语方言中读作 $ŋai^{31}$。

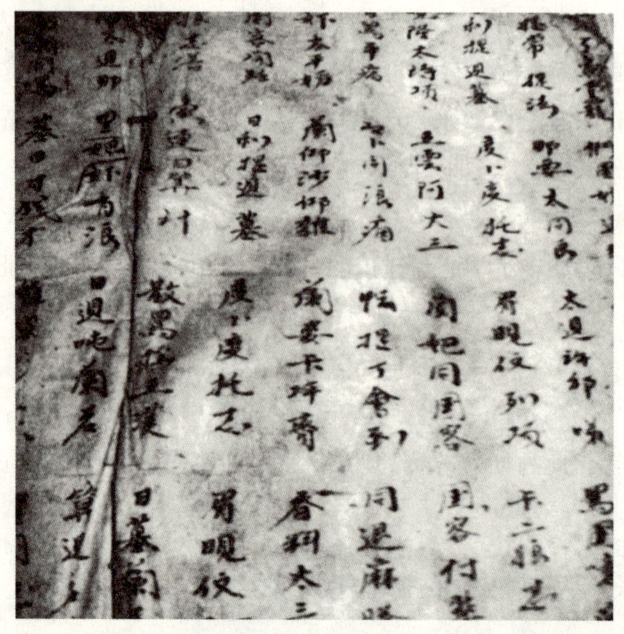

这是布依族韵文体（包括民歌）常见的句式，而由杨路塔记译的望谟县复兴镇版本的《王玉连》句式却很自由，有些接近口语。如长诗第一段是这样的：

有个老人姓王，
大老婆没有儿子，
他又讨第二个老婆，
第二个也没有儿子。
两个妇女去算命，
算命先生说：
“再讨第三个。”
两个妇女回到家，
说给丈夫听：
“今天我们去算命，
算命先生说，
再讨一个小女人。”

丈夫说:“再讨一个小女人,
我没有银钱,
怎么讨得起?
你们帮我讨来吧!”
两个妇女说:
“你没有银钱,
我们帮你讨来吧!”
两个大老婆给丈夫讨小老婆,
结婚得一年了,
三个老婆都怀了孕,
又在同年同月同时生,
不知谁是哥,
不知谁是弟。
到了第三天,
吃了三朝酒,
外公外婆和郎舅,
大家来“昂喜”①。
外公外婆说:
“这三个小孩子,
是同年同月同时生,
不知谁是哥,
就拿来称,
看看谁最重,
谁重就是大哥。”

由于译者没有附原文,我们无法了解其面貌。从译文来看,二次创作的痕迹较少,比较朴实,应该是很接近原文的。因此,可以断言,口头传承的

① 昂喜,布依语译音。生孩子满了三朝,亲友们来贺喜,布依语叫昂喜。

《王玉连》是一种介于散文和韵文之间的文体，而且文中没有出现“王伦”这个名字。渡邑的《王玉连》抄本是文人王廷彬二度创作的文学作品，将原来比较接近口语的部分完全韵文化（念白部分除外），书面语体色彩加强。

布依族借用汉字记录本民族文献这一现象具体源于何时，目前尚无足够的资料可供参考。布依族与广西壮族有着密切的渊源关系，壮族民间也大量存在用汉字（学界普遍称为“方块壮字”或“古壮字”）记录本民族宗教经文《布洛驼》以及其他文学作品的情况。有关古壮字产生的时间，学术界观点也不一致，多数人认为起源于唐代。中央民族大学覃晓航认为“早在秦汉年间就已经出现方块壮字”，他以《尔雅》中的“犩（牛）”“鮤、鮇、鲃（鱼）”等字作为依据来论证他的观点，壮族作为较早与汉族接触的一个民族，其受汉文化影响，学习汉语汉文并把它作为工具服务于本民族，时间自然要早一些。[①] 但迄今为止，我们仍然未找到充分的证据来说明布依族在秦汉时期就已经借用汉字。借用汉字的先决条件是要对汉字的熟练掌握，同时精通双语，并有借用的需要。据史料和布依族摩经的记载，用汉字记录布依族宗教经文的现象可能在唐宋时期就已经出现，而到了明、清才普遍盛行起来。在布依族摩经《殡亡经》中，有“罗甸国”“矩州”“广南西路”等历史地理概念。据《新唐书·地理志》载，矩州始置于唐高祖武德四年（621年），开始为经制州，后玄宗天宝三年（744年）降为羁縻州，其地在今贵阳一带。罗甸国亦首建于唐代，辖地在今安顺一带，广南西路则是宋代的行政区划。《宋史·地理志》载：“……三年（1109年）以黔南路并入广西，以广西黔南路为名。四年（1110年）依旧称广南西路。”其地包括今贵州西南部及黔南的部分县以及今广西壮族自治区百色市的一部分县份。唐代，布依族地区的社会生产已经发展到领主经济阶段。唐朝初年，称雄于牂牁郡的布依族大姓谢氏和宋氏率土归附于唐。虽然采取“以故俗治”的策略，建立了庄、琰、盘、矩等羁縻州，但却在黔州设立都督府以统之。因此，汉文化必然随着布依族社会经济发展带来民间密切的交往和中央封建王朝对布依族地区统治的加强而传入布依族中。宋代，布依族地区与汉族地区的商业贸

① 壮汉民族的接触及汉文化在壮族地区的传播可上溯到战国时期（覃晓航，2010）。

易很活跃，史载，当时布依地区有名马、朱砂、枸酱、草豆蔻、山子、蜜蜡、蜡染斑布等特产。这些都通过各种渠道贩往中原各地。特别是布依族地区的马，中央王朝设立在广西的买马司不仅到布依族地区买马，还取道自杞国（今贵州兴义一带）和罗甸国（今安顺一带）到云南大理购买战马。布依族地区与内地商贸往来的加强以及商贸通道，无疑为汉文化的传入提供了条件。当一部分布依族宗教职业者——布摩学会了汉语文之后，必然借用他们已掌握的汉字来记录、书写过去一直靠口耳相传的本民族宗教经文。但由于当时（唐宋时期）汉文教育在布依族当中尚未兴起，所以用汉字记录书写本民族宗教经文的现象还比较少。到了明代，随着汉族军民大量进入布依族地区和中央封建王朝对布依族直接统治的加强，布依族地区的汉文教育开始出现并逐步发展起来，习汉语识汉文者日渐增多，因而布摩借用汉字记录和书写经文的情况也逐渐增多。其借用的方式，开始时可能只借用与布依语词发音相同或近似的字来记音，近一二十年来刚刚出现的摩经抄本为我们这种推测提供了依据。后来，由于布摩们逐渐掌握了汉字的结构规律，加之客观上要求更准确地表现布依语的发音，便发展到利用汉字的偏旁部首，按汉字“六书”造字法创造新的文字符号，并约定俗成地创造部分抽象符号。由于这种文字的主体是汉字，所以，汉字的发展变化对它也发生着影响。例如新中国成立以后，一些布摩在抄写经文时使用简化字而不再使用或部分使用繁体字。

综上所述，我们认为，民间口头文学作品《王玉连》的产生时代大约在明朝时期，这可以从作品中出现的“曹操反皇帝”“曹操来攻打皇帝”“玉连去打曹操”等句子以及手抄本中出现的地名“南京”等推测出来。“曹操”是成书于明代的《三国演义》中的人物，该书在民间有较大的影响。明朝时期，随着大批中原汉人迁入布依族地区，《三国演义》中很多人物、故事也开始在布依族地区民间广泛传播。因此，只有在明清时期或稍后，布依族民间故事中才有可能揉进中原《三国演义》中的人物，同时也只有在这个时期，随着汉语文教育在布依族地区的进一步发展，布依族民间才有可以借助汉字记录本民族文学作品的条件。

六、长诗抄本《王玉连》的文献价值

民间抄本《王玉连》的发现具有以下文献价值。

（1）它改变了人们对布依族文献种类的传统认识。过去人们提到布依族古籍文献，首先想到的是发掘整理比较充分，文献数量相对较多，保存也相对完好的摩经，而忽略了其他方面文献的存在，如荔波的傩书文献同样也很丰富，但过去关注得不够。手抄本《王玉连》的发现使人们意识到对布依族古籍文献的关注焦点不应该仅仅局限于宗教经文，而应当开阔视野，全面关注布依族文化。

（2）使布依族文学作品更加充实、完善。不同于通过口头传承的文学作品，用文字记录下来的文学作品是经过记录和整理加工的，故事情节更加完整，人物形象更加生动、饱满，故事内容更加稳定。口头文学作品由于受传承者的民族文化底蕴、口头语言表达能力、故事叙述的氛围等等条件的限制，在传承过程中往往会出现故事情节脱落、变异，故事人物易位，场景变化等情况，一则故事，通过几代人的口头传承，常常会出现面目全非甚至失传的现象。

（3）丰富布依族文学作品的语体类型。布依族口头文学作品虽然也有很多表达思想感情的手段，如韵文也有赋、比、兴，也讲究对仗、押韵，也有句式排比、复沓等，但总体来说，语言质朴有余，华丽不足，口语色彩较浓。经过文人二次创作的抄本在语言上得到了进一步的加工、提炼，更具书面语特色。布依族摩经虽然也是一种文学作品，但由于其使用场合的严肃性，使其与一般文学作品有所区别。摩经虽然也是文人（或掌握汉语汉文的宗教人士）用文字记录下来的，但记录者在记录过程中只能机械地，一字不漏地把前人口述的经文照录下来，较少，甚至不可能出现二次创作的情况。因此，摩经在句式上虽然比纯粹的口头文学作品要严谨一些，但仍然没有完全脱离口语。

（4）《王玉连》抄本的发现对布依族濒危文学作品的抢救和保护是一种鼓舞。《王玉连》虽然是布依族地区流行较广的一部叙事长诗，但长期以来，在多数地区一直主要采取口耳相传的形式，由于作品篇幅太长，不便记诵，很多人不愿意花时间投入精力去学习它，加上“文革”10年期间出现的民族文化传承的断层，因此，在多数地方，随着老一代歌手的相继辞世，能完整叙述长诗的人就越来越少了。如今，在布依族部分地区，只有个别老人能零零星星地讲述其中的一些诗句或段落，《王玉连》成了濒临消亡的文学作品，抄本的发现使我们复原整部长诗成为可能。我们相信，类似《王玉连》这样的民间长诗抄本在布依族地区应该还有不少，对《王玉连》的保护、抢救和整理翻译，对下一步的挖掘抢救工作将是极大的鼓舞。

七、结语

《王玉连》是布依族文学史上一部重要的文学作品。过去，已有人从民间文学的角度对其进行研究。① 在文献学视野下研究这部长诗尚属首次。本文从文献版本、文字学及文献价值等几个方面对民间抄本《王玉连》进行了初步的探讨，希望借此能促进布依族民间文学抄本的发掘、整理和研究，同时推动布依族非物质文化遗产抢救保护工作向前发展。

原载《首届中国少数民族古籍文献国际学术研讨会论文集》，2010年10月20日。收入本文集时有所修改。

① 何积全、陈立浩主编《布依族文学史》，贵州民族出版社，1992，第350页。

从布依族《摩经》看铜鼓铸造的历史渊源

蒋　英*

贵州省黔西南布依族苗族自治州兴仁县一带的布依族村寨，当有老人去世时，仍然按照先辈传承下来的宗教规则，举行隆重而具有浓郁民族风俗的丧葬仪式。在丧葬仪式开始之时，最引人注目和最关键的人物就是布依族宗教职业者——布摩（或称摩公）。布摩是布依语的译音，“布”意为“人”，“摩”有动词和名词两种词性，作动词使用时，意思是“诵经”，作名词用时，意为“做诵经这样的事”。诵经是在一定的仪式上进行的，“布摩”是“主持仪式，并在仪式上诵经的人”；“故摩”则是“主持宗教仪式，并做诵经这样的事”。①

一、何谓“摩经”

布摩所唱诵的经文，称为“摩经”。

《摩经》是布依族世代口头相传的长篇叙事诗，是古代布依族在政治、生产、社交、爱情等生活中孕育出来的民族古老文化。它反映布依族先民在蒙昧和蛮荒时代的生活习俗；描写布依族的劳动和生活方式；描写天堂富丽美满、神仙主宰一切的神话；叙述孤儿寡崽的苦难生活和自由恋爱成家的曲折故事；歌颂母爱、酷爱自由和向往光明的强烈愿望。

---

*蒋　英，男，汉族，贵州师范学院地理与旅游学院副教授，主要兴趣和研究方向为音乐考古、中国近代音乐史、中国南方少数民族铜鼓音乐舞蹈文化研究。

①周国茂：《摩教与摩文化》，贵州人民出版社，1995，第8页。

摩经总体上可分为两大类：一是丧葬超度仪式的经典，称“殡亡经”；二是祈福、消灾、驱邪等宗教仪式，称“解邦经”。

二、《摩经》中关于铸造铜鼓的论述

《摩经》广泛流传于布依族地区。布依族没有文字，为了避免摩经文的失传，就用汉字的字音代记经文。因此现在保存下来的摩经，全是借用汉字的字音记录的。

在布依族居住的古老村寨，凡遇老人过世，布摩都要唱诵《摩经》、敲击铜鼓“十二则”（即用铜鼓演奏的十二段鼓曲）或击铜鼓三槌来超度亡灵。在贵州省兴仁县一带居住的布依村民王开洪老人（布摩之一）所保存的《摩经》之“赎魂篇”——《朵任·果龙》（祭天际·铜源）[①]部分，有汉字记音的手抄本，记录了布依族祖先铸造和使用铜鼓的情景。叙述以问答的方式开始，诵经过程中以吟唱与讲述为表达形式。《朵任·果龙》内容如下：

汉字记音[②]：果龙又来鲁

汉意内容：古时铜源于何地？

汉字记音：鲁龙又来贯

汉意内容：古代铜源于何方？

汉字记音：果龙又四府

汉意内容：铜产于四府（黔南、黔西南、滇东南、桂西北）。

汉字记音：鲁龙又贵绪

汉意内容：铜源于贵州。

汉字记音：哈拜嘎乃妈

汉意内容：汉人去购买铜来。

汉字记音：娜拜半乃妈

---

① 由贵州省兴仁县王国佩、王开吉翻译。

② 即借用汉字的字音记录布依语。

汉意内容：布依人去以物交换来。

汉字记音：蒿素故斋甩的妈

汉意内容：用竹篓挑来。

汉字记音：乃素故龙兰的倒

汉意内容：用竹箩挑回来。

汉字记音：拜信俗补哈

汉意内容：去汉人家寄宿。

汉字记音：补哈倒松尧

汉意内容：汉人接待两朝夕。

汉字记音：拜信俗补尧

汉意内容：去瑶家借宿。

汉字记音：补尧倒松网

汉意内容：瑶人招待两天两夜。

汉字记音：故筒俗官拐

汉意内容：活塞装在筒管里。

汉字记音：官拐倒松拜

汉意内容：装置双式活塞风箱。

汉字记音：松拜党江纳

汉意内容：双塞风箱置田坝中。

汉字记音：松龙党江洞

汉意内容：双式炼铜风箱安在坝子中。

汉字记音：他绍鲁绍乙

汉意内容：首次布置试炼铜炉。

汉字记音：他绍刚绍帅

汉意内容：先用铁矿去试炼。

汉字记音：他绍躴（lang）绍尼

汉意内容：再次作试炼布置。

汉字记音：他绍化拜帅

汉意内容：又用铁矿再去作试炼。

汉字记音：舵金戡菲奶

汉意内容：加进耐燃的柴火。

汉字记音：小蒿网等奶

汉意内容：横着加放在炉内。

汉字记音：小蒿疗败若

汉意内容：助燃物放在外面。

汉字记音：排襄孔妈壤

汉意内容：用虎皮做的风箱来鼓风。

汉字记音：排襄响妈播

汉意内容：用狮皮风箱来吹风。

汉字记音：排襄洛妈达

汉意内容：用兔皮风箱来加劲。

汉字记音：排本拜本妈

汉意内容：风箱鼓风的话煽来煽去。

汉字记音：五龙丁吉尽

汉意内容：铜矿烧得红彤彤。

汉字记音：排达拜达到

汉意内容：风箱柄拉去又拉回。

汉字记音：王龙射吉坎

汉意内容：铜矿已熔化为液体。

汉字记音：敌故墨腊汝

汉意内容：欲铸成冠形大铜锣。

汉字记音：须盘墨腊汝

汉意内容：就成冠形大铜锣。

汉字记音：敌故碰腊敖

汉意内容：就做成铜镲（大钹）。

汉字记音：须盘碰腊敖

汉意内容：就成凸形镲。

汉字记音：敌故年根香

汉意内容：欲做铜鼓过春节。

汉字记音：须盘年根香

汉意内容：就有过春节的铜鼓。

汉字记音：敌故年贬向

汉意内容：就有超荐亡人用的铜鼓。

汉字记音：须盘年贬向

汉意内容：就有超荐用事的铜鼓。

三、布依族铜鼓铸造的历史渊源

布依族《摩经》中，将布依族铸造铜鼓的一些信息记录下来，既记载了铜鼓的铸造和来源，又表达了在丧葬仪式中使用铜鼓超度亡灵的意义。

铜鼓的铸造工艺及流程，一直是国内外专家、学者追寻和探讨的问题，史籍记载不多。目前，在中国南方各省特别是云南、贵州、广西等省区铜鼓出土较集中的地区，也还没有发现铸造铜鼓的具体叙述。清代屈大钧著的《广东新语》（下集）卷16“器乐篇铜鼓”说：“凡为铜鼓，以红铜为上，黄铜次之。其声在脐，雌雄之脐，亦无别，但先炼者为雄，后炼则为雌耳。然诸工不善取音，每铜鼓成，必置久延铜鼓师，师至，微以药物淬脐及鼓四旁，稍挥冷锤攻之，用力松轻，不过十余锤。而雄声宏而亮，雌声清以长，一呼一应，和谐有情，余音含风，若龙吟而啸凤也。广州炼铜鼓师不过十余人，其法绝密，传于子不传女云。”可能各民族出于对铜鼓的高度崇敬，因而对铸造铜鼓的工艺严格保密，所以很难见到相关记载。

布依族《摩经》中的记载，说明布依族应是最早铸造和使用铜鼓的民族之一。

（一）古文献中关于布依族铸造铜鼓的记载

20世纪80年代，考古工作者在贵州省普安县发现有铸造铜钺的砂石范，时代在汉文帝年间（公元前179年至157年），这一带的古地名又称“铜鼓山”，说明布依族先民在两千多年前，可能已铸造铜钺和铜鼓了。

东汉至魏晋南北朝，布依族被称为“僚”。晋代有“俚僚铸铜为鼓”[①]的文字记载，并说“有鼓者号为都老”，“群情推服”。[②]可见布依族先民是铸造和使用铜鼓的古老民族之一，而且以铜鼓作为权力的象征。隋代有“俚僚贵铜鼓，岭南二十五郡处处有之”[③]的记载，二十五郡西部就是布依族先民住地。唐代诸谢“聚击铜鼓”[④]，宋代“夷僚疾病，击铜鼓、沙锣以祀鬼神”。[⑤]明万历年间，现兴义境内的布依族先民还继续铸造铜鼓。[⑥]明清史籍称布依族为“仲蛮”“仲苗”“青仲”或“仲家”，常有仲家俗尚铜鼓的记载。明弘治《贵州图经新志》卷12：“仲家，范铜为鼓，其制类鼓，无底。遇死丧，待宾客，击以为乐。相传诸葛武侯之所铸者，价值牛马或以百计，富者倾产市之，不惜也。”[⑦]嘉庆《黔西州志》：“仲家岁时击铜鼓为欢。”[⑧]清李宗防《黔记》卷59：“仲家……俗尚铜鼓，中空无底，时时击之以为乐。”[⑨]清《黔苗图说》云：“补笼仲家……岁时击铜鼓为欢，掘地即得铜鼓，武侯南征时所遗者，重价争购。”[⑩]

从以上记载来看，布依族先民能范铜铸鼓，岁时击铜鼓为欢，遇丧葬也敲击铜鼓祭丧。

---

①（晋）裴渊：《广州记》，载（唐）章怀太子注《后汉书·马援传》。

②（晋）裴渊：《广州记》，载（唐）章怀太子注《后汉书·马援传》。

③《隋书·地理志》。

④《唐书·西南蛮传》。

⑤《宋史（卷495）》。

⑥ 李衍垣在《我国南方少数民族铜鼓的历史演变》一文中说1935年在兴义征集到一面“麻江型”铜鼓（库号为2774），鼓面第八晕有原铸的汉书铭文——“万历元年，孔明置造”。“万历元年”是真，“孔明置造”是伪托。

⑦ 蒋廷瑜：《古代铜鼓通论》，紫禁城出版社，1999，第191页。

⑧ 蒋廷瑜：《古代铜鼓通论》，紫禁城出版社，1999，第192页。

⑨ 蒋廷瑜：《古代铜鼓通论》，紫禁城出版社，1999，第192页。

⑩ 蒋廷瑜：《古代铜鼓通论》，紫禁城出版社，1999，第192页。

（二）布依族使用的麻江型铜鼓矿料来源解析

麻江型铜鼓分布于广西、贵州、云南、四川、重庆、广东、海南、湖南西部和越南北部，范围广大。1954 年，贵州省麻江县谷峒火车站基建中，发现一批少数民族风格的土坑墓，出土了一面铜鼓，作为“麻江型”的代表。据有关专家考证，麻江型铜鼓是由原始形态的万家坝型铜鼓和由它直接发展而来的石寨山型铜鼓逐渐演变而成的，其流行时代大致从宋代至清末，而布依族是至今仍使用麻江型铜鼓的主要民族之一。1991 年，广西民族学院万辅彬等人运用铅同位素比值法，测试了 26 面麻江型铜鼓、32 个铅金属矿，结果表明，这些铜鼓的铅同位素比值和矿料来源是相当集中的。麻江型铜鼓的矿料来源于麻江型铜鼓分布地区的西部：云南楚雄彝族自治州、滇中、昭通、曲靖地区；贵州毕节地区、六盘水特区和黔西南布依族苗族自治州；广西的西北部以及四川、云南、贵州三省交界地区。①

清代同治年间的《毕节县志稿》载：“毕节产铜矿、白铅。”《安南志略》载：“安南县（今晴隆）产铅。”民国时期的《威宁县志》载：“威宁县有铜矿……自然铜出太平场。”② 这些记载均说明上述地区自古代至近代一直盛产铜、锡、铅等矿，为铸造麻江型铜鼓提供了充足的物质条件。

（三）对《摩经》所述铸造铜鼓的认识

布依族《摩经》中关于铸造铜鼓虽然只有片言只语，但结合以上文献记载和矿料来源分析，布依族先民应是铸造和使用铜鼓的古老民族之一。现将布依族《摩经》中关于铸造铜鼓的片段作如下分析。

1. 关于铜的来源问题

《朵任·果龙》第一、二句，“古代的铜源于何地？……何方？”第三、四句：“铜产于四府（黔南、黔西南、滇东南、桂西北），铜源于贵州”。

这一问答式的叙述，充分说明了铜主要盛产于四川、云南、贵州三省交

① 万辅彬：《中国古代铜鼓科学研究》，广西民族出版社，1992，第 107 页。

② 万辅彬：《中国古代铜鼓科学研究》，广西民族出版社，1992，第 107 页。

界地区，尤其是贵州毕节地区、六盘水地区和黔西南布依族苗族自治州。铜鼓的主要金属成分是铜，但不是纯铜，而是铜与锡、铅等金属之类的合金。贵州境内自古有着丰厚的铜、锡、铅等矿藏，应该说麻江型铜鼓的铸造原料主要来源于本地区。

2. 关于铜的购置过程

《朵任·果龙》第五、六句，“铜是汉族买来的，布依人以物交换而来”。第七至十二句，“并用竹笼装来，也是用竹箩送到”。古时，汉族与南方民族杂居，作为强势文化的汉文化自然对南方各民族文化产生影响，从铜鼓铸造工艺的传播和文化现象就能充分地反映这一点。笔者在贵州省兴仁县长青乡一带进行田野调查时，偶然发现了一面铸造精细、纹饰精美的铜鼓。鼓面中心十二芒“太阳纹”清晰可见，在第三弦与第四弦之间的第三晕圈内，有四条鱼和四枚铜币图案，间距均衡；在第四弦与第五弦之间的第四晕圈内，有四条龙的图案，栩栩如生。这面铜鼓的鼓面纹饰较突出地注入了汉文化的因素，也充分说明了我国古代南方少数民族的铜鼓文化深受汉文化的影响。

3. 关于炼铜炉和风箱的建造

《朵任·果龙》第十三至十六句，“装置双式活塞风箱，双塞风箱置于田坝与坝子”。第十七句，“首次布置试炼铜炉”。布依族先民将铜矿运送到目的地后，首先在田坝或坝子上建造和安装了冶炼铜矿石的熔炉与风箱，并强调“双式活塞风箱”，冶炼铜矿过程中借助“双塞风箱”的巨大功率，才能使铜矿石熔化。

4. 关于试炼铁矿和燃料

《朵任·果龙》第十八至二十句，“先用铁矿去试炼，再次作试炼布置，又用铁矿再试炼”。第二十一、二十二句，“加进耐燃的柴火，横着加放在炉内”。这两句的内容，主要是记述布依族先民如何探索冶炼（矿石）的方法和程序，燃料主要是煤，木柴仅作引火之用。又因铁矿石容易找到，所以先通过铁矿冶炼作试验，从技术、流程、风力、燃料等方面掌握其冶炼规律，为成功冶炼铜矿奠定基础。

5. 关于风箱使用的材料

《朵任·果龙》第二十四至二十九句，“用虎皮做的风箱来鼓风，用狮皮风箱来吹风，用兔皮风箱来加劲，风箱鼓风煽来煽去，风箱拉柄拉去又拉回”。第二十八、三十句，“铜矿烧得红彤彤，铜矿已熔化为液体”。叙述了用虎皮、狮皮、兔皮等高级材料制作风箱，因为动物皮毛钉在风箱活塞上可以减小摩擦，且有密封的作用。同时，强调虎皮、狮皮的使用，也是为了突出铸造铜鼓的神圣性和神秘感。这两句说明了风箱在冶炼铜矿过程中的重要性。

6. 关于铸造的物体

《朵任·果龙》第三十一至三十四句，“欲铸成冠型大铜锣，就成冠型大铜锣，就做成铜镲，就成凸形镲”。第三十五、三十六句，“欲做铜鼓过春节，就有过春节的铜鼓”。铜矿石熔化为红彤彤的液体，注入各种砂石范内，想浇铸铜锣成铜锣，想浇铸铜镲成铜镲，想浇铸铜鼓成铜鼓，这充分体现了布依族的聪明智慧和高超的铸造技能。

7. 关于铜鼓的用途

《朵任·果龙》第三十七句，“就有超荐亡人用的铜鼓”。第三十八句，“就有超荐用事的铜鼓”。布依族有句俗谚叫“亡人升天在击鼓”。铜鼓在布依族的丧葬仪式中占有重要的地位。作为布依族的重要礼器、神器，铜鼓受到布依族的极度尊崇。在布依族传说中，打铜鼓能顺通天路，铜鼓声可护送老人亡灵平安进入天堂。

四、结语

在国外，讲到铸造铜鼓工艺技术的论著或文章也不多，现仅有泰国国家图书馆收藏的一份缅甸文的《铜鼓制作法》。该文记述了20世纪初缅甸克耶邦铸造铜鼓的方法和工序，与中国明代《天工开物》中所记的“失蜡法”基本相同。万辅彬在《东兰铜鼓调查记》中讲到：广西东兰县是著名的铜鼓之乡，当地至今在民间仍有数百面铜鼓，经梁富林登记的铜鼓就有300多面，这些铜鼓均是麻江型铜鼓。关于铜鼓是怎样来的，当地有不同的说法，只有一个村说是外地人拿着工具到当地，由农民现定现做的；其他村寨多说是从贵州一带购买的。

1992年广西壮族自治区河池市文物站梁富林等人进行铜鼓田野调查时，在东兰县长乐乡高新屯发现一面“独山双和号”铜鼓。该鼓面径48厘米，高27厘米，鼓面主要纹饰为乳钉纹、酉字纹、双龙献寿纹及汉字铭文“福如东海、寿比南山”“万代进宝、永世家财”“道光七年建立”等。鼓面背面铸“独山双和号”印，印为长方形，宽1.1厘米，长4.1厘米，“独山”二字横排，“万和号”三字竖排。这应当是汉文化与当地铜鼓文化亲密融合的一个重要例证，同时说明贵州已有作坊以铸造铜鼓为业，售往广西等地。

在布依族的《摩经》中，透露出一些铸造铜鼓的信息，应该说，这是长期生活在贵州本土的布依族先民为我们留下的珍贵文献，为进一步探讨和研究铸造铜鼓的方法和工艺，提供了难得的第一手资料。

原载《民族艺术研究》，2005年第6期。收入本文集时有所修改。

从《陆氏族谱》看布依族水族的“江西迁来说”

刘世彬 *

近十来年，曾多次去黔南布依族苗族自治州三都水族自治县进行社会调查，不经意间寻见清光绪十二年（1886 年）刊刻的《陆氏族谱》一部，经复印携归。粗略点读之后，虽管中窥豹，但颇感有探微之必要。现将一孔之见求教于大家，以获指正。

一、《陆氏族谱》略述

《陆氏族谱》为“梓近刊刻”本，长 21 厘米、宽 13.5 厘米，共 62 页，124 面。内容有：（按原顺序）清光绪十二年的《陆氏族谱叙》；唐元祐二年（905 年）的《江南陆氏家乘序》；宋绍兴庚辰（即宋绍兴三十年，1160 年）的《江南陆氏家乘序》；元至正十年（1350 年）的《江南陆氏家乘序》；明嘉靖七年（1528 年）的《大修陆氏族谱序》；明嘉靖九年（1530 年）的《编修陆氏族谱序》；清康熙三十八年（1699 年）的《继修陆氏家谱序》。凡例（六条）、源流图、姓氏考。江南始祖（自汉初 1 世至唐末的 40 世，谱系完整），贵州始祖（清康熙三十八年继修的），大宋淳祐二年（1242 年）敕赐匾坊对联，江西始祖（自唐末的 1 世至 10 世）。大宋淳祐二年壬寅九月族表金谿县陆氏义居敕（附录家长陆冲谢恩表），大宋嘉定八年（1215 年）二月初一谥文安公陆九渊大夫，大宋嘉定八年三月二十八日复谥，宋朝靖大夫行

---

* 刘世彬（1937—），男，汉族，贵州省黔南民族师范学院政法经济系教授，主要研究方向为马克思主义哲学研究和民族文化研究。

尚书老功员外郎丁端祖复谥。新安程敏政的《朱陆异同注》、元山席《鸣冤录一朱陆异同辨》《朱陆二先生鹅唱和志（朱陆异同记）》《答陆子静书朱陆异同解》《与陆子静书》。科第。江西抚州府金谿县三陆先生宅第。各世字辈。

从上述内容看，保存了近千年的资料，唐、宋、元、明、清各代的序比较齐全。谱内所录陆氏世代自汉初的1世至唐末的40世，接江西始祖的1世至10世，接贵州始祖各世，世代相连，辈分清楚。从谱内保存的有关史料看，有根有据，颇有研究价值。因此，我初步确认《陆氏族谱》不伪。

二、陆氏家族是如何迁徙贵州黔南的

唐元祐二年序云：“吾家自汉初受封，徙居吴郡……一千余年”。宋绍兴庚辰序说得较具体：“齐宣王少子通封食平原般县陆乡，即陆终故地，遂别其氏为陆。四世孙曰烈，为吴令，子孙遂为吴郡陆氏……三十九世孙曰希声，席末论著甚多，晚岁相昭宗，卒谥文公。文公次子崇，生三子，长曰德迁，次曰德晟，三曰德达，盖五季乱，德迁避地于江西抚州金谿，德达亦同避于富州剑西，遂为江西始迁之祖，惟其次之德晟独避于滇黔南宁，即今贵州永宁州是也，是为黔南始迁之祖”。元至正十年的序亦如是说：陆氏“於吴郡传至三十九世孙文公，讳希声者，相唐昭宗，五季乱，其次孙曰德晟遂避居于黔南之南宁六邑”。明嘉靖七年的序上说：“江西黔南有陆（巷），唐末五季乱，德迁、德达、德晟避地来也，江西金谿青田、富州剑西、黔南安顺永宁，三宗者日蕃茂世，有谱系”。明嘉靖九年的序上曰：“德晟亦因五季乱，避居于黔南安顺府永宁，为贵州始迁之祖，其后世散居都匀府县，居独山、荔波、广西，散处不一地者又历历可见矣”。清康熙三十八年的序中讲得更具体：“黔南永宁德晟起世，其后之子孙或散处于都匀八寨，或一分居于独山九村，以至徙荔波、平舟、鹿硐、西凉，迁丰硐、松磉，散处广西，此黔南德晟公世系之分支也”。

在文安公十九世纪鸿镜继修的《贵州安顺府永宁州始迁祖·贵州始祖》中记载有：“德晟公，唐宰相江南苏州吴县希声公之次孙，崇公之次子也。因唐末五季乱，避乱徙居于清黔南宁（即今贵州永宁州是也），遂为黔南始迁之祖，取吴，子五，仁发、仁胜、仁永、仁安、仁宗，因宋初其子散处于都匀四邑之地，遂为都匀人也”。“仁胜公，自永宁州徙居都匀府地，如丹江厅、八寨厅、上江厅、西凉、马场等处”。仁永公“亦自永宁州徙居都匀县地，如大路、螺马、甲渡、甲若，并巴阿四寨及平州司、平浪司、鹿洞司，散处广西南丹州纳坑桥村八虚，下至河池州庆远府及桂林省，皆等其出也”。仁安公“亦自永宁州迁于独山州地，如甲牌、白岩、四方井、那霸、苗远、丰硐、海寨、播来、三廊、巴坪、松磉以及静司、滥土司、王家司，是其后也”。仁宗公“因宋初兵征黔南永宁州，逃入荔波县地，如鸿奶、羊拱、三洞及口水四寨，下至通州、螺忽，天峨、东兰、三望、凯羊、凯有、芽州、大堂、管定、播州、螺地州、泗口府、凌云县等，皆其裔也”。

此外，《贵州始祖》中还有一段记载：都匀始迁祖之一为“江西抚州府金谿县德迁公之十二世孙也，自金谿徙江南苏州常熟县，又由常熟县徙贵州都匀府都匀县之兴仁堡，后世子孙遂为都匀县人”。另，大成公“江西抚州府金谿县德迁公之十九世孙也，因避胡元乱，自金谿逃入贵州都匀府清平县地，子三……后世子孙遂为清平县人”。

综上所述，陆氏家族迁徙贵州黔南的基本过程是：唐末五季乱，陆氏40世孙德晟避于黔南南宁（即永宁，今之惠水、广顺间①）成为黔南始迁之祖。德晟有五子。次子仁胜徙居都匀府，三子仁永徙居都匀县，四子仁安迁于独山，五子仁宗逃入荔波，其后裔分布于今都匀、独山、荔波、三都及广西南丹、河池等地。此外，江西金谿县德迁公之12世孙经徙江南苏州常熟县后，又迁至黔南都匀县。德迁之19世孙大成公因避乱自金谿逃入都匀府的清平县。

由此可见，从唐末起至宋、明各代都有陆氏家族的后裔迁入黔南，然后成为本地人的一部分。

三、从《陆氏族谱》看宋明时期黔南民族的融合

陆氏家族由平原般县陆乡迁至江苏吴郡，后来有支迁来贵州黔南，原迁

---

①黔南布依族苗族自治州《概况》编写组编《黔南州疆域的历史沿革·黔南州各县历史沿革》(内部资料)，1982，第7页。

往江西的一支又有一部分迁来黔南定居。应该说《陆氏族谱》所述的陆氏为汉族无疑。但如今黔南各地的陆姓人家不少为布依族、水族等，这引起了我的思索。

应该承认，在布依族、水族源流问题上至今意见尚有分歧。我也曾多次著文认为，布依族、水族为百越族群中骆越的一支北迁后形成的单一民族。这一观点也是目前多数学者的共识，《布依族简史》《水族简史》等均持此说。

但在论及布依族、水族起源问题时，不论是在民间还是在学者的意见中，都经常提出“江西迁来”说或“江南迁来”说。例如，潘一志在《水族源流考》一文中说：“水族中各个姓氏都说他们的祖先是由江西、湖南、湖北等省来的，而以由江西迁来的姓氏为最多。其迁徙的原因，有的说是他们的祖先因中原战乱，避难而来；有的说是他们的祖先随军南征，落籍而居住此地的。迁徙的时代，只能按辈数推算，最多的数到32代，约在宋朝南迁以后。”[①] 王品魁、莫俊卿在《水族来源初探》一文中提出“江南迁来”说后指出：“陆姓水族，主要居住在自治县水龙区中和公社两个大队、普安区三个大队和城关三郎大队、牛场公社的行赏大队等。”[②] 邝福光在《水族族源初探》一文中说：“现有几种关于水族族源的说法，大都来于民间口头传说。其中比较容易听到的一种，说是由于战乱从江西经湖南迁来的。”[③] 关于布依族的起源问题也有类似的说法。例如《布依族简史》上说：布依族有“自江西迁来的传说”。[④]《黔南布依族简介》（初稿）上说：“部分布依人却自称是江西或江南迁来的”。[⑤] 但他们在提出水族、布依族的“江西迁来”说或“江南迁来”说的时候都认为“很不可信”“矛盾甚多，很难自圆其说”“可疑的

---

① 潘一志：《水族源流考》，《贵州文史丛刊》1982年第1期。

② 王品魁、莫俊卿：《水族来源初探》，《贵州民族研究》1981年第3期。

③ 邝福光：《水族族源初探》，《贵阳师院学报》1984年第1期。

④《布依族简史》编写组编《布依族简史》，贵州人民出版社，1984，第12页。

⑤ 黔南布依族苗族自治州《概况》编写组编《黔南布依族简介（初稿）》（内部资料），1982，第4页。

地方很多”。[①] 甚至认为是“部分布依族人为了少受或不受歧视，忍痛假报祖籍，讹传至今”。[②]

我个人认为，从《陆氏族谱》看，以及从布依族、水族的民间传说和一些家谱看[③]，所谓“江西迁来”说和“江南迁来”说是有一定依据的。

（1）从迁徙的时间看，不论是民间传说还是《陆氏族谱》都认为他们是在唐末宋初或宋明之间由江南或江西迁来的。

（2）从迁徙的原因看，不论是民间传说还是《陆氏族谱》都认为他们是由于战乱才从江南或江西迁来的。

（3）从陆氏在黔南的分布上看，陆氏落籍黔南之后，虽也有变迁，但陆氏在黔南的分布与《陆氏族谱》上记载的落籍地方基本上是一致的。如独山的丰硐，三都的水龙、普安，都匀的坝固一带，都是《陆氏族谱》中陆氏迁来贵州黔南时落籍的地方，如今这些地方的水族、布依族也大部分是姓陆。据我初步调查，在独山丰硐的一些村子，几乎全是姓陆的。

（4）从辈分看，《陆氏族谱》中的“各世字辈”是“景远庆龙光祯祥德永昌朝廷钦道义荣耀绣麟章”。据我初步调查，在独山丰硐至今庆字辈、龙字辈、光字辈等辈陆氏同样是存在的。

我这样说，并不意味着陆氏从江西、江南迁来黔南，成为黔南布依族、水族的族源。我仍坚持我的观点，布依族、水族是从百越族群中骆越的一支发展而成为一个单一民族的。但的确也要看到，在布依族、水族形成一个单一民族之后，在其发展过程中也会逐步融合一些从外地迁来的其他民族。正如潘一志所说的：“也必须承认，在水族中各个姓氏的祖先，也可以肯定地说，有的在宋代或宋代以后始来自江西、湖南、湖北等省，或其他各省，到

---

① 潘一志：《水族源流考》，《贵州文史丛刊》1982 年第 1 期。

王品魁、莫俊卿：《水族来源初探》，《贵州民族研究》1981 年第 3 期。

卜福光：《水族族源初探》，《贵阳师院学报》1984 年第 1 期。

② 黔南布依族苗族自治州《概况》编写组编《黔南布依族简介（初稿）》（内部资料），1982，第 4 页。

③ 王品魁、莫俊卿：《水族来源初探》，《贵州民族研究》1981 年第 3 期。

水族地区居住，年代既久，自然融合，是很可能的。”[①] 也正如黄义仁、韦廉舟说的：“我们认为历史上确有这样的事实，这批到贵州来的人大多是随军来的将领和士兵，当然也有少数的移民，由于他们长期驻扎在布依族地区，其后代已与布依族融合，这是可能的。”[②] 因而，从江西、江南迁徙来黔南的陆氏的后裔应该说是布依族或水族了。

从陆氏家族的一支在唐末宋初或宋明时期迁来贵州黔南，和当地的布依族、水族逐步融合历经几百年而成为布依族、水族的情况看，在当时交通不发达，当地又以布依族、水族为主体的情况下，是当地民族逐步融合了外地迁来的汉族。但随着社会的不断向前发展，特别是商品交换的发展，交通的发达，各民族之间交往的增多，也会出现少数民族融合进人数较多的民族或汉族中去的现象。上述两种情况都是有可能的，这为我们研究民族发展的历史提供了一个思路。

原载《贵州民族研究》，1992 年第 4 期。收入本文集时有所修改。

---

① 潘一志：《水族源流考》，《贵州文史丛刊》1982 年第 1 期。

② 黄义仁、韦廉舟：《布依族民俗志》，贵州人民出版社，1985，第 4 页。

布依族“改汉作夷”初衷及其价值

——以孤本《王玉连》为例

黄镇邦 *

一、乐康村基本情况及王廷彬版《王玉连》抄本的搜集

乐康村是贵州省望谟县蔗香乡下属的一个行政村，笔者作调查时全村共413户，总人口1661人，是望谟县五个大规模的布依族自然村寨之一。从文化上讲，这是一个多元型文化村寨，既保留着“强势型母语”和布依族传统习俗，又吸纳了许多汉族文化元素。笔者于2008年在乐康进行毕业论文田野调查，也将《王玉连》作为本次调查的重点内容之一，调查期间，乐康中院的潘荣基将多年保存的《王玉连》手抄本交给笔者，该抄本是当年李建明和黄道生两位地方文人在他家与其父共话家常时留下的。他说：“我看不懂，很可惜，希望你拿去研究，讲得像原来那样。”抄本是汉族故事，用布依语改编，以布依族方块古文字记录的，对于这样的抄本，布依族地区通俗的说法是“$\text{sɯ}^{1}\text{pu}^{4}\text{ha}^{5}$，$\text{pa}^{5}\text{pu}^{4}\text{ʔjai}^{4}$”，即“字是汉字，从口中吐出的却是布依话”。

---

*黄镇邦（1975—），男，布依族，贵州省博物馆副研究馆员，贵州大学生态学博士研究生，主要研究领域为文化遗产及文物博物馆学。

二、抄本现状及对其编者的考证

抄本质地为当地自产的棉纸，由于缺乏妥善保存，该抄本严重损坏，潘家将抄本放在火塘上方的炕架上，长时间受烟熏，书稿已严重泛黄，也正是这种古朴的保存方式才使得抄本幸存下来。抄本由序言和正文组成，册页装，正向竖排，自右向左，版心为150毫米×220毫米，无页眉与页脚，每页8～10行，无版框，不分栏，靠近页边的文字残损相当严重。正文部分每列排4句，句与句之间有一个字的间隙，以朱红笔标点作为句停顿的标志，形成自然的4栏。全文以“五言”为主，兼有散句。封面右上角依稀可见“改漢作夷□□傳□□世間老幼□□□听知□□或少女父母誌”，左上角为书名“王玉連”。封二右侧为“王廷彬記”四个字，字的颜色为红色，这四字应为王廷彬本人书写。从字迹来考证，整部抄本一共为四个人抄写。从序言到末尾共67页（从上下文考证，序言和正文均有掉页，其中，末尾掉页严重），正文分上、中、下三卷。抄本形成时期为清末至民国初期，当时，王廷彬在乐康教授私塾，他经常与同事兼好友乐康寨上较有才华的乡绅王由戬（号“美堂”）、黄华祥（字“荣甫”）来往，当地人如此评价他们：“如果让他们去考顶，可以先戴上顶子再答卷都不为过（王廷彬、王美堂、黄华祥三人生于19世纪80年代末，他们学成之时，科举制度已经被取消）”。这里暂且将抄本中四种笔迹分别定为A、B、C、D，因此可以确定，从序言起A完成了1～2页（即序言）和14～15页；B完成了3～7页；C完成了8～13页；D完成了16～67页。其中，第16页之后的笔迹与封二的“王廷彬”三字字迹相同，而从另一角度考证，自16页之后，频频出现“妨他 [faːŋ^{2}te^1]（那个人）”“妨你 [faːŋ^{2}ne^4]（这个人）”，这是现望谟县纳夜镇打郎村、昂武乡渡邑村一带的口音，在此之前，都是“卜他 [pu^{4}te^1]（那个人）”“卜你 [pu^{4}ne^4]（这个人）”，为乐康一带的口音。王廷彬是打郎人，由此可以确认他完成了书稿大部分内容的书写，即后面的51页，序言为王美堂或黄华祥所作。

三、故事梗概

华阳县王氏家族有三兄弟，王伦、王汉、王云，婚后几年都没有生育，于是，三兄弟立庙朝拜，后面各生了一个儿子，请寨老们为孩子取名，众寨老决定分别以玉连、金连、银连为三兄弟的三个孩子取名并由玉连当大哥，金连次之，银连为最小。按常规，兄长继承家业。王汉之妻二娘不同意这个决定，寨老们为公平起见，以称三个孩子的重量来定论，二娘为了让自己的孩子重一些，称重前借故说孩子脏，洗了再称，趁此机会在金连的襁褓中塞了银子，最终，还是比玉连轻。她从此嫉恨玉连，处处设法陷害。不久，王伦和王云夫妇相继死去。玉连聪颖过人，在学堂里总是胜人一筹，二娘于是采取投毒、设陷阱等手段，欲将他置于死地，结果都没有成功，于是她将玉连母子赶出家门，被赶出后，母子夜宿砖窑，白天讨饭为生。一天，讨饭到张员外家门口，张家小姐张素梅见他气宇非凡，倾慕不已，不但施予银子，还以汗衫作为信物送给玉连，并发誓嫁给他。东京和西京交战，兵荒马乱，皇帝招兵，二娘认为这是一个好机会，以当兵是长房的事为由，连哄带骗让玉连当兵，让他去死。玉连提出条件，要先娶素梅小姐为妻，以便能照顾母亲，在媒人杨婆的努力之下，素梅终于嫁给玉连。玉连出征后，得到太白金星和其父王伦托梦相助，过关斩将，所向披靡，但是，在与吴王之女三花的交战中失手，落入三花设的陷阱而被擒，三花见其相貌堂堂，又能干，主动向父王求情，求刀下留人并求玉连娶她，玉连为保身，跟三花假结婚，成为驸马。自玉连走后，玉连之母和素梅受二娘百般虐待，一天，有人来报，玉连已经功成名就，二娘先知道消息，收买送信者，叫他在路上拣些尸骨回来，当玉连之母和素梅的面说玉连已经战死，婆媳不信，割腕滴血于尸骨上，而血不沉，由此推断玉连还在人间。二娘借有尸骨进屋不吉祥为由，请和尚来超度，趁半夜将和尚杀死，嫁祸于婆媳俩，官家因受二娘贿赂，判婆媳死刑，好在太白金星相助，婆媳几死回生。二娘将她们赶出家门，婆媳讨饭过活，万般无奈，素梅托飞燕传书，玉连得知母女境况，传信宋仁宗，与宋仁宗派来的兵马里应外合，荡平西京。西京稳定后，玉连到华阳慰问百姓，凌迟处死二娘，与母亲和素梅团圆。

四、改编者初衷及抄本在当地的影响

文化涵化（acculturation）是指异质的文化接触引起原有文化模式的变化。自汉朝始，布依族就开始与汉族有往来，明朝洪武年间"调北征南"，大量的汉族入黔，汉文化的教育体系日趋完善，布依族也分享了汉文化教育资源，《弘治励经图志》载："仲家苗，男知读书，通汉人文字"。清雍正年间"改土归流"之后，清朝派来的地方官对兴办教育比较重视，现今的黔南布依族苗族自治州、黔西南布依族苗族自治州在清代共有28所书院，除一所外，全部建于这一时期。康熙、雍正两朝的科举考试中对少数民族又有一些特殊政策，使时为仲家的布依族的汉文化教育得到更进一步的发展。此外，清朝"乾隆、嘉庆、道光时期，由于大量的汉族客民迁居到西南各省，商品经济又空前地发展，这些新的因素无疑对当地少数民族社会，特别是对他们的民族认同意识造成了深刻的影响"。与汉族长期相处，布依族社会中也自然吸取了汉族的一些文化元素，形成了一种认同，那就是，只有读书上学才有可能考科举，获取功名。

从较小的地域空间来看，在陆路交通不发达的年代，红水河及南、北盘江便利的水上运输使蔗香（时称"者香"）成为繁华之地，这里商贾云集。雍正五年（1727年）之前，这一带隶属广西泗城府，虽然地处边陲，政治、文化信息却很灵通，贞丰之第一举人王绩康就生长在这里。乐康距蔗香不到20公里，信息基本上与外界同步，加之三槐王氏土目、黄姓兵目以及吉安祖籍王姓历来重视子女的汉文化教育。从现有的资料考证，从清中叶开始，乐康的私塾就比较发达，到了晚清，寨子里就已形成浓厚的汉文化学习氛围，涌现出道光至光绪年间的四位秀才以及后来的王廷绪、黄华祥、王美堂、李建明等地方文人，其所作对联、祭文和诗词已经达到较高的造诣。这些地方绅士处在布依族传统文化与汉文化的夹缝之中，具备扎实的布依语母语基础，又受到严格的汉文化基础教育训练，学堂中的"知书达理""学而优则仕"等主导思想对他们的影响是很大的，布依族的传统文化已经很难满足这些乡绅的需要。他们在对联中浓墨重彩渲染"耕"与"读"，丧葬时主张请道士立幡超度，进行"典祖"仪式。布依族地区广泛流传着借用汉字记录的摩经抄本，抄本形成及其鼎盛时期就在清朝中后期至民国初期，但乐康寨上至今未发现摩经抄本，发现的是“改汉作夷”的民间故事抄本。乐康寨还是布依族十二部歌传承得最完整的村寨之一，但是从清末到民国初期的几代歌师中，只有李建明在这些歌师之列，其他文人在歌坛上几乎不露面。这一系列的迹象表明这些地方文人对汉文化教育体系具有强烈的认同。

在乐康，这些庠生长大后就成为各家族的自然领袖，肩负着管教整个家族的重任，长期受到汉文化熏陶，主流的教育方式自然成了他们对家族乃至整个村寨进行教化的首选，而在他们看来，改编学堂所学以故事形式对乡人进行教化就是一项举措。他们选择汉族故事是经过深思熟虑的，必须是最能解决现实问题的故事。他们深知，婆媳之间的关系处理不好，会影响一个家庭的和睦，妯娌之间关系处理不好，会威胁整个家族的安定团结。因此，对妇女进行感化，他们选择一些贤妻良母型的故事。而对于孩子的教育，他们选择励志型的故事。抄本封面的“改漢作夷□□傳□□世間老幼□□□听知□□或少女父母誌”就是他们的初衷。《王玉连》等汉族故事就是在这样的背景下被改编的。

学堂是传播思想的理想场所，王美堂等人将抄本作为学生的课外读物，在教授《三字经》《百家姓》《四书》《幼学琼林》等必修课之外，他们还讲解自己改编的文本，以期其感化学生并由他们传播给更多的乡人。他们的得意门生李建明（1911—1990）和黄道生（1920—2003）不辜负期望，两人都有非凡的记忆力，几乎能将整个手抄本一字不漏地背下来，正是因为有了他们两人，乐康版《王玉连》才得以传承至今。李建明读完私塾后在当地教书，他经常在课堂上讲《王玉连》故事，黄道生读完私塾后则去了原国民党西路水上纵队司令王海平创办的“创强小学”，在那里，他经常在课余时间给同学和老师讲述《王玉连》等故事，这正如他们的老师所愿。毕业后，黄道生回到乐康，任国民教育公学教员，他经常和李建明一起，生产生活中或逢年过节就为寨上人讲故事。如今，寨上多少上了年纪的人都还能清晰地回忆起当初听故事的情景，知道玉连是一个聪颖好学的孩子，知道他从小几经磨难，日后才有成就，才有在紧要的关头总是能得到太白金星相助，才遇到张素梅和三花公主这样的良缘，才有了享受不尽的荣华富贵。每每提到玉连故事，他们总是愤慨“二娘”的蛇蝎心肠。笔者发现，知道该故事的人多为女性和七十岁以下的男子，有两三位尚健在的、年龄比黄道生小不到十岁的老爷爷却不知道。可见，当初李建明和黄道生讲述故事的对象是妇女和儿童。

五、抄本的价值

第一，是研究清末民初布依族地方文人思想的重要史料。

贵州民族大学陈玉平对全国各地流行的王玉连故事进行梳理，确定其来源于汉族故事，在陕西、四川、云南都有流传，而且故事中的人名基本相同，只是故事内容和情节各有些差异。有的侧重描述王玉连屡立战功后衣锦还乡的过程，有的着重叙述王玉连家世，乐康版则兼而有之。与各地版本对比，在描述人物心理活动和刻画人物形象上，乐康版刻画得十分细腻。关于王玉连杀吴王之女三花公主之前的矛盾心理，乐康版是这样的：一方面，当初三花公主在父王面前恳求刀下留人，并真心嫁给玉连；一方面，宋仁宗对他不薄，家中又有老母和贤妻在等待。玉连踌躇，他自言自语道：“如哥杀了你，落得一个‘不忠’，如哥不杀你，又落得一个‘不孝’，叫我如何是好？”贵州安顺一带的《王玉连征西》剧本的台词却是：“玉连当时心大怒，大骂无知狗贼人：‘古言在家从父母，出嫁应该顺夫君，可恨你今瞎了眼，把我当作等闲人，我主仁宗圣天下，不是番邦手下人。’说话之间宝剑起，公主残生剑下倾。”两相比较，截然不同。

抄本在刻画其妻张素梅和王玉连的二娘上下了很大功夫，素梅是一个坚守妇道的妇女形象，二娘则是一个心狠手辣的妇人形象，她们的最终结果迥然不同，前者先苦后甜，后者最终被凌迟处死。这种刻画妇女的手法在布依族地方文人改编的其他故事中常有雷同，如姚平介之妻“囊荷班”、刘子英之妻“柳条青”，都是遵守“三从四德”的典范。不言而喻，这就是当地文人所期待的。乐康的十二部歌久负盛名，具有独特的传承方式，其中一条就是“传男不传女”，究其原因就是当地文人认为“女子整天整夜对歌，有伤父母面子，浮躁的女子会借此机会私奔”，他们严禁女子学歌，更不允许随便到其他寨子对歌。仔细推敲，他们在抄本中融入上述思想，就在情理之中了。

“善有善报，恶有恶报”是各地版本共同的主题，而内容各异是由于改编者融入自己的思想所致，由是观之，本抄本无疑是研究清末民初布依族乡绅思想的一份重要史料。

第二，是研究布依族文学的一个窗口。

乐康版《王玉连》抄本无论序言还是正文，押韵工整，而且十分讲究对仗。以下是序言的前半部分：

混沌造立初，盘古分天地，治国陰国陽，造五帝三皇，造安邦天下。过三十六召上朝，过二十四苗皇帝，几召太几利，歲立歲冗亮，收太祖太宗，眉里吨蔴用。仁宗罵国皇，邦太平安楽，噫戒足任断事，冷里包承相，噫戒吞争邦，冷里楊文廣，愁心浪及便，邦团圓慈镜。

译文：混沌初开，乾坤始奠，遂有阴阳，五帝三皇，统治天下。过三十六个朝代，过二十四朝皇帝，各朝各政，岁岁清闲，太祖太宗，碌碌无为。仁宗当皇，天下安乐，论其断事，有包丞相，保家卫国，有杨文广，无忧无虑，国泰民安。

序言以《幼学琼林》首句“混沌初开，乾坤始奠”起笔，接着评点历代帝皇，为造就一种恢宏之势，行文用韵也十分考究，用布依话朗读，就可以感受到作者严谨的用韵。

正文部分吸取了布依族传统的表达方式，如：

渡　過　渡　里林　城　過　城　里瀬　　景景　　騰　　東京

Doh gvas doh lixlinz xingz gvas xingz lizlanh, Jeenhjeenh dangz dongyjiny

to^{6} kwa^{5} to^{6} li^{4}lin^{2} ɕiŋ^{2} kwa^{5} ɕiŋ^{2} li^{4}lan^{6} tɕen^{6}tɕen^{6} taŋ^{2} tuŋ^{33}tɕin^{33}

渡口 过 渡口（状）里林城市 过 城市（状）里阑渐渐 到达 东京

涉过一个又一个渡口，穿过一座又一座城，慢慢靠近东京城。

“a b a li^{4}lin^{2}，c b c li^{4}lan^{6}，d d taŋ^{2}”是布依族的宗教典籍——摩经中常见句式，这样的句式最能清晰地陈述事件经过，使行文干净利落。

王玉莲出征之前，其妻张素梅嘱咐他：

的 贼 仂 貫 搓 百 口馬 有 浪 手 弓 做樣

Degt xag leg bail goons Xaauh basmax qyus langl, Fengz gaml gongl guehyangh

tɯk^{7} çak^{8} lɯk^{8} pai^{1} kon^{5} ça:u^{6} pa^{5} ma^{4} ʔju^{5} laŋ^{1} fuŋ^{2} kam^{1} kɔŋ^{1} kuə^{6} jaŋ^{6}

杀 贼 别 走 先 拉 口 马 在 后 手 捏 弓 做 样子

杀贼莫先行，拉缰绳在后，拿弓做样子。

其他版本里，此处就"打仗别逞能"一句话，改编者以布依族民歌体的形式将夫妻依依惜别表现得栩栩如生。

另外，从序言的用词及其所引用的典故，可以反观该时段布依族地方文人掌握汉语的程度。

布依族借用汉字音、形、义及偏旁部首创造出来的字，布依学界称之为"布依族古文字"。本书稿古文字的形成，具有如下几种规律。

（1）利用汉字谐音。

玉連 提 斗 配

ji^{24}liɛn^{31} tɯ^{2} tau^{3} pei^{5}

玉连 拿 来 背

玉连拿来背（诵）

"提"，"斗"，"配"对应布依语的三个音 tɯ^{2}，tau^{3}，pei^{5}。这些谐音字多为简化字或繁体字，如：騰（到达）、續（捆）、儂（弟或妹）、會（我、在下）、邏（下方）、攞（寻找）、関（丈夫）、蘭廟（庙堂）、時（时间、时辰）、買（寡妇）、様（样子）等。此外，一些谐音字除了音近，还有意近，如：婄（媳妇）、妑（妻子）、妑嫽（妯娌），媳妇和妯娌都是女性，所以取"女"旁的字；覍（嘱咐），既是谐音，在布依语里，又是本意。总的来看，谐音字所占的比例最大。

（2）直接应用汉字字义。

許（允许或给）、殺（杀）、賣（卖）、迯（逃）、酒（米酒）、鶏（鸡）、日（天、日子）、月（月份）、軍（军）、仕（官）、啼（哭）、嵗（年或岁）、講（讲）、事（事情）、皇（皇帝）、氣（气、气息）、叩頭（口头）、薬（药）、醫（药或医治）、狗、燕、魂（灵魂）等。

（3）借汉词。

文中直接应用了许多汉语词。

“玉連”“素梅”“二娘”“先生”“千金”“太祖太宗”“楊文廣”“富貴”“音”“讀書”“聰明”“冤枉”“吩咐”“還恩”“進貢”“文武”“恩情”“忠”“孝”等，可见，当时的借汉词已经比较流行。有些则稍作了一些处理，如：炉瓦（瓦窑）、仕付（老师）、寛容（允许）。

（4）造字。

造字遵循的规则如下。

“口”旁，如：啫（说话）、唻（叫）、嗌（馋嘴）、咗（教）、哓（说、谈）、啯（口）、啨（耳语）、唅（生命）、哽（吃）、喧（听）、噃（请求、乞求）等。

“足”旁，如：跭（脚）、跰（道路）、踙（站立）、踁（走路）、踉（跪）、蹻（转）。

“扌”旁，如：抏（牵）、搁（挂）、揺（拿）、拑（拿、捏）、搣、拰（手臂）、攓（讨饭）、撑（ ）、揄（拧、扭）、攊（依靠）、搇（砍）、揢（挖）等。

“目”旁，如：睇（眼见）、睉（见）。

“火”旁，如：烅（火）。

“土”旁，如：埔（土、地）、蚼（甲壳虫）。

“水”旁，如：㵂（水）、澘（沉）。

“亻”旁，如：仗（人）、佚（他人）、倗（舅）。

“鳥”旁，如：䳑（鸟）。

“日”旁，如：暃（早上）、曋（晚上）。

“身”旁，如：躺、艢（身体）。

“女”旁，如：娻（女孩）、奷（婆婆）。

“米”旁，如：粡（米饭）。

“石”旁，如：砱（石头）。

“辶”旁，如：迈（走）。

本抄本造字基本上遵循“六书”造字法，上面所列举的例字多属于“形声字”，有些则综合运用了几种造字方式，如“形声”和“会意”兼用等。例：曋（晚上），“黑”即是“晚上 [ham^6]”的谐音，又是它的意；嘆（回答

[ha:n1]），按照常规，应该取“漢”字，但是，因为“回答”是用嘴巴来进行的，所以取“嘆”字；啗，生命，吃得饭才能维持生命。还有一些词更能反映改编者丰富的想象力，如“䃏——咬牙切齿”，可以而知，当初改编者是想象推磨过程中石磨的上齿和下齿交互摩擦而创造出“䃏”字的。

布依族用方块古文字来记录口耳相传的摩经，其历史可以追溯到唐代，由于条件所限，年代久远的抄本几乎荡然无存，现有的摩经抄本大多是清朝中后期誊写的，这些抄本是研究布依族古文字的珍贵文献。过去，因缺乏资料，学界对布依族古文字的研究局限于摩经抄本，本版抄本的古文字已经达到很深的造诣，它的发现，将弥补学界从民间故事抄本角度研究布依族古文字的空白。

原载《贵州文史丛刊》，2013 年第 3 期。收入本文集时有所修改。

布依族铭刻古籍的现代价值

樊　敏

布依族铭刻类古籍是中华古籍的重要组成部分，其形式多样，有钟铭、岩刻、碑刻、木刻等；内容十分丰富，有民俗、建制、营建、斗争、教育、传记、交通、经济、生态、旅游等等。而民俗类的铭刻古籍是布依族铭刻古籍的一枝奇葩。对布依族民俗类“榔规”铭刻古籍进行研究，既可洞察民族历史，又可强化对良风美俗的信仰崇尚，更可为社会管理创新提供理性参考。

一、古籍的原生形态

贵定县新巴镇甘塘寨《乡规》碑立于贵定县城北20公里的新巴甘塘寨前面的道路旁，碑高1.1米、宽0.5米、厚0.1米，碑刻有“乡规”二字，1982年列为贵定县文物保护单位，1985年列为贵州省文物保护单位。碑文如下：

乡规

窃闻朝廷设例禁以警佥，壬草野立乡规，以□□究古来夜不闭户、路不拾遗者有，由致吾党避居三庄，固多说礼数敦诗之士，亦有寡廉鲜耻之徒，日窃山林五谷，夜盗牛马家财，扰害乡村，人所共恨。爰集各寨乡耆明人合议乡规，值五谷将熟，簿俗宜维，使之各务正业，国课早完，由义居仁明，风情俗美，庶乎出入相友，守望相助，安见三伐同风之盛，亦可复见于斯耶。是为议：

一议课早完，开征后即运食米上仓，不得拖欠聚累；

一议乡间大小事故不得以强欺弱，逞刀蛮骗；

一议乡户不得窝藏匪徒，勾引外棍，瞌害地方；

一议盗窃牛马家财，各散户自备饭米，追赶捕捉；

一议盗窃山林五谷、园圃瓜菜者勒拿；

一议牛马残踏五谷，相地赔还，不准田坎放牛；

一议米杆不准乱获；

一议各寨守卡不得疏虞；

一议失主被盗拿获送官，自备盘缠，不得多派失主，仍照散户出钱，不得退委，被失五谷，甲首不得妄摊酒饭。

以上各条倘有不遵议者禀官。

一共乡户十六寨。

道光三十年荷月二上一日立旦

这块《乡规》碑是布依族历史上民主管理“榔规”的一种铭刻古籍形式，其中的内容反映了一些生产、生活习俗和伦理道德，对了解当时的社会、村寨情况很有价值，特别是“出入相友，守望相助”等条款，依然传递着当今社会的正能量。

二、古籍的内涵特征

铭刻古籍所承载的内涵特征异常丰富，无论是古代史，还是近现代史，任何流传至今的铭刻古籍都是其时代风貌的反映，更是当时历史的真实再现。布依族在历史的发展进程中，存在着“榔规”“议榔”“寨老制”等社会组织和制度，在其社会发展中起着不可忽视的作用，有的以铭刻古籍的形式流存至今。

从《乡规》碑可以看出，所反映的内容是布依族社会中的一种行政管理制度和习惯法；是布依族村寨公众制定、共同遵守的一种社会管理条款；是保护本村寨，保障本民族的安全、生产、生活和发展的一种手段；是广泛流传于布依族民间的一种铭刻文化现象，具有强大的生命力和社会约束力。它既可以指导人们的言行，使人们明断是非，对危害所维护的利益的行为和肇事者予以惩罚，追究责任，也可加强内部的团结和凝聚力，共同抵御外来的不良行为及危害。

布依族“榔规”性质的铭刻古籍是维系村寨团结的纽带，是维持社会秩序的乡规，是维护伦理道德观念的准则。其特征如下：一是自发形成的，由大家讨论、民主产生、寨老署名，具有绝对的权威性，任何人不得违反，倘若违反，则秉公处罚，严加追究；二是成文法，明文规定，公之于众，经寨老当众宣布之后，刻于石上，立于寨内或路边显眼的地方，以铭刻文献的形式保留至今，《乡规》碑就立于道路旁；三是其中的条文，大同小异，主要内容是禁止“以强欺弱”“窝藏匪徒”“残踏五谷”“毁田找地”“滋事生端”“昼夜游赌”“偷牛盗马”“偷谷盗瓜”“诱拐妇女”等等及群治群防、社会交往、各种权益、婚俗、丧葬等情况；四是乡规一旦形成，立即付诸实行，违反者按规定处理；五是使村寨形成一种严密的防范网，遇有盗窃事件、诱拐妇女儿童等亦能齐心追捕查获。因此村寨秩序良好，地方安定团结，人民和睦相处，使布依族地区成为历代战乱纷纭之中的世外桃源。

三、古籍的现代价值

从铭刻古籍本身的形态角度来看，大部分研究者关注的是铭刻古籍本身的史料意蕴，而作为一种文化现象的“榔规”铭刻古籍，它是布依族历史的遗留物，是布依族在共同缔造中华文明的历史进程中，形成的独具特色的民族自治习惯或方式。它是相对于国家政治系统的一种非正式制度，有着极强的凝聚力和社会动员能力。其基本职能之一就是制定管理本村或自然村组的规范，这种规范一旦通过并固定下来就是村寨的传统习惯法，具有极强的社会约束力。历史上，这些铭刻古籍在维护村寨的正常秩序、村寨民主政治的生成、国家政治系统对村寨的有效整合、缓冲社会矛盾对国家政权的冲击、加强村寨的利益表达与利益整合、加强国家政权对民间的渗透与管理等方面发挥了积极作用。

新中国成立后，特别是在党的民族政策的光辉照耀下，布依族群众的政治经济都得到了发展，布依族群众享受着民族平等的权利，在社会主义制度下不断发展和进步。“榔规”铭刻古籍现在虽然失去了它存在的社会基础，但是它作为维护布依族乡村社会秩序、规范布依族群众行为的重要规范已融入布依族群众的血脉之中，解决了很多的社会矛盾，使得布依族乡村社会保持了长期的和谐与稳定。有些积极的、有益的因素还以乡规民约的形式保存下来，随着社会的发展进步，不断赋予新的精神和内容，注入社会主义精神文明、政治文明和法律制度的新鲜血液，赋予适应新环境、新农村、小康社会建设的能力，在政治、经济、文化、生活等方面仍然不同程度地起着作用。因此，审视布依族铭刻古籍的价值，亦要摆脱铭刻古籍本身的束缚，在社会主义各项制度日趋完善的背景下去解读，在社会主义核心价值观着力培育的践行中去出新，更要在当代社会管理的现实境遇中去展开。

四、正确对待布依族铭刻古籍

“榔规”铭刻古籍的特色就在于针对各少数民族的实际，把道德与法有机地结合，把法与生产生活有机地结合，不是消极地局限于单纯的惩治手段，使人慑于法律的威严而不敢以身试法，而是注重思想、习俗、习惯教化等手段，积极地，并且是潜移默化地从根本上培养人的和谐与发展，培养人的守法意识，使自己自觉地抵制各种犯罪或不道德的行为，也使社会局面井然有序。因此，对待传统文化，要处理好传统文化与现代文化之间的关系。我们必须运用辩证的观点去看待这一传统文化现象，充分尊重、充分发挥其优势和潜能，吸收合理的、积极的内容，适当参考有关规范，消除与社会主义制度的冲突，实现与社会主义制度的良性互动，为民族乡村社会的包容性发展和重构少数民族地区的乡村秩序奠定良好的基础。

原载《贵州民族报》，2015 年 9 月 1 日第 A03 版。收入本文集时有所修改。

布依族《黄氏宗谱》与儒家伦理

王芳恒 *

明代是贵州文化和思想发展的一个重要时期，虽然《华阳国志》有所谓尹珍“首开南疆之学”的说法，但明代以前，贵州文化的发展是相对缓慢的。有明一代，以儒学为主要内容的中原文化在贵州获得了较大发展，主要表现在创办了一批卫学、司学、府州县学、书院及社学，并不断向国子监输送生员，同时开起了科举取士。

明代儒学在贵州兴起的重要原因，与当时封建政治形势和统治者在西南地区实行的政策有关。洪武二年（1369 年），朱元璋谕中书省臣：“朕惟治国以教化为先，教化以学校为本，京师虽有太学，而天下学校未兴，宜令郡县皆立学校，延儒师，授生徒，讲论圣道，使人月渐月化，以复先王之教。”[①]明朝初年的统治者对西南少数民族采取“怀柔”政策，目的在于通过怀柔来安定边疆，其重要手段则是通过教化。朱元璋把“移风善俗，礼为之本；敷训导民，教之为先”定为“安边”的基本国策，在政治、军事统治为主要手段之外，辅以儒学、佛教、道教等文化的教育，主张通过“广教化，变土俗，使之同于中国”。就是说，通过儒学等的教育功效，使西南各少数民族接受传统礼教文化，从文化上归顺朝廷。

---

* 王芳恒（1964—），男，布依族，贵州省安顺学院副院长、教授，主要学术研究方向为中国思想史。

① 《明史》卷 45《选举一》。

一、忠君与爱民

明、清两朝，中国儒家传统思想主要通过司学、县学、卫学、科举等途径在贵州得以传播。司学主要设立在少数民族土司地区，培养对象主要为少数民族子弟。卫学是一种集政治、军事和文化教育为一体的办学组织。司学、卫学均为官学，与当时的府学、州学、县学等交叉在一起，共同承担着文化教育的任务。

修订于明成化二年（1466年）的罗甸县土司《黄氏宗谱》，在追述了从宋至明的400多年间，本氏族的祖先遵从中央王朝的调遣，征战辽西、粤西、黔中，甚至“跨海南征”之后，训诫子孙说：

> 沐雨栉风，鞠躬尽瘁，无非以忠君爱国传家之意。故祖训八条，首以忠爱开其端。全黍承旧世，追维往训，推广数教诲之心。先申忠爱之义，用是以尔子孙等宣示之。孔子曰：“臣事君以忠，是知为臣之道。无他，惟在于忠而已矣。”益忠始能敬尔在公，忠始能慎乃有位；忠始能惨惨畏咎；忠始能蹇蹇匪躬；忠始能致其身，而不顾其身；忠始能敬其事，而鲜败其事。……有官守者，食其土当报其恩，为其臣当敬其事。受恩不报，非忠也；执事不敬，非忠也。我事君不忠于君，民事我亦不忠于我，上行下效，若是其甚可不惧欤！夫为臣不忠，独不思君之所赐，我以斯土者，何为，而我之所以守斯土者又何为。于戏青蛇有献珠之日，胡为人不如虫？黄雀有衔环之时，何以人不如鸟？①

这些家训内容，实际上是对先秦以来儒家学的忠君思想作了系统、明确的阐述。它把忠君提升到了封建政治、伦理规范的首位，并对其合理性、必要性作了论述。它认为忠君之必要、合理在于维护封建伦理关系，例如“我事君不忠于君，民事我亦不忠于我，上行下效”。这样一来，封建的社会秩序，土司家族的地位就不能维系了。另一方面，《黄氏宗谱》还从人之所以

① 贵州省民族研究所编《民族研究参考资料（第19集）》，1983，第15页。

为人者的高度，提出了忠君思想的合理性，以“报恩”来解释“忠”，认为忠君即为对君之报恩，而这是人不同于动物，高于动物的本性；人而不知忠君、报恩，就不成其为人甚至连禽兽都不如了。

所以《宗谱》说：

> 凡属一官一职，当念惟清，如履薄冰，如临于木，凛天威于咫尺，务民事于宵肝。不惟有功于朝廷，抑且不失其疆土，祖宗赖以常亭，子孙赖以常保，有司表为忠臣，乡党表为孝子，光前裕后，岂不美哉。①

《黄氏宗谱》的积极意义，在于能够把忠君与爱民的思想统一起来，因此，提出所谓“致君与泽民并重”的观念，把忠君与爱民并提、并重，强调：

> 致君与泽民并重。民者君之子，以爱子之心爱民。君者民之天，即敬天之诚敬君。愚昧焉不察，致自弃于臣职之外，苟能敬慎自凛，而知事君难，治民不易。无时忘忠爱子之心，不愧作朕之股肱，可以为民之父母，人臣之职庶克尽矣。孟子曰：“不以舜之所以事尧事君，不敬其君者也；不以尧之所以治民，贼其民者也。”尔子孙其父母，视为具文焉。②

中国本是一个伦理型的农业社会（梁漱溟语），中国社会最基本的细胞是家庭，而家庭最初是建立在土地之上。因为“普天之下莫非王土”，故中国社会的伦理和准则就是家庭伦理的推衍和拓展。《黄氏宗谱》把封建的君民、臣民关系都解释为父母与子女的家族血缘关系，要求“以爱子之心爱民”“为民之父母”，这是对儒家伦理思想的继承和发扬。这种思想相对于那种把人民看成土司、领主的奴仆和牛马的奴隶制思想和农奴思想来说，有其进步和积极的一面，它有助于缓和阶级矛盾，保持社会稳定和民族内部的团

---

① 贵州省民族研究所编《民族研究参考资料（第19集）》，1983，第15页。

② 贵州省民族研究所编《民族研究参考资料（第19集）》，1983，第15页。

结。当然，它也不可避免地存在虚伪、空想的内容，封建土司对群众的压迫、剥削并未因此而消除，他们也绝不会成为人民仁爱的父母。

《黄氏宗谱》把忠君作为封建伦理思想的首位，目的在于维护封建社会伦理秩序，维护大一统，但在客观上又起到了促进边疆各民族团结的进步作用，因而有其积极的意义。

二、敦孝悌以尽人伦

明、清两朝政府均严格规定贵州各官学的内容，要求教官、教授等严格按照国家颁布的书籍进行教学。课程内容主要为皇帝修撰之《性理精义》《资治通鉴纲目》，以及官方校订之《十三经》《二十二史》等，强调以儒家思想为教育的主要内容。朝廷认为“治统源于道统”“循之则为君子，悖之则为小人”。儒家传统思想在历史上一直是人们行为的主要规范和准则，是历代封建统治的“道统”。在官学外，明、清两朝政府还鼓励在贵州少数民族地区开设社学、义学，以教育少数民族子弟。雍正八年（1730 年），张广泗等人上书雍正皇帝，建议《设两游新疆义学疏》，建议将义学发展到“苗疆”地区。就义学的教育内容和管理办法，张广泗等人提出：“训课此等苗人，非同内地俊秀，要在开其知识，使渐晓礼法。应于每处义学，俱先将《圣谕广训》逐条讲解，俾令读熟然后课以经书。如苗民子弟中能勉力趋学，日就领悟，则令各该管官不时稽查，随予嘉赏，并将其父兄一体奖赉，以示鼓励。”这一办学建议得到清政府的认可，于是，社学、义学在贵州“苗疆”兴起并得到迅速发展。

除政府提倡外，嘉庆、道光年间贵州义学的发展，与当时的社会政治和文化发展形势密切相关。一是随着社会的发展，各少数民族与汉族之间文化上的相互影响和交流日益增强。据文献记载，永从县黑苗一百五十七寨，“与汉民不甚悬殊”，仁怀“仲家能通汉语，渐染华风。”[1] 文化交往的日益增强，促进少数民族对汉文化的认同，产生了学习汉文化和儒家传统思想的迫切要求。虽然，朝廷倡导各民族学习儒家传统礼教的目的，在于维护封建政

① 杜文铎：《黔南识略·黔南职方纪略》，贵州人民出版社，1992，第 261 页。

府的日常统治，但在客观上却促进了少数民族文化的发展。在中原文化影响下，少数民族同胞诗书习礼日渐增多。据史书记载，黎平府侗族“男子耕凿诵读，与汉民无异”，苗族“近亦多薙发，读书应试”[①]；都匀府“苗民于务农纺织之外，亦间有诗书应试者”；黔西“虽属边鄙，渐摩教化已久，户诵家弦，咸知诗书为贵”；古州义学虽“未几汰去，而弦诵之声如故也”，安南县“苗寨亦多社馆”。二是清政府严厉镇压了乾嘉苗民起义，使阶段矛盾进一步激化，为缓解矛盾，稳定社会，封建政府转而从文化上安抚和“怀柔”边地少数民族，以达到巩固其政治统治的目的。因此，清政府认为，“是义学之役，文教所关，风化所系，实力举行，在黔省尤急”。[②]总之，嘉庆和道光年间，贵州各少数民族普遍学习中原汉文化，尤其是儒学思想，其中又以罗甸布依族黄氏所修宗谱对儒家思想的吸纳最为典型。

在布依族《黄氏宗谱》中，提出了《祖训八条》，其中贯穿着儒家的伦理观念。《祖训八条》为“敦孝悌以尽人伦”“笃宗族以昭亲睦”“正男女以杜蒸淫”“勤农桑以足衣食”“设家塾以训子弟”“修祖祠以荐蒸尝”“保人民以固土地”等。“敦孝悌”“正男女”等思想与儒家的伦理观念是完全一致的。《祖训八条》首先强调孝、悌。《宗谱》云：

> 孝悌是也者，天之经、地之义、人之行也。人不知孝父母，独不思父母爱子之心乎。方其未离怀抱，饥不能自食，寒不能自衣，为父母者，审声音、察行色，笑则为之喜，啼则为之忧，行动跬步不难，疾病寝食俱废，以养以教至于成人，复为之据家室，谋生理，百计经营，心力俱瘁，父母之德实同昊天罔极。人子欲报父母于万一，必内尽于心，外竭其力，冬温而夏凊，昏定而晨省，无论贫与富，止求绳以诚。孝惟在乎色难，孝不在乎能养。爱之喜而不忘，恶之劳而不怨。卧冰岂能酬就湿之恩，哭笋稍可极移乾之惠……至若父有家子称之家督，弟有伯兄尊为家长。凡日用出入，事无大小，尔弟子当咨禀焉。执尔颜坐必安正

① 杜文铎：《黔南识略·黔南职方纪略》，贵州人民出版社，1992，第178页。
②《铜仁府志》卷10。

尔客听必茶有赐，不敢辞，有对则必让，于豆觞则受其恶，于衽席则坐其隅，行宜后而莫先，居宜下而莫上……在朝则为忠义之臣，在行间则为忠勇之士。尔子孙宜体其意，务使出于心至诚，竭其力之既尽，一念孝悌，积而至于念念皆然，身体力行……尧舜之道，孝悌而已。

“仁”是儒家人学的核心，而“孝”“悌”又是仁之本。孔子的弟子有若说：“君子务本，本立而道生。孝悌也者，其为仁之本与！”[①] 有若的思想即代表孔子的思想。《祖训八条》不仅把孝悌看成天经地义，且将之作为政治规范的基础，“尧舜之道，孝悌而已”。因而，“务使出于心诚，身体力行”。而所谓“行宜后而莫先，居宜下而莫上”，则反映出黄氏宗族不仅受儒家思想影响，而且也受道家思想的熏陶。

三、正男女与杜蒸淫

其次，《祖训八条》强调“正男女”，其训云：

《易》曰：“乾道成男，坤道成女。”是知男正位乎外，女正位乎内，天地之大义也。……为伯翁者，坐必别室，勿围婶媳之炉；为婶媳者，行不复堂，须避伯翁之面。则伯翁之道正矣。叔与嫂虽无避面，亦有嫌疑；子与妹虽属同根，当顾廉耻；盖子叔年轻六尺，不行嫂妹之闺；嫂妹贞字十年，不入子叔之室；有秩序之别，无戏谑之风。则子妹叔嫂之道正矣。至若族侄孙伯叔妣，以及伯叔祖妣，无论上治下治旁治，自服内以及服外，本支百世，无不皆然。若男不男，女不女，不畏父母诸兄……实为家法所难容，而国典所不恕也。尔子孙务交胥正……将见家道昌隆，子孙万亿矣。

用现代眼光审视，这里反映出的“男尊女卑”以及妇女贞节观念，是应该受到批判的，但《祖训八条》所规定的伦理准则，恰恰十分符合封建时代

---

①《论语·学而》。

农业社会的实际，在当时具有一定的进步意义，它有利于维护布依族地区社会的稳定。

再次，《祖训八条》特别强调了维护宗族和谐和团结的重要性。其训云：

> 明人道，必从睦族为重也。夫家有宗族，犹水之有分派，木之有分枝，虽远近深浅不同，其势巨细陈密各异，其形要其本源则一。故人之待家族宗族者，必如一身之有四肢、百骸，务使血脉为之相通，疴痒为之相关，悲欢为之相应，则宗族亲睦，则祖宗默慰，俾尔炊而昌矣。

布依族人民自古具有勤劳、好学的传统，《祖训八条》又将布依族这种优良传统与孟子等儒家伦理道德思想相结合，并进行发挥，提出“勤农桑以足衣食”“设家塾以训子弟”，并以之作为社会道德规范。其训云：

> 盖闻养生之本在于农桑，此乃衣食之所由出也。一夫不耕，或受之饥，一女不织，或受之寒。古者天子亲耕，后亲桑，躬为重尊，犹且不惮勤劳，况为至卑男女者乎。夫衣食之道生于天，长于时，聚于为，本务所在，稍不自力，坐受其困。故勤则男有余粟，女有余布；不勤仰不足以事父母，俯不足畜妻子，其理然也。……愿我子孙尽力农桑，勿好逸而恶劳，勿始勤而终怠，勿呼卢而唱雉，而轻弃田园，勿逐走射飞而辄荒故业，勿雕文刻镂尚技巧以旷农事，衣朱佩紫尚华饰以害女红。……既开其源而使之通，又节其流而使之塞，则俯足以有资，凶荒足以有备矣。……使野无旷土，家无游人，男则胼足胝肩不失其耕耘，女知荷锄提筐无废其蚕织，即山泽园圃之利，鸡豚狗彘之畜，亦皆养之有道，取之有时，以佐农桑不逮，而衣食之源博矣。

即训导族人勤于农桑，自力更生，勤俭持家，强调这是家庭生活的基础和个人的美德。

有明一代，贵州除官方主办之司学、卫学及府、州、县学外，各种民间自发集资兴办之书院、义学及私塾亦比较发达。“私塾”即为罗甸县布依族黄氏土司学习、传播儒家伦理思想的重要途径之一。《祖训八条》提出“设家塾以训子弟”。其训说：

> 况今日之官僚，无非昔日之子弟；今日之子弟，岂非异日之官僚？……高曾祖既训汝曹以勤农桑，以足衣食，继又立家塾，以训子弟者何哉；盖饱食、暖衣、逸居而无教，则近于禽兽。故衣食足而礼义可兴矣。汝子孙宜遵往训，设家塾，延明师，务使子弟贤者、智者、愚不肖者，周旋函丈，北面而受业。即有丁零孤苦，陋巷寒门，质美而力有不足者，合族共为之提撕。庶几贤者能及，智者有为，学既富乎五车，躬必荣乎驷马。文江之家运，重逢山谷之蛮声复振。此闾里之所推荣，而国家所倚重者也。至于愚不肖，力不及此，然孜孜苦读，业精于勤，或入个学，补个廪，出个贡，云胡不美。即不然者，学诗自然能言，学礼自然能立。纵家徒壁立，而笔舌伐耕，亦可以为家人终岁。计即水旱螟蝗，砚田本无恶岁……明人伦，知礼让，喻法律，耻非为，入则能孝以事亲，出则能悌以事长，子弟之学，胥在是矣。

孔子、孟子都重视并关注人民的物质生活，孔子提出“庶——富——教”的主张。《论语》记载：“子适卫，冉有仆。子曰：‘庶矣哉！’冉有曰：‘既庶矣，又何加焉？’曰：‘富之。’曰：‘既富矣，又何加焉？’曰：‘教之’。”孔子认为，治国应先使民“富之”，然后“教之”。孟子认为，应使民有“恒产”以无饥无寒，然后“谨庠序之教”。布依族《祖训八条》的上述思想和孔孟的思想是一致的，都认为社会在实现温饱之后就应对人民进行教育，达到“衣食足而礼义可兴”的目的，这是有积极意义的。

原载《贵州民族学院学报》（哲学社会科学版），2007 年第 6 期。收入本文集时有所修改。

从布依族《古谢经》看历史上各民族友好关系

王芳礼*

镇宁一带布依族《古谢经》共8卷，它是布依族在宗教仪式上由经师念唱的祭祀经词。经词在追述布依族历史演变、道德风范、习俗礼仪的同时，有不少地方直接和间接地叙述了布依族历史上与彝族、仡佬族、汉族、苗族之间的相处和友好关系。这种相处和友好关系是自然的、感人的、牢固的，也是多层面和多种形式的。有对困难和邪魔的共同斗争；有彼此尊敬、互相学习的；有互不侵犯、平等相处的，等等。读来使人感奋，深受教育和启迪。

在远古时代，各种恶劣的自然条件，直接威胁着人类的生存和发展。处于一个地域的不同民族，只有相互帮助，共同斗争，才能生存，才能发展，于是，同赴难、同斗争就成了各民族之间自然的内在的交往动力，也即是友好交往的历史根基。

《古谢经·转场经》的"构厌补韦"唱段，叙述了这样一个历史事实：在人类从蒙昧走向文明的进程中，姓韦的这一支布依人，从高峻陡峭的指南山向平地迁徙，要过一个水急浪宽的渡口，渡口上有一只凶猛异常的恶鹰，这只鹰张翅能遮天，头比碓还大，腿有柱头粗，爪像大抓钉，咀又尖又大，专吃野兽和人类。它拒水拦路，独霸一方，真有"一夫当关，万夫莫入"之险。要突破这艰难险阻，光靠一个民族一个支系是不行的。为了征服这个恶

---

* 王芳礼（1940—2005），男，布依族，生前曾担任镇宁布依族苗族自治县革委会副主任、县人大常委会副主任等职，主持翻译的布依族古籍《古谢经》，获国家图书奖等多项奖项。

魔，布依族与汉族、苗族联合起来，他们用弓箭，用梭镖，用木棍，用石头铺天盖地地射打恶鹰，终于把恶鹰打死。布依族顺利地通过了渡口，汉族和苗族也不再受恶鹰的残吞了，人们过上了一段平安生活。布依族为了感谢汉族和苗族的帮助，请他们为座上客，一起来喝庆功酒。从此，布依族和汉族、苗族之间的友好关系又深进了一层。为了纪念这段历史上的圣战，为了使鹰魔之灵永远不再复活，保护人类世世代代不受鹰灾，布依族在祭祀祖先的盛会上，必须念唱这段伏鹰降魔经词，它是各族人民有难同赴，共谋生存的真实记录。

马克思列宁主义认为，各民族都是人类物质财富和精神财富的创造者，对人类历史文化的发展都作出了应有的贡献，因而每个民族同其他任何民族都应当是平等的。“平等”这个词如何理解呢？《古谢经》的唱述，给我们作了生动的注释。《古谢经·头经》在给祖先唱叙指路词的时候，叫祖先别走上面那一条路，那是彝族的路；别走下面那一条路，那是仡佬族的路；要走中间那条路，才是我们布依族的路。它说明了为人要本分，不要据别人的为己有，人在世间上是平等的，不要互相侵犯，而应互尊互敬。《古谢经·坝场经》对刚去世的老人嘱咐：不要走上家，那是汉族人家；不要逛下家，那是苗族人家；要在自己家规规矩矩地坐下来，免得影响了其他民族的吉利。这又是民族之间互爱互敬的一种表现。《古谢经·请灵经》则进一步对祖灵陈述：“如你过彝寨，彝寨三百人；如你过汉村，汉村三千人。人多留你住，你可不要住，别乱了他人，别害了他村，你遮羞你走，去归老祖宗。”这是活着的人一种己亏别害人的诚挚的心愿，从另一个侧面反映了民族之间友好为上亏人不该的思想。《古谢经·坝场经》在经师解语中说：“寨老你听明，彝家有灾星，彝家三百难，我解病自轻；汉家三百灾，我解难不生；你家有三难，你家落三灾，我解灾自去，保你多福分。”这种互相同情、互相解难的愿望，亦是难能可贵的，的的确确是各民族之间心灵的坦诚相交和照应。

各个民族都有自己的优点、自己的长处，同时也有自己的缺点和不足。为了共同前进，走向历史的新阶段、生活的高层次，互相学习、互相帮助就显得十分必要。《古谢经·头经》叙述了布依族向汉族学习经商的史实。开始，布依族不会经商，即使走村串寨，东西也卖不出去，在市场上做生意也不行，有点灰心丧气了。人家汉人去卖棉，自己也不去；人家去卖盐，自己也不去。后来经汉族商人的指点，心里开窍了，学会了做生意。人家汉人去卖棉，他们也学会去卖了；人家去卖盐，他们也学会去卖了。有农有商，日子也就好过了。《古谢经·请灵经》叙述了祖灵上天以后，到了仙界。仙界有水有山有河有寨有田有地，是很美的地方，然而又是很生疏的地方，怎样生活呢？就得向那里的人们学习，这“人们”是包括了各民族的人们。人家怎样捕鱼，你就怎样捕鱼；人家怎样种田种地，你就怎样种田种地；人家兴接媳嫁女，你就向人家学习；人家兴造高楼大厦，你也向人家学造。这样，你就和人家一样过着同等的生活。天上有十个州城，你也拥有了一个州城中的立足之地；天上有三百匹骏马，你也就拥有了一匹；天上有三百个美女，你也就拥有了一个美姬。宴席上有你的位子，寨老中有你的座位，你勤学苦作，日子和在阳间一样过得美好。这段描述，既反映了活人对死者的希望，也反映了死者生前所经历的真实生活，与各族人民共处互学共进的生活。这种友好生活、友好往来，不能不说是各族人民的一种执着追求。

《古谢经》也反映了特定时间里的战争，“上官打下官，打得团团转，胜的胜利了，败的败走了。”但这种矛盾和斗争，实质上仅限于那些“上官”“下官”之间的争权夺利，各族人民之间的友好关系是主流，是史实。

《古谢经》成书约在唐末宋初，它用汉字和土俗字记音，经词以五言句为主，它是布依族珍贵的民族古籍经典。它记述的各民族之间友好交往，是我们研究历史上各民族友好关系的珍贵资料。

原载《布依学研究》(四)——贵州省布依学会第三次年会暨第四次学术讨论会论文集，1993 年 9 月 1 日。收入本文集时有所修改。

布依族古歌原始经济观初探

金安江 *

布依族古歌是布依族先民宝贵的文化遗产。它不仅反映了布依族先民古代社会的生活概貌和对宇宙的认识，而且还包含许多原始的经济观念。

一、关于对人类的生存环境和生活条件的认识

古代社会，布依族先民由于征服自然的力量非常薄弱，生存主要取决于自然环境所提供的物质条件，靠采集、渔猎和原始农业维持。在这种条件下，布依族先民逐步认识到了人同自然环境的关系，认识到生存的物质条件的重要性。布依族古歌中，有大量的关于生活资料和生产活动的描述。描述最多的生活资料有水稻、棉花、棉絮、白米、绫罗、布、绸、衣服等，都是人们的日常生活用品；描述最多的生产活动有打秧田、种庄稼、耕地、灌水田、撒秧、拉犁、纺花、纺纱、铺棉絮、织绫罗、晒布、晾绸、捞鱼、舂米、放牛、挑水、纳鞋底等。这种描述，一方面说明了布依族先民是在一种古老的经济状态下生活，另一方面也说明布依族先民已初步认识到，人类要生存，必须拥有各种生存的物质条件，必须进行生产活动。

布依族先民的这种认识，还反映到他们对人类、万物的创造和产生的认识上。他们认为人类、万物的产生和创造不是偶然发生的，而是为了使人类同万物之间互相协调。古歌描写英雄人物开天辟地和造万物时，他们与恶

* 金安江（1958—），男，布依族，贵州省社会科学院党委书记、研究员，研究方向为民族学、管理学。

魔、神灵等作斗争的目的，主要是为了使人有安宁的生存环境和必需的物质生存条件。《赛胡细妹造人烟》中，英雄布杰同作恶的雷公作斗争，是因为在他造好天地之后，雷神出来作怪，降灾于人间，先是使天下大旱，“芭蕉晒死了心，大地干起裂口口，风吹四处起烟尘”。后来又发大水，造成洪水潮天。人们在这种情况下无法耕种，不能生存，导致人类毁灭。为了使人类继续生存、延续和发展，机智勇敢的布杰同雷神展开了斗争，在《造万物歌》中，英雄翁杰除了造人外，还要造泥、造山坡、造田地、造房屋、造粮、造火、造鸡、造场、造棉和布、造路、造河、造船、造桥。总之，先民明确了一条，人类要生存，必须拥有各种环境和物质条件。

布依族先民的这种认识，是当时社会生产力发展水平的结果。在人类生存主要依赖于自然所提供的物质条件的情况下，人们对自己生存的认识首先必然是对生存环境和生存条件的认识。马克思说：“人们为了能够创造历史，必须能够生活。但是为了生活，首先就需要衣、食、住以及其他东西。”[①]

二、对生产劳动与财富关系的认识

布依族先民生活的时代，财富首要表现是人们的生活资料，主要表现是以谷物为主的食物。因为布依族先民居住地区气候温和，雨量充沛，多为平坝河谷地区，适宜谷物的种植。谷物的收获直接同人们的劳动量相联系。勤劳者，投入的劳动量多，收获就多，财富也较多；反之，懒惰者，投入的劳动量少，收获就少，财富也较少。这种直观的经济活动使布依族先民认识到劳动与财富的关系，把劳动作为财富的源泉。《十二层天十二层海》中的第四层天，描述彩虹造雨，雨洒满了大地，为人们的耕作创造了条件。在这种均等的条件下，只有辛勤劳动的人，才能创造更多的财富，“勤快的人，粮进家；勤快的人，粮满仓”。因此，布依族先民赞美勤劳精神，讽刺咒骂懒惰。《赛胡细妹造人烟》中，布杰责骂雷公懒惰，只管自己睡大觉，使天下遭大难，造下罪孽不能容忍，必须受到惩罚。众神仙也只管自己坐神台位，

① 中共中央马克思恩格斯列宁斯大林著作编译局编译《马克思恩格斯选集（第1卷）》，人民出版社，1995，第32页。

“光吃鲜鱼不板罾，今天去赴王母蟠桃会，明天广寒宫里听瑶琴”，他们“不如凡间的牲畜，凡间的马能驮驮子，牯牛能耕地，肥猪能得粪，狗能看家门”。《造万物歌》中，不仅人间的财富，而且宇宙自然也是由人通过劳动创造的，由神化了的人物翁杰创造的。《射太阳》《捉雷公》等古歌中对此也有反映，布依族先民的这一观念，从布依族叙事歌中也可得到佐证。布依族叙事歌《六月六》这样说：“布依人自己种谷自己吃，布依人自己织布自己穿。年年庄稼好，牛羊满山川，家家囤箩都装满，日子更比甘蔗甜。”说明布依族先民已经认识到只有通过自己的辛勤劳动，才能富裕，使庄稼长得好，牛羊多，粮食充足，真正过上比甘蔗还要甜蜜的生活。

三、关于对产品使用价值的认识

布依族先民生活在原始的自然经济状态中，产品主要是满足人们生活的需要，财富表现为产品的使用价值，因而他们追求的财富是产品的使用价值，增加财富就是增加产品的使用价值，包括产品数量的增加，花色品种的繁多，质量的提高和对产品的有效使用。《十二层天十二层海》中的第七层天，描写七姐妹纺织，她们纺织的花布和花绸，一是数量多，“花布晒满了三十九条街，花绸晒满了九十八条街”；二是花色迷人，质量优良，“花色染得胜似二月的花，花朵织得使人耀眼迷了路”；三是有效使用布料，“四扣门的拿去做滤帕，五扣门的拿去做嫁衣”。布依族先民追求这种有较高使用价值的产品，因而想向仙女们讨回一段这样的布和绸，拿回来做样，拿回来学。第十二层天描写天上的棉花和棉桃一片片一朵朵，像白云一样洁白，因而要求将这样的棉籽带回来种，将棉花带回来纺。种出来的棉花，差的用来铺棉絮，好的用来纺棉纱。布依族先民对产品使用价值的这种认识，是符合人类认识规律的，因为在产品只是为了满足自身需要，不是用作交换的情况下，人们首先认识的只能是产品的使用价值。

四、关于对社会分工的认识

布依族先民虽然生活在原始自然经济状态下，但原始的社会分工早已出现，尤其是到了原始社会末期，社会分工进一步发展，对生产和生活都产生重要影响。因此，布依族先民对社会分工的作用和重要性已经有了初步的认识。在布依族古歌中，物质生产部门至少有农业、畜牧业、手工业等；生产活动有种植、纺织、驯养、饲养、冶炼、采集、渔猎等等。这些不同的生产部门通过不同的生产劳动，生产出不同的产品满足人们生活的各种需要。布依族古歌这些描述，一方面反映了布依族古代社会分工的情况，另一方面也反映了布依族先民对社会分工的重要性及其作用的初步认识。

五、对市场和产品交换的认识

随着分工的发展，生产专业化开始出现，人们用自己剩余的产品去换取自己不能生产而又为生活所必需的产品，交换最初是在偶然的个别的场合进行，后来成为经常的普遍现象，于是专门的交换场所——市场出现了，交换成为生产、生活活动的内容之一。在这种情况下，布依族先民初步认识到市场和产品交换的重要性。《造万物歌》中的《造场歌》对市场进行了这样的描述："造牛场卖米，造马场卖布，造虎场卖碗，造猴场卖猪，造兔场卖鸡，造鼠场卖兔，造羊场卖花，造龙场卖线，造蛇场卖菜，造狗场卖盐，造鸡场卖蛋，造肉场卖肉。有买有卖，有卖有买。"从这段描述中看出，市场和交换是比较原始的，是以物易物的交换。用来交换的产品是米、布、碗、猪、鸡、兔、花、线、菜、盐、蛋、肉等，都是人们日常的生活必需品。交换的目的是为了弥补不能自给的生活必需品，商业还没独立。

虽然产品交换还不发达，处于原始的阶段，但是布依族先民已经看到了交换发展的必然性和商业独立的前景，羡慕向往交换的发达和市场的繁荣。《十二层天十二层海》中的第六层天这样描写天上市场的繁荣和交换发达的景象："'达哈'地方出好米，'达哈'地方出好粮。仙女卖米摆成几条街，仙女卖米摆了几十行。卖的白米有几十种，摆的谷子有几十样。一天能卖三千二百多石米，一天能卖四千八百多石粮。好米出在银河上，好粮长在'达哈'地方。"布依族非常向往这样的市场和交换，表达要到银河上安家，到"达哈"地方扎寨的愿望。"十二层海"描写海底龙族做生意的盛况：海底有三十八条路，海底有四十八条街，一条是龙做生意走的路，一条是龙赶场走的路；去的去，来的来，像蚂蚁匆匆忙忙去赶街，像蚂蚁匆匆忙忙去赶场。这一描述也反映了他们对交通发达、市场繁荣的向往和追求。

布依族古歌反映的原始经济观，是布依族先民在当时社会条件下对生产和生活的认识，是他们智慧的结晶，也是布依族人民对中华文化宝库所作的重要贡献之一，具有重要的理论价值。同时，由于以下原因，使这些观念具有较大的局限性。

首先，这些观念非常零散，缺乏系统性。古歌中的经济观不是直接集中地体现出来，而主要是通过叙述和描写古代社会的生产生活情景以及对客观世界的认识间接地反映出来，不像朴素的唯物主义观表现得那样明显。其原因主要是当时社会生产力不发达，人们的思想认识不系统、不深刻，认识的主要对象是宏观宇宙。从人类认识的规律来看，人类认识的一般进程是：宏观（对世界进行总体认识）→微观（在总体认识的基础上深入各个方面）→宏观（在对微观进行深刻认识的基础上再认识宏观），从而使认识不断深化。布依族先民的原始经济观，体现了人类认识一般进程的这一特点。

其次，超前性突出，与当时社会发展状况相矛盾的现象比较明显，布依族古歌描写的是布依族古代社会的状况，它所体现出来的各种思想、观念应与古代社会的状况相适应。但在原始经济观方面，超前现象、矛盾现象比较突出。例如对分工、市场和交换的认识，有许多已经超出了原始人类的认识水平。原始社会的分工是自然分工，不可能很细，市场和交换不可能发达和繁荣。但在古歌中反映的分工已经比较细，市场规模大，交换发达，商业似乎已经独立。《十二层天十二层海》中，第六层天体现的市场规模大，交换品种多，交换数量大，“仙女”成了商人的化身。《造万物歌》中反映的市场已专门化，有买有卖，有卖有买。“十二层海”中反映的是交通发达，做生意和赶场热闹非凡，有专门赶场的路和做生意的路。所有这些，在原始社会条件下是不可能出现的。因此，仅仅从古歌很难充分反映出布依族古代社会的分工、市场和交换发展的实际情况。产生这种情况的主要原因：一是布依族只有本民族语言，没有自己的文字，布依族古歌不是用文字记载，而是通过口头的形式一代代相传下来的，后人在口传时，既受传授人所处条件的影响，也受到传诵人的认识、生活经历、知识水平的影响。在他们生活的时代，社会分工已经比过去发达，市场和交换也有了很大发展，因而他们有可能将自己所处时代的情况加入古歌中，也有可能将自己的认识加入进去。这样，古歌所反映的已不完全是原始社会的内容，而是夹杂了以后各社会阶段的内容。

最后，古歌中体现的原始经济观带有浓厚的虚构和神秘色彩。古歌中，大量的经济活动不是描述自己，而是上天和神灵等。最富的地方往往是天上或海下，最富者往往是仙人和神，天上、神地物产丰富，质量好，分工发达，市场繁荣。人间与天上、人与神灵之间是无可比拟的。因而布依族先民一方面向往和追求天上和神灵的生产生活，或者把他们的技术学会，或者到他们的居住地居住、扎寨。另一方面又认为人间同天上、人和神灵是永远存在差别的。因此布依族先民的经济观念往往体现在他们对某种虚构的神秘存在物的观念上。究其原因，主要是布依族先民的认识受到他们所处时代条件的限制，受到生产力水平的制约。在原始社会生产力发展水平极低的条件下，他们对美好的生活还只是一种幻想。

原载《布依学研究》(二)——贵州省布依学会首届年会暨第二次学术讨论会论文集，1990 年 3 月 1 日。收入本文集时有所修改。

布依族古歌的宗教性及其社会价值

黄德林 *

一个民族文化的特质，既不是造物主的赋予，也不是绝对理念的先验产物，而是该民族在长期的社会实践中沉淀而成的。布依族古歌不是布依族先民凭空创作的，她深深地根植于布依族生活的土壤之中，由特定的文化生态环境孕育出来。可以说布依族古歌的存在，有其特定的地理环境、物质生产方式和社会组织结构。

众所周知，宗教是人类独有的，是真正能与其他生物行为区分开来的人类行为。布依族宗教，按产生时间的先后，可分为原始宗教和准人为宗教。原始宗教并非同人类与生俱来，而是在生产力和人类思维能力发展到一定程度的历史条件下产生的。在人类旧石器时代，布依先民凭借简陋的劳作工具、坚韧的意志和不断增长的智慧与恶劣的自然环境搏斗。布依先民在顽强的生存努力下，他们逐渐开始从完全顺应自然的考验中，试图对长期以来困惑他们的自然现象，例如风雨雷鸣、地动山摇、洪水滔天、草木枯荣、生老病死作出幻想般的解释。对上述现象梦幻般的认识，导致布依先民认为这些现象的产生与出现，全都是因为有一种神奇的力量在驱使，于是雷公、山神、树神、龙王、祖先成为崇拜的对象。布依先民祈祷这些神灵保佑平安，帮助自己战胜无法预料又无力抵御的灾祸，布依族原始宗教由此发端。而且

---

*黄德林（1964—），男，汉族，贵州省社会科学院社会研究所所长、研究员，贵州和谐社会建设研究中心主任，贵州省社会科学院应用社会学重点学科负责人，主要研究方向为文化社会学。

这种原始宗教往往设定“至善”为最高的价值目标，向人类提供用“至善”方式解决生命困境或生命存在难题的答案，开启了人类价值之源。进入阶级社会，由于社会发展和人的意识提高，逐渐在原始宗教的基础上发展成为一种人为宗教，并一直延续至今。其中“摩经”——布依族人为宗教摩教的经典，在相当长的历史时期，“摩经”的主要传承人布摩都主要依靠口传心授将“摩经”传承下来，其主要载体就是布依族古歌。如布依族古歌中的《布依嘱咐经》[①]体现了布依族对生死、此岸和彼岸、宇宙构成、人与人、人与动植物之间的关系等问题的思考。布依族认为人死后灵魂不灭，亡灵可以回到自己祖先们生活的地方与他们相聚；布依族认为只有五十岁以上的人死后才能进入极乐世界；布依族认为布依族人死后可变成汉人、侬人或苗人，或者可以变成某种动物或植物。又如布依古歌中的《古谢经》[②]具有浓厚的宗教色彩，是布依族祭司在超度亡灵仪式上吟诵的经典。《古谢经》一方面主要反映人们对灵魂不灭和祖先崇拜的宗教观念，另一方面也记录了布依族先民顺应自然、改造自然、探索宇宙奥秘和解密人生等内容，蕴含着丰富的宗教价值。

一、人神相通

在原始社会初期，由于生产力低下，布依先民思维能力落后，他们对许多发生在身边的自然现象无从得知，面对着严酷的自然选择，生与死成为他们生存的主题，于是在人们心中就产生了这样那样的幻想，对生与死作出各种神奇的解释，对发生在自己身边的自然现象，产生臆造心理并推定出各种结论。这样，自然崇拜、实物崇拜、图腾崇拜、祖先崇拜、鬼神崇拜以及万物有灵论等宗教思维便由此发轫。这也是布依先民创作布依族古歌的最早始因。布依古歌与其说起源于劳动，不如说肇始于宗教的功能更确切些，因为布依古歌主要是颂神的和敬神的，由此才嬗演出以后独立的布依族文学艺术。布依族古歌《混沌王》《盘果王》主要描述了在很古的年代，宇宙间一片迷蒙。混沌王哈气成雾，扇气成风，宇宙仍然混混沌沌，天地不分，东西

---

① 黄镇邦：《布依嘱咐经》，贵州人民出版社，2011。

② 贵州安顺地区民族事务委员会等编《古谢经》，贵州民族出版社，1992。

南北不辨。这时，盘果王出现了，他用鞭子一挥，把宇宙劈成两半，上浮者为天，下沉者为地，上有日月星辰，下有河流山川，天地从此开拓出来。混沌也好、盘果也罢，他们都是布依族先民神话中的人物，他们是人与神的使者，沟通交流人神的想法与愿望。在布依族先民看来，大自然和人一样是有生命的。大自然的一切是由人的心血汗水、身体发肤变化而来的，这是人们囿于当时认识水平的一种对万物的幼稚认识，这也是宗教意识的起源。布依族古歌《力嘎撑天》《辟地撑天》主要描述日月星辰的形成。《力嘎撑天》讲述力嘎率众人撑开了天地，为了不使天地再靠拢，他拔牙当钉把天钉牢，牙齿变成了满天星斗。他又挖出自己的眼睛，把右眼化为太阳，左眼化为月亮。《辟地撑天》讲述祖先翁戛用大南竹撑开相互黏连着的天地，又造了日月，他用蓝靛染蓝天空，用火烤红了太阳，又用水洗白了月亮。力嘎与翁戛既是神也是人，是布依族先民神人杂糅宗教观念的客观反映。布依族古歌《洪水潮天》《葫西姊妹造人烟》《十二层天十二层海》，主要体现了布依族先民对人类的起源在臆造心理驱使下进行极富想象的探索。射日、洪水神话中主人公之所以能激怒天神，就是他用蛇捆猪（或狗），犯了禁，说明蛇可能也是布依族的图腾之一。《殡亡经》作为一种丧葬经文，其中的鬼魂崇拜和祖先崇拜表现得更为直接。布依族对一般鬼神有恐惧与依赖的双重感情。由于恐惧就要举行仪式将鬼魂超度进入仙界；由于依赖，人们就祷告亡魂保护，并供奉祭品。无论是恐惧还是依赖，人们只有通过“歌声”来表达自己的心声，通过歌声做到人神沟通，只有这样，才能得到亡灵的保佑。流传于贵州省黔西南州布依族古歌《造千种万物》，主要赞扬造万物的英雄翁戛。该古歌运用层层深入的问答方式，说明千种万物的来源。古歌同时叙述了英雄翁戛搬石头砌成田埂，用衣兜撮泥，造成块块水田的情景。他搬山排成排，中间的山溪汇成江河。他打口哨变成风，哈气变成了云朵，咳嗽成隆隆的雷声，喷水就变成了大雨，他敲打石头就变成了火等等。翁戛成了造就天地万事万物的英雄。古歌中歌颂的翁戛是被神化了的人物，是布依族先民心目中的英雄。翁戛成了布依族祖先中智慧、力量的化身，他无处不在，无时不在，成为布依族先民战胜困难的精神支柱。翁戛这种上天入地、无所不能的神力，在布依族先民与天上的神仙之间搭上了一座桥梁。布依族在祭祀、崇拜翁戛过程中往往会向他诉说心中之苦和遇到的一些困难，以求得到翁戛的帮助。布依族古歌中的主人公翁戛成为布依族先民与神之间的使者，布依族的这首古歌，充分体现了人神相通的宗教价值。如关于氏族起源和斗争的古歌，主要代表作是《安王与祖王》。《安王与祖王》是布依族古歌中的一篇巨著，内容围绕安王与祖王争夺继承权来展开，安王与祖王的冲突正面展开后，斗争以巫术与反巫术为主要形式，最后以安王的胜利而告终。《安王与祖王》[①]既是讲述布依族先民社会生活的史诗，也是布依族的宗教经文。在经文中《安王与祖王》属于丧事经文一类，而且只用于在家庭外面凶死者的丧事仪式。因为，《安王与祖王》这首古歌具有召唤慰藉凶死者灵魂的作用。另外，图腾崇拜在《安王与祖王》中也有所反映。安王的母亲是龙王的女儿，实际上就是以龙为图腾的氏族的成员。安王的父亲盘果王是雷神（或曰北斗星）之子，说明其氏族图腾为某种天体。同时，安王还充当神与人之间使者的角色，他诅咒祖王，但祖王起初并不以为然，最后大难降临只好向安王求饶。例如《安王与祖王》中唱道："安王一气逃到天上去了，真的人间有了三年鼠灾，六年的尖嘴雀，糟蹋无数的庄稼，园中的米粮都受害，三月不见一个果子，七月不见一粒种子，一粒米分成两半，人们空肚像饿蝉。王母必气愤，王母急慌忙，王母开口说，王母开言道：'祖王呀祖王！去请你哥哥回家转，请他返故乡，让印给他拿，让地方给他管吧！'"说明安王随时可以回到天上去，他是上天派到人间的使者，这一情节展示了古歌中人神相通的宗教价值。如古歌《十二层天十二层海》，布杰可以任意遨游"十二层天十二层海"。他拎着雷公的耳朵，从天上骂到地上，把雷公拴在寨门口，任人打骂。又如《兄妹成亲》中太白金星则关心人间生活，他用龙头拐棍通水洞，帮助排除水患，劝说洪水后仅存的兄妹结婚，颇费唇舌地进行说服而不是强迫命令，表现了神与人之间的关系。神人的平等交往，天上与人间、神与人相通，没有不可逾越的鸿沟，没有明显的界线，这也是古代社会人神杂糅的宗教观念在古歌中的具体体现。布依族古歌的神秘性与原始思维神秘性的联系，使布依古歌在布依先民原始部落的巫术、祭典、图腾崇拜中，具

① 中国民间文艺研究会贵州分会编印《民间文学资料（第41集）》。

有突出的作用。布依族古歌《造鸡》[①]：“假如孵成鸡，十二样事都得用。第一可以拿去卜吉凶，第二可祈求稻谷抽穗……”布依先民认为在所有的动物中鸡最具有灵性，因为它能准确掌握太阳的脚步，其报晓的准确性比闹钟还要高，它还能充阴阳两界的使者，它既能听懂人话也能听懂鬼话，鸡往往扮演阴阳两界的使者，它能沟通人与神之间的情感。正因为鸡有如此灵性，所以布依先民创造了用鸡骨算卦的方法，但这种活动一般由布依先民中的巫师组织实施。巫师通过鸡骨占卜，内容涉及人的生老病死、事业成败、生男生女、财运官运等等，通过鸡骨算卦，得出吉凶，预测人生，从而趋利而避害。巫师也充当人与神的使者，是人神之间传递信息的中间桥梁。另外，布摩传唱的古歌充分反映了古歌人与神相通的基本功能，犹如基督教的宗教音乐，往往通过庄严的音乐与赞美的诗歌来鼓舞信仰者，使虔诚者与上帝之间通过歌声达到灵交的效果。布依族古歌天籁般的歌声同样能起到“文通天人”的媒介作用。由于布依古歌传唱的环境与时间有特定性，为此通过传唱布依古歌会使其氛围更加浓厚，使人与神的距离在歌声中拉近。

二、教化育民

布依古歌的内容通过摩经这一宗教文化载体颂扬布依族宗教教义、教规。当这些宣传宗教意识的词句在古歌音乐美的形态中展现时，信徒与群众会在古歌音乐的感染下，自然而然地接受布依族宗教意识的影响。布依族古歌中有许多内容，反映引导向善、教化育民的价值取向。古歌教育布依族人民要勤劳朴实，如《古谢经》第二卷《魂竿经》中有这样一段唱述：“有开垦的两三坝田，才得常住那地方，用十九头黄牛起名的地方，才得常住那地方，开垦田的条锄挖断了锄耳，才得常住那地方，姑娘春碓舂得脚生了泡，才得常住那地方，挑水肩膀成了老茧，才得常住那地方……”它唱述了把人死去看成是阴阳转换的客观规律。死去不是上了坐享其成的天堂，而是回归祖先开创家业的艰苦之道，如不花费心血，辛勤劳动，就管不住祖宗开创的

---

①《造鸡》。唱述人：望谟县城关镇上院廖家国。搜集整理人：黄义仁。流传地区：望谟、罗甸、册亨等地。搜集整理时间：1962 年 3 月。

业绩。生要勤劳，死要勤俭，才能得到应有的报偿，这是布依族教育下一代勤劳朴实品格的具体表现。布依族古歌教育布依族人民要树立尊老爱幼的道德风尚。如《古谢经》第六卷《祭灵经》中有这样一段唱述："老人生前去林得笋子，也留给姑爷，上山得草心，也留给姑爷……你有名的姑爷（来祭你），想不到你走完人生的路，丧棍敲饭箩，丧棍打圈门，拿野猪送他，拿山羊送他……"唱述了布依族尊老爱幼的道德风尚。《祭灵经》是在祭祀死者仪式上唱述的古歌，布依族人民通过开展这样的宗教活动，讲述上辈人生活的艰辛和对子女的疼爱，而子女要懂得报答自己的父辈。布依族古歌《洪水潮天》中的布杰、保根多等，在战胜雷公，消弭洪水的斗争中，以巨大的气魄顽强奋斗，慷慨献身……古歌中这些人物的崇高美德，实质上是布依族先民精神面貌真实的、集中的、概括的曲折反映，它的精神将永远教育激励着布依族人民。再如，《布依嘱咐经》中亡灵对生者的行为进行训诫，以讲故事的方式教育子女孝敬父母的缘由。

在布依文化中"摩"与"巫"不同，"摩"包括"巫"，"巫"只是"摩"中独立的一部分。"摩"分为"大摩""小摩"。"大摩"即为死者举行葬礼所用尸骨入棺的符咒，开路、招魂、洗礼、超度、堂祭、送亡灵归天和安葬灵柩的唱词与符咒等。而这其中以唱占大多数，而咒符只占一小部分。因为唱的古歌内容大多数为教化育民内容，包括回顾死者一生中养育儿女的艰辛和勤俭持家的酸甜苦辣，以此告慰死者和教育后人不可忘恩负义。"小摩"大多数是专门解除妇女在生育儿女过程中及小孩子在出生与成长过程中遇到的各种困扰与驱邪驱鬼的咒语与"讼词"。另外，还有就是介于"大摩"与"小摩"之间以敬供土地山神和求雨的唱词为主体的一种"摩"。布依族"摩"具有明显的系统性，主要以阴阳通用的为人处世和道德教育为主，内容主要是劝说王母娘娘、各路神仙、神灵、恶鬼、厉鬼不要伤害好人，是布依族教化育民的特殊教材。

赋予仪式实施道德教化是宗教惯用做法，比如布依古歌《布依嘱咐经》："宝贝呀宝贝，幺儿呀幺儿，宝贝为什么睡沉，宝贝为什么睡熟，快洗脸吾儿，睁开眼吾儿，在近还是在远，到这里来，母亲嘱咐你，嘱咐好将走，嘱咐好将行，嘱咐园中李子，嘱咐屋外大刀，嘱咐屋里人，嘱托父辈田。如果你们要吃饭，粮食就在梯田里，你们成寡崽孤儿后，你们要努力种地，你们要努力耕田，种地才有吃，天上神仙会来救。”这是亡灵对生者的嘱咐，反映一位已故的慈母对子女的教育，教育子女要勤劳，只有勤劳才有吃的。只要勤劳，如遇困难也会获得天上神仙拯救。《布依嘱咐经》对儿子的嘱咐：“宝贝呀宝贝，幺儿呀幺儿，宝贝为什么睡沉，宝贝为什么睡熟，快洗脸吾儿，在近还是在远，到这里来，母亲嘱咐你，嘱咐好将走，嘱咐好将行……如果你们不会做人，三个做三样，六个做六样，赌博的赌博，打牌的打牌，变卖父辈田。树大会招风，做人怕犯法，犯法会被抓，把牛马卖光。”古歌中的经文主要是教育儿子不要赌博，因为赌博会败掉父辈的家业；不要做犯法的事，否则牛马会被卖光，用卖牛马的钱去打官司，钱财会落入富人手里。《布依嘱咐经》对女儿的嘱咐：“母亲宝贝女，该成家时就成家，该谈恋爱就谈恋爱，成家就在家，谈恋爱不要谈到天黑，遇到坏男人。家里有长辈，家里有亲戚，不要站对面，家里有伯母，家里有叔娘，不要高声笑，边捂嘴边笑，好名声传外。”教育女儿到了婚恋年龄就应当恋爱、结婚生子，同时要注意自己的言行举止，要形成一种良好的行为规范。《布依嘱咐经》对媳妇的嘱咐：“年少为人母，别用大米来喂鸡，别用剩饭去喂猪，日后你方知。鸭鸡我不喂，牛儿我不放，黑了把鸡放进窝，暗了把牛赶进圈，你别穿梭于炕架下，你别坐上席。”教育媳妇既然已为人之母，要勤俭持家，守家规。《布依嘱咐经》对女婿的嘱咐：“批评妻子就一人，不涉及外公外婆，合心就娶之为偶，合意就娶之为妻，不合意就当帮工，或送她归来，别谩骂后家，别咒坟中鬼，捶水鱼头痛，骂妻疼外家，捶水疼河鱼，鱼不上河滩，咒妻疼外家，外婆气不来，不要骂舅家，那是子女的魂魄。舅子几代都要靠，外家几代都能依。千万要记住，别忘我嘱咐，一生一世必记住。”教育女婿，当夫妻之间出现矛盾时，不能骂妻舅家，这是布依族的一种伦理道德准则。

三、传承习俗

在火塘边、榕树下，在节日里，在劳动生活中，布依族通过古歌的传唱，唱者与听众有着同一种体会和感受，这种体会与感受是向往、是追求、是自信、是满足，在唱者与听众的心绪上涌起一个个激情的浪潮，闪出一朵朵心灵的火花，是把唱者和听者的心境推向一个不知所向的境界而产生的一种满足感。布依族古歌，大多是在布依族宗教活动仪式上唱述。对于布依族来说，古歌的传唱是传承习俗的重要方式。如有关禁忌的习俗，在《安王与祖王》中有这样一段唱述："安王十有三岁，到河边去打鱼，打得一条大鱼，大鲶鱼被他捉上。得鱼急急回转，心喜返家匆忙。到阶前就说，到园边就讲：'妈妈呀妈妈，我得一条大鱼，大鲶鱼被我捉上，煮吃要和你商量。'母亲开口说话，母亲急忙答言：'哟！鱼是你家舅爷，鲶是外公外婆。'安王开口说话，安王急忙答言：'舅爷就是舅爷，姨妈就是姨妈，杀一个放在锅上！'母亲听了这话，急忙奔向阶前，从此不知何往！"远古时期，布依族将鱼视为自己的图腾。至今在贵州省册亨县布依族民居的建筑中，仍然有在民居房椽上绘制鱼形的图像，以示吉利的习俗。古歌《造房子》主要叙述布依族民居建筑的来历。作品说，远古的时候，"王"依从母亲叮嘱，先后来到汉人、侬人[①]、罗人和苗人居住的地方学习造房子。到汉人地方时，正碰上人们建新房，他径直走到新房那里，丈量房屋架构的所有尺寸。汉人赠送野猫皮风箱，侬人赠给他钳子和铁锤，山里人赠给他三筐木炭，苗人则送给他一个砧子。他回到家乡，架起火炉准备炼铁，造斧子、锯子等工具，但失败了。有人告诉他，可能是因为没有祭血新、血秀[②]和师傅。"王"于是就祭血新、血秀和师傅。终于，铁冶炼出来了。"王"于是组织数十寨的佃户，上山砍来木材。"王"又出远门请师傅，走到布曼[③]人住的地方，用报酬请来建房师傅，最后建成了新房。说明布依族对建房子中的宗教仪式非常重视，一直流传至今。又如布依族有饮酒的习俗，布依族居住区大多是河谷地带，多雨潮湿，为此饮酒成为布依族的一大习俗。饮酒歌分为开头歌、请客歌、客气歌、祝酒歌、多谢歌、送客歌。在丰收之际，布依族都要举行一些祭祀活动，其中饮酒歌就要唱述布依族先民造酒的过程与饮酒的习俗礼仪。再如，就是布依族在订婚、结婚、立房、祝祷时开展的一系列宗教活动中所唱

---

① 侬人：壮族、布依族中的一个支系的名称。

② 血新、血秀：布依族神话中主宰技艺的神。

③ 布曼：布依族内对另一地域的人们的称谓。

述的古歌，歌词中大量内容是对布依族风俗习惯进行传播，教育下一代布依族人民。如古歌《布依嘱咐经》："全地方都兴祭拜，我也来祭拜，全地方都兴祭奠，我也来祭奠，祭拜一整天，祭奠一整夜，我很是满意，我一桌一桌地吃，住一家又过于集中，挤一家担心太窄，（布摩）睡在旱地里，睡在自己家中。到半夜鸡叫了，正是就寝时，到了前半夜，你儿派人接，你儿派人找，两郎轻快走，两郎轻快去，到了（我）住地，到了屋里头，设法叫起我，摇我醒过来，掀被拉我起，敲板壁我起，掀被拉我走，我闻声起床，我忽地起来，我忽地起坐，寡言郎不说，健谈郎开口，因何事而来？因何事而到？为何事紧张？脸色为何沉？额绷紧如此，家中有何事？两人吐真言，两郎轻快答，今年多风雨，今年常有大风起，一阵又一阵，这阵死人了。樟树断了枝，家母倒下了，大人去世了。我寨三十人，无人会行摩，请你去站摩，我寨九十人，无人打丧摩，请你打丧摩，果真有此事？我先问报酬。"这一段主要唱述举行超度仪式的原因以及请布摩的过程，首先布摩基于古老传说作自我介绍，接下来有人死后，死者的亲属派使者去请布摩超度亡灵，送给布摩报酬。

四、追求完美

宗教的审美因素在于人类最高潜在力的神化中。古歌美可以展示这种神化的威力，主体对这种威力的崇敬，使"最高潜在力的神化"在古歌崇高美中更具魅力。如古歌《十二层天十二层海》"用理想的、幻想的联系来代替尚未知道的现实的联系，用臆想来补充缺少的事实，用纯粹的想象来填补现实的空白"①。从而从神话的角度去追求完美，它想象着神秘的天极高、海极深，都有十二层。这"十二层"，其实也是极其高深的概数，这样高深的地方，怎样才能去看一看，望一望？古歌想象，人可以像展翅高翔的鸿雁、老鹰一样，飞上蓝天；可以像出远门那样，背着干粮、麻鞋，走下大海。人与

① [德]恩格斯：《路德维希·费尔巴哈和德国古典哲学的终结》，载中共中央马克思恩格斯列宁斯大林著作编译局编译《马克思恩格斯选集（第4卷）》，人民出版社，1972，第242页。

神没有明显的界限，神可以在人间生活，和人一样吃喝、劳动；人可以任意上天入海，与神交往、斗争，这是布依族古歌的一个特点。“在原始人的观念中，神并非一种抽象的概念，一种虚幻的东西，而是一种用某种劳动工具武装着的十分现实的人物。”[①] 这种人与神的鸿沟还未出现明显的现象，实际上是当时社会中阶级尚未形成或阶级对立还未尖锐化的一种写照。古歌《十二层天十二层海》中，不仅想象人可以上天入海，还大胆地想象在那里可以见到丰富多彩的生活。在这些想象中，表现了布依族先民在探索宇宙奥秘过程中，对自然现象的幼稚解释。天上为什么会下雨，为什么会出现绚丽的彩霞，为什么月亮会有阴晴圆缺等等，这些自然现象在布依族先民的头脑里，是经常思索而又无力解答的疑问。又如古歌中对生死轮回进行了全面的描述，人死之后并不是到阴森恐怖的地府，而是到天堂中去与自己的先人们相会。这其实反映布依族先民对当时现实社会的不满和对天上美好生活的向往，是一种对完美人生的追求与对来世的美好寄托。布依族古歌中有相当一部分情歌，反映布依族青年对完美爱情的追求。布依族古代情歌内容，大多是对布依族青年男女相互的赞美，热情讴歌美好的青春、真挚的爱情，对爱情幸福的热烈追求，表现出布依族青年淳朴健康的恋爱观和审美观。同时通过对青年男女爱情生活的描写，从侧面反映出布依族劳动人民对封建婚姻的反抗，追求完美的爱情生活。布依族古代情歌以“最高潜在力的神化”在追求完美中更具魅力。例如，《要像牛郎和织女》[②]：“男：‘阿妹啊！你像那瓦窑里的火一样炽热，你像那桃花一样美丽。美丽的花呀，天天对我笑，炽热的火呀，照暖我的心里。’女：‘阿哥呀！妹像那河里的船。哥呀，你就是那船舵。我们一同站在那船头，若是大浪起来了，我们一同站在浪尖上。’”

---

① [俄]高尔基：《高尔基选集——文学论文选》，人民文学出版社，1958，第322页。

② 贵州省社会科学院文学研究所、黔南布依族苗族自治州文艺研究室编《布依族民歌选》，贵州人民出版社，1982。

五、抚慰心灵

在原始社会初期，由于布依族先民抵御自然灾害的力量十分薄弱，甚至对风、雨、雷、电等自然现象的出现，也会感到惊恐万状，莫名其妙。先民时常生活在一个恐惧的世界中，而这时所产生的布依族古歌中的宗教意识恰恰给予人们心灵和感情上的慰藉，使其惊恐、困惑之心得以安宁与平静。同时古歌中的宗教观念也有利于分散的人群围绕同一崇拜对象聚居在一起，结成宗教群体，利用集体的力量抵御大自然，借以生存下来。随着阶级的产生，出现了准人为宗教，在阶级社会中，宗教的价值在同一主体的不同阶段或不同主体方面，其价值作用表现不同。近代以来，科学技术的发展，人类理性的长足进步，并没有使宗教销声匿迹，宗教的势力仍然十分强大，可以说只要没有一种能取代宗教，同时又能满足人类宗教情感、意志层面需要的东西，那么宗教的价值就不会消失。宗教常常是就宇宙奥秘、人生困境进行诠释，如果连天地产生、人类起源、万物出现都无法解释，那它的存在及价值就没有多大必要了。布依先民对自身周围的一切自然现象以及人本身的生死充满恐惧感，这些都需要宗教对其进行回答。所以在布依族古歌中有很多对宇宙、人类、万物来源的阐释。虽然这些解释者是幻想与主观猜测，但在当时来说，还是起到了抚慰人们幼稚心灵的作用。人类对死的恐惧，是人类一大生存困境，但是在布依族古歌《人寿的演变》①中有这样一段的唱述："传说远古时，人人皆长寿，有的三百二，有的四百岁，有的五百六，有的六百岁，有的七百五，有的九百岁……今人嫌命短，古时怨寿长，说到死就喜，说到亡都欢……"这是布依先民对人的生死所作的天真解释，这对人来说可以在一定意义上起到抚慰心灵的作用。长寿可说是人类一直追求的梦想，但这首古歌从另外一个角度探讨人的生死观，古歌充满浪漫主义情怀，对死者具有宽慰之意。对当今的人来说，即便不可能相信古歌的内容，但读完这首古歌后，也会产生一种释然的感觉。

布依古歌的内容，有的体现了布依族对生死、此岸和彼岸的关系问题

---

①《人寿的演变》，译自《殡亡经》，搜集于1986年。唱述：何安槐。翻译整理：阿冒。

进行探索与思考。如古歌《布依嘱咐经》中的相当一部分内容，反映了布依族灵魂不灭的宗教观，认为亡灵在布摩的指引下进入极乐世界，人死后回归到自己祖先居住的地方，同已故的亲人团聚，在“旁仙”“旁拜”，那里住着仙佛，其乐无穷。《布依嘱咐经》中唱述，在阴阳交界的地方，有一条“龙桥”，亡灵在布摩的指引下经过十二南宫、十二条路、十二重街、十二重门，由一个大水车传送进入“旁仙”“旁拜”。布依族认为，只有五十岁以上的人，才能进入极乐世界。在丧葬仪式上，布摩唱述的《布依嘱咐经》除对生者有教育作用外，让人对死亡的恐惧减轻，《布依嘱咐经》的传唱对死者是一种怀念，对生者的心灵也是一种抚慰。

当然，布依族古歌的宗教价值，笔者在此的探讨只是“冰山一角”，布依族古歌的宗教价值还体现在社会力量整合、规范人的行为、促进文化交流、渲染宗教气氛等方面。

原载《上海市社会主义学院学报》，2012 年第 1 期。收入本文集时有所修改。

参考文献

[1] 陈玉平．论布依族地戏的独特价值[J]. 贵州民族大学学报（哲学社会科学版），2013（2）.

[2] 关东昇．中国民族文字与书法宝典[M]. 北京：中国大百科全书出版社，2001.

[3] 贵州省安顺地区民委，贵州省镇宁布依族苗族自治县民委．古谢经[Z]. 贵阳：贵州民族出版社，1992.

[4] 贵州省布依学会．布依学研究：之二[M]. 贵阳：贵州民族出版社，1991.

[5] 贵州省民族事务委员会．布依族文化大观[M]. 贵阳：贵州民族出版社，2012.

[6] 郭锡良．汉字古音手册[M]. 北京：北京大学出版社，1986.

[7] H.G.Barnett, Innovation: The Basic of Culture Change, McGraw-Hill, New York, 1953.

[8] 何积全，陈立浩．布依族文学史[M]. 贵阳：贵州民族出版社，1992.

[9] 侯绍庄，等．贵州古代民族关系史[M]. 贵阳：贵州民族出版社，1991.

[10] 黄镇邦．当代布依族社会 weanl 的传承研究——以望谟县乐康村为个案[D]. 北京：中央民族大学，2009.

[11] 孔令中．贵州教育史[M]. 贵阳：贵州教育出版社，2004.

[12] 黎汝标，黄义仁，等．布依族古歌[M]. 贵阳：贵州民族出版社，1998.

[13] 李卓敏．李氏中文字典[M]. 上海：学林出版社，1981.

[14] 黔西南布依族苗族自治州概况编写组．贵州黔西南布依族苗族自治州概况[M]. 北京：民族出版社，1985.

[15] 帅学剑．安顺地戏 [M]. 贵阳：贵州民族出版社，2012.

[16] 孙若兰．布依语文集 [C]. 贵阳：贵州民族出版社，1993.

[17] 覃晓航．方块壮字研究 [M]. 北京：民族出版社，2010.

[18] 王封礼．从磨合到整合：一个西部少数民族村落的变迁史 [D]. 重庆：西南大学，2007.

[19] 王力．汉语语音史 [M]. 北京：中国社会科学出版社，1985.

[20] 吴泽霖，陈国钧，等．贵州苗夷社会研究 [M]. 北京：民族出版社，2004.

[21] 武内房司．清代布依族吸收它族文化的过程与民族认同意识 [J]. 贵州民族研究，1992（1）.

[22] 中国科学院少数民族语言研究所．布依语调查报告 [R]. 北京：科学出版社，1959.

[23] 周春元．贵州古代史 [M]. 贵阳：贵州人民出版社，1982.

[24] 周国茂．布依族古文字及其调查研究 [J]// 荔波县政协文史委．荔波布依族：上册，北京：中国文化出版社，2011.

[25] 周国茂．摩教与摩文化 [M]. 贵阳：贵州人民出版社，1995.

[26] 周国炎．"方块布依族"及其在布依族宗教典籍传承过程中的作用 [J]. 中央民族大学学报（哲学社会科学版），2002（5）.

[27] 周国炎．布依族的丧葬经 [J]. 民族古籍，1990（1）.

[28] 周国炎．布依族古籍珍品图典（待出版）.

[29] 周国炎．布依族语言使用现状及其演变 [M]. 北京：商务印书馆，2009.

[30] 周国炎．论布依族文献古籍的发掘整理与研究 [J]. 贵州民族学院学报（哲学社会科学版），2010（2）.

[31] 周有光．世界文字发展史 [M]. 上海：上海教育出版社，1997.

后　记

长期以来，在布依族古籍文献研究方面，全面系统的论著很少，相关研究成果散见于各种期刊和集子，有些集子发行范围较窄，有些甚至是内部刊印，很难查阅，不利于读者了解布依族古籍文献及其相关研究的全貌，更不利于学科研究的发展。由贵州大学出版社策划出版的《国际视野中的贵州人类学》丛书不断推出能反映学术前沿的贵州少数民族研究成果，并将其推向全国，推向世界，以提升贵州少数民族研究领域学术研究的国际化水平。根据贵州大学出版社的要求，我们从近三四十年来发表的论文中选取了30余篇，汇集成《布依族古籍文献研究文集》一书。内容涉及布依族古籍文献的发掘翻译和整理、布依族古籍文献的载体形式、文献的语言特征以及从社会历史文化和政治经济等方面对布依族古籍文献所进行的研究。这些论文的作者大多是长期从事布依族各方面研究的学者。如贵州民族大学的吴启禄教授长期从事布依族语言文字的研究，在布依族古籍文献发掘整理和翻译方面的研究尤为深入；已故历史学家侯绍庄先生生前是布依族历史研究方面的权威专家，他发表于20世纪80年代的《布依族丧葬祭祀歌社会历史价值刍议》一文厘清了布依族宗教古籍文献的形成及其历史发展的脉络，为学界的研究提供了重要的参考；贵阳学院的周国茂教授是较早从文学角度研究布依族古籍文献的学者，近年来在布依族古籍的载体——文字方面有较深入的研究；佛山科学技术学院的伍文义教授是布依族古籍文献研究方面成就卓越的学者之一，其博士学位论文从语言文化的角度，对罗平布依族地区流传的布依族摩经古籍进行了全面的研究，其早年从宗教和哲学角度研究布依族古籍文献方面的论文在学界有重要的影响。此外，金安江、王芳恒、刘世彬、郭堂亮、樊敏、黄德林、叶成勇以及已故的布依族知名学者王芳礼先生等学者在布依学研究方面都有很深的造诣，后起之秀黄镇邦、张凤等在布依族古籍文献研究方面也已崭露头角。本书能够得以顺利出版，首先要感谢上述作者及其家属的大力支持。其次，在本书的编辑过程中，中央民族大学少数民族语言文学系 2017 级语言学及应用语言学专业硕士研究生魏苗苗、于晓、王菁菁、王跃杭在资料搜集整理以及文稿的校对方面做了大量的工作，在此表示感谢。

编　者

2017 年 12 月 3 日